컨벤션 기획사 자격시험 대비

컨벤션 기획·운영 실무자들을 위한

Convention English

컨벤션 영어

Convention English

이 책을 내면서

컨벤션영어 서적을 처음 출판한지가 벌써 4년이 흘렀다. 본 저자의 컨벤션 영어 서적을 채택한 여러 대학의 교수님들과 학생들에게 진심으로 감사의 말씀을 드리고 싶다. 4년이라는 시간이 흐르면서 국내 컨벤션 산업 환경은 외적으로나 내적으로 많은 성장을 하였고, 이제 대한민국은 컨벤션 개최 순위에서 상위권을 차지하고 있다. 이러한 시점에 보다 알찬 내용과 업데이트 된 내용으로 새로 컨벤션 영어 책을 구성해야 할 필요성을 느끼게 되었다.

구슬이 서말이라도 꿰어야 보배라는 말이 있다. 대학에서 영어를 가르치면서 커뮤니케이션 관련 논문을 쓰고, 국제회의의 동시 통역사로서 일을 한지 25년이 되었고, 컨벤션과 전시 전문 대학원을 국내에 처음으로 설립하여 강의한지 10년째 되는 해인 올해 기존의 서적에 새로운 내용을 보충하고 수정하여 컨벤션 영어 서적을 재구성해보았다.

이 책은 그동안 컨벤션 실무와 발표기법을 가르치면서 읽은 영어 교재들과 컨벤션을 실제로 기획하면서 모아두었던 각종 서식, 편지, 홍보 인쇄물에서 발췌한 단락들에 대해, 기억을 더듬으면서 가상의 시나리오 형식의 예문들을 통해 보다 현장감있고 실용성 있는 컨벤션 영어 교재를 쓰려고 노력한 작은 결실이다. 전작보다는 많이 향상되었으리라 믿지만 여전히 아쉬운 점도 많다. 독자들의 건설적인 비판과 제안을 기대한다.

공동저자인 윤은주 교수는 수없이 반복된 예문자료의 첨삭, 해설 및 번역 정리, 의견 개진 등으로 지난 겨울 내내 작업을 했다. 저자의 까다로운 요구를 전폭적으로 수용하고 지원해주신 세림출판사의 홍정표 대표님, 이 건웅 차장 및 관련 직원께도 고마움을 전하고 싶다.

컨벤션을 공부하는 학생, 컨벤션 실무 분야에 뛰어든 젊은이들, 중견 관리 단계에서 수고하시는 컨벤션 관련 종사자들, 그리고 컨벤션 기획사 국가 기술 자격증을 대비하여 공부하시는 모든 분들게 이 책이 도움이 되기를 희망한다.

2007. 2.

서승진, 윤은주

이 책의 구성과 활용

Convention English

언젠가 부산에서 개최된 컨벤션 산업전 개최 전날 오후, 산업전에 참가한 학생들에게 특강을 했던 부산 CVB 팀장인 부산시의 이규호 과장님은, "우리나라에서 성공적인 컨벤션 기획사가 되려면 100% 중 90%의 영어로 커뮤니케이션 할 수 있는 능력, 9%의 창의적이고 적극적이면서도 꼼꼼한 성품, 그리고 1%의 실무관련 지식이 요구된다"고 하면서 컨벤션 영어의 중요성을 강조했다.

여기서 말하는 컨벤션 영어는 단순한 영어의 읽기, 쓰기, 듣기, 말하기 능력이 아니다. 영어라는 외국어 지식과 컨벤션 실무 지식을 융합했을 때, 진정한 컨벤션 영어를 습득한 것이라고 본다. 또한 컨벤션 관련 업무는 100% 중 유치에서 준비단계까지가 80%, 현장업무가 15%, 행사 이후 정산, 평가, 보고서 작성 등의 마무리 업무가 5%를 차지한다고 생각한다.

컨벤션 영어라는 시각에서 볼 때, 대부분의 현장 업무는 구두로 이루어지는 영어회화 중심의 능력이 요구되지만, 현장에 배포되는 각종 안내 · 홍보물은 물론, 준비업무의 대부분은 영문으로 이루어지는, 정확하고 끊임없는 커뮤니케이션 작업인 것이다. 이 같은 컨벤션 영어의 필요성과 중요성을 모든 컨벤션 기획사(호텔이나 컨벤션 센터와 같은 시설측 또는 주최측으로 협회나 학회에 있거나, 아니면 독립적인 회의 기획업체에 속해 있거나 간에)의 시각에서 다음과 같이 좀 더 깊이있게 살펴 보자.
일단 한국이 국제회의나 컨벤션 개최지로 선정되면, 그 준비과정에서 컨벤션 기획사는 국내 주최측과 협력하에, 그리고 해외 본부가 있다면 국내 주최측과 협력하여, 해외 본부측과도 계약서 작성 등의 업무를 할 때 영어로 커뮤니케이션을 하게 된다. 그 상대방은 해외 연사, 전시 출품업체, 스폰서 제공자를 포함한 모든 해외 참가자들이다. 또한 행사 안내 및 프로그램 홍보 관련 각종 인쇄물, 편지, 각종 신청양식, E-mail, 양식 접수 후 확인 서신, 초청장 등 수없이 영문으로 커뮤니케이션이 이루어지게 된다. 해외 본부측이 사전 답사나 협의차 방문하게 되면, 국내 주최측을 위해 컨벤션 기획사는 준비사항에 대한 중간 보고서 작성, 구두 발표, 시설 안내 등을 하게 되고, 따라서 영어를 말과 글로 표현하는 일이 필요하게 되는 것이다.

국제회의나 컨벤션이 진행되는 동안에 컨벤션 기획사 및 진행 요원들은, 일반 참가자는 물론 연사, 출품업체, 스폰서 업체 등 모든 참가자들과 공항 영접, 호텔 투숙, 등록, 회의 및 식음료 행사 진행에 관한 안내와 도움을 주게 되므로, 영어 회화가 더욱 필요해진다. 행사 후에도 모든 참가자들에게 영문 감사 편지를 보내고, 해외 본부측에도 영문 보고서를 작성해 보내게 된다.

이런 배경 속에서 이 책은 컨벤션 기획사에게 요구되는 컨벤션 영어 지식과 커뮤니케이션 구사 기술을 습득하는데 도움이 되도록 다음과 같이 세 PART로 구성되었다. PART I 은 6개, Part II는 4개, Part III는 3개의 Chapter로 세분되어 있다.

PART I 은 Convention English for Reading 으로서, 다시 6개의 Chapter로 다시 세분화 하였다. Chapter 1에서는 회의, 컨벤션, 전시 산업의 역사적인 내용을 소개하였고, Chapter 2는 컨벤션 뷰로에 관련된 설명을 다루고 있고, Chapter 3는 컨벤션 산업에 종사하는 역할자들인 기획사에 대해 소개하고 있다. Chpater 4는 주최자들의 역할에 대해 소개하고 있고, Chpater 5는 개최장소에 대한 부분을 다루고, Chapter 6은 컨벤션에 동반하여 개최되는 전시회에 대한 설명을 싣고 있다. Part I의 내용은 컨벤션 실무의 업무 흐름에 따라, 보다 세분화된 주제를 중심으로, 깊이있는 내용을 빠르고 정확히 이해할 수 있는 독해력 향상을 위해, 전문 영어로 된 전문교재에서 단락을 발췌하였고, 이에 해설과 번역을 첨부하였다. 발췌한 모든 단락이 인용된 참고 문헌도 정리하였다.

PART II는 Convention English for Writing으로서 다시 4개의 Chapter7~10로 세분화 하였다. Chapter 7은 글에 의한 커뮤니케이션의 이해로 효율적인 Business Writing을 체계적으로 설명하였고, 여기에도 해설과 번역을 첨부하였다. 여기에 제시된 예문들도 대부분 인용된 문구로서 그 출처를 밝히고 있다. Chapter 8은 현재 가장 많이 사용되고 있는 이메일 영어를 상세히 다루고 있다. 기본적인 이메일 영어 표현을 우선 다루고, 실제 저자가 이메일로 주고 받은 예문을 사례로 컨벤션 업무에 활용되는 이메일 표현을 소개하고 있다. 실제로 사용된 이메일을 컨벤션 준비 업무에 따라 발췌하였고, 해설 및 번역을 하였으며, 인용된 자료의 출처도 밝히고 있다. Chapter 9는 업무용 편지에 대한 내용으로 업무용 편지 작성 방법을 설명하고 있다. 마지막으로 Chpater 10은 각종 영문 문서들을 모은 것으로, 행사에서 직접 사용했던 사례들을 제시했으므로 컨벤션 실무를 맡게 될 경우, 이를 토대로 상황에 맞게 활용할 수 있도록 하였다.

PART III는 Convention English for Speaking으로서 3개의 Chapter로 다시 세분화 하였다. Chapter 11은 회의사무국과 행사현장에서 사용되는 영문표현을 업무 종류에 따라서 구분하여 설명하였다. Chapter 12는 국제회의 기획사가 많이 활용하게 되는 회의 및 협상영어에 대한 표현 학습으로 의견교환, 논쟁, 질의, 협상에 해당하는 표현들을 상세하게 설명해주고 있다. Chapter 13은 프레젠테이션 영어로 발표 준비 및 시청각 기자재 사용 등 발표 시작에서 마무리까지 필요한 구두 발표 기술에 대한 전반적인 설명이다. 여기서 발췌한 사례들 역시 현장감이 있도록 저자가 선별 인용했거나 각색 혹은 창작한 가상 시나리오로 되어 있고 인용 출처도 밝히고 있다.

이 책은 다음 세 가지 track으로 활용할 수 있다.

2년제, 4년제 대학에서 컨벤션 영어를 가르치거나 처음 배우는 사람들은 다음의 Track 1과 같이 기초적 컨벤션 영어 읽기와 쓰기를 교육 · 학습할 수 있다.

Track 1

컨벤션 실무에 종사한지 2-3년 이상 되거나, 대학원 공부를 막 시작한 학생들을 대상으로 가르치는 교육자, 그리고 이 수준의 학습자들은 다음 Track 2와 같이 컨벤션 영어의 읽기와 쓰기 부분의 기초편과 응용편을 꼼꼼히 교육 · 학습할 수 있다. 이를 통해 국가기술 자격증 컨벤션 기획사 2급 시험 대비도 가능하도록 구성하였다.

TRACK 2

한편 컨벤션 업무의 중간 관리자 이상, 그리고 대학원 졸업 단계에 있으며, 국내 외 주최측 앞에서 제안서나 논문, 보고서를 구두발표로 많이 하게 되는 사람, 혹은 이들을 대상으로 높은 수준의 교육을 담당한 교수들은 다음 Track 3으로 이 책의 활용도를 높일 수 있기를 바란다.

TRACK 3

마지막 PART IV는 각종 영문 문서들을 모은 것으로서, 행사에서 직접 사용했던 사례들을 제시했으므로, 컨벤션 실무를 맡게 될 경우, 이를 토대로 활용하여 상황에 맞게 작성할 수 있도록 하였다.

컨벤션 기획사 자격증 제도

Convention English

컨벤션 기획사 자격증 제도는 한국산업인력공단(http://www.hrdkorea.or.kr)에서 국가기술자격검정의 집행, 시험문제출제, 관리, 자격증교부 및 사후관리 등 자격제도 운영을 총괄하고 있다.

응시자격

• 컨벤션 기획사1급

1. 해당 종목의 2급 자격을 취득한 후 응시하고자 하는 종목이 속하는 동일 직무분야에서 4년 이상 실무에 종사한 자
2. 대학졸업자 등 졸업후 응시하고자 하는 종목이 속하는 동일 직무분야에서 7년 이상 실무에 종사한자
3. 전문대학 졸업자 등으로서 졸업 후 응시하고자 하는 종목이 속하는 동일 직무분야에서 9년 이상 실무에 종사한 자
4. 응시 하고자 하는 종목이 속하는 동일 직무분야에서 11년 이상 실무에 종사한 자
5. 외국에서 동일한 등급 및 종목에 해당하는 자격을 취득한 자

• 컨벤션 기획사 2급

1. 대학 졸업자 등 또는 그 졸업예정자.
2. 전문대학 졸업자 등으로서 졸업 후 응시하고자 하는 종목이 속하는 동일 직무 분야에서 2년이상 실무에 종사한 자.
3. 응시하고자 하는 종목이 속하는 동일 직무 분야에서 4년 이상 실무에 종사한 자.
4. 외국에서 동일한 등급 및 종목에 해당하는 자격을 취득한 자.
5. 학점인정 등에 관한 법률 제8조의 규정에 의하여 대학 졸업자와 동등 이상의 학력을 인정받은 자 또는 동법 제7조의 규정에 의하여 106학점 이상 인정받은 자.

6. 학점인정 등에 관한 법률 제8조의 규정에 의하여 전문대학졸업자와 동등 이상의 학력을 인정받은 자로서 응시하고자 하는 종목이 속하는 동일 직무분야에서 2년 이상 실무에 종사한 자.

시험과목

구분	필기시험	문항수	실기시험
1급	1. 컨벤션 기획 실무론	40	컨벤션 실무
	2. 재무회계론	30	1. 컨벤션 기획 / 실무 제안서 작성(70점)
	3. 컨벤션 마케팅	30	2. 영어 프리젠테이션(30)점
2급	1. 컨벤션 기획 실무론	40	컨벤션 실무
	2. 재무회계론	30	1. 컨벤션 기획 / 실무 제안서 작성(70점)
	3. 컨벤션 마케팅	30	2. 영어 서신 작성(30점)

제출서류

1. 최종학력 졸업증명서(또는 졸업예정증명서)
2. 재직증명서
3. 다음 3가지 서류 중 한가지 선택 제출
   - 공기관 발행 경력확인 서류
   - 연도별 소득세 원천징수 영수증
   - 공기관 발행 해당 소속기관 갑근세 납세증명서

합격기준(1급/2급 공통)

필기 : 매 과목 100점 만점으로 과목당 40점 이상, 전과목 평균 60점 이상

실기 : 100점 만점에 전체 심사관의 전체 점수 평균 60점 이상

* 심사위원은 실기 시험문제 출제자를 포함하여 5인 내외 (학계 3인, 업계 2인) 의 전문가로 구성하며, 점수는 각 심사위원의 채점 점수 중 가장 높은 점수와 가장 낮은 점수를 제외한 중간 점수를 총합하여 이를 평균화한다.
* 1급/2급 필기 합격자가 실기 시험 불합격시 필기 시험 2년간 유효기간 적용

Contents

PART I : Convention English for Reading: INTRODUCTION TO CONVENTION INDUSTRY

Contents

Contents

PART II : Convention English for Writing

Contents

PART III : Convention English for Speaking

Convention English

PART I

Convention English for Reading:
INTRODUCTION TO CONVENTION INDUSTRY

PART I에서는 회의, 컨벤션, 전시의 역사, 컨벤션 전담기구(CVB), 그리고 컨벤션 산업의 주요 구성요소인 주최자, 시설, 컨벤션 기획사들을 중심 주제로 다룬 영어 단락들을 통해 컨벤션 관련 어휘, 독특한 표현, 영문법 구조 등을 살펴보고자 한다. 이 같은 컨벤션 관련 영어단어, 영어표현 등은 컨벤션 기획사가 국제회의를 기획 때 요구되는 각종 영문 자료의 독해력, 작성 능력을 함양하는 데에 도움이 될 것이다.

Chaper 1

History of Meetings, Conventions and Exhibitions

회의, 컨벤션, 전시의 역사

A tourist is defined by the United Nations as one who spends more than one night but less than a year away from home for pleasure or business, except diplomats, military personnel, and enrolled students. (Montgomery & Strick, 1995: 2)

[해설]

- more than: ~ 이상
- less than: ~ 미만
- for pleasure or business: 즐거움이나 업무를 목적으로
- military personnel: 군 관련 인사
- enrolled: 정규 등록된

[번역]

UN의 정의에 의하면 관광객이란 외교관, 군인, 정규 등록된 학생을 제외한 사람으로 하룻밤 이상 1년 미만동안 집을 떠나 있던 사람을 말한다.

Travel was difficult and dangerous and only undertaken for reasons of necessity. (Montgomery & Strick, 1995: 2)

[해설]

- undertaken: 착수되는, 수행되는
- for reason(s) of necessity: 필요에 의한 사유(들)로 ("of + 추상 명사"는 형용사구 기능을 함)

[번역]

여행은 어렵고 위험한 것으로서 꼭 필요한 이유가 있을 때에만 이루어졌다.

In 776 B.C. with the first Olympic Games, came one of the earliest forms of planned attractions where people traveled to a far-off land to see an event and paid to stay in accommodations. (Montgomery & Strick, 1995: 3)

[해설]

- came: 전치사구가 맨 앞에 나오는 경우 주어와 동사가 도치되며, 주어가 길고 ("one에서 문장 끝 까지) 동사(came)가 짧을 때에도 주어와 동사의 위치를 바꾼다.
- attraction(s): 매력 있게 사람을 끄는 장소, 즉 관광지(들)
- a far-off land: 멀리 떨어진 곳

[번역]

B. C. 776년 최초의 올림픽 경기와 더불어 계획된 관광지의 초기 형태가 나타났는데, 사람들은 먼 곳에서도 그곳으로 찾아와 이벤트를 보고 돈을 내고 숙박시설에 머무르게 되었다.

The Romans were able to establish a network of road systems previously unheard of. These roads enabled travelers to journey in more comfort and with greater speed to their destinations. (Montgomery & Strick, 1995: 3)

[해설]

- previously unheard of: 전에는 들어보지도 못한 (명사를 수식하는 형용사구가 여러 개 있을 때 "형용사구 + 명사 + 형용사구" 의 형태로 만들 수 있음)
- enabled: ~ 을 가능케 했다 (대부분의 주어가 무생물이고 목적어가 사람인 구문을 취함)
- journey: 여행하다 (이 문장에서는 journey가 동사로 쓰임. 흔히 명사로만 알고 있던 어휘를 동사로 사용하여 문장을 간결하면서도 힘 있게 표현할 줄 알아야 함)
- in more comfort and with greater speed: 더 안락하고 더 빠르게 (부사구를 "전치사 + 추상명사" 의 구문으로 만들면 그 추상명사를 형용사로 더 수식할 수 있어서 강조 표현이 풍부해짐)
- destination(s): 목적지(들)

[번역]

로마 사람들은 전에는 들어보지도 못했던 도로 체계 망을 구축할 수 있었다. 이 도로 덕분에 여행자들은 그들의 목적지까지 보다 더 안락하고 빠르게 여행할 수 있었다.

Travel for anything <u>but</u> necessity <u>did not resume until</u> the Industrial Revolution. (Montgomery & Strick, 1995: 3-4)

[해설]

- but: 제외하고 (전치사로 쓰임)
- did not resume until: ~ 때까지는 재개되지 않았다, 비로소 ~ 한 후에 재개되었다

[번역]

필요에 의한 것을 제외하고 그 어느 여행도 산업혁명이 지나서야 재개되었다.

<u>Attractions</u> are <u>what</u> <u>draw</u> individuals <u>to</u> specific destinations. (Mill, 1990: 22)

[해설]

- attraction(s): 매력, 매력적인 관광지(들)
- what: ~ 한 것
- draw A to B: A를 B로 잡아끌다

[번역]

매력적인 관광지란 개개인을 특정 목적지로 잡아끄는 것을 말한다.

<u>Eco-tourism</u> is a type of <u>environmentally oriented</u> tourism in which tourists from around the globe seek out <u>natural wonders</u>. (Fridgen, 1991; Montgomery & Strick,: 1995: 9에서 재인용)

[해설]

- eco-tourism: 생태관광
- environmentally oriented: 환경 지향적인 (혹은 environment-oriented로 표기할 수 있음)
- natural wonder(s): 놀라운 자연 경관(들)

[번역]

생태관광이란 환경 지향적인 관광유형으로서 전 세계 관광객들이 자연의 경이를 보러 찾아가는 것이다.

The U.S. National Park System attracted 9 million foreign visitors, accounting for more than 20% of the total foreign visitors to the country. (Ridenour, 1990; Montgomery & Strick,: 1995: 9에서 재인용)

[해설]

· attracted: 유인했다 (주어가 사람이 아닌 기관임. 수동태 구문보다 주어로 하는 능동태 구문의 의인화 표현이 더 강한 메시지를 준다)

· accounting for: ~를 설명하는, ~를 차지하는 (수치를 말하고 난 뒤 쉼표 후 현재분사 (accounting)를 사용함)

· visitor(s) to: ~를 찾는 방문객(들)

[번역]

미국 국립공원 관리단은 9백만의 외국관광객을 유치했는데, 이는 미국으로 들어온 총 외국인 방문객의 20% 이상을 차지한 것이다.

Other man-made attractions range from the Pyramid in Egypt and the Incan ruins in Peru to Disney World in Florida. (Montgomery & Strick, 1995: 10)

[해설]

· man-made attraction(s): 인위적(인공적)으로 만든 관광지(들)

· range from A to B: A에서 B까지의 범위에 달하다 (여기서도 range를 동사로 사용함)

[번역]

인공적으로 만든 다른 관광지들은 이집트의 피라미드에서 페루의 잉카 유적 그리고 플로리다 주의 디즈니월드에 까지 이른다.

Gaming has also become a major player in the tourism industry. Las Vegas, Nevada has experienced overwhelming success in this industry. (Montgomery & Strick, 1995: 10)

[해설]

· has experienced: 경험해 오고 있다 (주어가 라스베가스라는 도시임에 유의)

· overwhelming: 압도적인

[번역]

게임 산업 역시 관광산업에 있어 주요한 역할을 하게 되었다. 네바다 주의 라스베가스 시는 이 산업 분야에서 엄청난 성공을 이루어 내고 있다.

➔

Las Vegas is now promoting itself as a family vacation destination. Theme hotels and theme parks are helping the city to entice families there. (Montgomery & Strick, 1995: 10)

[해설]

· is promoting oneself as: 자신을 ~로 홍보하고 있다 (promote의 주어 역시 라스베가스 도시임)

· theme hotels and them parks: 어떤 주제를 독특하게 나타내는 호텔이나 놀이공원 (뉴욕시나 베네치아 등의 모습을 축소하여 그대로 옮겨 놓은 것 같은 호텔들은 좋은 예임)

· entice: 유인하다, 유혹하다 (entice의 주어 역시 도시라는 무생물임)

[번역]

라스베가스는 이제 도시 자체를 가족 휴양지로 홍보하고 있다. 주제가 있는 호텔이나 놀이공원 덕분에 그 도시는 가족단위 방문객 유치가 가능해진 것이다.

➔

International tourism relies predominantly on the airline industry. Today air travel is not only reasonably priced, but easy to do. It takes only one phone call to book passage on any of a number of major carriers to almost anywhere in the world. (Montgomery & Strick, 1995: 10-11)

[해설]

· rely(relies) predominately on: 절대적으로 ~에 의존하다

· reasonably priced: 가격이 합리적인(price를 동사로 한 수동태 구문임에 유의)

· book passage on: ~항공사에 승객 예약을 하다 (book은 예약하다는 동사로 사용됨)

· carrier(s): 항공사의 비행기(들)

[번역]

국제관광은 상당히 항공업계에 의존한다. 오늘날 항공요금은 가격이 합리적인 수준일 뿐 아니라 항공이용 여행도 용이해졌다. 전화 한 통화로 수많은 주요 항공사에 예약을 하여 거의 세계 어디로든지 승객을 운송할 수 있게 되었다.

➔

Historical accounts of roadside inns and lodging facilities have been found in documents dating back to ancient Persia. (Montgomery & Strick, 1995: 11-12)

[해설]

- account(s): 설명(들), 해설(들)
- lodging facility(facilities): 숙박시설(들)
- dating back to: ~ 날짜(시기, 시대)로 거슬러 올라가는 (date는 동사로 쓰였고, 주어는 documents라는 무생물이며 dating이라는 현재분사로 그 주어를 수식하고 있음)

[번역]

길가에 있는 여관이나 숙박시설에 대한 역사적 설명은 고대 페르시아까지 거슬러 올라가는 문서에서 발견된다.

➔

Lodging encompasses a broad spectrum of supplier businesses. Accommodation categories can include hotels, motels, conference centers, inns, bed and breakfasts, resort condominiums, youth hostels, and health spas. (Montgomery & Strick, 1995: 12)

[해설]

- encompass(es) a broad spectrum of: 폭 넓은 범위를 포괄하다 (encompass의 주어 역시 무생물인 lodging 임)
- Accommodation category(categories) can include: 숙박시설 범주(들)에는 ~를 포함 시킬 수 있다 (include의 주어 역시 무생물임)
- bed and breakfasts: 숙박시설의 한 종류로서 약자로 B & B 라고 칭하는데, 소규모 민박 형식의 숙소로서 아침이 제공됨

[번역]

숙박시설에는 폭넓은 공급업체들이 포함된다. 숙박시설 범주에는 호텔, 모텔, 컨퍼런스 센터, 여관, B & B, 리조트 형 콘도, 유스호스텔, 온천 관광호텔이 포함된다.

Meetings, conventions, and expositions generate a tremendous amount of revenue within the hospitality industry. (Montgomery & Strick, 1995: 12)

[해설]

- generate: 창출하다
- tremendous: 엄청난
- revenue: 수입 (정부나 산업체 등의 수입은revenue이고 개인의 수입은 income임)

[번역]

회의, 컨벤션 그리고 전시는 환대산업 내에서 엄청난 액수의 수입을 창출한다.

A meeting is a conference, a workshop, a seminar or other event designed to bring people together for the purpose of exchanging information. Meetings do not include exhibits. An exhibition is an event designed to bring together purveyors of products, equipments, and services in an environment in which they can demonstrate their products and services to a group of attendees at a convention or trade show. When meetings are combined with expositions, the event is called a convention. (Rutherford, 1990: 44)

[해설]

- designed to: ~ 하기위해 고안된
- Meeting(s) do not include ~ : 회의에는 ~이 포함되어 있지 않다 (주어가 사람이 아닌 meeting임에 유의)
- exhibition: 전시
- purveyor(s): 공급업자(들)
- demonstrate: 보이다, 제시하다
- trade show: exhibition(전시) 중 전문 전시회

[번역]

회의란 정보교환을 목적으로 사람들을 불러 모으기 위해 고안된 컨퍼런스, 워크숍, 세미나 혹은 기타 행사를 말한다. 회의에는 전시가 포함되어 있지 않다. 전시란 제품, 장비, 서비스를 공급하는 업체들이 그들의 제품이나 서비스를 컨벤션이나 전문전시에 참가한 사람들에게 보여줄 수 있는 환경 속에 모이도록 고안된 행사이다. 회의가 전시와 합쳐질 때 이 행사를 컨벤션이라 한다.

➔

There are four major <u>components</u> of the convention industry: planners and the groups they <u>represent</u>, host facilities, services, and <u>exhibitors</u>. (Montgomery & Strick, 1995: 13)

[해설]

· component(s): 구성 요소(들)
· represent: 대표하다
· exhibitor(s): 전시 출품업체(들)

[번역]

컨벤션 산업은 4개의 주요 구성요소로 되어있다. 컨벤션 기획사와 그들이 대변하고 있는 집단, 개최시설, 서비스 그리고 전시 출품업체들이다.

➔

Planners <u>fall into a number of categories</u>. There are corporate meeting planners who <u>work exclusively for</u> a corporation; association meeting planners who work exclusively for an association; or independent meeting planners who <u>contract out their services</u> to both associations and corporations. Association management companies as well as travel agencies are also becoming more active in planning meetings, conventions and exhibitions. (Montgomery & Strick, 1995: 13-14)

[해설]

· fall into a number of categories: 수많은 범주로 나뉘다
· work exclusively for: ~를 위해 전속이 되어 일하다

· contract out their service(s): 그들의 서비스(들)를 계약을 통해 제공하다 (contract가 동사로 쓰임)

[번역]

기획사는 수많은 범주로 나뉜다. 특정 기업만을 위해 전속이 되어 일을 하는 기업회의 기획사, 특정 협회만을 위해 전속으로 일하는 협회회의 기획사, 협회나 기업 측에게 계약에 의해 서비스를 제공하는 독립적인 회의 기획사가 그것이다. 여행사 뿐 만 아니라 협회 관리 전담 회사들도 회의, 컨벤션, 전시의 기획업무에 점차 더 적극적으로 관여하고 있다.

➔

Host venues provide sleeping rooms, meeting rooms, food and beverage as well as a number of other services for groups attending meetings, conventions and expositions. (Montgomery & Strick, 1995: 14)

[해설]

· host venue(s): 개최 장소(들), 개최 시설(들)
· beverage: 음료수
· attending: ~에 참가하는 (동사 attend는 뒤에 전치사가 필요 없음)

[번역]

개최시설은 회의, 컨벤션 그리고 전시에 참가하는 단체 참가자들에게 수많은 여러 서비스 뿐만 아니라 객실, 회의실 그리고 식음료를 제공한다.

➔

Service suppliers include, but not limited to, ground handlers, destination management companies, entertainers, decorators, transportation companies, attractions, and tour guide companies. (Montgomery & Strick, 1995: 14)

[해설]

· but not limited to: ~에 한정된 것은 아니고 (쉼표를 앞뒤에 표기하여 삽입시킴)
· ground handler(s): 지상 운송 담당 업체(들)
· destination management company (companies): 행사장이 소재한 현지에서 필요한 여러 서비스를 총괄해주는 업체(들)

[번역]
서비스 공급 협력업체로는, 물론 이것 외에도 많지만, 다음과 같이 지상운송업체, 현지관리업체, 연예 기획사, 장치업체, 운송회사 그리고 관광안내회사 등이 있다.

Exhibitors are individuals working for a company. They select expositions to attend expositions based on their ability to provide qualified leads and to introduce their products, both new and old, to an interested audience.(Montgomery & Strick, 1995: 15)

[해설]
- qualified lead(s): 구매능력(자격)을 갖춘 향후 거래 관계(들)
- both new and old: 신상품과 기존상품 모두 (형용사구를 "both new and old products"로 표기하는 것보다 product 뒤에 쉼표로 삽입하는 것이 더 시각적 효과가 큼)

[번역]
전시출품업자란 회사를 위해 일하는 개인들이다. 그들은 구매능력을 갖추고 향후 거래를 틀 수 있는 자신들의 능력에 기저 하여, 자신들이 참가할 전시회를 선별하고, 관심 있는 전시 관람객에게 그들의 신제품과 기존제품을 소개한다.

References

Montgomery, R. J. and S. K. Strick, 1995. *Meetings, Conventions and Expositions*, New York: Van Nostrand Reinhold.

Rutherford, D. C., 1990. *Introduction to the Conventions, Expositions and Meetings Industry*, New York: Van Nostrand Reinhold.

Chaper **2**

Convention and Visitors Bureau

컨벤션 전담기구

The Convention and Visitors Bureau(CVB) is designed to warehouse all of the information about a city's visitor-related services. (Montgomery & Strick, 1995: 31)

[해설]

· to warehouse: (창고처럼) 한곳에 모아두기도 하고 배포하기도 하다 (동사로 사용되었음에 유의)

· visitor-related: 방문객과 관련된

[번역]

컨벤션 전담기구(CVB)는 한 도시의 방문객과 관련된 서비스 정보를 모두 총집결 및 배포시키기 위해 만들어진 것이다.

A FAM (familiarization) trip is a hosted trip to assess facilities, locations or service. (The Convention Liaison Council Glossary, 1986: 24)

[해설]

· familiarization: 낯익게 하기, 숙지

· hosted trip: 초청자가 모든 비용을 대는 여행

[번역]

FAM 여행은 시설, 위치, 서비스 등을 평가해 달라고 시설측이 비용을 대면서 (시설사용자를)초청하는 여행이다.

The operational or administrative department of CVB is responsible for generating funds and keeping track of these funds as well as for promoting membership drive. (Montgomery & Strick, 1995: 20)

[해설]

- be responsible for: ~에 책임이 있다 (이 구문이 generating, keeping, promoting에 모두 연계됨에 유의하고 특히 as well as (~ 뿐만 아니라) 다음에 또 for를 써야 된다는 점에 유의)
- generating fund(s): 기금(들)을 조성하는 데에
- keeping track of: ~의 기록을 추적하는 데에
- for promoting membership drive: 홍보로 회원 가입에 박차를 가하는 데에 (여기서 drive는 "추진력" 이라는 명사로 쓰임)

[번역]

CVB의 운영 혹은 행정부서는 회원가입을 가속화시키는 홍보업무 뿐만 아니라 기금을 조성하고 이 기금의 쓰임새를 추적해가는 책임이 있다.

The CVB is the central information source for advice on site selection, transportation and available local services, all with no cost or obligation to the meeting manager. CVB representatives are equipped with the knowledge and information to provide up-to-date data about the city or area as well as planned future developments. (Polivka, 1996: 217)

[해설]

- all with no cost or obligation to: ~에게 전혀 비용이나 의무적인 부담감 없이
- are equipped with: ~를 갖추고 있다

[번역]

CVB는 개최지 선정, 운송 및 사용 가능한 현지 서비스에 관한 중앙 정보처로서, 회의 기획사들에게 무료로 아무런 의무조항 없이 자문을 해주는 곳이다. CVB를 대표하는 사람들은 해당 도시나 지역의 향후 개발계획 뿐 아니라 최근 자료를 제공해 줄 수 있는 지식과 정보를 갖추고 있다.

CVBs provide a variety of materials available for use in building attendance and familiarizing delegates with the city prior to their arrival. CVBs supply magazines, maps and brochures on site that include details on the local area. These materials usually include such information as what to see and do, where to shop and dine, and other points of interest in the local area. (Polivka, 1996: 221)

[해설]

- available for use: 사용할 수 있는
- building attendance: 참석률을 높이기
- familiarizing A with B: A에게 B를 낯익게 해주기
- prior to: ~하기 전에
- on site: 현장에서
- such A as B: B와 같은 A들
- shop and dine: 쇼핑하고 식사하다(모두 동사임)
- point(s) of interest: 흥미 있는 관광지(들)

[번역]

CVB는 참가자 수를 늘리고 회의참가 대표들이 개최 도시에 도착하기 전에 그 도시에 대해 익숙해지도록 하는 데에 필요한 다양한 자료를 제공한다. CVB는 현지에 대해 세부 안내사항을 적어놓은 잡지, 지도, 브로셔를 현장에서 제공한다. 대개 이런 자료에는 현지의 볼거리, 할 거리, 쇼핑 및 식사할 곳 그리고 기타 흥미로운 관광지에 대한 안내가 들어 있다.

During the initial meeting with the assigned Convention Services Manager(CSM) from CVB, the meeting manager should provide a current program for the event. Most bureaus are membership-driven. The membership base forms the core of local companies the meeting manager will most likely utilize. The bureau CSM has many contacts with these core companies and can act as a liaison for the meeting manager. (Polivka, 1996: 232)

[해설]

- assigned Convention Services Manager(CSM) from CVB: CVB에서 지정한 컨벤션 서비스 담당자
- are membership-driven: 회원제로 운영되다
- form(s) the core of: ~의 핵을 구성하다 (여기서 forms는 동사임)
- act as a liaison for: ~에 대한 연락 담당자로서의 역할을 하다

[번역]

CVB에서 지정해준 컨벤션 서비스 담당자와 초기에 회합을 갖는 동안, 회의 기획사는 해당 행사의 진행 중인 프로그램 내용을 제시해 주어야 한다. 대부분의 CVB는 회원제로 운영된다. 바탕이 되는 이 회원제가 회의 기획사들이 가장 많이 이용하게 될 현지 서비스 공급업체들의 핵심을 이루고 있다. CVB의 컨벤션 서비스 담당자는 이같이 핵심 업체들과 접촉하면서 회의 기획사들을 연결시켜주는 역할을 한다.

References

Montgomery, R. J. and S. K. Strick, 1995. *Meetings, Conventions and Expositions*, New York: Van Nostrand Reinhold.

Polivka, E. G., 1996 (3rd ed.) *Professional Meeting Management*, PCMA Education Foundation.

The Convention Liaison Council, 1986. *The Convention Liaison Council Glossary*, Washington D. C.: The Convention Liaison Council

Chaper 3

Players in the Industry

컨벤션 산업의 구성요소

A Association: Organizer(협회: 주최자)

The association industry is significant in many respects – total employees, payroll, and membership – but in one area it is the undisputed leader. It's the big spender when it comes to conventions and meetings. (ASAE 1993: 24)

[해설]

- in many respect(s): 여러 면에서
- payroll: 봉급
- undisputed: 논란의 여지가 없는
- the big spender: (큰손이라 칭할 정도로) 돈을 많이 쓰는 고객
- when it come(s) to: ~로 말할 것 같으면

[번역]

협회 운영산업은 여러 면 - 총 종사자 수, 봉급, 회원수 등 - 에서 중요하나, 한 영역에 있어서는 논란의 여지가 없는 리더이다. 컨벤션과 회의에 있어서는 협회가 비용을 많이 쓰는 큰 고객이다.

There are two recognized categories of associations: trade associations and professional associations. Both exist primarily for the betterment of their members. Trade associations are not-for-profit organizations designed to address the needs of for-profit businesses. Professional associations are also not-for-profit organizations. They are, however, not involved with business pursuits. Rather, they are designed to assist individuals in their pursuit of common goals and interests. (ASAE 1993: 8-9)

【해설】

· trade: 장사, 직업, 상업
· betterment: 향상 (better가 동사(향상시키다)로도 사용됨)
· not-for-profit: 비영리적인
· address the need(s) of for-profit businesses: 영리목적의 사업에 필요로 하는 것(들)에 대해 신경을 쓰다
· address: ⓢ 연설하다 (마음이나 주의를) 기울이다, 본격적으로 달라붙다
· involved with: ~에 개입된
· pursuit(s): 추구하는 일(들)

【번역】

협회는 널리 알려진 2개의 범주가 있는데, 사업관련 협회와 전문직 관련 협회가 그것이다. 이 둘 다 우선적으로 회원들의 보다 나은 발전을 목적으로 존재한다. 사업관련 협회는 이윤추구가 목적인 사업가들의 요구 사항들을 해결해주기 위해 만들어진 비영리 단체이다. 전문직관련 협회(학회) 역시 비영리 조직이다. 그러나 이 부류의 협회는 돈벌이를 추구하는 일과는 관련이 없이, 오히려 회원 개개인들이 공동 목표나 이익을 도모하는 데에 도움을 주기위해 만들어진 것이다.

B Facilities(시설들)

A comprehensive convention center is a public assembly facility that is designed to host meetings and exhibits under one roof. It also has provision for banquet, food and beverage, and concession service. (Rutherford, 1990: 78-79)

【해설】

· comprehensive: 포괄적인, 광범위의 종합적인
· assembly: 집합, 집회
· host: 주최하다, 개최하다

· under one roof: 한 지붕 아래에서(즉 한 시설물 공간 내에서)
· concession: 양보, 특권, 이권
· concession service: (호텔 등 시설 측에서 손님에게 제공하는) 특별 서비스

[번역]

종합적인 (기능의) 컨벤션 센터는 공공집회 시설로서 한 공간 내에서 회의와 전시를 개최할 수 있도록 설계되었다. 이 시설은 또한 연회, 식음료 기타 특별 서비스를 제공한다.

By definition and design, a conference center is a specialized hospitality operation dedicated to facilitating and supporting conferences (small to medium size meetings averaging between 20 and 50 people). (Haigh & Hudson, 1989: 5)

[해설]

· by definition and design: 정의적 개념상으로나 설계 면에 있어서
· dedicated to + V ~ing: ~에 전적으로 헌신하고 있는, ~을 전담하는
· facilitate: 촉진시키다
· averaging: "(동사) 평균 ~이 되다 (흔히 명사로만 알기 쉬운 단어들이 동사로 쓰이고 있음에 유의)라는 average" 의 현재분사로 그 앞의 meetings를 수식함

[번역]

낱말의 정의 측면에서나 설계 면에서, 컨퍼런스 센터는 (평균 20명에서 50명에 달하는 중소규모 회의인) 컨퍼런스를 운영함에 있어 전적으로 진행업무를 촉진하고 지원해주는 환대운영 전문시설이다.

Conference centers differ from convention centers mainly in that most conference centers provide overnight accommodations for their attendees. Most conference centers have a unique pricing system that allows a "one-stop-shopping" approach. Conference centers charge one price that includes meals, room rate, meeting rooms, audio-visual equipments, coffee breaks, and paper suppliers needed by the conference. (Montgomery & Strick, 1995: 48)

[해설]

· differ from: ~와 다르다 (be different from 이라는 표현보다 강함)

· mainly in that: 주로 ~라는 점에서

· a unique pricing system that allow(s) ~ : ~이 가능한 독특한 가격 체계 (unique의 발음 때문에 부정관사 an은 쓸 수 없고, 동사 allow(허락하다)의 주어는 무생물인 "가격체계" 임)

· charge: 요금을 요구하다 (주어가 사람이 아닌 센터임)

[번역]

컨퍼런스 센터는 대부분 회의 참가자들에게 숙박시설을 제공한다는 점에서 주로 컨벤션 센터와 다르다 대부분의 컨퍼런스 센터는 "한곳에서 모든 구매"를 가능케 하는 독특한 가격체계를 갖고 있다. 컨퍼런스 센터가 요구하는 가격은 한가지 인데 그 안에 식비, 객실료, 회의실 사용료, 시청각 기자재 사용료, 휴식 시간의 커피 값, 그리고 회의 할 때 필요한 종이 등 사무용품 공급까지 포함된다.

C Trade Shows and Expositions (전문 전시회 및 전시회)

Exhibition, historically a European term, has been adopted by Americans as we become more global, particularly in referring to traveling shows, such as art exhibitions. Expositions are public shows. Trade shows are historically private shows open only to those involved in the industry. They are "business-to-business". Although some trade shows do open themselves up to the public on their final days, most are still completely private. (Montgomery & Strick, 1995: 53)

[해설]

· a European term: 유럽에서 쓰는 용어 (European의 첫 발음 때문에 an을 쓸 수 없음에 유의)

· adopted: 채택된 (adapt(적응하다)와 혼동하기 쉬움)

· in referring to + 명사: ~를 지칭하는 것으로

· open only to those: ~한 사람들에게만 개방하는 (여기서 open은 형용사로 쓰임)

· open oneself up to ~: 자신을 ~에게 개방하다 (여기서 open은 동사로 쓰임)

[번역]

세계가 국제화됨에 따라 역사적으로 유럽에서 사용하던 용어인 exhibition을 미국 사람들이 받아들여 특히 미술 전시회와 같은 순회 전람회를 지칭하는 용어로 사용하게 되었다. Exposition은 일반 대중이 참관하는 전시회이다. Trade Show는 역사적으로 해당 업계에 관련된 사람들에게만 개방하는 사적(private)인 전시회 이다. 이는 "업체 대 업체 (B to B)" 대상 전시회인 것이다. 비록 일부 전문 전시회가 전시기간 중 마지막 날에 일반인에게 개방하지만 아직도 대부분은 전문 업체끼리의 사적 전시회 이다.

Trade show sponsors are generally trade or professional associations who use the trade show as an integral part of their meetings and/or conventions to generate revenue. Sponsors are responsible for procuring the physical facilities in which the trade show will be held. They are also accountable for managing the show. This management includes developing an exhibitor list, marketing the show to exhibitors and attendees, organizing suppliers, organizing move-in and move-out of the show, and overseeing all financial responsibilities and contracts involved with the trade show. (Montgomery & Strick, 1995: 55)

[해설]

· trade show sponsor(s): 전문전시 주최자(들) (여기서는 sponsor가 후원자가 아니라 주최자를 의미함)
· integral: 통합적인
· generate revenue: 수입을 창출하다
· procuring: 조달하기 (동사 "procure"의 동명사 임)
· are accountable for: ~에 책임이 있다
· developing an exhibitor list: 전시 출품업체 목록을 작성하기 (여기서 develop은 개발, 발전하다는 의미보다는 목록을 찾아 구축해낸다는 의미임)
· marketing: 마케팅 활동을 하기 (여기서는 includes의 목적어로 marketing이 동명사 임)
· move-in and move-out: 전시부스 설치 및 철거
· overseeing: 감독하기 (oversee의 동명사로 include의 목적어 임)

[번역]

전문전시 주최자들은 대체로 사업체들의 협회 혹은 전문직 종사자들의 협회로서, 전시회

를 수입창출을 위해 회의나 컨벤션을 이루는 한 부분으로 활용한다. 주최자들은 전문 전시회가 개최되는 물리적인 시설들을 확보해야 할 책임이 있다. 또한 그들은 그 전시회를 운영할 책임도 있다. 그 운영업무에는 출품업체 목록 작성하기, 전시회를 출품업체와 참가자에게 마케팅 하기, 수반되는 서비스 공급 협력업체를 주선하기, 전시부스를 설치, 철거하기 그리고 전시회와 관련된 모든 재정적 책임과 계약사항을 감독하는 일이 포함된다.

Once the site has been selected, exposition managers are responsible for recruiting exhibitors and attracting attendees. To successfully do this, they must have developed a profile of prospective and/or past attendees. (Montgomery & Strick, 1995: 56)

【해설】

- recruiting: 모집하기 (앞의 전치사 for 때문에 동명사가 쓰임)
- attracting: 유치하기 (앞의 전치사 or 때문에 동명사가 쓰임)
- have developed a profile: 프로필을 작성해 두다 (동사 develop과 목적어 a profile을 한 묶음으로 익혀둘 것)
- prospective: 전망이 (가능성이) 있는

【번역】

일단 장소가 정해지면 전시 운영자는 출품업체를 모집하고 참가자를 유치할 책임이 있다. 이를 성공적으로 하기 위해 그들은 앞으로 가능성이 있거나 과거에 참석했던 참가자들의 프로필을 작성해야 한다.

Once a profile has been developed, the show manager will use this information to develop an exhibitor prospectus to send to potential exhibitors. This prospectus outlines all important information required by a prospective exhibitor to make an educated decision about whether or not to exhibit at the trade show. This information includes, but is not limited to, times and dates of the show, move-in and move-out information, cost of booths, payment schedules, details about the sponsoring organization, procedures for assigning booths, housing information, and the rules and regulations for the show. (Montgomery & Strick, 1990: 57)

[해설]

· develop an exhibitor prospectus: 출품업체에게 보낼 안내문을 작성하다
· outline(s): 요약하다(동사로 쓰임)
· make an educated decision about whether or not to exhibit: 전시할 것인가 말 것인가 에 대해 현명한 결정을 내리다
· educated decision: 충분히 많은 정보를 알고서 내리는 현명한 결정
· exhibit: 전시하다 (동사로 쓰임)
· but is not limited to: ~에 국한되지는 않지만
· paymen schedule(s): 지불 일정표(들)
· assigning: 할당하기
· the rule(s) and regulation(s): (제반) 내규와 규정

[번역]

일단 프로필이 잡히면 전시 운영자는 이 정보를 활용하여 잠재적 출품업체들에게 보낼 출품업체 안내서를 작성하게 된다. 이 안내서는 잠재적인 출품업체들이 전문 전시회에서 전시를 할 것인가의 여부를 결정하는 데에 있어 많은 것을 알고 올바른 결정을 내리는데 필요한 중요한 모든 정보로 요약되어 있다. 이 안내에 포함되는 사항들은 (물론 이에 국한되는 것은 아니나) 전시회 개최시간과 날짜, 전시부스 설치 및 철거안내, 부스비용, 지급일정, 전시 주최 측에 대한 상세한 정보, 부스할당 절차, 숙박정보 그리고 전시회 관련 내규 및 규정들이다.

The logistics involved with other services, such as housing, shuttle buses to and from the facility, and official airlines with their discounted airfares, are all very important aspects of a show manager's job. Registration for both exhibitors and attendees, signages and exhibitor directories are also important duties that must be coordinated by the show manager. (Montgomery & Strick, 1995: 58)

[해설]

· logistics: 물류, 물품 및 사람의 이동
· shuttle bus(es) to and from: ~를 왕복하는 셔틀버스(들)

· official: 공식적인, 공식 지정된
· signage(s): 표지판(들)
· exhibitor directory(directories): 전시 출품업체 목록 집(들)

【번역】

숙박, 전시장 왕복 셔틀버스, 할인된 항공료를 제공할 공식 지정 항공사 등 여러 서비스가 관여되는 물류가 전시 운영자의 업무 중 매우 중요한 부분이다. 출품업체와 전시 참가자들의 등록업무, 표지판 설치, 출품업체 명부 제작 등 또한 전시 운영자가 적절히 조정 관리해야 할 중요한 임무들이다.

The show manager's job is done when the evaluations of the trade show or exposition have been tallied. A report is then filed with the association or organization sponsoring the event and plans begin for future shows. (Montgomery & Strick, 1995: 58)

【해설】

· the evaluation(s) of ~ have been tallied: ~의 평가가 계산된다 (주어 evaluation과 동사 tally를 연계하여 암기해 둘 것)
· tally: 계산하다, 총계 합산하다
· A report is then filed: 그 후 보고서가 작성된다 (주어인 report와 동사인 file을 연계하여 암기해 둘 것)
· file: 파일을 만들다, 작성하다

【번역】

전시 운영자의 일이 끝나는 것은 전문 전시회나 일반 전시회에 대한 평가가 계산되었을 때이다. 그 후 행사를 후원한 협회나 주최기관과 함께 보고서를 작성하고 향후 전시에 대한 계획이 시작된다.

Service contractors, exposition service contractors, general contractors, and decorators are all terms that have at one time or another referred to the individual responsible for providing all of the services needed to run the facilities for a trade show. (Exposition Service Contractors Association, 1991: 8)

[해설]

· term(s): 용어(들)

· at one time or another: 이 경우 혹은 다른 경우에

· run the facility(facilities) for: ~를 목적으로 시설(들)을 운영하다

[번역]

서비스 계약업체, 전시 서비스 계약업체, 총괄 계약업체 그리고 장치업체는 모두 경우에 따라 전시를 위해 시설을 운영하는 데에 필요한 모든 서비스를 제공할 책임이 있는 자를 지칭하는 말이다.

Some of the services provided by exposition service contractors are: safe and timely drayage of exhibits and materials; proper and efficient installation, maintenance, and dismantling of displays; and an impressive array of signs and banners, each made according to your specifications for size and color. (Exposition Sence Contractors Association, 1991: 8)

[해설]

· timely: 시기적절한, 시간에 딱 맞는(명사 + ly는 형용사임)

· drayage: 운송 (짐마차(dray) 혹은 짐수레에 의한 운송을 말하나, 전시에서는 전시관련 물품을 창고와 전시장 사이에 전달하는 운송을 의미함)

· installation: 설치

· dismantling: 철거

· array: 배열

· banner(s): 현수막(들)

· according to your specification(s) for: ~에 대해 (전시운영자가) 지정한 시방서(들) 대로

[번역]

전시 서비스 계약업체들이 제공하는 서비스들중 일부분은 다음과 같다. 전시물과 관련 자료를 안전하고 시간에 맞춰 운송하기, 제대로 그리고 효율적으로 전시물을 설치, 유지, 철거하기, 크기와 색깔에 있어 전시 운영자가 지시한 대로 만든 표지판과 현수막을 보는 사람들에게 깊은 인상을 줄 수 있도록 배치하기 등이다.

References

ASAE, 1993. *ASAE Fact-Book*, Washington D. C.: ASAE

Exposition Service Contractors Association, 1991: *Annual Guide to Exposition Service*, National Association of Exposition Managers.

Haigh, S. and R. W. Hudson, 1989. *Understanding Conference Centers*. Fenton, Mo.: IACC.

Montgomery, R. J. and S. K. Strick, 1995. *Meetings, Conventions and Expositions*, New York: Van Nostrand Reinhold.

Rutherford, D. C., 1990. *Introduction to the Conventions, Expositions and Meetings Industry*, New York: Van Nostrand Reinhold.

Chaper **4**

Organizers

주 최 자

A Program Design (프로그램 설계)

The program design is the structuring, balancing and pacing of the program by combining major topics and sub-topics, passive and active sessions, serious and fun presentations, and formal and informal times to provide professional and personal growth and networking opportunities for participants. (Price, 1989: 11)

[해설]

· pacing: 속도를 조절하기 (동사 pace의 동명사 임)

· networking opportunity(opportunities): 서로 친교를 갖는 기회(들)

[번역]

프로그램 설계란 참가자들에게 전문가로서 그리고 개인적으로도 성장하고 교분을 쌓을 기회를 제공해 주기 위해, 주요한 주제들과 하부 주제들, (강연청취 등의) 수동적 회의시간과 적극 참여하는 회의시간, 심각한 발표와 재미있는 발표, 격식을 차린 경우와 그렇지 않은 시간대를 잘 결합시켜서, 프로그램의 구성을 짜고 균형을 잡아가며 속도 조절을 하는 것이다.

B Budget (예산)

A budget is nothing more than an estimate of income and expenses and a plan to adjust the anticipated expenses to the expected income. (Dotson, 1988: 88)

[해설]

- nothing more than: 단지 ~일 뿐이다
- an estimate: 추산
- adjust A to B: A를 B에 맞추다
- anticipated: 예상되는

[번역]

예산이란 수입과 지출에 대한 추산일 뿐이며, 예상되는 비용을 기대되는 수입에 맞추어 가는 계획이다.

A budget includes fixed expenses, variable expenses, and sources of revenue. Fixed expenses are not dependent on the number of attendees. Some fixed expenses are administrative fees, postage and printing, advertising and promotion, staff travel, speaker fees, and contracts with certain suppliers such as audio-visual firms. (Montgomery & Strick, 1995: 71)

[해설]

- fixed expense(s): 고정비용(들)
- variable expense(s): 가변비용(들)
- source(s) of revenue: 수입원(들)
- postage: 우편요금
- speaker fee(s): 연사 비(들)

[번역]

예산에는 고정비용, 가변비용 그리고 수입원이 포함된다. 고정비용은 참가자의 수에 따

라 달라지지 않는다. 고정비용에는 행정업무 운영비, 우편요금, 인쇄비, 광고 홍보비, 직원 출장비, 연사 강연 비, 시청각기자재 업체와 같은 공급업체와의 계약에 따른 기자재 사용비 등이 있다.

Variable expenses are those that fluctuate depending on the number of attendees. Most expenses included in the budget fall into this category. (Montgomery & Strick, 1995: 71)

[해설]

· fluctuate: 출렁이다, 변동하다
· included: 포함된 (과거분사로 앞에 있는 expenses를 수식함)
· fall into this category: 이 범주에 속하다

[번역]

가변비용은 참가자의 수에 따라 차이를 보이는 비용들이다. 예산에 포함된 대부분의 비용이 이 범주에 속한다.

Variable expenses may include: food and beverage; hospitality programs; exhibition expenses; guest rooms; gratuities; registration materials; printed materials such as programs, proceedings and handouts; support personnel; and evaluation materials. (Montgomery & Strick, 1995: 71)

[해설]

· hospitality program(s): 참가자에게 커다란 환대와 편이를 제공해 주는 프로그램 (별도의 소규모 행사공간에 안락의자, 가벼운 먹을거리와 음료수 등을 제공하여 휴식과 사교를 할 수 있도록 공간을 제공하는 것이 한 예임)
· gratuity(gratuities): 감사의 표시로 팁처럼 주는 것(들)
· proceeding(s): 논문집들 (회의 때 발표자들의 논문이나 발표원고를 묶어 놓은 책자)
· handout(s): 그때그때 나누어 주는 인쇄물(들)
· personnel: 요원 (개인적인 이라는 의미의 personal과 혼동하기 쉬움)

【번역】

가변비용에는 식음료 비용, 특별 환대 프로그램 비용, 전시비용, 객실료, 감사의 팁 비용, 등록 신청서 제작비, 프로그램, 논문집, 배포 물 등 인쇄물 제작비, 지원요원 인건비 그리고 평가서 제작비 등이 포함된다.

C Site Selection (장소선정)

If there is not a convention and visitors bureau in the host city, the meeting planner or exposition manager must solicit proposals from individual properties. (Montgomery & Strick, 1995: 74)

【해설】

- the host city: 개최도시
- solicit: 간청하다, 주문을 받다, 권유하다
- solicit proposal(s) from individual properties: 개별 시설들로부터 제안서(들)를 보내달라고 요청하다

【번역】

(해당 컨벤션이 열리게 될) 개최 도시에 컨벤션 전담기구가 없다면 회의 기획사나 전시 운영자는 개별 시설들로부터 제안서를 보내달라고 요청해야 한다.

The planner or exposition manager must be concerned with the movement of cargo. Cargo may be exhibit materials, office supplies, or registration materials. Although moving this cargo is often referred to as "drayage," in its pures definition, drayage is the transfer of exhibit properties from point of arrival to exhibit site. (The Convention Liaison Council, 1986: 15)

【해설】

- be concerned with: 걱정(염려)하다
- cargo: 화물

· office supply(supplies): 사무용품(들)
· drayage: 운송
· transfer: 전달

[번역]

회의 기획사나 전시 운영자는 화물의 이동에 신경을 써야 한다. 이 화물은 전시물, 사무용품 혹은 등록관련 물품이다. 이런 화물 이송을 drayage라고 칭하지만, 순수한 정의 그대로의 의미로서 drayage란 전시물이 개최도시에 도착해서 전시장까지 이송되는 것을 말한다.

Before making the site selection decision, the sponsor should know who at the host facility receives the shipments, where the shipments are stored, how security is set up, how to get assistance with unpacking and repacking, and how billing procedure works. (The Convention Liaison Council, 1986: 36)

[해설]

· shipment(s): 수하물, 발송물(들)
· are stored: 저장되다, 보관되다 (store가 동사로 보관하다는 의미임)
· security is set up: 보안조치가 이루어지다
· unpacking and repacking: 짐을 풀고 짐을 다시 싸기
· how billing procedure work(s): 청구절차가 어떻게 이루어지는가 (여기서 work는 동사로 '~이 작용 하다, 진행되다' 의 의미임)

[번역]

개최 장소에 대한 결정을 내리기 전에 주최 측은 개최도시 측에서 누가 수하물을 접수하고, 수하물이 어디에 보관되고, 보안은 어떻게 설치되며, 짐을 풀거나 다시 쌀 때 어떻게 도움을 받으며, 청구 절차는 어떻게 이루어지는지 알아야 한다.

D Marketing (마케팅)

Marketing procedures should start with determining the break-even attendance figures. The break-even attendance figure is the minimum number of paying attendees the event must have in order not to lose money. If this event is supposed to generate profit, the minimum number of attendees must, at the very least, create enough revenue to cover expenses. (Jedrziewski, 1991: 235)

【해설】

· the break-even attendance figure(s): 수입과 지출이 꼭 맞는 참가자의 숫자(들)
· is supposed to: ~하게 되어 있다
· generate profit: 이윤을 창출하다
· create enough revenue to cover expense(s): 비용(들)을 충당할 만큼 충분한 수입을 창출하다

【번역】

마케팅 절차는 수입과 지출을 맞출 수 있는 (손실도 이득도 없는) 참가자의 수를 결정하는 일에서부터 시작된다. 수지를 맞출 수 있는 참가자의 숫자란 손해나지 않는 행사가 되기 위해 필요한 최소한의 참가자 수로서, 이 참가자들은 참가비를 낸 사람들이다. 이 행사에서 흑자를 내려면 최소한의 참가자 수로 적어도 비용을 충당하기에 충분한 수입을 창출할 수 있어야 한다.

The marketing strategy most often used for the transferal of information regarding meetings, conventions and expositions is direct mail. Direct mailing tends to yield the best results for the money spent. (Montgomery & Strick, 1995: 82)

【해설】

· used for the transferal of: ~의 이전(전달)을 위해 사용되는 (여기에서 used는 과거분사로 사용되어 그 앞의 strategy를 수식함)
· regarding: ~에 관한
· tend(s) to: ~하는 경향이 있다
· yield the best result(s) for the money spent: 쓴 돈에 대해 최상의 결과(들)를 가져오다 (여기서 yield는 '결실을 맺다, 수확하다' 의 의미이며, spent는 'which is spent' 의 구분을 줄인 것으로 money를 수식함)

【번역】

회의, 컨벤션 그리고 전시에 관한 정보를 전달하기 위해 가장 흔히 쓰이는 마케팅 전략은

직접 우편발송이다. 직접 우편발송은 소요된 경비에 대비하여 최상의 결과를 낳는 경향이 있다.

Secondary marketing strategies might <u>consist of</u> advertisements in <u>trade journals</u> or magazines, <u>flyers</u>, <u>paid endorsement</u>, telephone calls, or <u>words of mouth</u>. (Price, 1989: 55)

[해설]

· consist of: ~로 구성되다

· trade journal(s): 전문 분야 잡지(들)

· flyer(s): 전단지(들)

· paid endorsement: 유급 보증 선전(광고)

· word(s) of mouth: 입에서 입으로 전해지는 구전현상(들)

[번역]

이차적인 마케팅 전략은 전문분야 저널, 잡지, 전단지, 유급 보증, 전화통화, 구전 등으로 구성되어 있다.

E Food & Beverage Function(식음료 행사)

A <u>guarantee</u> is the minimum number of meals <u>you want served</u> and will have to pay for. The sponsors, <u>in conjunction with</u> the host property, should develop a system for keeping track of the number of people <u>served at the food and beverage functions</u>. (Price, 1989: 100)

[해설]

· guarantee: 보장, 보증

· you want served: 대접받고 싶은

· in conjunction with: ~와 연계하여

· served at the food and beverage function(s): 식음료 행사에서 대접을 받은 (이때 function은 '행사' 라는 의미임)

[번역]

보장(개런티)이란 당신이 제공받고 싶고 동시에 그에 대한 비용을 지불할 최소한의 식사 제공 횟수를 의미한다. 주최 측은 개최시설 측과 협력하여 식음료 행사시 음식과 음료수를 제공받은 사람들의 숫자를 계속 추적하는 시스템을 개발해야 한다.

The tickets serve as the sponsor's record of how many people were served and verify the charges presented by the host property. Other forms of record keeping include plate count, head count, and quantities consumed. (Montgomery & Strick, 1995: 86)

[해설]

- serve as: ~로서 기능을 하다
- verify the charge(s): 청구요금(들)을 증명하다
- plate count: 접시 수로 제공된 음식 값을 계산하기
- head count: 식사한 사람들의 머리수로 계산하기
- quantity(quantities) consumed: 소비된 양(들)으로 계산하기

[번역]

티켓은 몇 명이나 음식대접을 받았는지를 주최 측이 기록하는 데에 쓰이며, 개최시설 측이 제시한 청구액을 검증하는 기능을 한다. 또 다른 기록추적 형태에는 접시수로 세기, 머리수로 세기, 그리고 소비된 양으로 세는 방법이 포함된다.

F Evaluation (평가)

The purpose of evaluation is to ascertain whether or not the goals that were laid out during the conceptualization phase were reached. (Montgomery & Strick, 1995: 91)

[해설]

- ascertain: 확실히 하다
- goal(s) that were laid out: 세워놓은 목표(들) ('layout a goal' 은 '목표를 세우다.' 라는 의미임)

· were reached: 달성되었다 (여기서 reach의 주어는 goal임)

[번역]

평가의 목적은 개념화 단계에서 세워놓은 목표들이 달성되었는지 여부를 확실히 알아보려는 것이다.

Questionnaires should be straight forward, short and easy to understand. In order to increase return rate, the survey should be designed so that it can be easily and quickly completed. (Montgomery & Strick, 1995: 92)

[해설]

· straight forward: 솔직하고 단도직입적인
· return rate: 회수율

[번역]

설문지는 단도직입적이며 짧고 이해하기 쉬워야 한다. 회수율을 높이기 위해 설문조사 양식은 쉽고 빠르게 답을 완성할 수 있도록 만들어 져야 한다.

References

Dotson, P. C., 1988. *Introduction to Meeting Management*. Birmingham, Ala. PCMA.

Jedrziewski, D. R., 1991. *The Complete Guide for the Meeting Planner.* Cincinnati, Ohio: South-Western Publishing Co.

Montgomery, R. J. and S. K. Strick, 1995. *Meetings, Conventions and Expositions*, New York: Van Nostrand Reinhold.

Price, C., 1989. *The AMA Guide for Meeting and Event Planners*, New York: Amacom/American Management Association.

The Convention Liaison Council, 1986. *The Convention Liaison Council Glossary*, Washington D. C.: The Convention Liaison Council.

Chaper 5

Host Venues

행사장소

A Facility Components(시설의 구성요소)

The host property refers to any facility used to house a meeting, convention, or exposition. (Montgomery & Strick, 1995: 91)

[해설]

- the host property: 개최시설 (여기서 'property'는 '부동산'이 아니라 호텔 등 시설을 의미함)
- house: 수용하다 (동사로 쓰인 점에 유의)

[번역]

개최시설이란 회의, 컨벤션, 전시 등을 수용하기 위해 사용되는 모든 시설을 칭한다.

The sales department of a host facility is often plagued with extremely high turnover. The pressure to meet quotas coupled with the lack of accountability due to excessive job turnover may cause salespeople to make excessive concessions or promises to meet their quotas. These promises are then left to the remaining staff to fulfill. Promises such as these are often broken, thus leaving the meeting planner in a lurch. (Montgomery & Strick, 1995: 100)

[해설]

- is plagued with: ~로 어려움을 겪다
- turnover: 이직(직장을 떠남)
- meet quota(s): 할당액(들)을 달성하다

· coupled with: ~와 더불어, ~에 덧붙여서
· accountability: 책임성
· cause A to B: A에게 B하도록 야기 시키다
· make excessive concession(s): 지나친 양보(들)를 하다
· are left to: ~에게 맡겨지다
· fulfill: 완수하다
· leave(leaving) A in a lurch: A를 곤경에 처하게 하다(하는) (leaving은 앞의 are와 연결된 진행형 형태임)

[번역]

개최시설 측 판매영업부는 극도로 높은 이직률로 종종 골머리를 앓고 있다. 지나친 직장 이직으로 인한 책임성 결여와 더불어 할당된 분량을 채워야 한다는 압박감은 영업사원들로 하여금 할당량 충족을 위해 지나친 양보나 약속을 하게 만든다. 이런 약속들을 지켜야 할 사람들은 남아있는 직원들이다. 이런 약속들은 종종 지켜지지 않으며, 그리하여 회의 기획사를 곤경에 처하게 만든다.

To protect the group from unkept promises, it is imperative that all special arrangements be clearly outlined in the contract, thus preventing any questions during the event. (Montgomery & Strick, 1995: 100)

[해설]

· unkept: 지키지 못한
· imperative: 피할 수 없는, 절대로 ~한
· it is imperative that + 주어 + 동사 원형: ~A(주어)가 B(동사)하는 것은 절대적으로 필요하다
· be outlined: 요약되다

[번역]

참가단체를 지키지 못한 약속으로부터 보호하기 위해 계약서 안에 모든 특별한 조처를 명료히 요약 표기하는 것이 절대적으로 필요한 것이며, 이리하여 행사기간에 발생하는 어떤 문제도 예방할 수 있는 것이다.

Once the contract is negotiated and signed, the convention service departmen takes over the reigns of command and is responsible for fulfilling the host properties' commitments. The convention service manager has been referred to as the person who makes things happen. He or she is the meeting planner's contact person, and so should be readily available to handle all of the convening group's on-the-spot needs. (Abbey, 1988: 222)

[해설]

- take(s) over the reign(s) of command: 지휘 통솔권(들)을 이양 받다
- reign: 말고삐, 통솔권
- fulfilling the commitment(s): 약속한 것(들)을 완수하기
- be readily available to handle: 언제라도 처리할 준비가 되어 있다
- on-the-spot: 현장에서의, 즉각적인

[번역]

일단 계약이 협상되고 서명되면, 컨벤션 서비스 부서가 통솔권을 이양 받고, 개최시설측이 한 약속을 이행해주는 책임을 진다. 컨벤션 서비스 담당자는 여러 일들이 실제로 벌어질 수 있게 만드는 사람이라고 불리어 왔다. 컨벤션 서비스 담당자는 회의 기획사의 연락 총괄자로서 컨벤션 참가단체 측이 현장에서 필요로 하는 것을 모두 언제라도 처리할 수 있도록 대기하고 있어야 한다.

Two or three days before the event, the convention service manager brings together all of the key players with the meeting planner or association executive to iron out any last-minute changes. This meeting, called the pre-convention meeting, ensures that all players are playing from the same game plan. (Montgomery & Strick, 1995: 102)

[해설]

- iron out: (꾸며진 것을 다듬질 하여 판단하게 하듯이) 문제를 해결하다
- any last-minute change(s): 마지막 순간에 바꿔야 할 것(들)은 어느 것이나
- pre-convention meeting: 컨벤션 개최 사전준비 회의

· ensure(s): 확실히 해두다
· from the same game plan: 동일한 기획내용을 바탕으로 하여

【번역】

행사 시작 2~3일 전에, 컨벤션 서비스 담당자는, 마지막 순간 일어난 변경 사항에 대해 그것이 어떤 것이든지 제대로 해결하기 위해 회의 기획사나 주최 측 임원과 함께 모든 주요 역할을 할 사람들을 소집한다. 컨벤션 개최 사전준비 회의라고 불리 우는 이 회의는 모든 역할 담당자들이 동일한 기획내용을 바탕으로 업무를 할 수 있게 해준다.

The front office will address the preparations that have been made to handle check-in/check-out procedures. This includes discussing all possible heavy check-in/check-out times and how they will staff to ensure smooth service. (Montgomery & Strick, 1995: 102)

【해설】

· front office: 호텔에서 투숙객을 직접 만나게 되는 후론트의 업무 담당 사무실
· address: 본격적으로 달라붙어 처리하다, 만전을 기하다
· heavy check-in/check-out time(s): 사람들이 많이 몰려 숙박기록을 하고 숙박비를 계산하는 시간대
· staff: 직원을 배치하다 (여기서는 동사로 사용됨)

【번역】

호텔의 후론트 오피스는 체크인/체크아웃 절차를 처리하기 위한 준비에 만전을 기하게 될 것이다. 이에는 체크인/체크아웃 할 때 사람들이 많이 몰릴 모든 가능한 시간대에 대해 논의하고 원활한 수속절차 서비스를 위해 어떻게 직원을 배치할 것인가 등의 문제가 포함된다.

The director of housekeeping will discuss all special services for the group. This might include turndown services, special amenities to be placed in the room, and any special arrangements for the executive suites. (Montgomery & Strick, 1995: 103)

[해설]

- housekeeping: 객실관리
- turn down service(s): 객실 내 침대의 겉 이불을 걷어내고 담요와 시트의 윗부분 중 한쪽을 밖으로 접어 삼각형을 만들어 투숙객이 쉽게 침대 안으로 들어갈 수 있게 해주는 서비스(들)
- amenity(amenities) to be placed: 배치해 두어야 할 쾌적함과 편리함을 제공해줄 물건들 (여기서 'place' 는 동사로 '~에 두다' 의 의미임)
- arrangement(s): 조처, 처리, 주선(들)
- executive suite(s): 호텔 객실 중 거실이 달린 (임원들을 위한) 특실(들)

[번역]

호텔 객실관리 책임자는 단체 투숙객에게 제공할 모든 특별 서비스를 의논하게 될 것이다. 이에는 침대의 턴다운 서비스, 객실 내에 배치하여 쾌적함과 편리함을 줄 물건들, 그리고 스위트 특실 배정 등 특별조처 등이 포함된다.

During the event the convention service manager <u>is on hand for all functions</u>. It is critical to ensure that <u>someone of authority</u> is on hand at all times <u>to address the problems as they arise</u>. (Montgomery & Strick, 1995: 103)

[해설]

- is on hand for all function(s): 모든 행사를 돌보다
- someone of authority: 책임자, 권한이 있는 사람('of + 추상명사' 가 형용사 기능을 함)
- to address the problem(s) as they arise: 문제가 야기될 때 마다 이를 집중적으로 다루다 (이때 'they' 는 'problems' 를 말함)

[번역]

행사기간동안 컨벤션 서비스 담당자는 모든 행사를 돌보게 된다. 문제가 발생될 때 마다 이를 처리하기 위해 권한이 있는 책임자가 현장에 필히 있도록 확실히 해 두는 것이 매우 중요하다.

B Services (서비스)

The room blocking ensures that attendees will have a space at a host facility. Once the room block has been released, registrants will be given rooms on a first-come/first-served basis. (Montgomery & Strick, 1995: 104~105)

[해설]

- room blocking: 여러 객실을 한 묶음으로 예약하기
- has been released: 해지되다
- registrant(s): 등록자(들)
- on a first-come/first-served basis: 선착순으로

[번역]

객실 단체예약은 참가자가 개최시설에서 숙박공간을 갖도록 확실히 해준다. 일단 객실예약이 해지되면 등록자들에게는 선착순으로 객실을 주게 된다.

Typically, guests have a schedule to keep and therefore do not have the time for a leisurely check-out. The development of express check-out has facilitated this process. (Montgomery & Strick, 1995: 107)

[해설]

- Leisurely: 여유 있는, 느긋한("명사 + ly"는 부사가 아니라 형용사임)
- express check-out: 신속한 체크아웃 (신용카드를 체크인할 때 달아놓고, 체크아웃 하기 전날 밤이나 당일 새벽에 미리 객실 방으로 요금 정산 용지를 밀어 넣어서 투숙객이 이 정산표에 문제가 없으면 프론트 데스크에 길게 늘어선 채 순서대로 수속을 밟지 않고 그냥 호텔을 떠날 수 있게 하는 방법이 그 한 예임)

[번역]

전형적으로 투숙객들은 지켜야 할 일정이 있기 때문에 느긋하게 한가로운 체크아웃을 할 시간이 없다. 신속한 체크아웃 방법의 개발은 이 과정을 더 촉진시켜 준다.

It is incumbent upon the host property to provide groups with "room specs," which are detailed descriptions and scaled drawings of all their spaces. The meeting planner must then, in conjunction with the convention service manager, determine what space best suits their needs. (Montgomery & Strick, 1995: 107~108)

【해설】

- incumbent upon: 의무로서 지워지는
- room spec(s): 연회장이나 객실 등 공간의 크기를 수치로 나타내는 시방서(들)
- scaled drawing(s): 축소된 도면(들)
- what space best suit(s) their need(s): 어떤 공간이 그들이 필요로 하는 것(들)에 딱 맞는가 (여기서 suit는 '~에 적합하다. 어울리다' 라는 의미의 동사로 사용됨)

【번역】

단체 참가자들에게 개최시설측은 각종 "공간의 시방서"를 제공해 줄 의무가 있는데, 공간 시설 시방서란 시설 내부에 있는 모든 공간에 대한 상세한 설명과 축소 도면을 말한다. 그러면 회의 기획사는 컨벤션 서비스 담당자와 협력하여 어느 공간이 그들의 요구에 가장 적합한지를 결정해야 한다.

In auditorium or theater-style seating, it is important to ensure that the speaker or panel is easily visible to all participants. This may mean that the speaker or panel needs to be elevated on a platform. A platform may also be referred to as a stage, dais, or rostrum. (Montgomery & Strick, 1995: 109)

【해설】

- theater-style seating: 극장식 좌석배치
- ensure: 확실해 해두다
- be elevated on a platform: 연단위로 높이 앉히다
- dais: (홀이나 식당의) 상단, 연단
- rostrum: 연단, 단상 (복수는 'rostra' 임)

[번역]

강당이나 극장식 좌석배치에 있어 중요한 것은 모든 참가자들이 쉽게 연사나 패널 참가자들을 볼 수 있도록 확실히 해두는 일이다. 이렇게 하려면 연사나 패널 참가자들은 연단위로 들어올려 앉힐 필요가 있다. 연단은 때로 무대, 상단, 단상 등으로도 불리 운다.

A properly outfitted exhibit hall includes loading docks that are easily accessible to the exhibit space, adequate structural support that includes high ceilings, reinforced walls, and floors, and access to all major utilities(gas, water, electricity), as well as adequate storage and security. (Montgomery & Strick, 1995: 111)

[해설]

- a properly outfitted exhibit hall: 제대로 외양을 갖춘 전시장 (여기서 outfitted는 '채비를 차리다, 외양을 갖추다' 라는 동사 outfit의 과거분사로서 형용사 구실을 함)
- loading dock(s): 화물을 싣고 내리는 곳(들)
- accessible to: ~로 접근이 가능한
- adequate: 적절한
- structural support: 구조적으로 지탱해주는 지지물
- reinforced: 강화된
- utility(utilities): 유용한 시설(들) (가스, 물, 전기 등이 공급되는 선들)

[번역]

제대로 외양을 갖춘 전시장은 전시공간에 쉽게 접근이 가능한 화물 승하차대, 높은 천장을 포함한 적절한 구조 지지물, 강화된 벽과 바닥, 사용이 용이한 위치에 설치된(가스, 물, 전기 등) 주요 유용시설들, 적절한 보관공간과 보안시설 등이 갖추어져 있다.

In an ideal situation a reception should offer both buffet and tray service. The buffet table allows the guests to serve themselves. Tray service serves several additional functions. First, it alleviates some of the congestion at the buffe tables, and secondly, it allows guests to engage in conversations while still having something to nibble on. (Montgomery & Strick, 1995: 116-117)

[해설]

· offer: 제공하다 (여기서 동사 offer의 주어가 리셉션 이라는 무생물로서 의인화 되었음에 유의)
· allow(s): 허락하다 (여기서 동사 allow의 주어도 뷔페 테이블 이라는 무생물 임)
· Tray service serve(s) several additional functions: 쟁반에 음식을 담아 서빙하는 것에는 몇 가지 추가 기능(들)이 있다 (여기서 serve는 동사로 '~의 기능을 하다' 의 의미임)
· alleviate(s): 완화시키다
· congestion: 혼잡
· engage in conversation(s): 대화에 참여하다, 대화에 끼다
· nibble on: ~을 입에 넣고 오물거리며 먹다

[번역]

이상적인 상황이라면 리셉션에서 음식 제공방법으로 뷔페 스타일과 쟁반에 담아 서빙하는 스타일 두 가지를 모두 사용해야 한다. 뷔페 테이블이 있으면 손님들이 알아서 자기 음식을 가져가 먹을 수 있다. 쟁반에 담아 서빙을 하는 것에는 몇 가지 추가 기능이 있다. 첫째, 뷔페 테이블에 사람들이 밀집해 있는 혼잡을 일부 완화시킬 수 있다. 둘째, 손님들이 무엇인가 입에 먹을 것을 넣고 오물거리면서도 대화를 할 수 있다.

A luncheon general session is usually a sit-down luncheon with a minimum of three courses. In addition to the food itself, this function generally includes a speaker or other formal program with the topic being one of interest to all of the attendees. (Montgomery & Strick, 1995: 119)

[해설]

· a luncheon general session: 오찬 겸 총회 (본회의)
· a sit-down luncheon: 앉아서 식사를 하는 오찬
· with the topic being ~: ~한 주제가 있는 (여기서 being은 현재분사로서 그 앞의 명사 topic을 수식함)

[번역]

오찬 겸 본회의는 대개 최소한 3개의 코스가 나오는 앉아서 먹는 오찬이다. 음식 이외에 이 행사에는 모든 참가자들이 관심 있어 하는 주제 중심으로 초청 연사 강연이나 기타 격식을 갖춘 프로그램이 포함된다.

Meals served buffet-style tend to take longer than pre-plated banquet-style service. Box lunches are lunch meals proportioned and served in disposable boxes. The major draw-back to off-premise events involves the logistics of transporting large numbers of people. (Montgomery & Strick, 1995: 120)

[해설]

· pre-plated: 음식이 미리 접시에 담아 식탁위에 차려진
· box lunch(es): 점심 도시락(들)
· proportioned: 분량을 미리 정해놓은
· disposable: 일회용의
· draw-back: 단점
· off-premise event(s): 개최장소가 아닌 곳에서 열리는 행사(들)
· logistics: 물류, 이동

[번역]

뷔페 스타일로 제공되는 식사는 미리 접시에 음식이 담겨져 제공되는 만찬 스타일 식사보다 시간이 더 소요되는 경향이 있다. 점심 도시락은 미리 일인용 식사량이 정해져 준비되고 일회용 용기에 담겨져서 제공되는 식사이다. 행사장을 벗어난 다른 장소에서 열리는 행사의 주요 단점은 대다수의 사람들을 수송하는 작업이 필요하다는 것이다.

Frequently, there are meal times left "open" on the program to allow attendees free time to explore or to spend with family or to just relax by the pool. A listing of local restaurants is generally provided in the registration packet. (Montgomery & Strick, 1995: 121-122)

[해설]

· left open: 일정이 잡혀있지 않은, 개별 참가자가 알아서 하는
· explore: 새로운 지역을 호기심 있게 구경하다
· the registration packet: 등록한 사람들에게 주는 회의 관련 자료들의 묶음

[번역]

흔히 프로그램 상 "자유시간" 인 상태로 남겨진 식사시간대가 있는데, 이는 참가자들이 자유롭게 주변을 구경하거나, 가족과 함께 시간을 보내거나, 수영장 옆에서 그냥 휴식을 취

할 수 있게 해준다. 현지소재 식당들의 목록이 대개 참가 등록을 한 사람들에게 배포되는 자료 묶음 속에 들어 있다.

➔

Programs are financed in a number of ways. Some groups pay for the program out of registration fees; others get corporate sponsorship. Another way to finance hospitality programs is to have the participants pay the cost. (Montgomery & Strick, 1995: 126)

【해설】

· are financed: 자금이 조달되다 (여기서 finance가 동사임)
· out of: ~로부터
· corporate sponsorship: 기업 기부금, 후원금
· have the participants pay: 참가자들로 하여금 지불 케 하다 (여기서 have는 '시키다' 라는 사역 동사임)

【번역】

프로그램에 소요되는 비용은 여러 가지 방법으로 충당된다. 일부 주최단체들은 등록비에서 프로그램 비용을 지불하고 또 다른 단체는 기업후원금을 받는다. 또 다른 환대 프로그램의 비용충당 방법은 참가자들로 하여금 비용을 지불하게 하는 것이다.

➔

The 1980s was the decade of resorts. Aided by favorable tax laws, a burgeoning meetings market, and a drastic leap in airline travel, real estate developers and hoteliers reshaped a small, seasonal upscale segment of the lodging industry into resorts into a year-round hospitality product. (McGee, 1990: 37)

【해설】

· decade: 10년
· aided by: ~의 도움을 얻어
· favorable: 유리한
· burgeoning: 싹이 트는, 성장 하기 시작하는
· a drastic leap: 극적인 도약

· hotelier(s): 호텔업자(들)
· seasonal: 계절적인, 계절의 영향을 받는
· upscale: 고급의
· segment: 부분, 분야
· a year-round hospitality product: 일년 내내 가동되는 (연중무휴의) 환대 서비스 상품

[번역]

1980년대는 리조트산업의 시대였다. 유리한 세법, 싹이 트기 시작한 회의 시장 그리고 항공여행의 극적인 도약 덕분에 부동산 개발업자와 호텔업자들이 소규모의 계절에 따라 (성수기와 비수기가 있는) 영향을 받는 고급 숙박산업의 한 분야를 일년 내내 환대 서비스를 제공하는 상품인 리조트로 변모시켰다.

Today groups are holding meetings and conferences on cruise ships, on trains, in bed and breakfast inns, and at universities. The pricing structure is a positive aspect for the group because the quoted price includes everything from audio-visual equipment to round-trip airfare and ground transportation. (Montgomery & Strick, 1995: 132)

[해설]

· on cruise ship(s): 유람선에서 (민박집 앞에는 in, 대학시설 앞에는 'at' 이라는 전치사가 사용됨에 유의)
· the pricing structure: 가격구조
· the quoted price include(s) ~: 책정된 가격에는 ~이 포함된다 (include의 주어가 price임)
· quote: 가격을 붙이다, 견적을 내다, 요금을 청구하다

[번역]

오늘날 여러 단체들이 유람선, 기차, 민박집 그리고 대학교에서 회의나 컨퍼런스를 개최하고 있다. 단체 입장에서는 가격구조에 긍정적인 측면이 있는데, 왜냐하면 시설 측에서 요구하는 가격에 시청각기자재에서 왕복 항공료와 지상 운송비까지 모든 것이 포함되기 때문이다.

The stress-free atmosphere and historic architecture, decor and furnishings of the bed and breakfast establishment help restore fresh thinking and encourage creative solutions. (Greco, 1991: 48)

[해설]

· stress-free: 스트레스가 없는
· historic: 역사적 가치가 있는
· decor: 장식
· furnishing(s): 실내가구, 장치들
· establishment: 건축물, 시설
· help: help와 encourage는 이 문장에서 본 동사로 쓰임

[번역]

아침식사와 잠자리만 제공되는 민박집의 스트레스 없는 분위기, 역사적 건축물, 실내장치 및 가구 등은 신선한 생각을 재충전 하도록 도와주고 창의적 해결책을 찾도록 북돋아 준다.

References

Abbey, Astroff, 1988. *Convention Sales and Services*, (2nd ed.) Cranbury, New Jersey: Waterbury Press.

Greco, G., 1991. "The Inn Places", *Meetings and Conventions* (May) pp. 46-50, 56.

McGee, R., 1990. "Transformation of Resorts", *Successful Meetings,* (Jan.) pp. 48-52.

Montgomery, R. J. and S. K. Strick, 1995. *Meetings, Conventions and Expositions*, New York: Van Nostrand Reinhold.

Chaper 6

Trade Shows

전 시 회

Trade shows are quickly being recognized as a major segment of a company's marketing mix. Trade shows present the state of the art for an industry to both the exhibitors and the attendees. (Montgomery & Strick, 1995: 138)

[해설]

- recognized as: ~로서 인식되는
- marketing mix: 마케팅 수단들의 총합
- the state of the art: 최신의 기술수준

[번역]

전문 교역전시는 한 회사가 사용하는 마케팅 수단들의 총합 중 중요한 부분이라는 점이 빠르게 인식되고 있다. 전문 교역전시는 해당 산업의 최신 기술수준을 전시 출품업체나 전시 참가자 모두에게 보여준다.

In the case of an association-sponsored trade show, the revenue received from the rental of booth space is second only to the annual membership fees as a source of income to the association. (Hoyle, Dorf and Jones, 1989: 318)

[해설]

- an association-sponsored trade show: 협회 주최 전문 교역전시
- is second only to ~: ~ 다음의 위치인 두 번째가 될 뿐이다

【번역】
협회가 주최하는 전문 교역전시의 경우, 부스 공간 임대료로 들어오는 수입이 협회 수입원으로서는 년간 회비 다음으로 큰 두 번째가 된다.

A PEO (전시 운영자)

There is a tremendous amount of behind-the-scenes work included in a show manager's job. The procedure by which a show is created and implemented varies. Sometimes a show manager develops a new idea for a potential trade show, books a facility to host it, and then sells the show to potential exhibitors. (Montgomery & Strick, 1995: 141)

【해설】
- tremendous: 엄청난
- behind-the-scene(s): 무대 뒤의
- vary(varies): 다양하다 (여기서 varies는 동사로 쓰이며 주어는 'The procedure ~ implemented' 까지임)
- book(s): 예약하다
- host: 주최하다

【번역】
전시 운영자가 해야 할 일에는 엄청난 양의 무대 뒤에서 벌어지는 작업이 포함된다. 하나의 전시회에 대한 아이디어가 창조되어 실제로 집행되는 절차는 다양하다. 때로 전시회 운영자는 잠재성이 있는 전시회에 대한 새로운 아이디어를 개발하여, 이를 개최할 시설을 예약하고, 그 후 이 전시회를 잠재적인 전시 출품업체들에게 팔게 된다.

One of the first and most important pieces of communication the manager mails out to exhibitors who decide to take part in the show is the exhibitor manual (or service kit). This is a packet containing the rules of the exposition organizer and exposition hall, along with a set of contracts and promotional pieces offering products and services from the official service contractor. The exhibitor kit also includes information on payment expectations and insurance coverage provided. (Chapman, 1989: 30)

【해설】

- mail(s) out: 우편물을 발송하다 (동사 mail의 주어는 the manager임)
- is the exhibitor manual: 출품 업체용 안내책자이다 (여기서 동사 is의 주어는 문장 맨 앞의 one 임)
- service kit: 출품업체에게 보내는 전시관련 서비스 안내 자료 묶음 집
- along with: ~와 함께
- a set of: 일련의
- promotional piece(s): 홍보용 인쇄 자료(들)
- payment expectation(s): 지불 예상 일정(들)
- insurance coverage provided: 제공되는 보험으로 부담하게 되는 내용

【번역】

전시 운영자가 전시에 참가하기로 결정한 출품업체들에게 발송하는 안내 인쇄물 중 가장 첫 번째로 중요한 것은 출품업체용 안내 책자(혹은 제공되는 서비스 안내자료 묶음 집)이다. 이 자료집에는 공식 서비스 협력업체가 물품과 서비스를 제공하겠다는 내용이 담긴 일련의 계약서와 홍보물과 함께 전시 주최 측과 전시장 측에서 제시하는 규칙들이 담겨 있다. 이에는 또한 지불 예정표와 제공되는 보험이 책임지게 될 내용도 들어 있다.

B Contractors (협력업체)

When show managers begin planning a show, they send out requests for proposals to the sales departments of general contracting firms. The managers provide the contractors with detailed information about the show and its needs. (Montgomery & Strick, 1995: 142)

【해설】

- request(s) for proposal(s): 제안서 요청(들) (보통 RFP 라 함)
- general contracting firm(s): (전시관련 서비스의) 총괄 업무를 계약을 통해 수행하게 될 회사(들)

[번역]

전시 운영자가 전시회를 기획하기 시작할 때, 총괄계약 회사의 영업부서로 제안서 요청공문을 보내게 된다. 전시 운영자는 계약 협력 업체에게 전시회와 전시개최에 필요한 사항에 관한 상세한 정보를 알려준다.

Drayage refers to local material handling. Drayage includes shipping the booth from the local warehouse to the exhibition hall, transporting it from the truck to the booth site, and then returning it to the truck after the show. Drayage also includes storing empty crates during the run of the trade show. (Rutherford, 1990: 207)

[해설]

- drayage: 운송
- shipping: "화물을 보내다" 라는 동사 ship의 동명사로서 include의 목적어 구실을 함
- transporting, retuning, storing: 모두 동명사로서 include의 목적어 구실을 함
- crate(s): (나무나 플라스틱으로 만든 화물을 담는) 큰 상자(들)
- during the run of the trade show: 전시회가 진행되는 기간에 (여기서 run은 명사이며 '진행, 운영' 의 의미임)

[번역]

운송이란 현지에서 물품을 전달 처리하는 것을 칭한다. 이 운송에는 부스를 현지 창고에서 전시장으로 보내고, 트럭에서 부스가 있는 위치로 전달한 다음, 전시가 끝난 뒤 다시 트럭으로 되돌려 옮기는 일이 포함된다. 이 운송에는 또한 전시가 열리는 기간 동안 빈 화물운반 상자들을 보관하는 일도 포함된다.

During setup, the freight arrives, material is unloaded and delivered to the correct booth space on the floor, signs are hung, utilities are connected, carpet is laid and booths are put up. All this activity occurs in a very concentrated, short amount of time and demands detailed planning and competent on-site management. (Montgomery & Strick, 1995: 145-147)

[해설]

· freight: 화물
· is unloaded: (짐이) 내려지다 (unload는 '짐을 내리다' 라는 동사임)
· utility is(utilities are) connected: 여러 유용한 시설(들)의 선이 연결되다
· carpet is laid: 카페트가 깔리다
· booth(s) are put up: 부스(들)가 세워지다
· concentrated: 집중된, 농축된
· demand(s): 요구하다, ~가 필요하다 (여기서 demands의 주어는 'all this activity' 임)

[번역]

전시부스가 설치되는 동안 화물이 도착하고, 물품이 하차되어, 바닥위에 설치된 부스 중 번호에 맞게 각 부스로 전달되며, 안내 표지판을 내걸게 되고, 각종 유용시설물의 선이 연결되고, 카페트가 깔리면서 부스가 조립되는 것이다. 이 모든 작업이 아주 집중된 짧은 시간 내에 일어나며, 따라서 세세한 기획과 능숙한 현장관리가 요구된다.

C Exhibitors (출품업체)

An exhibitor is simply the company or organization <u>sponsoring</u> the exhibit booth. (The Convention Liaison Council, 1986: 16) Exhibitors rent space, purchase an exhibit, have it transported and setup, all <u>in return for</u> an opportunity to sell and are <u>ultimately</u> responsible for making a decision to participate at any show. (Chapman, 1987: 254)

[해설]

· sponsoring: 비용을 대는 (여기서 sponsor는 '후원' 이 아니라 실제로 '비용을 책임진다는 의미의 동사이며, sponsoring은 현재분사로서 그 앞의 명사를 수식함)
· in return for: ~에 대한 대가로
· ultimately: 궁극적으로

[번역]

출품업체란 간단히 말해 전시부스 비용을 책임지는 회사나 조직을 말한다. 출품업체는 공간을 임대하고, 전시물을 구매하여, 이를 운송하여 진열하는데, 이는 모두 판매기회를

그 대가로 얻으려는 것이며, 어떤 전시회에 참여할 것인가의 결정을 짓는 책임은 궁극적으로 출품업체에게 있다.

D Attendees (참가자)

Those people who attend trade shows and expositions to buy from the exhibitors and/or learn more about their industry are called the show attendees or delegates. (Montgomery & Strick, 1995: 150)

【해설】

- the show attendee(s) or delegate(s): 전시회 참가자 혹은 참가대표(들)

【번역】

전문 전시나 일반 전시에 참가하여 출품업체로부터 구매를 하거나 해당 산업에 대해 더 많이 배우려는 사람들을 전시회 참가자 혹은 참가대표라 한다.

A true business-to-business trade show is geared towards serious, qualified delegates. (Montgomery & Strick, 1995: 151)

【해설】

- is geared towards: ~에게 적합하도록 조절하다
- qualified: 자격을 갖춘

【번역】

진정한 기업 대 기업(B to B) 전문 교역전시는 진지하고 자격을 갖춘 참가 대표들에게 적합하도록 조율된 행사이다.

E Marketing(마케팅)

One of the most difficult aspects of marketing is the identification of new sales leads. It is very hard for a sales staff to devote a large portion of their time to identifying potential customers, especially when the sales force works on communication. (Montgomery & Strick, 1995: 155)

【해설】

· the identification of new sales lead(s): 새로운 영업 가능성의 기회를 규명하기 (여기서 lead는 판매에 관한 논의가 실제 구매에 이르도록 이끄는 작업이나 기간을 의미함)

· devote A to + 동사ing: A를 ~에 다 바치다

· the sales force: 영업 사원

【번역】

마케팅의 가장 어려운 측면 중 하나는 새로운 영업 가능성을 규명하는 일이다. 영업사원은 특히 커뮤니케이션 업무를 할 때 자기 시간의 상당 부분을 전적으로 잠재 고객을 규명하기 위해 사용하기가 매우 어렵다.

References

Chapman, E. A., 1987. *Exhibit Marketing*, New York: McGraw-Hill Inc.

____________________, 1989. *Expositions Work*. East Orleans, Mass.: Trade Show Bureau.

Montgomery, R. J. and S. K. Strick, 1995. *Meetings, Conventions and Expositions*, New York: Van Nostrand Reinhold.

Rutherford, D. C., 1990. *Introduction to the Conventions, Expositions and Meetings Industry*, New York: Van Nostrand Reinhold.

The Convention Liaison Council, 1986. *The Convention Liaison Council Glossary*, Washington D.C.: The Convention Liaison Council.

Convention English

PART II

Convention English for Writing

Chaper 7

글에 의한 커뮤니케이션의 이해

A. 효율적인 Business Writing 요령

B. 설득력 있는 Business Writing 요령

C. 종류와 특성

1. E-mail 2. Memo 3. Letter

▶ References

아마도 오늘날 생존기술로 요구되는 것은 글을 잘 쓸 수 있는 능력이다. 빠른 속도로 진행되는 우리의 일상생활은 인쇄물을 집중해서 읽을 수 있는 시간을 점점 줄어들게 한다. 과연 컨벤션 기획사들이 발송한 컨벤션 관련 홍보책자는 컨벤션 참가 예상자로 추정되는 독자들의 시선을 몇 초나 잡아둘 수 있는가?

각종 서신들과 인쇄 홍보물들은 강력한 호소력과 전문가다운 자신감을 줄 수 있는 내용과 문체이어야 하며, 이러한 자료들은 컨벤션 서비스라는 상품판매가 효율적으로 이루어져 이윤을 창출하는데 도움이 되어야 한다.

컨벤션 기획사는 자신이 제공할 수 있는 컨벤션 관련 서비스 내용을 조직위원회 측에 구두발표(presentation)로 제안했을 때에는 물론, 참가자를 위한 각종 홍보물 제작, 계약서 작성, 각종 신청서 작성, 연사와의 연락 등 기획준비 과정에서 글을 통해 컨벤션 참가자들에게 수많은 정보를 전달하게 된다. 따라서 글로 이루어지는 커뮤니케이션의 양은 엄청나다. 이에 이 장에서는 컨벤션 기획사의 영문 작성능력 향상에 대해 논하기 전에 일반적으로 글을 잘 쓰는 기법을 살펴보자.

A 효율적인 Business Writing 요령

업무용 편지나 메모, E-mail 등 영문으로 효과적인 커뮤니케이션을 하려면 쓰기 전에 필자 스스로 다음과 같은 내용을 생각해보아야 한다.

- 편지나 E-mail 등을 통해 무엇을 원하는가?
- "내용어"와 "기능어"의 비율은?
- 누구의 관점에서 쓸 것인가? 주어는 1, 2, 3인칭 중 어느 것을 택할 것인가?
- 문장을 수동태로 할 것인가 아니면 능동태로 할 것인가?
- 지나친 전문용어나 숙어 등 일반화되지 못한 표현은 없는가?
- 쉼표, 마침표 등의 부호, 대문자, 소문자, 동사와 명사의 단수 · 복수, 시제 등 문법적 오류는 없는가?

업무용 효율적 작문요령을 제시하고 있는 Friendlander(2002: 14~16)의 내용을 정리하면 다음과 같다.

1) Plan your writing before you begin. (시작 전에 작문 계획을 하라.)

영작을 시작하기 전에 무엇을 쓸 것인가 그 내용을 미리 요약해본다. 그러면 실수로 전달하지 못한 내용들을 다시 보내는 일이 없고 내용전개도 논리적이 된다.

2) Keep it simple. (간단히 하라.)

전달하고자 하는 메시지는 간단명료하고 집약적으로 쓰며, 그 메시지에 관련된 사실 만으로 논조를 풀어가라. 특히 인칭대명사를 쓸 때 그것이 누구를 칭하고 있는지를 편지 수신자가 분명히 알수 있도록 쓰라.

3) Decide on the tone you want to use. (사용할 어조를 정하라)

자신의 글을 읽게 될 상대방에게 어떤 인상을 전하고자 하는가에 따라 어떤 어조를 펼쳐나갈 것인가를 생각하라. 이는 편지를 읽게 될 독자를 늘 염두에 두고 E-mail이나 편지를 쓰라는 것이다.

4) Dont' use a phrase when a single word will do. (한 단어로 전달할 수 있는 내용을 구(phrase)로 표현하지 마라.)

영어는 구문구조상 무게가 있는 "내용어"로 구(phrase)를 이루게 되므로, 단어 하나면 충분히 표현될 내용이 구(phrase)로 쓰이면 비슷한 내용을 길게 쓰는 결과가 될 뿐이다. 유행어, 전문용어, 상투어(cliches)를 피하고 평범하며 친근한 단어로 자연스런 글이 되도록 하라.

5) Select only modifiers that enhance the message. (메시지의 전달효과를 높이는 수식어만 선별해 쓰라.)

군더더기 수식어는 커뮤니케이션의 효과를 떨어뜨린다. 필자의 입장과 내용을 분명히 하며 불필요한 수식어구는 줄인다. 반복되거나 애매모호한 표현은 피하고 구체적인 표현을 한다.

6) Vary the opening and the length of your sentences. (문장의 서두와 길이를 다양하게 하라.)

영문서식 작성에 관한 규칙에 따르는 것도 좋으나, 다양한 표현으로 첫 문장부터 강한 인상을 줄 수 있으면 더욱 좋다. 대체로 짧은 문장이 좋지만, 구조적으로 올바르고 내용이 의미 있다면 긴 문장도 유효적절할 수 있다.

7) Use the active voice. (능동태를 사용하라.)

수동태보다는 행동을 강조하는 능동태 문장을 사용하면 글에 힘이 있어 보인다. 따라서 무생물을 주어로 하는 능동태 문장을 눈여겨보라.

8) When you are writing a controversial letter or memo, sleep on it. (논란의 여지가 있는 편지를 쓸 때에는 하룻밤 자고나서 생각해 보라.)

편지를 보내기 전에 결정한 내용을 재확인 혹은 재평가 해보라. 감정에 호소하는 것은 설득적일 때 효과가 있다. 신경질적인 마음상태의 표출은 금해야 한다.

9) Edit your own work. (자신이 쓴 편지를 수정 · 편집하라.)

누구나 처음 쓴 글은 완벽할 수 없으므로 본인 스스로 점검하거나 동료나 경험이 있는 상사의 자문을 받아야 한다.

10) When you feel blocked, start writing anyway. (글을 쓰려는 데 생각이 안 나도 일단 쓰기 시작해라.)

아무것도 안 쓰고 뒤로 미루기보다는 무엇이라도 쓰게 되면 나중에 수정 · 편집할 것이라도 있게 되고, 그것이 불씨가 되어 생각이 피어날 수도 있다.

B 설득력 있는 Business Writing 요령

컨벤션 기획사에게는 회의 유치단계, 유치 후 국내 여러 국제회의 용역업체(PCO) 간에 공공 입찰을 통해 서비스를 수주 받게 되는 단계, 그 후 참가자들의 확보 등 설득력 있는 영업판매 목적의 편지나 E-mail을 보내는 일이 준비작업의 상당부분을 차지한다. 이에 설득력 있는 영문편지를 쓸 수 있는 커뮤니케이션 기술과 영어 지식이 절대 필요하다 (Brock, 1996: 62). 이제 다음과 같은 설득의 단계를 살펴보자.

1) 관심(attention) 끌기 단계

· 독자의 무관심과 냉담함 극복
· 실제적인 예나 사례 등 제시

2) 욕구(needs) 제시 단계

· 왜 변화가 필요한지 보여주기
· 독자 자신이 당면한 문제로 영향을 받게 되는지 설명하기

3) 욕구 충족(satisfaction of needs) 단계

· 해결안 설명
· 그 해결안이 논리적이고 타당함을 보여주기
· 그 해결안으로 문제 해결 가능성을 확신시키기
· 그런 해결안의 성공사례 제시

4) 미래의 그림제시(visualize action) 단계

· 독자에게 어떤 해결안이 효과가 있는지 보여주기
· 이로운 점을 설명하기

5) 행동 (action) 단계

· 제시한 해결안을 독자가 채택하도록 확신시키기
· 독자가 해야 할 일들을 구체적으로 말하기
· 독자가 취할 행동을 지시해주기

C 종류와 특성

우리는 오늘날 글을 통해 업무상 커뮤니케이션을 많이 하게 되는데 그 종류는 크게 3가지로 볼 수 있다. 즉, 전통적으로 글을 통한 대외적 커뮤니케이션 수단이었던 편지, 내부적 커뮤니케이션 수단이었던 회람 쪽지(메모), 그리고 최근에 급부상한 E-mail이 그것이다. 여기서는 널리 손쉽게 쓰이고 있는 E-mail의 특성과 회람용 메모의 특성을 살펴본 뒤, 성공적인 판매 편지의 특성을 간략히 언급하고자 한다. 이메일 작성에 대해서는 Chapter 8에서, 그리고 업무용 편지작성에 대해서는 Chapter 9과 Chapter 10에서 자세히 논하겠다.

1. E-mail

1) E-mail의 영향

전화가 사용된 이래 가장 큰 통신의 발달이라고 여길 수 있는 것은 E-mail 일 것이다. E-mail은 우리가 정보를 주고받던 방식을 완전히 바꾸어 놓았다. 우리는 얼마나 E-mail에 의존하는가? 만약 E-mail을 없앤다면 모든 분야, 특히 사업은 일시 중단될 것이고 이는 세계적 공황을 가져올 것이라 해도 지나친 말은 아닐 것이다. 한편 E-mail 기술이 끝없는 찬사를 받아 마땅하지만, 그 끝이 보이지 않는 각종 광고 홍보용 전자메일 등의 남용 역시 간과할 수 없는 괴로움이다. 이를 삭제할 수 있다는 것만이 위로가 될 뿐이다. 이는 사업에 있어서도 부정적 영향을 준다. 그렇기 때문에 커뮤니케이션의 한 형태로서 다음과 같은 질문을 하게 된다.

- E-mail을 언제 사용해야 하고 사용하면 안 되는 경우는 언제인가?
- E-mail의 내용으로 적절한 것과 부적절한 것은 무엇인가?
- 누가 E-mail을 받아야 하고, E-mail을 받아서 안 될 사람은 누구인가?
- E-mail의 함정은?
- 당신의 주제문 (subject line) 은 상대방의 관심을 끌 수 있나?

이제 그 E-mail의 영향을 다음과 같이 고려해 볼 필요가 있다(Grahm, 2002 in Friendlander, 2002: 22-29).

a. E-mail은 개인 간(interpersonal) 언쟁을 장려하는 경향이 있다.

우리는 E-mail로 메시지를 전할 때 대개는 편지보다 깊이 있게 생각하지 않고 성급하게 써서 보내버리기 때문에, 표현이 퉁명스럽고 따라서 본의 아니게 오해를 살 수 있다. E-mail을 보내는 사람도 가능한 한 글자 수를 줄이려는 경향이 있기에, 보통 전화나 편지를 주고받거나 얼굴을 맞대고 이야기할 때에는 될 수 있는 한 피해야 한다고 배워왔던 단도직입적이고 무뚝뚝한 표현을 사용하기 쉽다. 또한 상대방 얼굴이 보이지 않으므로 무례하기도 쉽다.

b. E-mail은 우리로 하여금 종종 실행(action)과 행위(act)를 동일한 것으로 착각하게 만든다.

커뮤니케이션의 커다란 변화가 오기 시작한 것은 fax의 출현과 함께이었다. 메모지를 남기거나 편지를 우편발송 하듯이 fax 발송은 메시지 발송자와 수신자를 분리해줄 뿐이다. 그러나 메모나 편지와는 달리 fax 발송은 발송 즉시 세계 어디에 있든지 상대방에게 전달된다. voice-mail은 이 과정에 더 속도를 가했다. 우리는 전화를 걸어 별 생각 없이 즉석에서 "말만 하면 된다."는 식이었다. 그러던 것이 E-mail의 출현으로 정신을 못 차릴 정도로 메시지 전달이 빨라졌다.

이같이 커뮤니케이션의 효율성이 높아지면서 그 부산물, 즉 E-mail의 부작용으로 생긴 것은 "메시지를 보내는 것으로 내 할 일은 다했다"는 잘못된 믿음이다. 다시 말해, 사람들은 E-mail 메시지를 보낸다는 "행위"가 문제를 해결한다는 "실행"과 같은 것으로 혼동한다는 것이다. 우리가 어떤 문제나 정황을 물어볼 경우 흔히 듣는 말은 메시지를 보낸 것 자체로 모든 책임은 끝났다는 듯이 "응, 내가 E-mail 보냈어." 라는 것이다.

c. E-mail은 3류 사고방식을 부추긴다.

E-mail 메시지의 반은 뜻이 통하지 않는다. 우리는 얼마나 자주 상대방이 보내온 E-mail의 내용이 무엇을 의미하는지 되물어 보는가?

E-mail은 생리적으로 빠른 매체이기 때문에 생각나는 대로, 아니 생각 없이 몇 자 적어 보내버리는 것 같다. 마치 메시지 내용 자체보다 메시지 보내는 일이 더 중요한 것 같이, 사람들은 즉시 받아 즉시 써서 보내 버린다. 그 내용이 완전치 못하여 오해와 실수를 낳고 결국

시간낭비를 초래한다.

d. E-mail은 커뮤니케이션을 비인간적 교류로 만든다.

얼굴을 맞대며 주고받는 커뮤니케이션은 귀중한 시간을 많이 필요로 한다. 그러나 E-mail은 커뮤니케이션 과정의 본질을 바꾸어 놓았다. 전화나 얼굴을 마주하며 주고받는 대화에서는 하지 못한 말들을 E-mail 메시지에서는 별 의식 없이 쏟아놓는다. 예를 들어, 어떤 부탁을 할 때 E-mail로 "그 일을 내일 오전 9시전까지 끝내야 되요."(I need the job done tomorrow before 9:00 a.m.)라는 내용을 보내게 된다. 만약 전화로 혹은 만나서 이야기 할 경우는 표현이 이렇게 무례할 수도 없고, 몇 마디 인사나 일상 이야기를 가볍게 주고받다가 타협의 여지도 있을 것이다. E-mail은 커뮤니케이션을 비인간적으로 만들며, 메시지를 받는 수신자에 대한 배려가 적다.

결론적으로, E-mail은 원초적으로 놀라우리만큼 효율적이고 그 효과가 큰 커뮤니케이션의 형태로서, E-mail 발신자는 사려 깊게 쓰는 편지나 메모만큼 높은 수준의 작문 능력을 갖추어야 한다.

2) 성공적인 On-Line 영작

E-mail은 의심할 바 없이 온라인 마케팅 담당자들에게는 가장 귀중하고 손쉬운 커뮤니케이션 도구이다. E-mail은 즉각적으로 1:1 커뮤니케이션을 가벼운 터치(a light touch)로 나눌 수 있는 도구이다. 이때 "가벼운 터치"란 매우 즉각적이고 개인적이나 또한 덧없이 빨리 지나가 버리는 도구라는 의미이다 (Usborne, 2001; Friendlander(2002: 33)에서 재인용). E-mail은 전통적인 편지의 경우처럼 형식을 갖춘 스타일로 쓰이지 않는다. 길이도 짧고, 내용과 스타일이 가볍다. 전달이 빠른 E-mail은 소모되는 방식 역시 빠르다. E-mail은 우리가 좋아하는 fastfood처럼 글로 이루어지는 커뮤니케이션의 fastfood에 속한다.

"웹(Web)상에서 쓰는 글들은 칠판에 쓴 글처럼 순간 지나가 버리고 잊기 쉬우며 그렇게 정교하지도 않은데 글을 잘 쓰고 못쓰는 것이 무슨 문제가 되는가? 공연히 성가시게 고민하는 것은 아닌가?" 라고 반문하는 사람들이 있을 것이다. Henning(2000)도 같은 생각을 했는데, 그녀는 웹상에 올리는 글이 칠판에 쓰는 글과는 다르다는 것을 깨달았다.

우선 웹상에서는 모든 페이지가 무한히 저장되고 출력된다. 게다가 인쇄매체로 쓰는 글과 마찬가지로 웹상에서도 단어 하나하나에 신경을 쓰며 정교하게 다듬어야 한다. 잘 쓴 글은 매체가 무엇이든지 잘 쓴 글인 것이다. 너무 장황한 글, 잘못된 어휘 선택, 음절(syllable)이 너무 많은 단어들은 그 글을 읽는 독자를 잃게 된다. 웹사이트를 바꾸는 것은 라디오 방송국 채널을 바꾸는 것만큼 쉬운 일이다. 그래서 인쇄매체를 위해 쓰는 글보다 웹상에 올릴 글을 쓰는 것이 더 어렵다. 결론적으로, 단순히 글을 쓰는 재능만으로는 웹상에 멋진 글을 쓰기 어렵다. 그 외에 웹사이트의 구조와 그것의 navigation 특성을 이해하고 있어야 한다. 이제 온라인 혹은 웹상에서 글을 잘 쓰기 위해 알아두어야 할 사항을 살펴보자 (Henning, 2000) in Friendlander, 2002: 50-52).

a. **명료성**(clarity)

글을 쓰는 사람이 아니라 독자의 눈으로 볼 때 명료해야 한다. 작가 생각에 명료하게 보이는 글도 독자의 눈에 명료했으리라 가정하지 말아야한다.

b. **연관성**(relevance)

독자들은 연관성 있는 콘텐츠만을 온라인상에서 읽으며, 그 연관성을 빨리 찾지 못하면 그 사이트를 즉시 떠난다. 컨벤션 기획사의 경우 주최 측 조직위원회 사람들 혹은 focus group을 만나서 목표 독자가 누구인지 규명해야 한다. 그리고 표현이 감성에 호소하는 것이어야 한다. 사람들은 합리적인 이유로 맥주를 선택하고 후보자를 선출하며 컨벤션 참여 여부를 결정하는 것이 아니기 때문이다.

c. **간결성**(brevity)

대체로 온라인 글(text)은 인쇄된 글 보다 양이 50% 혹은 25%도 안 될 정도로 적어야 한다. 물론 짧은 글이 다 좋다는 것은 아니다. 불필요한 단어들은 다 잘라버려야 하지만, 간결성을 위해 명료성을 희생해서는 안 된다. 많은 부분을 잘라낸 뒤 여러 사람의 검증을 받아보아라.

d. **스캔 가능성**(scanability)**과 해독 가능성**(readability)

온라인에서 독자들은 행동에 옮길 것을 찾으며 스캔(scan)해보는 경향이 있으므로 이를 쉽게 하도록 만들어 주어야 한다. 가능할 때마다 제목별로 또는 단락들을 끊어서 글(text)을 작은 토막으로 내주는 것이 좋다.

e. 일관성(consistency)

해당 사이트 전체에 걸쳐 navigation, 전문용어, 어조, 문체 등이 일관성 있어야 하며, 그렇지 못할 때에 독자들은 혼란에 빠지기 쉽고 읽기를 귀찮아한다.

f. 오류 없기(freedom from errors)

문법적 오류, 글자체 혼용, 철자 오류 등에 대해서 모든 독자가 다 눈여겨보지는 않더라도 상당수가 이를 발견하기 때문에, 이런 오류들은 그들에게 잘못된 인식과 부정적 경험을 주게 된다. 예를 들어 compliment와 complement, form과 from 등 여러 번 교정을 보아도 미처 발견하지 못하는 경우가 많다. 게다가 구체적인 사실들(예를 들어 회의 장소, 날짜, 시간, 등록비, 프로그램 내용, 연사 이름 등)은 오류가 발생했을 때 커다란 재앙을 가져올 수도 있다.

g. 사이트 디자인과의 훌륭한 통합(integration with the site design)

글의 내용(text)과 사이트 디자인과의 조화된 통합을 만들어 내는 것이 디자이너의 책임인 것처럼 보인다. 그러나 사실 웹페이지 설계는 글의 내용에 커다란 영향을 줄 수 있으므로 작가와 디자이너의 협동작업이 필요하다.

3) E-mail 마케팅

관습적으로 우리는 E-mail 마케팅이 우편발송(Direct Mail: DM)의 한 형태로, DM보다 더 빠르고 비용이 저렴하며 응답률도 높고 그 추적도 가능한 장점이 있다고 믿는다. 틀린 생각은 아니다. 그러나 DM과 몇 가지 차이가 있다. DM은 수신자가 처음으로 직접 받을 수도 있고, 아니면 다른 사람이 전해주기도 한다. 그래서 사적(personal)이라는 느낌이 덜하다. 그러나 E-mail은 보내는 사람과 받는 사람, 두 당사자간의 1:1 커뮤니케이션 매체이다. 만약 메시지가 수신자에게 개인적으로 관련된 내용이 아니면 그 수신자는 E-mail을 열어보지도 않는다.

한편, E-mail은 단어가 유일한 무기로, 이 단어가 "받는 사람이 관심을 갖고 E-mail을 열어 읽어보고 또 행동에 옮기는 가"를 좌지우지한다. 단어는 엄청난 힘을 갖고 있다. 어떻게 하면 마케팅을 목적으로 하여 E-mail을 잘 쓸 수 있을까? 그 비법은 AIDA (Attention: 관심 끌기; Interest: 홍미유발; Desire: 욕망 고취 그리고 Action:행동개시)와, 5개의 W틀(Who:누구에게; What: 무엇을; Why: 왜; When: 언제 그리고 Where:어디서)이다 (Weil, 2001 in Friendlander, 2002: 30-32).

a. Attention and Why

E-mail 마케팅 메시지를 쓸 때 가장 중요한 것은 메시지를 쓰는 여러분이 목표 독자에게 왜 메시지를 열어봐야 하는지 마땅한 이유가 있다는 것을 확신시키는 것이다.

b. Interest and What

이제 독자의 관심을 끌었으면 그의 호기심과 흥미에 불을 당겨야한다. 새로운 것이 무엇이며 독자에게 도움이 될 무엇을 여러분은 제공할 것인가를 고민할 때이다.

c. Desire and Who

이제 여러분은 E-mail 독자에게 돌아갈 혜택이 구체적으로 무엇인지 말해야한다. 즉, 간결한 단어로 누가 얼마나 언제 어디서 혜택을 받을 수 있는지를 유용한 정보를 주어야 한다.

d. Action and Where/When

여러분이 E-mail 독자의 관심을 끌어 호기심을 유발하고 제공하는 것을 꼭 갖고 싶게 만들었다면, 언제 어디로 가면 된다는 지시를 놀라울 정도로 간결하게 주어야 한다.(예: Click here to download our ~~!)

2. Memo

회사나 조직 내에서도 많은 커뮤니케이션이 글로 이루어지는데, 주로 메모(Memo)의 형식이 많다. 이 메모에 대해서도 다음과 같은 질문을 스스로에게 해볼 수 있다.

- 당신의 메모가 읽혔는지 어떻게 확인하나?
- 어떤 장치나 도구로 상대방의 관심을 끌어 당신의 메모를 읽도록 하나?
- 효율적인 메모가 되려면 어떤 요소들이 필요한가?
- 언제 메모를 써야 하며, e-mail로 대신해도 괜찮은 경우는 언제인가?
- 누가 복사 본을 왜 가져야 하나?

이제 영어로 쓰는 메모의 경우 사례를 통해 학습해 보자. 한 영업 담당자(sales manager)는 자기의 행정담당 직원에게 분기별 영업실적 수치의 복사본과 함께 메모를 보내라고 했다. 그 메모에는 그 영업담당자가 다음 금요일 날 영업사원들과 만나겠다는 내용을 담으라고 했다. 그 행정직원이 쓴 메모가 (예 7-1) 이다.

(예 7-1) 교정 전 메모

MEMORANDUM

TO: All Sales Representatives
FROM: Jim Martin
DATE: July 15, 19XX
SUBJ: Sales Meeting

Re: phone contact of July 8, final sales totals for the quarter ended June are enclosed herewith. A planning conference for all sales personnel will be scheduled for the near future and these figures will be discussed. It is hoped that all district managers will be aware that the figures are such that reductions in the total number of dealerships and retail units may be indicated. A meeting to discuss this matter will be held on Friday, 18 July, at 3 p.m., in the regional manager's office. Thank you for your cooperation.

출처: Brock(1996: 44)

[해설]

· memorandum: 메모
· SUBJ: 주제(subject)

· Re: ~에 관하여(with reference to)
· quarter: 분기
· be scheduled: 일정이 잡혀있다.
· figure(s): 수치(들)
· dealership: 총판장
· retail unit(s): 소매업소(들)

【번역】

관련사항: 7월8일자 전화연락한 대로 6월로 끝나는 분기의 최종 판매총액이 이에 동봉됨. 가까운 시일 내에 모든 판매영업사원 대상의 기획회의가 개최될 예정이며, 그때 이 수치에 대해 논의할 예정임. 판매수치로 보아 총판장과 소매업소의 축소가 예상된다는 점을 모든 구역담당자들은 숙지해 주시기 바람. 이 문제를 논의하기 위한 회의가 광역지역 담당 이사 실에서 7월18일(금요일) 오후 3시에 개최될 예정임. 협조해 주셔서 감사합니다.

이제 교정 후 보다 간결하고 내용요점이 직접적으로 분명하게 표시된 (예 7-2)를 살펴보자. 문장이 짧아졌고 보다 자연스럽게 대화형식으로 작성된 것을 알 수 있다.

(예 7-2) 교정 후 메모

MEMORANDUM

TO: All Sales Representatives
FROM: Jim Martin
DATE: July 15, 19XX
SUBJ: Sales Meeting

Please attend a sales meeting on Friday, July 18 at 3 p.m. in the regional manager's office. We will discuss the attached quarterly sales totals.
This meeting is important because we may have to reduce dealerships and retail units.

출처: Brock(1996: 45)

【해설】
· attached: 별첨한
· quarterly: 분기의

【번역】
광역지역 담당 이사 실에서 7월18일(금요일) 오후 3시에 개최될 판매회의에 참석해 주십시오. 별첨한 분기별 총 판매량에 대한 논의를 할 것입니다. 총판장과 소매업소의 축소가 예상된다는 점에서 이번 회의는 중요합니다.

3. Letter

업무상 글로 하는 커뮤니케이션의 대부분은 편지이다. 영문 편지작성에 관한 자세한 설명이 따로 Chapter 9에서 이어지므로, 여기에서는 영문편지의 대부분인 판매 판촉용 편지의 작성요령을 살펴보고 판매력 제고의 글을 쓰기 위한 요령도 정리해보고자 한다.

1) DM 판매편지 작성 요령

여러분이 인쇄물 직접발송 우편물(Direct Mail: DM)을 보낼 때에는 구매자인 독자의 시선을 5초는 잡을 수 있어야 한다. 그들은 편지를 보낸 여러분에 대해 알지도 못하고 알려고도 하지 않는다. 그러면 어떻게 그들의 관심을 끌어 편지 내용을 읽고 그에 따른 행동을 하게끔 할 수 있을까? 해답은 하나이다. DM속에 그들에 관해 쓰고 그들이 얻게 될 혜택이 무엇인지 담아내는 것이다.

여러분이 DM 발송할 편지를 쓰는 것은 여러분이 제시하는 제품이나 서비스를 고객인 독자가 구매하도록 하는 것이다. 따라서 그 독자의 시선을 즉시 사로잡아야 하고, 이를 위해 그 구매자를 향해 중요한 메시지를 첫줄에 담아야 한다. 편지의 첫줄(head line)은 "전보와 같은 것으로 독자가 계속 그 편지를 읽어 내려갈 것인가의 여부를 결정" 짓는다. 편지 본문 내용보다 제목(head line)을 읽는 독자의 수가 5배가 넘는다고 한다. 따라서 모든 제목 혹은 첫줄은 (예 7-3)처럼 독자에게 혜택을 약속하고 호기심을 유발시켜야 한다 (Hershkowitz, 1995: 98-99).

(예 7-3) 편지의 첫줄

To Meeting professionals from a speaker:
If your neck is on the line every time you hire a speaker, this information may, forever, dramatically change the way you select speakers ...

출처: Hershkowitz(1995: 99)

[해설]

· is on the line: 위태롭게 되다

[번역]

연사가 회의기획사에게:
연사를 초빙할 때마다 어려움을 겪으신다면 이 정보는 아마도 영원히 귀하의 연사 선별 방식을 바꾸어 드릴 수도 있습니다.

단어 중 "best in the world, absolutely lowest prices, greatest services, ..." 등은 판매에 도움보다는 방해가 된다. 거의 달성하기 어려울 정도로 상대방에게 기대심을 불러일으켰기에 독자는 잘 믿지 않으려고 하고 따라서 여러분은 그만큼 신용을 잃은 것이기 때문이다. 또한 사람들은 글을 읽을 때 단어 하나하나 읽는 것이 아니라 쭉 훑어내려 읽기 때문에 (예 7-4)와 같은 부정문을 (예 7-5)처럼 오해하기 쉬우므로 (예 7-6)처럼 긍정문으로 쓰는 것이 훨씬 바람직하다.

(예 7-4) 부정문의 표현

1. Our hotel does not charge extra for meeting room space.
2. You will not be paying higher prices for our services.
3. Our products contain no additives.
4. The flowers you buy from us are guaranteed to not die.

출처: Hershkowitz(1995: 100)

[해설]

1. charge extra for: ~에 대해 추가비용을 요구하다 (여기서 charge는 동사임)
3. additive: 첨가물(들)
4. be guaranteed to: ~를 보장하다

[번역]

1. 저희 호텔은 회의공간에 대해 추가비용을 청구하지 않습니다.
2. 저희가 제공하는 서비스에 대해 더 높은 가격을 지불하지 않으셔도 됩니다.
3. 저희 제품에는 첨가물이 없습니다.
4. 저희한테서 구매하신 꽃들은 죽지 않는다고 보장합니다.

(예 7-5) 내용 오해

1. Our hotel does charge extra for meeting room space.
2. You will pay higher prices for our services.
3. Our products contain additives.
4. The flowers you buy from us are guaranted to die.

출처: Hershkowitz(1995: 100)

[해설]

1. does charge: 필히 추가 비용을 요구하다 (여기서 does는 강조용법 임)

[번역]

1. 저희 호텔은 회의 공간에 대해 필히 추가비용을 요구합니다.
2. 저희들이 제공하는 서비스에 대해 더 높은 가격을 지불하게 됩니다.
3. 저희 제품에는 첨가물이 있습니다.
4. 저희 한테서 구매하신 꽃들은 죽는다는것을 보장합니다.

(예 7-6) 긍정문으로 수정

1. Meeting Room space is complimentary.
2. Our services are included.
3. These products are pure, fresh and clean.
4. These flowers will last, with proper care, for 7~10 days.

출처: Hershkowitz(1995: 100)

[해설]

1. complimentary: (감사나 보답차원에서) 무료의; complementary(보완적인)와 혼동 하지 말 것

4. last: 지속하다
 · with proper care: 제대로 관리해주면

[번역]

1. 회의공간은 무료입니다.
2. 저희 서비스가 포함됩니다.
3. 이 제품들은 순수하고 신선하며 청결합니다.
4. 이 꽃들은 제대로 관리하면 7~10일은 삽니다.

앞에서도 말했지만 독자가 편지를 받고 5초 동안 시선을 끌도록 하려면 그 편지의 첫줄(head line)이 구체적이고, 긍정적이며 믿을만한 혜택을 담고 있어야 한다. 또한 많은 사람들은 제품이나 서비스를 구매할 때, 이를 설명하고 있는 멋진 브로셔, 비디오테이프 등 홍보물 보다는, 자기가 아는 사람들이 이런 제품이나 서비스에 대해 어떻게 생각하느냐가 더 결정적인 역할을 한다고 한다. 즉 입에서 입으로 전해지는 구전적인(word of mouth) 이야기가 더 설득력이 있다는 것이다 (Hershkowitz, 1995: 103). 이에 비추어보면 DM 발송 시 혹은 제안서 작성 시 독자의 시선을 끄는 가장 좋은 방법 중의 하나가 제3자의 증언을 통해서 제품이나 서비스 구매를 촉진시키는 것이다. 따라서 여러분은 앞으로 홍보책자, 제안서, 편지 등에 (예 7-7)와 같이 이미 경험해본 사람들의 추천의 글을 포함시키는 것도 좋은 전략이다.

(예 7-7) 추천의 내용

You were right. The meeting space was extremely flexible and designed perfectly to encourage education, interaction and networking among my attendees.
"We will return !"

Michael Brandy,
Executive Director,
Association of ABC,
Scottsdale, AZ

출처: Hershkowitz(1995: 102)

[해설]

- designed: 고안된
- interaction: 상호교류
- networking: 서로 친교하기

[번역]

당신의 말씀이 맞습니다. 회의 공간은 공간분할이 다양하게되며, 회의 참가자들의 교육, 상호교류, 친교를 장려하도록 완벽히 설계되었습니다.
"저희는 이곳에 다시 올 것입니다 !"

이러한 추천의 글을 인용한 경우 당사자의 이름, 직위, 직장 등에 대해, 약칭이 아니라 모두 기록하게 되면 (물론 당사자의 허락을 받아낸 뒤) 이를 읽는 독자들로부터 신뢰를 받을 수 있게 된다. 또한 이런 추천의 글을 편지 맨 앞에 굵은 글씨로 써넣어서 제목 혹은 첫줄(head line)의 기능을 하도록 활용할 수 있다 (Hershkowitz, 1995: 107).

이제 여러분이 독자의 시선을 잡을 수 있는 첫줄을 흥미롭고 그들이 원하는 내용으로 썼다면, 이제 (예 7-8)에서처럼 그들에게 여러분이 제공해 줄 수 있는 것이 (제품이든, 서비스이든) 무엇인지를 차근차근 교육시켜 나가는 식으로 계속 편지내용을 이어나가야 한다. 일방적으로 애매모호한 내용을 강요해서는 안 된다. 만약 여러분의 계획 속에 예산초과, 마감일 준수 불가 등 결점이나 하자가 있으면 이를 솔직히 말하고, 그 대신 이에 존재하는 가치나 장점을 구축해서 알려주어야 한다.

(예 7-8) 구체적 내용

(×) Our planning and operation service far <u>exceeds</u> every other on the convention market.

(○) Here are several reasons our planning and operation service <u>has been rated number one</u> in perfect preparation and <u>on-time delivery</u> by over 1,000 organizing committee members of many meetings and conventions.

출처: Hershkowitz(1995: 110)

【해설】

· exceed(s): 능가하다

· has been rated number one: 제 1의 자리를 차지해왔다 (rate가 동사로 사용됨)

· on-time delivery: 제때의 제공

【번역】

(X)저희들이 기획 및 운영 서비스는 컨벤션 시장에서는 모든 다른 기관을 크게 능가합니다.

(○)완벽한 준비와 제때에 제공되는 기획 및 운영 서비스 분야에 있어 수많은 회의와 컨벤션을 개최하는 1,000여 조직위원회가 저희를 최고기관으로 인정한 데에는 몇 가지 이유가 있습니다.

이제 판매목적 편지의 마지막 부분을 살펴보자. 우리는 흔히 다음과 같은 (예 7-9)의 구절을 만나게 된다.

(예 7–9) 판매목적 편지의 마무리: 교정 전

(×) If I can <u>be of further assistance</u>, please do not hesitate to call on me.

(×) I hope I've answered your questions.

(×) I look forward to talking to you about the possibility of <u>signing</u> you <u>up for</u> our complete membership package.

출처: Hershkowitz(1995: 114)

【해설】

· be of further assistance: 더욱 도움이 되다

· signing up for: ~를 신청하기

【번역】

(×)제가 더 큰 도움이 된다면 주저 없이 전화 주십시오.

(×)제기하신 모든 질문에 답을 했다고 봅니다.

(×)귀하가 저희들의 완벽한 회원제 패키지 상품을 신청할 의사가 있으신 지에 대해 말씀을 나누기 바랍니다.

위와 같은 마무리 글은 후속조처나 행동을 요구하고 있지 않다. 따라서 이를 (예 7-10)처럼 고쳐보자.

(예 7-10) 판매목적 편지의 마무리: 교정 후

(○) Phil, I'll phone you on June 2 to see what you would like the rest step to be.

(○) Paula, I'll follow-up with you on April 21 to answer any additional questions you may have about how we can make this your best meeting ever.

(○) Paul, this VIP membership is being offered to you at this price for a limited time. I've enclosed a membership application and highlighted the areas for you to complete. As soon as I receive it from you (fax or mail, please), I'll phone you to find out a convenient time for you to schedule your free health education. Complete the simple application right now. Your health is your important asset!

출처: Hershkowitz(1995: 114-115)

[해설]

- rest: 나머지
- highlighted: 눈에 띄게 표기했다
- schedule: 일정을 잡다 (동사로 사용됨)

[번역]

(○) 필, 제가 6월2일에 전화 드릴께요. 당신이 나머지 어떤 조처를 취하려고 하는지를 알아보려고요.

(○) 폴라, 4월21일에 추후 연락을 드리면서 이번 행사를 역대 최고의 회의로 만드는 방법에 대해 문의 사항이 있으면 답해드리겠습니다.

(○) 폴, 이 VIP 회원카드를 일정기간 동안이 가격으로 드리고자 합니다. 신청서를 동봉했습니다. 또한 당신이 작성해야 할 부분들을 쉽게 알아보도록 하였습니다. 신청서를 받는 대로 (fax나 우편으로 보내주세요!) 전화 드리겠습니다. 무료 건강교육을 받으시기에 편리한 시간을 알아보고자 합니다. 지금 이 간단한 신청서를 작성해 주십시오. 당신의 건강은 당신의 귀한 자산입니다!

이와 같이 편지를 쓴 당신은 그 편지를 읽은 사람이 구체적으로 해주기를 바라는 행동을 명확하게 표기해야 한다. (예 7-11)의 경우와 같은 문장에는 행동이 들어있지 않다.

(예 7-11) 교정 전 편지

Your help is needed to explain a point to the staff.

출처: Hershkowitz(1995: 116)

[번역]

스텝에게 전할 내용을 설명함에 있어 당신의 도움이 필요합니다.

또한 (예 7-12)는 너무 쓸데없는 말이 많은 사례이고 이를 간결하게 다듬은 (예 7-13)과 비교해 보라.

(예 7-12) 교정 전 편지

Your expertise in this area would help us to understand what we're supposed to do with this project. Our staff meetings are held every Tuesday at 8:00 a.m. I know how hectic your schedule is. So, I'll follow-up with your assistant, Sarah, to see if this Tuesday or next Tuesday would be easier for you.

I'm really looking forward to your help.

출처: Hershkowitz(1995: 116)

[해설]

- expertise: 전문지식
- hectic: 정신없이 바쁜

[번역]

이 분야에서 귀하가 갖고 계신 전문지식은 이 프로젝트를 수행함에 있어 우리가 해야 할 일이 무엇인지 파악하는데 도움이 됩니다. 저희 간부회의는 매 화요일마다 오전 8시에 개최됩니다. 귀하의 일정이 얼마나 바쁜지 잘 알고 있습니다. 그래서 귀하의 비서인 사라 양과 연락해서 이번 화요일이나 다른 화요일이 보다 편한 시간인지 알아보겠습니다. 정말로 귀하의 도움을 기대하는 바입니다.

(예 7-13) 교정 후 편지

Your recommendations (advice, help, suggestions, expertise) on the ABC project would help us complete this project on time. Would this Tuesday's staff meeting, or next Tuesday's, fit better into your schedule to meet with us? I'll call you on Monday to see which day is easier for you.

출처: Hershkowitz(1995: 116-117)

[해설]

· on time: 제때에

· fit better into: ~에 덜 잘 맞다.

[번역]

ABC 프로젝트에 관한 귀하의 추천안(충고, 도움, 제안, 전문지식)은 저희가 이 프로젝트를 기일 내에 완수하는 데에 도움이 될 것입니다. 저희와 회합을 갖고자 하는데, 이번 주 혹은 다음주 화요일 간부회의 예정일자가 귀하의 일정과 맞는지요? 제가 전화 드리겠습니다. 이 중 어느 날이 더 편리하신지 여쭙겠습니다.

결론적으로 판매 영업을 성사시키기에 매우 효과가 큰 편지를 쓰려면, ① 구체적으로 그 편지 속에 독자에게 도움이 될 것이 무엇인지를 말하면서 독자의 시선을 끌어야 하고, ② 독자는 왜 이 편지에서 전하고자 하는 내용에 관심을 가져야 하는지를 설명하고, ③ 그 내용이 사실임을 입증하며, ④ 편지를 보낸 사람이 제시하는 것(아이디어, 제품, 서비스 등)이 독자에게 무슨 혜택이 되는지를 기술(describe)한 뒤, 마지막으로 ⑤ 독자가 취해야 할 다음 단계가 무엇인지를 명료하게 설명해야 한다 (Hershkowitz, 1995: 117).

2) 판매력 제고의 글

문법적 오류, 잘못된 문장부호, 적절치 못한 어휘사용 및 글자체 크기와 모양은 독자가 집중해서 글을 읽어 내려가는 데에 방해가 될 뿐만 아니라, 그러한 글을 통해 전하고자 하는 어휘들의 영향력을 크게 감소시킨다. 이제 그러한 실수를 줄이는 요령을 살펴보자 (Hershkowitz, 1995: 123-124).

① 현재시제로 쓰기

(○) I suggest ~. / (×) I would like to suggest ~.

(○) It is his suggestion that ~. / (×) He suggested ~.

② 구매자에게 계속 초점을 맞추기

"I, Me, My,..." 보다는 "You, Your" 등의 표현을 2배이상 더 사용하라. 그리고 마치 독자 한사람에게 개인 편지를 쓰는 듯 글을 써라 그래야 독자들이 보낸 메시지에 대한 행동을 더 빨리 보인다.

③ 제목 달기

당신이 제공하는 제품이나 서비스로부터 독자들이 얼마나 혜택을 받게 되는지 각각의 이득 되는 항목별로 제목을 써넣어라.

④ 문장은 짧게 하기

독자들은 시간을 내어 다 읽지 않으므로 짧고 단순한 문장이나 단락을 사용하라. 독자들의 최대 독해력은 평균 14~18개 단어로 구성된 문장을 평균 5개정도 읽는 정도이다.

⑤ 요점은 구(phrase)로 분리표기 하기

서로 연관성 없는 많은 정보를 쓸 경우에는 각각의 요점을 구(phrase)로 별개 표시하라. 예를 들어 컨벤션 기획사인 당신이 사전 답사한 호텔의 장점에 대해 조직위원회 측에 전할 때 "A complete health club conveniently located; The largest meeting room space available in the down town area; Door-to-door shuttle available 24 hours." (완벽한 헬스 클럽이 편리한 위치에 있습니다. 시내에서 가장 큰 회의 공간이 있습니다.; 바로 현관 앞에서 타고 내릴 수 있는 셔틀버스가 24시간 운행 중)처럼 표현할 수 있다.

⑥ 내용 저해표현 유의하기

이제 다음과 같은 강력한 영문편지를 저해하는 표현들을 살펴보고 같은 실수는 반복하지 않도록 한다. "Thanking you in advance for your anticipated cooperation in the matter.

(이 문제에 대해 협력해 주시리라 믿고 미리 감사드립니다.)" 라는 식으로 미리 감사를 표시한다는 것은 "야! 그대로 하라니까!" 식의 강압적 요구가 함축되어 있다. 일이 성사된 뒤에 별도의 감사편지를 보내는 것이 바람직하다.

국제적인 업무가 많은 우리에게 공짜 국제전화는 없다. " Please feel free to call~ (아무때나 전화주세요)" 라는 이런 무의미한 표현은 자제해야 한다. 또한 "Just to remind you ~, Just to thank you ~" 처럼, 이렇게 문장 앞에 'just(단지)' 라는 단어를 쓰면 당신이 보낸 메시지의 내용을 하찮은 것으로 비하시키는 결과를 초래하므로, 이를 생략하고 시작하라.

"To my knowledge, As far as I know(제가 알기로는)" 같은 표현 역시 필자나 메시지의 내용을 비하시키거나 하찮은 것으로 하기 쉽다. 그 대신 "Based on ~ " (~에 기초하여) 혹은 "Based on my discussion with Mr. K and Dr. L, here are the figures on ~." (K씨와 L 박사와 논의한 결과에 기초한 바에 따라 여기에 제시된)이 더 좋다.

"Obviously, Needless to say, More than happy to~" 와 같은 표현도 삼가는 것이 좋다. 명백하거나 말할 필요가 없는데 왜 편지를 쓰는가? '이보다 더 행복할 수 없다' 는 것 역시 부자연스럽고 과장된 듯하다.

Convention English

⑦ 시각적으로 읽기 쉬운 글을 쓰기

국제회의와 이에 수반되는 전시를 기획 운영하는 컨벤션 기획사는 주최 측에게 제안서를 보내거나 회의를 하고, 협력업체들과 협상하며, 각종 홍보물을 준비하면서 동시에 여러 편지, Fax, E-mail을 주고받느라고 정신이 없다. 회의나 전시 참가자들과 매우 바쁜 하루하루를 보낸다. 따라서 그들은 컨벤션 기획사가 보내는 각종 편지나 인쇄 홍보물을 제대로 꼼꼼히 읽을 시간도 없다.

그러면 상대방이 읽도록 어떻게 제안서나 편지 등을 써야 되는가? 눈이 시원하게 하얀 여백을 많이 남기고, 내용이 복잡하면 리스트로 작성하고 문장과 단락은 짧게 한다. 중요한 내용은 밑줄을 긋거나 이탤릭체 혹은 굵은 고딕체로 할 수 있고, 박스형태로 중요한 내용들은 직사각형의 테를 두를 수 있다. 물론 이런 시각적 처리를 지나치게 많이 할 경우 오히려 역효과를 가져온다는 것도 잊어서는 안 된다.

References

Brock, Susan L., 1996. *Better Business Writing Techniques for Improving Correspondence*(3rd. ed.), Crisp Publications Inc.

Friendlander, Pat, 2002. "The Lost Art of Business Writing," presented at *the Trade Show for Trade Show 2002 Congress* held from the 22nd to the 25th of July, 2002 at McCormic Place, Chicago, IL.

Grahm, John R., 2002. "It's Changed the Way We Thank and Behave: Who Do We Thank (and Curse) for E-mail?" in Pat Friendlander(2002: 25-29)

Henning, Kathy, 2000. "Writing Well Online: Talent Isn't Enough," (December 5, 2000) http://www.clickz.com/cgi-bin/gt/article.html?article=2948 in Pat Friendlander (2002: 47-48)

__________, 2001. "Writing Consistently Across Media: Ten Proofreading Tips," (March 6, 2001) http://www.clickz.com/article/cz/3934.html in Pat Friendlander (2002: 33)

Hershkowitz, Sue A., 1995. Power Sales Writing: What Every Sales Person Needs to Know to Turn Prospects into Buyers, High Impact Publications.

Usborne, Nick, 2001. "Writing Email: Beware If the Mask Slips," (February, 12, 2001) http://www.clickz.com/article/cz.3358.html in Pat Friendlander (2002: 33)

Weil, Debbie, 2001. "AIDA Plus Five Ws: B2B Email Marketing," (October, 17, 2001) Click Z Today, http://www.clickz.com/article.php/904341 in Pat Freindlander (2002: 30-32)

Chaper **8**

이 메 일 영 어

A. 인사

1. 첫인사 2. 근황을 묻는 인사 3. 오랫동안 연락이 없을 때의 인사
4. 오랜만에 연락할 때의 인사 5. 답례 인사 6. 작별과 축복의 인사

B. 업무

1. 직업 2. 직위 및 담당업무 3. 일의 적성과 근무시간 4. 인사이동과 급료

C. 취미와 스포츠

1. 취미 2. 스포츠

D. 부탁, 의뢰, 제안

1. 부탁할 때 2. 부탁 · 의뢰를 받았을 때
3. 제안 할 때 · 제안을 받아 드릴 때 · 제안을 거절할 때

E. 감정 표현

1. 축하할 때 2. 감사할 때 3. 격려 · 위로할 때
4. 조의를 표할 때 · 조문에 대해 답례할 때
5. 기쁠 때 6. 화날 때 7. 놀랐을 때

F. 이메일 사례

▶ References

이 장에서는 컨벤션과 관련하여 이메일을 주고받는데 필요한 가장 기본적인 영어 표현들을 인사, 업무, 취미, 부탁, 감정표현을 중심으로 선별, 요약하여 (김한규, 2005; 김치훈, 2005) 정리하였고, 본 저자가 홍콩에서 개최된 "2006 국제 컨벤션전시 정상회의" 에 패널리스트로 초청되었는데, 이 행사에 참가한 연사들과의 인터뷰 및 행사를 TV 녹화를 위해 촬영하고자하는 과정에서 실제로 주고받았던 영문 이메일의 일부분을 발췌하여 사례로 제시하였다. 한글로 표현하고 싶은 내용을 먼저 제시하고, 이에 대응되는 기본적인 영문 이메일 표현들을 이어 표기했으므로, 한글과 영어를 비교, 대조하면서 기본 영어 표현력을 숙달 하고, 실제 사례들은 업무에 활용하기 바란다.

A 인사

1. 첫인사

- 처음으로 메일을 보냅니다.
  - This is my first e-mail.
  - This is the first time for me to send you an e-mail.
  - This is the first time for me to write a letter by e-mail.
- 당신에게 이메일을 보내게 되어 기쁩니다.
  - It's great(nice) to send you an e-mail.
- Jane Smith가 당신의 이름과 이메일 주소를 알려 줬습니다.
  - Miss Jane Smith gave me your name and e-mail address.
- 당신의 이름을 잡지에서 알았습니다.
  - I got your name from a magazine.
- 당신의 웹 사이트를 보고 대단히 마음에 들었습니다. 그래서 이 편지를 쓰고 있습니다.
  - I visited your web site and enjoyed very much. So, here I am writing to you.

2. 근황을 묻는 인사

- 요즘 어떻게 지내세요?
  - How are you doing?
  - How's it going?
  - How's your life?
  - How's everything?
  - How are things going?
  - How's yourself?
- 잘 지내세요?
  - Is everything okay(all right) (with you)?

- 잘 지내시리라 생각합니다.
  - All is <u>well</u> with you, I hope.
  - I believe that you are well.
- 별 일 없으세요?
  - What are you up to?
  - What's up(new)?
- 사업은 어떠세요?
  - How's your business?
  - How are things going with your business?

【해설】

· well: 잘, 만족스러운, 더할 나위 없은(형용사로 쓰임)

3. 오랫동안 연락이 없을 때의 인사

- 오랫동안 소식이 없으시군요.
  - I haven't heard from you for a long time.
  - It's been a long time since I heard from you.
- 연락을 주고받은 지 꽤 오래 됐네요.
  - It has been some time since we corresponded.
- 당신에게서 오랫동안 편지가 없어서 조금 걱정입니다.
  - I am <u>a bit</u> worried because you have not written to me for quite a long time.
- 요즘 당신에게서 편지가 없어서 어떻게 지내시나 생각하고 있습니다.
  - I have been thinking how you are doing since you have not written to me <u>for ages</u>.
- 어떻게 된 거예요? 여전히 바쁘세요?
  - What's going on? Are you busy <u>as usual</u>?

- 잘 지내고 있는지 이메일로 꼭 알려 주세요.
  - Do e-mail me to let me know how things are going.
- 당신이 굉장히 바쁘다는 건 알고 있지만, 곧 연락주기 바랍니다.
  - I know you are extremely busy, but please get in touch soon.
- 곧 연락 주세요.
  - I hope to hear from you soon.
- (기회가 있으면) 꼭 연락 주세요.
  - (When you get the chance,) please drop me a line.
  - I look forward to hearing from you soon.
- 빠른 답장 기다리겠습니다.
  - I look forward to your early reply.

[해설]

· a bit: 약간, 소량의
· for ages: 오랫동안
· as usual: 평소처럼
· e-mail: 이메일을 보내다(동사로 쓰임)
· extremely: 극단적으로, 극도로
· get in touch: ~와 연락[접촉]하다
· hear from: ~로부터 소식을 듣다
· look forward to : ~를 몹시 기다리다.

4. 오랜만에 연락할 때의 인사

- 한동안 연락 못해서 미안 합니다.
  - I am very sorry for my long silence.
  - Please forgive me for not keeping in touch.
  - Sorry I haven't been in touch for a while.

- 더 일찍 소식 보내지 못해 미안합니다. 오늘에야 시간이 나서 소식 전합니다.
  - Please excuse me for not writing to you earlier. I finally got some time today.

- 오랜만에 편지 올립니다. 그동안 어떻게 지내셨습니까?
  - It's been a long time since I wrote to you last. How have you been doing lately?

- 당신의 근황도 알려주세요.
  - Please give me some news of yours.
  - Please let me know how you are doing.

- 며칠간 이메일을 보내지 못해 미안합니다.
  - Sorry, I couldn't e-mail you for a few days.
  - I apologize for not contacting you until now.

- 생각해보니 4개월이나 편지를 보내지 않았더군요. 저의 게으름을 용서해 주십시오.
  - I have noticed that I've been lazy for 4 months not writing to you. Please forgive me.

[해설]

· apologize: 사과하다
· lazy: 게으른, 빈둥거리는

5. 답례 인사

- (오늘 보내준)편지 감사합니다.
  - (I'd like to) thank you for the mail(received today).

- (오랜만에) 당신에게서 이메일 받고 기뻤습니다.
  - I was so pleased(happy) to get an e-mail from you (again after so long).

- 소식 듣고 기뻤습니다. 모두에게 안부 전해 주십시오.
  - It was good(great) to hear from you. Please give my best regards to everyone there.
- 연락 주셔서 즉시 감사의 답장을 씁니다.
  - Just a quick reply to say thanks for getting in touch.
- 모두들 잘 지내고 계시기를 바랍니다.
  - I hope this letter finds you and your family well.
- 바쁜(문제없이) 나날을 보냅니다.
  - I have been keeping my self busy(out of trouble).

【해설】

· give my best regards to: ~에게 안부를 전하다

6. 작별과 축복의 인사

- 그럼 또 나중에 연락하지요. 안녕히 계세요.
  - Bye for now. I'll be in touch(contact you) again shortly. All the best!
- 가까운 시일에 당신을 만날 수 있기를 기대하겠습니다.
  - I look forward to seeing you in the near future.
- 행복하시길 빕니다.
  - May you be happy! - With best wishes to you.
- 신의 은총이 깃들기를!
  - God bless you! - May God be with you!
- 당신의 모든 일이 잘 되기를 빕니다.
  - My sincerest wishes for all good things for you.
  - Hoping everything will go well with you.

● 언제나 행운이 함께 하시기를!

- May good fortune always be yours!　- Good luck!

[해설]

· shortly: 곧, 이윽고

· look forward to seeing: 볼 것을 고대하다

B 업무

1. 직업

● 나는 공무원(회사원)입니다.

- I am a government official (an office worker).

● 나는 자영업을 합니다. 컨벤션기획업체를 운영하고 있어요.

- I'm self-employed.　I run a company serving as a PCO.

● 작은 기획사를 경영하고 있습니다.

- I run a small planning and management company.

● 우리 회사는 5개의 해외지사를 갖고 있습니다.

- We have 5 branches overseas.

● 나는 프리랜서로 10년 이상 일하고 있습니다. 그래서 매달 수입이 큰 차이가 납니다.

- I've freelanced for more than 10 years. So my income varies greatly every month.

● 내가 근무하고 있는 회사는 여행사입니다.

- The company I work for is a travel agency.

● 당신의 직업은 무엇입니까?

- What do you do for a living?

● 당신은 어떤 회사에 근무합니까?

- What sort of company do you work for?

● 당신의 회사는 어떤 일을 합니까?

- What kind of business does your company do?

[해설]

· self-employed: 자영(自營)의, 자유업의
· serving as a PCO: PCO(Professional Convention Organizer: 컨벤션기획업체)로서 기능을 하는
· varies: ~을 다르게 하다, 다양하게 하다, ~에 변화를 주다
· What do you do for a living?: 당신의 직업은 무엇입니까?

2. 직위 및 담당업무

● 내 직위는 컨벤션 서비스 담당 부장입니다.

- My position is Convention Service manager.

● 내 담당은 고객의 불만을 처리하는 것입니다.

- My job is to (I'm in charge of/ I'm responsible for) handle (handling) complaints from customers.

● 결산기에는 눈이 돌 정도로 바쁩니다.

- We are as busy as bees during the fiscal term.

● 해외에서 손님이 오시면 회시 간부를 위해 통역도 합니다.

- I also interpret for our executives when they receive overseas customers.

● 저는 회사의 홍보를 맡고 있어서 점심시간도 없이 일을 계속하는 때가 있습니다.

- I work in the company's public relations. I often have to continue working without lunch break.

● 당신은 어느 부서 소속입니까? 당신의 담당분야는 무엇입니까?

- What department are you in? - What is your special field?

[해설]

· in charge of: ① ~을 맡아서, 담당해서 ② ~에게 맡겨져, 위탁되어
· complaint(s): 불평, 불만, 푸념, 넋두리(들)
· as busy as bees: 벌처럼 부지런한
· fiscal: 재정(상)의, 재무의, 회계의
· interpret: ~을 통역하다, ~을 해명(설명)하다
· executive(s): 집행부, 경영, 임원(들)
· public relation(s): 선전, 홍보(활동)

3. 일의 적성과 근무시간

- 일은 재미있지만 때때로 스트레스가 쌓입니다.
  - My job is interesting, but it's sometimes stressful.
- 일에 있어선 좋을 때도 나쁠 때도 있습니다.
  - I have good days and bad days at work.
- 우리는 일주일에 44시간, 다시 말해 6일 근무합니다.
  - We work 44 hours a week, in other words, a 6-day week.
- 나는 매일 밤늦게까지 잔업을 하고 있습니다.
  - I work overtime till late at night every day.
- 우리 회사는 주 5일 근무제이에요. 그 쪽 근무시간은 어떻게 되세요?
  - My company has a 5-day working week. What are your working hours?
- 나는 격주로 토요일 오전에 근무해야 됩니다.
  - I have to work in the morning <u>every other Sunday</u>.
- 때때로 주말에 회의가 있습니다.
  - Sometimes I have meetings on the weekend.
- 일요일에 출근하면 다른 날 대신 쉴 수 있습니다.
  - If you work on Sunday, you can <u>take</u> some other day <u>off</u>.

[해설]

· every other Sunday: 격주 일요일

· take off: 휴가를 얻다

4. 인사이동과 급료

● 나는 지금의 지위에 오른 지 2년 됩니다.

- I've been in my present position for 2 years.

● 나는 과장으로 승진했습니다.

- I have been promoted to a section chief.

● 9월 1일자로 부산 지사로 전근하게 되었습니다.

- As of September 1, I'm going to be transferred to the Busan office.

● 여행사에서 일 한지 금년으로 5년이 됩니다.

- This is my 5th year at a travel agency.

● 근무한 지 얼마나 되셨습니까?

- How long have you been with your company?

● 월급날은 매월 25일입니다.

- Our pay day is the 25th of every month.

● 월급은 실 수령액으로 백만 원입니다.

- I am paid (earn) about 1 million won a month after taxes.

● 나는 기본급 외에 가족수당을 받고 있습니다.

- I receive a family allowance besides base pay.

● 모든 종업원들에게 1년에 2번씩 보너스가 지급됩니다.

- The company gives 2 bonuses a year to every employee.

[해설]

· present: 현재의, 오늘날의, 지금의
· after taxes: 세금을 뺀 (실 수령액이)
· allowance: 수당(금), 지급금
· besides: 또, 더욱이; 게다가, 더하여
· base pay: 기본급

C 취미와 스포츠

1. 취미

- 쉽게 열중하고 쉽게 식습니다.
  - I easily warm up and cool down.
- 왠지 전 무엇을 해도 오래 지속하질 못합니다.
  - Whatever the reason is, I can't to <u>stick to</u> anything.
- 나는 영화광입니다.
  - I am crazy about movies.
- 컴퓨터게임을 하고 있으면 모든 것을 잊어버립니다.
  - I <u>go mindless</u> when I play computer games.
- 나는 몇 번 중요한 문서를 실수로 지워 버린 적이 있습니다.
  - A few times I've <u>accidentally</u> lost important documents.
- 나는 가까운 장래에 내 홈페이지를 만들고 싶습니다.
  - I'd like to build my own site in the near future.
- 나는 증권 시세를 알려고 신문을 읽습니다.
  - I read the newspaper for the stock list.

- 나는 "Convene" 잡지를 구독합니다. 그 잡지는 격월로 발행됩니다.
  - I subscribe to the magazine "Convene," which comes out <u>every other month</u>.
- 당신은 뭔가 악기를 다룰 줄 압니까?
  - Do you play any musical instruments?
- 춤을 잘 추세요? 춤추는 것은 걱정거리를 잊는데 좋은 방법입니다.
  - Are you good at dancing? Dancing is a good way to forget your cares.
- 정물을 많이 그립니다. 인물은 잘 그리지 못합니다.
  - I paint a lot of <u>still lifes</u>; I'm not very good at <u>portraits</u>.
- 나는 내 작품을 한번 전람회에 출품한 적 있습니다.
  - I've shown my work once at an exhibition.
- 나는 단체 여행보다 혼자 하는 여행을 좋아합니다.
  - I <u>prefer</u> traveling alone <u>to</u> group tours.
- 중국에는 4번 갔었는데 이번 여행이 제일 인상 깊었어요.
  - I've been to China 4 times. But this time was most <u>impressive</u> for me.
- 저는 아직 해외여행을 못해봤습니다.
  - I haven't been overseas yet.
- 브랜드 상품을 싸게 살 수 있는 가게를 알고 있어요.
  - I know a store where you can get brand-name goods at a bargain.
- 돈이 없을 땐 아이쇼핑으로 만족해요.
  - I <u>go window-shopping</u> when I am <u>short of</u> money.
- 나는 통신판매로 쇼핑하는 것을 좋아 합니다. 그러나 충동구매는 하지 않습니다.
  - I like to buy things through mail order. But I'm a careful shopper.
- 나는 충동 구매하는 버릇이 있습니다.
  - I have a <u>tendency</u> to buy things <u>on impulse</u>.

【해설】
· stick to: (주의 · 결정) 등을 고수하다; 끝까지 해내다
· go mindless: 생각이 없다
· accidentally: 우연히, 뜻하지 않게; 부수적으로
· every other month: 격월로
· still lifes: 정물
· portraits: 초상; 초상화
· prefer to: ~을 (~보다) 좋아하다
· impressive: 강한 인상을 주는, 인상적인; 감명 깊은, 감동적인
· go window-shopping: 윈도우쇼핑하다
· short of: ~이 부족한
· tendency: 경향, 추세, 풍조
· on impulse: 충동적으로

2. 스포츠

- 운동은 체형관리에 좋습니다.
  - Exercise is a good way to stay in shape.
- 저는 일주일에 2번 근무 후 스포츠클럽에 가서 땀을 흘립니다.
  - After work, I go to the gym twice a week to work out.
- 운동을 한 뒤에 하는 사우나가 너무 기분 좋아요.
  - I enjoy taking a sauna after working out.
- 저는 야구를 무척 좋아해서 룰은 무엇이든 알고 있습니다.
  - I like baseball very much, and I know the rule inside and out.
- 나는 요즘 테니스에 빠져 있습니다.
  - I have gone in for tennis these days.
- 테니스를 시작 한 이후로 건강이 훨씬 더 좋아지는 걸 느낍니다.
  - I've been feeling much fitter since I took up tennis.

- 골프를 시작 한 지 이제 겨우 1년입니다.
  - It has been only a year since I started golf.
- 일이 끝나면 연습장에 골프 연습하러 갑니다.
  - After work, I usually go to a driving range to practice golf.
- 내 골프 핸디는 20입니다.
  - My golf handicap is 20.
- 유감스럽게도 한국에서는 골프하는데 상당히 돈이 많이 듭니다.
  - To our great regret, it costs us a lot of money to play golf in Korea.
- 나는 평형을 제일 잘 합니다.
  - I am best at the breaststroke.
- 내가 살고 있는 곳은 눈이 많아서 스키 탈 기회가 많습니다.
  - As I live in a snowy district, I have many opportunities to ski.
- 설악산이 등산객들에게 인기 있습니다.
  - Mt. Sorak is popular among mountaineers.
- 내 낚시 경력은 5년입니다. 바다낚시는 아주 재미있습니다.
  - I've been fishing for 5 years. Ocean-fishing is a great fun.

【해설】

· stay in shape: 체형관리를 하다
· inside and out: 속속들이, 모두
· have gone in for: (취미로) ~에 열중하다, 골몰하다; ~을 특히 좋아하다
· fitter: 더 적합한, 더 몸이 좋아진
· took up: 에 착수했다
· driving range: 골프 연습장
· To our great regret: 매우 유감스럽지만
· breaststroke: 평영(平泳)
· mountaineer(s): 산지 사람, 산악인; 등산가(들)

D 부탁, 의뢰, 제안

1. 부탁할 때

- 부탁드릴 것이 있습니다.

  - I have a small favor to ask of you. - Allow me to ask a request of you.

- 이런 부탁을 드려 폐를 끼치게 된 것을 죄송하게 생각합니다.

  - I'm really sorry to burden(bother) you with such a request.

- 이렇게 염치없는 부탁을 하게 된 저를 용서해 주십시오.

  - I hope you'll forgive my boldness in making such a request.

- 제 부탁을 들어 주신다면 (공항까지 마중 나와 주신다면)정말로 감사하겠습니다.

  - I should be very grateful if you would accept my request(could come to the airport to pick me up).

- 폐를 끼쳐서 대단히 죄송합니다만, 첨부한 영문을 교정해 줄 시간이 있으신지 모르겠습니다.

  - I'm terribly sorry to bother you, but I wonder if you have some time to proof-read the attached document written in English for me.

- 당신 나라의 컨벤션 잡지를 보내주셨으면 합니다. 대금과 우송료는 받는 즉시 보내 드리겠습니다.

  - I wonder if you could send me some convention magazines from your country. I will reimburse you for goods and transportation upon delivery of goods.

- 제 소개장을 써 주시지 않겠습니까?

  - Would you be kind enough to write a letter of introduction for me?

- 이전의 근무처인 귀사에서 귀사의 뉴질랜드 지사 한 곳에 근무할 수 있도록 소개장을 써주시면 감사하겠습니다.

  - As my former employer, I would be grateful if you could provide me with a letter of introduction for a position with one of your affiliates in

New Zealand.

- 귀사의 사업 개요와 영업실적에 대해 좀 더 알고 싶습니다.
  - I'd like to know more about your company overview and operations.
- 당신 사무실의 영업시간과 휴일에 대해 알려 주십시오.
  - Please tell me the opening hours and holidays of your office.
- 홈-스테이 프로그램에 대한 정보를 보내 주시면 감사하겠습니다.
  - I'd also appreciate any information about home-stay programs.
- 당신을 신원 보증인으로 세워도 괜찮을까요? 조속히 해 주신다면 기쁘겠습니다.
  - Would you mind if I use you as a reference? I should be very happy if you could do it as soon as possible.
- 이런 부탁을 드려 정말 죄송합니다만, 동봉한 서류에 서명해 주신다면 대단히 감사하겠습니다.
  - I'm really sorry to burden you with this, but I'd be very grateful if you could sign the enclosed form for me.

【해설】

· Allow me to: ~하는 것을 허락해 주십시오
· ask a request: 요청하다
· burden: 짐(부담)이 되다
· grateful: 고맙게 생각하는, 감사하는
· proof-read: (~의) 교정쇄를 읽다; (~의) 교정[교열]을 보다
· reimburse: 환불하다
· affiliate(s): 제휴회사(들)
· opening hour(s): 영업시간
· as a reference: 신원보증인으로
· enclosed: 동봉한

Convention English

2. 부탁 · 의뢰를 받았을 때

- 필요한 정보에 대해 좀 더 구체적으로 알려 주시겠습니까?
  - Can you be more specific about the information you need?
- 이 건에 대해 좀 더 상세히 알려 주십시오.
  - Please let me know about the matter in detail.
- 그 작업에 대해 상세히 알려 주시겠습니까?
  - Would you give me a full job description?
- 언제까지 필요하십니까?
  - How soon do you need it?
- 찾고 싶은 것이 있으면 언제든지 말씀해 주십시오.
  - Please ask me any time if you have something else you want me to look for.
- 힘이 될 수 있도록 최선을 다 하겠습니다.
  - I'll do my best to help you. - I'll do whatever I can.
- 그 밖에 제가 도와드릴 일이 있으면 알려 주세요.
  - If there is anything else I can do for you, please let me know.
- 그것은 받아드릴 수가 없습니다.
  - I cannot simply accept it.
- 죄송하지만 당신의 요구에는 응할 수 가 없습니다.
  - I'm sorry but I can't comply with your request.
- 정말로 유감스럽지만, 당신의 의뢰는 받아드릴 수가 없습니다.
  - To my great regret, I can't accept your offer.
- 요청하신 정보를 제공해 드리는 일은 불가능 합니다.
  - I'm afraid I'm unable to provide you with the information you have requested.

● 당신이 원하는 답을 드리지 못해 유감입니다.

- I'm very sorry that I cannot give you a satisfactory response.

● 당신이 말씀하신 날에는 만나 뵐 수 없겠는데요.

- I cannot meet you on the date you have suggested.

[해설]

· specific: 특수한, 특별한; 구체적인
· in detail: 상세하게
· description: 서술, 기술, 설명
· comply with: ~에 따르다

3. 제안 할 때 · 제안을 받아 드릴 때 · 제안을 거절할 때

● 제안 (다른 의견) 이 있습니다.

- I have a suggestion (another idea).

● 회의 방법에 관해 몇 가지 제안을 하고 싶습니다.

- I'd like to make some suggestions about (with regard to) the way the meetings are conducted.

● 어려운 상황입니다만, 제 제안이 상황을 호전시키리라 믿습니다.

- This is a difficult situation, but I'm confident that my proposal will help turn it around.

● 제 제안을 승인해 주시겠습니까?

- Could you approve my proposal?

● 이 문제를 어떻게 생각 하십니까? 당신의 의견은요?

- What do you think of this matter? May I ask your opinion?

● 전적으로 (기본적으로) 당신의 제안에 찬성합니다.

- Fully (Basically) I agree to what you said.

- 그 점에 대해서는 동의합니다. 그 제안 기꺼이 받아드리겠습니다.
  - I agree with you on that point. I'm ready to accept your proposal.
- 현 정부의 관광정책에 관한 한 우리는 같은 생각을 갖고 있는 것 같군요.
  - I think we are of one mind when it comes to the tourism policies of the current government.
- 우리는 그 제품의 가격 결정 전략을 변경하기로 한 귀사의 결정에 따르겠습니다.
  - We are in accord with your decision to change the pricing strategy of that product.
- 저의 견해는 조금 다릅니다. 그것은 그렇게 간단하지 않습니다.
  - I don't see things that way. It's not that simple.
- 저는 그 계획의 가능성에 대해 다소 의문이 있습니다.
  - I have some reservation about the possibility of the project.
- Mr. White가 말씀하신 것은 우리의 영업 방침에 위배되는 것입니다.
  - What Mr. White said is against our business policy.
- 우리의 조사 결과는 새 영업소를 거기에 설치하는 것은 채산이 맞지 않는 것으로 나타났습니다.
  - Our survey indicates that setting up a new sales office there would hardly pay off.
- 당신의 의견에 문제점이 있을 수 있다는 것을 지적하고 싶습니다.
  - I'd like to point out a possible weakness in your idea.

【해설】

· with regard to: ~에 관해서는

· agree to: 동의하다, 응하다, 승낙[찬성]하다 (to다음에는 의견)

· agree with: (남과) 의견이 일치하다, 동감이다 (with다음에는 사람)

· when it comes to: ~할 계제가 되면, ~로 말할것 같으면

· current: 현재의, 지금의; 최신의

· in accord with: ~과 조화되어

· pricing strategy: 가격전략

· reservation: 보류, 유보 (여기서는 "예약"의 의미가 아님)
· indicate(s): ~을 나타내다, 예시(암시)하다
· hardly: 거의 ~아니다(않다), 만족하게 ~하지 않다
· pay off: (그만한 대가를)지불하다

E 감정 표현

1. 축하할 때

● (성공을) 진심으로 축하드립니다.
- My heartiest congratulations (on your success).
- Congratulations!
- I heartly(Allow me to) congratulate you.
- I offer (Please accept) my heartiest congratulations.

● 누구보다도 먼저 축하의 말씀을 올립니다.
- Let me be the first to congratulate you.

● 언제까지고 해마다 기쁜 생일을 맞으시기 기원합니다.
- With my best wishes for many happy returns of your birthday!

● 이 기쁜 날을 축하하고, 행복과 기쁨이 당신에게 깃들기를 바랍니다.
- May happiness and joy come to you as you <u>celebrate</u> this joyous day.

● 이 행복한 날 충심으로 행복과 행운을 기원합니다.
- On this happy day, I wish you tons and tons of happiness and good fortune.

● 당신의 32회 생일을 맞아 진심어린 축하를 드립니다.
- Let me offer you my sincere <u>greetings</u> on your 32nd birthday.

- 드디어 해내셨군요. 축하합니다. (처음부터) 당신이라면 해 낼 줄 알았습니다.
  - You did it at last. Congratulations! I knew you could make it all along.
- 당신의 성공은 어느 모로 보나 당연한 것입니다.
  - You <u>deserve</u> every bit of your success.
- 내가 얼마나 기뻐하는지 상상도 못하실 겁니다.
  - You can't imagine how pleased I am.
- 당신의 위대한 공적에 대해 최고의 찬사를 받아 마땅합니다.
  - You deserve the highest <u>praise</u> for your great <u>feat</u>!
- 어제 생일 선물로 드릴 책을 별도로 항공편으로 보냈습니다.
  - Yesterday, I <u>air-mailed</u> to you a book for a birthday present by a separate post.
- 축하의 표시로 선물 한 가지를 보냈습니다. 당신 마음에 든다면 정말 좋겠습니다.
  - I've sent you a preset <u>as a token of</u> my congratulation to you. It would be my great pleasure if you like it.
- 한국의 조그마한 기념품 하나를 소포로 보냈습니다. 제 선물을 받아 주신다면 기쁘겠습니다.
  - I've sent you a small <u>souvenir</u> of Korea <u>by parcel post</u>. It will give me much pleasure if you accept my present.

【해설】

· celebrate: ~을 축하하다; ~기념하다
· greetings: 안부
· deserve: ~할 가치(자격, 권리)가 있다, ~을 받을 만하다
· praise: 칭찬
· feat: 위업; 공적, 공훈; 묘기, 뛰어난 솜씨
· air-mailed: 항공우편으로 부쳤다 (동사로 쓰임)
· as a token of: ~의 표시(증거)로서
· souvenir: 기념품, 선물
· by parcel post: 소포우편으로

2. 감사할 때

- 정말 여러 가지로 (진심으로) 감사드립니다.
  - Thank you for everything (from the bottom of my heat).
  - I really appreciate it.
  - I'm much obliged (grateful) to you.
- 어떻게 감사드려야 할지 모르겠습니다.
  - I have no words to describe how much I thank you.
- 모든 도움 (협조)에 감사드립니다.
  - I greatly appreciate all your help (cooperation).
- 제 청을 들어 주셔서 감사합니다.
  - Thank you so much for granting my request.
- 귀중한 조언을 해 주셔서 감사드립니다.
  - I want to express my appreciation for your valuable advice.
- 저에게 베풀어 주신 호의는 잊지 않겠습니다.
  - I shall not forget the great favor that you have done for me.
- 다정한 격려의 편지를 보내 주셔서 감사합니다. 항상 제 일을 염려해 주셔서 어떻게 감사드릴지 모르겠습니다.
  - I'd like to thank you for the considerate and heart-felt letter you have sent me. I cannot express my gratitude enough for your thoughtfulness.
- 당신의 친절한 축하 말씀에 깊은 감명을 받았습니다.
  - Your kind words of congratulation have impressed me deeply.
- 진심어린 축하의 말씀 정말 감사합니다.
  - Thanks a million for your sincere words of congratulation.
- 선물 받고도 인사가 늦었습니다.
  - Please forgive me for not thanking you earlier for the present you gave me.

- 이거야 말로 내가 내내 갖고 싶어 하던 거예요. (평생) 소중히 간직 하겠습니다.
  - This is what I have long wanted. I'll treasure it (as long as I live).

【해설】

· granting: 동의해주기, 부여해주기
· considerate: 친절한, 사려 깊은, 신중한
· treasure: 보물(귀한 것으로)여기다 (동사로 쓰임)

3. 격려 · 위로할 때

- 힘내세요.
  - Cheer up!   - Go for it!   - Keep your courage up!
- 그런 일로 약해지면 안 됩니다. 결국에는 분명히 잘 될 겁니다.
  - Don't let it get you down. Everything will work out all right.
- 우리 모두 당신을 믿어요. 모두 당신 편이에요. 포기하지 마세요.
  - We have all our faith in you. We are all with you. Keep at it.
- 우리 모두 항상 당신을 응원하고 있습니다.
  - We are behind you all the time.
- 격려해 주셔서 감사합니다.
  - Thank you for your encouragement.
- 당신의 편지(메일, 메시지)로 용기를(자신감을) 갖게 되었습니다.
  - Your mail (letter) cheered me up.
  - I was greatly encouraged by your message.
  - Thanks to your letter, I've regained my confidence.
- 지난 일은 잊어버리세요. 다음에는 괜찮을 거예요.
  - Let bygones be bygones. You'll have a better luck next time.

- 용기를 잃지 마세요. 낙담하지 마세요. 생각하는 만큼 심하지 않아요.
  - Don't be discouraged. Never say die. It's not as bad as that.
- 과로 (무리)하지 마세요.
  - Please don't (You must not) overwork (strain yourself).
- 사고를 당했다니 너무 안됐군요. 심한 부상이 아니길 바랍니다.
  - I'm very sorry to hear about your accident. I hope you were not seriously <u>injured</u>.
- 부디 몸조리 잘 하셔서 빨리 회복하시길 바랍니다.
  - I hope you'll take care of yourself and get well soon.
- **친절한 문의 정말 감사드립니다. 다행히 나날이 좋아지고 있습니다.**
  - I thank you for your kind <u>inquiries</u>. I'm happy to say that I'm getting better day by day.
- 진심으로 걱정하고 있습니다. 정말로 큰 피해가 아니었으면 좋겠습니다.
  - I'm really <u>concerned</u> about you. I do hope that it hasn't caused too much damage.
- 덕분에 큰 피해는 피할 수 있었습니다.
  - I'm glad to say that we have <u>escaped</u> any major damage.

【해설】

· go for it: 단호히 목적을 추구하다, 사생결단으로 덤비다; 자, 해봐!, 어서!, 힘내!
· encouragement: 격려, 장려, 고무
· thanks to: ~의 덕택에, ~때문에
· confidence: 신뢰, 신용, 신임
· bygone(s): 지나간 일(들), 과거의 일(들)
· injured: 상처 입은, 부상한; 손해를 입은
· inquiry(ies): 질문(들); 문의(들), 조회(들)
· concerned: 관심(흥미) 있는, 걱정되는
· escaped: 도망친, 피한

4. 조의를 표할 때 · 조문에 대해 답례할 때

- 진심으로 조의를 (애도의 뜻을) 표합니다.
  - I'd like to share with you (offer) my deepest sympathy (condolences).
  - I extend (hasten to express) my heart-felt sympathy to you.
- 고인의 명복을 빕니다.
  - I pray for the soul of the deceased.
  - May the deceased rest in peace !
- 당신의 불행에 진심으로 위로의 뜻을 전합니다.
  - I sympathize with you sincerely in your affliction.
- 당신 마음이 얼마나 아플지 알 것 같습니다.
  - I can painfully understand your feelings.
- 뭐라고 위로의 말씀을 드려야 할지 모르겠습니다.
  - I don't have adequate words to express my sympathy.
  - I don't know if there is any way I may be able to console you.
  - I know too well that words cannot comfort you.
- 위로의 말씀 진심으로 감사드립니다.
  - Many thanks for your condolences.
- 우리의 불행을 위로해 주셔서 감사드립니다.
  - We appreciate your sympathy in our bereavement.
- 따뜻한 메시지를 받고 위로가 되었습니다.
  - It was a comfort when I got your kind message.
- 당신의 친절한 위로의 말씀 덕분에 제 슬픔도 많이 가라앉았습니다.
  - Your kind and comforting words have helped to soften my grief.

[해설]

· condolence(s): 문상, 조위, 애도

· the deceased: 고인
· affliction: 고뇌, 고통
· adequate: (~하기에) 적당한, 충분한
· sympathy: 동정, 연민; 조위(弔慰), 문상
· console: (~의 슬픔 · 고통 따위를) 눅이다, ~을 위로하다, 힘내게 하다
· comfort: ~을 위로하다, 기력을 북돋우다, 격려하다
· bereavement: 먼저 세상을 떠남, 사별
· soften: 을 누그러지게 하다, 가라앉게 하다
· grief: 큰 슬픔, 비탄, 비통

5. 기쁠 때

- 너무 기뻐요. 기뻐 죽겠어요.
  - I'm overjoyed. - I'm beside myself with joy. - I can't contain myself for joy.
- 날아갈 것 같은 기분 이예요.
  - I feel like walking on air. - I jump for joy.
- 눈물이 날 정도로 기뻤어요. 더 이상 바랄 것이 없어요.
  - I nearly wept for joy. I couldn't wish for anything more.
- 교섭이 성과를 거두어서 몹시 기쁩니다.
  - I'm very glad that we reached an agreement.
- 그 프로젝트가 성공했다니 정말 기쁩니다.
  - It gives me a great pleasure to know that the project was a success.
- 정말 즐거웠어요. 최고의 기분 이예요.
  - We've never been sd happy. I feel being on top of the world.
- 오늘 저녁은 정말로 유쾌했습니다.
  - I had a very pleasant (enjoyable) evening.

- 나는 아무런 불만이 없습니다. 그 결과에 만족합니다.
  - I have nothing to complain of. I'm satisfied with the result.
- 정말 감동했습니다.
  - I'm greatly impressed (moved).

[해설]

· contain: 을 가지다, 포함[함유]하다
· wept: weep(울다; 슬퍼하다; 비탄에 잠기다)의 과거
· complain of: 불평(푸념)하다, 불만을 말하다, 투덜대다

6. 화날 때

- 정말로 역겹고 분통이 터집니다.
  - It's disgusting and exasperating.
- 불공평한 대우에 분개 했습니다.
  - I was indignant (furious) because I was treated unfairly.
- 분노를 더 이상 참을 수 없습니다.
  - I can't stand (put up with,) my anger anymore.
  - This is going too far. - This is the last straw.
- 그런 불쾌한 태도를 더 이상 참을 수 없습니다.
  - I refuse to tolerate such objectionable behavior any longer.
- 더 이상 그의 모욕을 (그가 하는 태도를) 참을 수가 없습니다.
  - I won't stand for his insult (his way of doing things) anymore.
- 그것 때문에 짜증이 납니다. 그건 내 신경에 거슬립니다.
  - It gets on my nerves. It rubs me the wrong way.
- 그 빈정거림이 정말 불쾌합니다.
  - I found that insinuation to be thoroughly offensive.

- 더 이상 내 일에 끼어들지 마세요.
  - Don't nose into (Don't be noisy with) my affairs (business) anymore.
- 참견 마세요. 그건 당신이 상관할 일이 아닙니다.
  - Mind your own business. It's none of your business.
- 정말로 지겹습니다.
  - It's boring. - I'm fed up. - I've had enough.
- 그것은 불만스러운 점이 많아요. 그것에 불만이 있습니다.
  - It leaves much to be desired. I have a complaint about it.
- 당신은 그걸 그때 했어야 했는데. 나중에 그 일을 후회할 겁니다.
  - You should have done it then. You will be sorry for it later.
- 내 자신이 말한 것을 금방 후회 했어요.
  - I immediately regretted what I had said.
- 저는 제가 했던 일들을 후회하고 있습니다.
  - I'm filled with regret for my actions.

【해설】

· disgusting: 욕지기나는, 메스꺼워지는; 아주 싫은, 정나미가 떨어지는
· exasperating: 애태우게 하는; 화나(게 하)는
· indignant: (~에) 분개한, 분노한
· furious: 격노한, 날뛰는, 격심한, 광포한
· treated: 대우받은
· stand: 참다
· put up with: ~을 참다, 참고 견디다
· tolerate: ~을 관대히 취급하다, 용인[묵인]하다, 너그럽게 보아주다; 참다
· objectionable: 반대가 나올 듯한, 이의를 말할 여지가 있는
· insult: 모욕, 무례
· get(s) on my nerves: 신경을 거슬리다
· rub(s): 문지르다, 마찰하다
· insinuation: 빗대어[넌지시] 말하기, 암시
· thoroughly: 완전히, 철두철미하게, 철저히

· offensive: 화나게 하는
· nose into: 참견하다
· fed up: 지겨운, 꽉 찬
· regretted: ~을 후회했다

7. 놀랐을 때

- 정말 놀랍군요.
  - What a great surprise! - It's utterly amazing (incredible, astonishing).
- 그 소식을 듣고 나는 깜짝 놀랐습니다.
  - The news gave me a start. - My heart turned over at the news.
- 골치 아파요. 골칫거리가 생겼어요.
  - It annoys me. Difficulties arose.
- 나는 난처한 입장에 놓여 있습니다.
  - I'm in an awkward position. - I got myself into a nasty mess.
- 뭐라고 대답해야 할지 난처합니다.
  - I'm puzzled for an answer. - I don't know how to answer you.
- 거절해야 할지 어떨지 고민하고 있습니다.
  - I'm worrying whether I should refuse or not.
- 마음은 여러 가지 걱정거리로 가득합니다.
  - I have many things on my mind. - Many anxieties occupy my mind.
- 마음이 괴롭습니다.
  - I feel awful. - My heat is heavy.
- 안심했습니다. 그 말을 들으니 정말 안심이 됩니다.
  - What a relief ! I feel (am) really relieved to heat it.

- 그렇게 말씀하시니 마음이 놓입니다.

  - I'm reassured by your saying so.

- 울고 싶은 (비참한) 기분입니다.　마음이 우울해요.

  - I feel like crying.　- I feel miserable (poorly).　- I'm feeling low (down, depressed).

- 너무 슬퍼서 눈물도 안 나옵니다.

  - I am overwhelmed with grief to weep.

- 눈이 퉁퉁 부을 정도로 울었어요.

  - I cried my eyes out.

- 너무 실망 했습니다.

  - I'm disappointed.　- That's very disappointing.　- My heart sank.

- 결과가 기대 밖이었습니다.

  - The result was a disappointment.

- 실망했다는 말씀을 드리게 되어 유감입니다.

  - I regret to have to say that I'm disappointed.

- 기대대로 되지 않아서 낙심하고 있습니다.

  - I'm let down because things didn't work out as I expected.

- 완전히 손들었습니다.　엉망진창입니다.

  - I feel helpless.　Things are too confused.

- 달리 어쩔 도리가 없습니다.

  - There's no way out.　- I'm desperate.　- I have no choice.　- I can't help it.

- 애석하군요.　동정이 갑니다.

  - That's a pity.　My heart goes out to you.

- 그 소식을 (이야기를) 듣고 마음이 아팠습니다.

  - The news brought me much pain. (I was grieved to hear the story.)

[해설]

- incredible: 거짓말 같은, 터무니없는, 놀라운
- astonishing: 놀라운, 깜짝 놀랄 만한, 눈부신
- annoy(s): ~을 괴롭히다, 짜증나게 하다, 귀찮게 굴다, 난처하게 하다
- awkward: 서투른, 미숙한
- anxieties: 걱정, 근심; 불안, 염려
- occupy: ~를 차지하다, 점유하다,
- awful: 무서운, 끔찍한
- relief: 제거, 경감, 안도
- relieved: (~에) 안심한, 안도한
- reassured: 자신감을 되찾게 하는, 안심시키는; 재 보증(재확인)한
- feel like: ~한 느낌이 있다, ~할 것 같다
- overwhelmed with: ~로 압도된
- desperate: 자포자기의, 무모한
- can' t help: ~하는 것을 어쩔 수 없다
- pain: 아픔, 고통
- grieved: 슬프게 된

F 이메일 사례

다음은 본 저자가 홍콩에서 개최된 "2006 국제 컨벤션전시 정상회의"에 패널리스트로 초청되었는데, 이 행사에 참가한 연사들과의 인터뷰 및 행사를 TV 녹화하기 위해 촬영하고자 하는 과정에서, 실제로 주고받았던 영문 이메일의 일부분을 날짜 순서대로 제시한 것이다. 이 같이 한 국제 학술행사를 중심으로 상호 교류되는 영문 이메일의 사례를 통해, 보다 실감나게 영문 이메일의 작성능력을 함양하기 바란다.

[예 8-1] 논문제출 요청

보낸 사람: Karin Weber [SHTM]
날짜: 2005년 10월 24일 월요일 오후 5:38
받는 사람: C&E Researchers: 〈C&E Researchers:〉

제목: Final Call for Papers - Convention & Expo Summit 2006, Hong Kong

Dear C&E Researchers:

This is the final call for papers for the International Convention & Expo Summit - the deadline for submission of abstracts is this Friday, 28 October 2006. For submission guidelines and further details about the Summit, please refer to the link provided below.

http://www.polyu.edu.hk/abc

We look forward to welcoming you in Hong Kong in February 2006.

Regards,

Antonia Wong
Conference Secretariat

【해설】

- call for papers: 논문제출 요청서
- summit: 정상
- submission: (의견의) 개진, 제출
- abstract(s): 개요, 발췌, 요약(들)
- refer to: 위탁하다, 맡기다, 참조하다
- Secretariat: 사무국

【번역】

C&E 연구자들께:

국제 컨벤션전시 정상회의의 최종 논문제출 요청서입니다. - 논문초록 제출 마감일은 2005년 10월28일 금요일입니다. 회의의 제출안내와 더 자세한 정보가 필요하시다면 아래 제공되어 있는 링크를 접속해보시기 바랍니다.

저희는 2006년 2월에 홍콩에서 여러분을 뵙기를 고대합니다.

[예 8-2] 연사 교통편 및 숙박 후원 안내

보낸 사람: Antonia Wong [SHTM]
날짜: 2005년 12월 7일 수요일 오후 7:07
받는 사람: 서 승진
참조: Jongpill Won
제목: Flight and accommodation for International Convention & Expo Summit 2006

Dear Dr. Suh:

Korean Air (KE) has kindly agreed to sponsor your round trip flight tickets to Hong Kong, could you kindly provide the following details for me to follow up?

- Your Full Name on Passport/ Travel Document (e.g.: Surname, First Name)
- Your mailing address for receiving the flight tickets
- Your preferred date for departure and arrival (Our event will start in the afternoon of 7 Feb.)

In the meantime, please kindly note that we will provide a complimentary room at Hotel Miramar Hong Kong to you. Detail will be sent to you in mid-January.

Thank you very much and see you soon in Hong Kong.

Regards,

Antonia Wong
Conference Secretariat

[해설]

· sponsor: 후원하다
· surname: 성 (family name이라고도 함)
· preferred: 더 좋아하는
· in the meantime: 그 사이에, 그럭저럭하는 동안에
· complimentary: 무료의(free), 우대의, 초대의

[번역]

서 박사님께:
대한항공에서 박사님의 홍콩까지의 왕복항공권을 후원해 주는 것에 동의해주었습니다. 추후 과정을 위하여 아래의 정보를 제게 알려주시겠습니까?
- 여권 및 여행서류에 기재된 성함(성, 이름)
- 항공권을 받을 곳의 주소
- 선호하는 도착일과 출발일(저희 행사는 2월 7일 오후에 시작합니다.)
한편 저희는 홍콩 미라마르 호텔 객실을 무료로 제공해드릴 것을 알려드립니다. 자세한 정보는 1월 중순에 알려드리겠습니다.
감사드리고 홍콩에서 뵙겠습니다.

[예 8-3] 인터뷰 녹화 허락

보낸 사람: Kaye Chon [SHTM]
날짜: 2005년 12월 21일 수요일 오후 10:46
받는 사람: 서 승진
제목: Re: Is it possible???

Dear Prof. Suh:

Thank you for your email.

Yes, we can <u>grant</u> the TV a permit to attend the Summit in the <u>capacity</u> of media and <u>conduct</u> interviews with selected participants. But please understand that the TV producer will have to obtain a <u>consent</u> from speakers and interviewees <u>individually</u> before they film them.

Antonia is <u>on leave</u> but she will soon return to office and will be able to <u>assist</u> you with the hotel reservation.
Best regards and Happy Holidays!

Kaye Chon
Summit Chairman

[해설]

- grant: 인정하다, 시인하다(admit)
- capacity: 자격, 지위 입장, 법적 자격
- conduct: 수행하다, 실시하다
- consent: (~에) 동의, 승낙
- individually: 개인적으로, 개별적으로
- on leave: 휴가 중인
- assist: 거들다, 원조하다, 돕다

[번역]

서 교수님께:
이메일 감사드립니다.
예, 저희는 TV 매체에게 회의 참가를 허락할 수 있고, 선별한 참가자를 상대로 인터뷰 하실 수 있습니다. 다만 TV 프로듀서는 녹화 전에 연사와 인터뷰 대상자들로부터 허락을 얻어야 합니다.
안토니아가 현재 없지만 그녀가 돌아오면 교수님의 호텔예약을 도와드릴 겁니다.
행복한 명절 보내세요.

[예 8-4] 인터뷰 허락 감사

보낸 사람: 서 승진
날짜: 2005년 12월 22일 목요일 오후 1:15
받는 사람: Kaye Chon [SHTM]
제목: Thanks for the permission !!

Dear Dr. Chon:

Thanks for your generosity of allowing the TV media to do some filming and interviewing.

Yes, I understand the PD must get permissions from each interviewee beforehand. I will ask Miss Wong about the e-mail addresses of the speakers and panelists of 2006 conference and forward them to Mr. Joo-Hyuck Kim, the PD, so that Mr. Kim can contact each interviewee by e-mail. Merry Christmas !!

Best Regards,

Dr. Seung-Jin Suh
Hallym Institute of Advanced International Studies

[해설]

- generosity: 관대, 관용, 아량
- filming: 촬영하기
- beforehand: 미리, 벌써(부터); 사전에; 앞질러
- forward: ~앞으로 보내다 (동사로 쓰임)
- interviewee: 피회견자, 면접 받는 사람

[번역]

전 박사님께:
TV로 하여금 강연을 녹화하고 인터뷰할 수 있게 허락해주셔서 감사합니다.
예, 저도 PD가 사전에 인터뷰대상 개개인으로부터 인터뷰 허락을 얻어야만 한다는 점을 이해합니다. 제가 Miss Wong에게 2006년 회의 연사와 패널리스트들의 이메일 연락처를 물어보고, 이를 김 주혁 PD에게 전달하겠습니다. 그러면 김 PD가 각각의 인터뷰 대상자들에게 이메일을 보낼 겁니다. 메리크리스마스!

[예 8-5] 연사에게 최종 회의일정표 안내

보낸 사람: Antonia Wong [SHTM]
날짜: 2005년 12월 29일 목요일 오후 12:09
받는 사람: 서 승진
제목: Confirmation of Arrangements for the International Convention & Expo Summit 2006, Hong Kong, 7-9 February 2006

Dear Dr. Suh:

Confirmation of Arrangements for the International Convention & Expo Summit 2006, Hong Kong, 7-9 February 2006

I'd like to confirm with this email the final arrangements for your participation in our upcoming International Convention & Expo Summit. It promises to be an exciting event and we very much value your participation.

Flight Ticket
Your flight ticket has been reserved and will be sent to you by Registered Mail in early January.

Hotel Booking
A booking has been made in your name at our Summit Hotel, Hotel Miramar Hong Kong, from 6-10 February as requested. Please understand that the expenses for the night of 9-10 February will be charged to your account. And the hotel details are as follows:

Address: 118-130 Nathan Road, Tsim Sha Tsui, Kowloon, Hong Kong
Telephone: (852) 2368 1111
Fax: (852) 2369 1788

Session Details

Session Title: "Impact of Special Events on Convention Activity"

Day: Wednesday, 8 February 2006

Time: 09:00 ~ 10:30 am

Arrival Time: Please arrive at the venue 20 minutes prior the session time for final arrangements

Location: Hotel Miramar Hong Kong

Venue: Miramar Ballroom E-G, Penthouse

Panelists: Ms. Connie Cheng, Director, International Tourism Promotion Department, Shanghai Municipal Tourism Administrative Commission.

Ms. Maria Helena de Senna Fernandes, Deputy Director, Macau Government Tourist Office (TBA)

Dr. Seung-Jin Suh, Professor, Hallym University

Mr. Anthony Wong, Group Managing Director, Asian Overland Services Tours & Travel

Format: Each panelist has 12-15 minutes for presentation; Question & Answer session is scheduled at the end of the panel session.

Moderator: TBA

In order to facilitate the on-site preparation of your presentation, it is appreciated if you can send the final version of your presentation to us by January 30, 2006.

If you have any further questions please do not hesitate to contact us. My contact number is (852) 0000 0000.

Thank you once again for your commitment to our Summit.

We look forward to welcoming you to our International Convention & Expo Summit in Hong Kong.

Sincerely,

Antonia Wong
Conference Secretariat

[해설]

· confirmation: 확정, 확인
· arrangement: 조정, 협의, 주선
· participation: 관여, 참가, 참여
· upcoming: 다가오는, 곧 나올, 이번의(forthcoming)
· value: 귀하게 여기다
· registered mail: 등기우편
· booking: 예약
· TBA: To Be Announced의 약자로 '알려주겠음' 의 의미
· facilitate: (사물이 일을) 용이하게 하다; (행동 · 과정 등을) 촉진조장하다
· on-site: 현장의
· hesitate: 주저하다, 머뭇거리다, 망설이다
· commitment: (~에 대한) 관련, 참가; 헌신, 전념

[번역]

서 박사님께:
2006 국제 컨벤션전시 정상회의가 홍콩에서 2006년 2월 7-9일에 개최됨을 확정, 안내드립니다.

다가오는 International Convention & Expo Summit에 귀하의 참가에 관하여 이메일로 최종 확인하고자 합니다. 아마도 이번 행사는 아주 흥미로울 것으로 약속드리고 당신의 참가는 매우 값진 것입니다.

항공편
당신의 항공티켓은 예약이 되었고, 1월초에 등기우편으로 발송될 것입니다.

호텔예약
당신 이름으로 Summit 호텔인 Hotel Miramar Hong Kong에 요청하신대로 2월6-10일까지 예약하였습니다. 2월 9-10일 객실료는 귀하께서 지불하셔야 됨을 이해해 주시기 바랍니다. 그리고 호텔 정보는 다음과 같습니다.

Address: 118-130 Nathan Road, Tsim Sha Tsui, Kowloon, Hong Kong

Telephone: (852) 2368 1111
Fax: (852) 2369 1788

회의세부일정
세션 주제: "Impact of Special Events on Convention Activity"
날짜: 2006년 2월8일 수요일
시간: 09:00 ~ 10:30 am
도착시간: 최종점검을 위하여 세션 20분 전 까지 행사장에 도착해주세요.
장소: Hotel Miramar Hong Kong
개최지: Miramar Ballroom E-G, Penthouse
패널리스트: Ms. Connie Cheng, Director, International Tourism Promotion Department, Shanghai Municipal Tourism Administrative Commission.
Ms. Maria Helena de Senna Fernandes, Deputy Director, Macau Government Tourist 정부 관광청(추후 공지)
Dr. Seung-Jin Suh, Professor, Hallym University
Mr. Anthony Wong, Group Managing Director, Asian Overland Services Tours & Travel
형식: 각 패널리스트가 발표에 대하여 12-15분 논의하고; 질의응답은 패널 세션 이후에 잡혀있습니다.
사회자: 추후공지

당신의 발표를 현장에서 중비하는 것을 돕기 위해서, 2006년 1월30일까지 발표의 최종 버전 파일을 보내주시면 감사하겠습니다.

더 질문이 있으시다면 주저하지 마시고 저희에게 연락을 주세요. 제 번호는 (852) 0000 0000 입니다.

다시 한 번 Summit에 참가해주셔서 감사합니다.
저희는 International Convention & Expo Summit in Hong Kong에서 당신을 뵙길 고대합니다.

[예 8-6] 최종 안내에 대한 확인 답신

보낸 사람: 서 승진

날짜: 2005년 12월 29일 목요일 오후 12:39

받는 사람: Antonia Wong [SHTM]

제목: Re: Confirmation of Arrangements for the International Convention & Expo Summit 2006, Hong Kong, 7-9 February 2006

Dear Miss Wong:

Thanks for the detailed information and complete arrangement of my participation at the 2006 Summit. This is to confirm my participation, my flight ticket, hotel booking (including my personal payment for one extra night), my role as a session panelist, and my homework to send my paper by Jan. 30, 2006. Thanks again.

Best regards,

Dr. Seung-Jin Suh

Hallym Institute of Advanced International Studies

[해설]

· complete: 완료하다, 끝마치다

· arrangement: 주선, 준비

[번역]

Miss Wong에게:

2006 Summit 참가를 위한 자세한 정보와 완벽한 준비에 감사드립니다. 저의 참가, 항공권, 호텔예약(개인비용으로 처리할 추가 1박 포함), 세션 패널리스트 역할, 2006년 1월 30일까지 연구 자료를 보내는 것을 확인해드립니다. 다시 한번 감사합니다.

[예 8-7] 인터뷰 대상자 명단 송부

보낸 사람: Antonia Wong [SHTM]
날짜: 2005년 12월 30일 금요일 오후 12:23
받는 사람: 서 승진
제목: Contact List for Speakers & Paper Presenters

Dear Dr. Suh:

I really apologize for my late reply regarding this contact list.

Two contact lists are attached, one is the Invited Panel Speakers/Opening Guests and the other one is the Paper Presenters list (with the first author's contact only). As these are private information, please inform the KNOU not to disclose or forward it to others due to privacy. If there is any changes or update on these contacts, I will let you know as soon as possible.

Thanks.

Regards,

Antonia Wong
Conference Secretariat

[해설]

· regarding: ~에 관한
· invited: 초대된, 초청된
· opening guest: 개회식 손님
· with the first author' s contact only: 제1저자 연락처만 기재가 된
· disclose: (비밀 따위)를 폭로하다, 들추어내다, 적발하다
· due to: ~에 기인하는, ~때문에
· privacy: 사생활, 사사(私事)

[번역]

서 박사님께:

연사 연락처에 대하여 늦게 답변 드리게 되어 진심으로 죄송합니다.

2개의 연락처를 첨부하였는데, 하나는 초청 패널 연사/개회식 손님들이고, 다른 하나는 논문 발표자(제1저자만 명시되어 있음) 명단입니다. 이는 사적인 정보로써 KNOU 측에게 외부노출을 삼가달라고 전달해주시고, 개인보호차원에서 타인에게 전달하지 말도록 해주세요. 연락처에 변경이나 업데이트가 있으면 가능한 빨리 알려드리겠습니다.

감사합니다.

[예 8-8] 연사 리스트 제공에 대한 감사

보낸 사람: 서 승진

날짜: 2005년 12월 30일 금요일 오후 9:07

받는 사람: Antonia Wong [SHTM]

제목: Re: Contact List for Speakers & Paper Presenters

Dear Miss Wong:

Thanks for the list of the Summit speakers. Don't worry about the disclosure of their private information. I will personally contact each of them, explain the background and get his/her permission for interviewing and filming. After that, I will tell the PD of KNOU only the names and positions of the interviewees. Thanks again for your prompt and unsparing support and cooperation. HAPPY NEW YEAR!!

Dr. Seung-Jin Suh

Hallym Institute of Advanced International Studies

[해설]

- disclosure: 발각, 적발, 탄로(revelation), 공개
- prompt: (~하는 데) 재빠른, 날쌘, 신속한,
- unsparing: 아끼지 않는, 인색하지 않은
- cooperation: 협동, 협력, 협조

[번역]

Miss Wong에게:

Summit 연사 명단을 주셔서 감사합니다. 개인정보 노출에 대해서는 걱정하지 마세요. 제가 모두 개인적으로 연락을 해서, 그들에게 인터뷰와 녹화에 대하여 배경을 설명하고, 허락을 얻겠습니다. 그 이후에 KNOU PD에게 인터뷰 대상자의 이름과 직위만 알려주도록 하겠습니다. 다시 한 번 빠르고 아낌없는 지원과 협조 감사드립니다. 새해 복 많이 받아요!

[예 8-9] 항공권 발송 안내

보낸 사람: Antonia Wong [SHTM]
날짜: 2006년 1월 3일 화요일 오후 5:25
받는 사람: 서 승진
제목: Fwd: Re: Correct address for receiving the flight ticket

Dear Dr. Suh:

Your <u>round trip</u> business class flight ticket (e-ticket) is sent to your provided address below by registered mail today:

ABC........

Once you receive the ticket, kindly <u>drop</u> me an email.
Thanks.

Regards,

Antonia Wong
Conference Secretariat

[해설]

· round trip: 왕복여행, 왕복표
· drop: 떨어지다, 잠시 들르다, 연락하다(communicate)

[번역]
서 박사님께:
당신의 비즈니스 왕복항공권(e-ticket)이 등록된 주소로 오늘 발송되었습니다.
주소……
항공권을 받으시면 이메일로 알려주시기 바랍니다.
감사합니다.

[예 8-10] 인터뷰 요청

From: 서 승진
To: icca-ap
Cc: Antonia. Wong
Sent: Thursday, January 05, 2006 1:33 AM
Subject: Request for a brief interview during the 2006 Summit conference in Hong Kong

Dear Ms. Jane Vong Holmes:

Happy New Year ! I am very much pleased to know you through Dr. Kaye Chon (I got your email address from Dr. Chon's secretary, Miss Wong). I am Dr. Seung-Jin Suh, the founding Dean of Graduate School of Convention and Exhibition Management at Hallym University in Seoul, Korea (which was the first of its kind when it was founded in 1997). Honorably I am invited as a panelist at this 2006 conference to be held in HongKong (Feb. 7-9).

I was asked to give a lecture on Convention Industry for a special program to be produced by Korea National Open University (KNOU) Broadcasting Station in Seoul, Korea, and to be aired in March this year. I told about the 2006 Summit conference to the PD of KNOU, and KNOU media people expressed their strong intention to participate at the conference for filming parts of the conference and some interviews with some of the speakers of the conference.

I conveyed KNOU's intention to Dr. Chon, and generously enough, he allowed the KNOU's plan, but he advised me that KNOU must get a permission from the speaker about interview beforehand. Without your permission, however, I dared to recommend you to KNOU (from the speakers' list received from Miss Wong), and now, on behalf of KNOU, I am writing to you to get your permission.

The time required for interview is about 5-10 minutes, and the questions to be asked are:
1) introduction about ICCA and ICCA-AP; 2) education programs for professional meeting planners. I think any thought regarding convention industry in Asia-Pacific as well as in the world will be appreciated. If you accept KNOU's request, please email me the date and time you can spare during the conference, and then Mr. Ju-Hyuck Kim, the PD, one cameraman and myself (as a reporter/interviewer) can meet you.

Thank you very much for reading my long letter. Expecting a good news from you soon.

Best regards,
Dr. Seung-Jin Suh
Hallym Institute of Advanced International Studies

【해설】

· through: 통하여; ~을 두루
· convey: ~를 전달하다, 알리다
· generously enough: (~하기에) 족한, 모자라지 않는, ~할 만큼의
· dared to: 감히 ~했다
· on behalf of: ~ 를 대신하여
· regarding: ~에 관해서는, ~의 점에서는

· as well as: ~에 더하여, 게다가, ~과 마찬가지로 잘
· spare: (수고 따위)를 끼치지 않다, (남)에게 … 시키지 않다.

[번역]

Ms. Jane Vong Holmes 에게:
새해 복 많이 받으세요! Kaye Chon 박사님을 통해 당신을 알게 되어 매우 기쁩니다. (제가 전 박사님의 비서 Miss Wong으로부터 당신의 이메일주소를 알았습니다). 저는 대한민국 서울에 있는 한림대학교에 컨벤션전시경영대학원(1997년도에 설립된 이 분야 최초 학교)의 초대 원장인 서승진입니다. 영광스럽게도(2월 7-9일) 홍콩에서 개최되는 2006년 회의에 패널리스트로 초청되었습니다.

저는 서울에 있는 방송통신대학교에서 제공되는 특별 프로그램으로 컨벤션 산업에 관련한 강의를 요청받았고, 이는 올 3월에 방송될 예정입니다. 제가 방통대 PD에게 2006 Summit에 대하여 알려주었고, 방통대 측에서는 회의에 참가하여 회의를 일부 녹화하고 회의 연사 몇 분을 인터뷰 하겠다는 의도를 표현하였습니다.

제가 방통대의 계획을 전 박사님께 전달했고, 친절하게도 그가 방통대 계획을 허락하였습니다. 다만 방통대 측에서 사전에 인터뷰에 관하여 연사들에게 허락을 받아야 한다고 충고해주었습니다. 당신의 허락 없이 제가 감히 방통대 측에게 당신을 추천하였고(Miss Wong으로부터 연사명단을 받아서), 방통대를 대신하여 당신의 허락을 얻고자 이메일을 보냅니다.

인터뷰 시간은 약 5-10분정도이고 질문은 다음과 같습니다.
1) ICCA와 ICCA-AP에 대한 소개; 2) 전문 회의기획가를 위한 교육 프로그램입니다. 제 생각에는 세계뿐만 아니라 아태지역에서의 컨벤션 산업에 대한 어떤 언급도 좋을 것 같습니다. 당신이 방통대의 요청을 받아들이신다면, 회의 기간 중에 편한 날짜와 시간을 이메일로 알려주십시오. 그러면 김 주혁 PD와 카메라맨, 그리고 제가 (리포터로써) 당신을 만나겠습니다.
긴 편지를 읽어주셔서 감사합니다.
좋은 소식을 기대하겠습니다.

[예 8-11] 인터뷰 승낙

From: Jane Vong Holmes, ICCA Asia Pacific
To: 서 승진
Cc: Antonia.Wong
Sent: 2006/01/05 11:32
Subject: Re: Request for a brief interview during the 2006 Summit conference in HongKong

---

Dear Dr. Seung-Jin Suh,

Thank you for your message.
I am happy to participate in the interview as your request. However, I am not sure if Ms. Antonia Wong has a schedule for speakers for Feb 7 - 8. If there is no official programme that requires speakers attendance, then I shall be happy to meet you anytime during those 2 dates.

Perhaps we can wait a little for the official programme for the Summit, and once it is known, I can give you the confirmed date and time.

In principle, yes, I am delighted to participate in KNOU's plan based on what you have explained, with the kind permission of Dr Kaye Chon.

Thank you and regards,

Jane Vong Holmes
ICCA Asia Pacific

【해설】

· require(s): 요구하다
· In principle: 기본적으로, 원칙적으로
· based on: ~에 근거한

[번역]

서 승진박사님께:

메시지 감사드립니다.

당신의 요청에 따라 인터뷰에 참가하게 되어 기쁩니다. 다만, Ms. Wong이 2월 7-8일에 연사를 위한 스케줄을 잡았는지 모르겠습니다. 연사 참가가 요구되는 공식적인 프로그램이 없다면, 이 2일 동안 언제든지 좋습니다.

아마도 우린 Summit의 공식 프로그램을 조금 기다린 후, 확정되면 정확한 날짜와 시간을 알려드릴 수 있습니다.

결론적으로, 예, 당신께서 설명한 KNOU 계획에 참가할 수 있어서 기쁘고, Kaye Chon박사님의 허락도 감사합니다.

[예 8-12] 인터뷰 승낙에 대한 감사

보낸 사람: 서 승진

날짜: 2006년 1월 5일 목요일 오후 3:47

받는 사람: icca-ap

제목: Re: Re: Request for a brief interview during the 2006 Summit conference in HongKong

---

Dear Ms. Jane Vong Holmes:

Wow !! Thank you very much for your prompt response of accepting the interview request. The news that I can meet you makes me so excited and happy. Yes, I agree that it's a good idea to wait until the <u>official program</u> is <u>finalized</u>. Anyway, I do really express my <u>appreciation</u> for your cooperation.

Best regards,

Dr. Seung-Jin Suh

Hallym University

【해설】

· official program: 공식 프로그램
· finalized: ~이 완성된, ~이 최종적으로 결정된
· appreciation: 감사함

【번역】

Jane Vong Holmes 에게:
와! 인터뷰 요청 승낙에 대한 빠른 답변 진심으로 감사합니다. 당신을 만날 수 있다는 소식이 나를 매우 흥분되고 행복하게 하네요. 예, 저도 공식 프로그램이 최종 완결될 때까지 기다리는 것이 좋은 생각이라고 봅니다. 어쨌든, 당신의 협조에 진심으로 감사드립니다.

[예 8-13] 공항 픽업 안내편지

보낸 사람: Antonia Wong [SHTM]
날짜: 2006년 1월 10일 화요일 오후 4:29
받는 사람: 서 승진
제목: Airport Pickup - International Convention & Expo Summit 2006

Dear Dr. Suh:

Please kindly note that we have reserved a limousine from the Hotel to pick you up at the airport. Upon your arrival at the Hong Kong International Airport's Arrival Hall, kindly approach the Pickup Counter A16 or B16, simply tell them your name and they will arrange it for you. For your easy reference, a map is attached.

And for your information, we also reserved a limousine to drive you to airport upon your leaving, so, please kindly confirm the pickup time at the Hotel Registration Desk during your check-in.

Thanks.

Regards,

Antonia Wong
Conference Secretariat

[해설]

· Upon your arrival: 당신이 도착 하자마자
· approach: 에 다가가다, 접근하다
· reference: 참고, 참조

[번역]

서 박사님께:
박사님을 공항에서 호텔로 모시고 올 리무진을 예약해 둔 것을 알려드립니다. 홍콩국제공항에 도착하시면 A16 혹은 B16의 마중장소로 나오셔서, 기다리는 사람에게 성함을 알려주시면 그들이 안내해 드릴 겁니다.
참고하실 수 있도록 지도를 첨부합니다.
또 호텔을 떠나셔서 공항으로 갈 때도 리무진이 모셔다드릴 것이므로, 체크인하실 때 호텔 등록 데스크에 출발 시간을 확인해주세요.
감사합니다.

[예 8-14] 최종 일정표 안내 요청

보낸 사람: 서 승진
날짜: 2006년 1월 13일 금요일 오전 11:31
받는 사람: Antonia Wong [SHTM]
제목: Re: I got the e-ticket.

Dear Miss Wong:

Thanks a lot. I got the e-ticket by registered mail. You worked very hard for me. I <u>owe</u> you a lot.

By the way, when will the program schedule be finalized? Thanks to your cooperation, several speakers responded the request for interview, but we could not fix the interview date and time, since paper presenters do not know when they are to present the papers.

I would appreciate if you email me the information of the final program schedule as soon as it is fixed.

Best regards,

Dr. Seung-Jin Suh
Hallym University
Seoul, Korea

【해설】

· owe: ~을 (~에게) 신세지고 있다, 은혜를 입고 있다
· are to: ~할 예정이다
· would appreciate if ~ : ~ 한다면 감사하다

【번역】

Miss Wong에게:
매우 감사합니다. 제가 등기우편으로 항공권을 받았습니다. 저를 위해 많은 수고를 해주십니다. 제가 신세를 많이 지네요.
그런데 언제 프로그램이 최종 확정될까요? 당신의 협조 덕분에 여러 연사들이 인터뷰 요청에 응답해주었는데, 아직 정확한 날짜와 시간을 확정짓지 못했습니다. 왜냐하면 논문 발표자들이 발표시간을 아직 모르기 때문이죠.
가능한 빨리 최종 확정된 스케줄을 알려주시면 감사하겠습니다.

[예 8-15] 최종 프로그램 공지 안내

보낸 사람: Antonia Wong [SHTM]
날짜: 2006년 1월 20일 금요일 오후 5:26
받는 사람: 서 승진
제목: Program & Update - International Convention & Expo Summit 2006

Dear Panel Speakers:

Please find the Program attached for your information. Additionally, I would like to draw your particular attentions to the followings:

i) All presentation rooms will be equipped with a computer with Powerpoint capability (LCD Projector). Please kindly send me your presentation file by 30 January 2006 (as stated in my previous email) or bring your presentation file in a CD on site. You may bring your own notebook for presentation if you wish; however, please advise me in advance so that I can arrange our technician to stand by for set-up.
ii) A complimentary car parking at the Hotel has been arranged, please advise your license plate number in advance so that we can inform the hotel accordingly.

iii) We would like to invite you to attend our Opening Ceremony on the 7 February 2006, 1:00 - 2:00 pm, the following is our Officiating Guests:

Professor Kaye Chon, Summit Chairman, Chair Professor & Head, School of Hotel & Tourism Management, The Hong Kong Polytechnic University
Ms. Eva Cheng, Commissioner for Tourism, Tourism Commission, The Government of Hong Kong SAR
Ms. Clara Chong, Executive Director, Hong Kong Tourism Board
Mr. Alexander H.C. Tzang, Deputy President, The Hong Kong Polytechnic University

Dr. Curtis Love, Associate Professor, William F. Harrah College of Hotel Administration, University of Nevada, Las Vegas

iv) You may wish to visit the conference website http://www.polyu.edu.hk/abc

If you have any questions, please feel free to contact me.
Thanks.

Regards,

Antonia Wong
Conference Secretariat

[해설]

· attached: 별첨한
· additionally: 그에 더하여, 더구나, 게다가
· draw: ~을 끌다, 당기다, 잡아끌다
· particular: 각별한, 특별한
· be equipped with: ~을 갖춘
· as stated: 설명된 대로
· in advance: 미리, 사전에
· stand by: (be ready) 대기하다; 곁에 있다
· complimentary: 무료의
· the following is ~: 다음은 ~ 이다

[번역]

패널연사들께:

첨부된 프로그램을 통하여 안내를 받으십시요. 특히 아래 내용에 특별히 관심을 가져주시기 부탁드립니다.

i) 모든 발표강의실은 파워포인트가 가능한 컴퓨터를 갖추고 있습니다(LCD Projector). 제게 발표 파일은 2006년 1월30일까지 보내주시거나(이전 이메일에 내용을 알려드렸듯이),

CD에 파일을 담아서 현장에 가져오시기 바랍니다. 만약 원하신다면 본인 노트북을 가져오셔도 되지만, 사전에 제게 알려주시면 컴퓨터 셋업을 위한 전문가를 배치해 놓도록 하겠습니다.

ii) 호텔에 무료 주차가 준비되었으므로 차량 번호를 사전에 알려주시면 호텔에 알려주도록 하겠습니다.

iii) 2006년 2월7일 오후 1시-2시에 있는 개회식에 초대합니다. 다음은 참가하실 공식 초청자입니다:

Professor Kaye Chon, Summit Chairman, Chair Professor & Head, School of Hotel & Tourism Management, The Hong Kong Polytechnic University
Ms. Eva Cheng,Commissioner for Tourism, Tourism Commission, The Government of Hong Kong SAR
Ms. Clara Chong,Executive Director, Hong Kong Tourism Board
Mr. Alexander H.C. Tzang,Deputy President, The Hong Kong Polytechnic University
Dr. Curtis Love,Associate Professor, William F. Harrah College of Hotel Administration, University of Nevada, Las Vegas

iv) 회의 웹사이트를 방문하실 수 있습니다.
http://www.polyu.edu.hk/abc

더 궁금하신 점이 있으시면 자유롭게 의견주세요.

감사합니다.

[예 8-16] 인터뷰 날짜 및 장소 확인

From: yingzhig
To: 서 승진
Sent: Thursday, January 26, 2006 10:49 PM
Subject: Re: Schedule for a brief interview during the 2006 Summit conference in HongKong

---

Dear Dr. Seung-Jin Suh,

The interview time after luncheon on Feb. 9 in front of the Ball Room A-D (the lunch place) will be no problem for me.
Thanks a lot.

Hope to see you soon in HK.

Wish you all the best in the coming Lunar Spring Festival.
Yingzhi Guo

[해설]
- luncheon: 정식 오찬
- lunar: 달의
- Lunar Spring Festival: 음력 설, 구정

[번역]
서 승진 박사님께:
2월9일 점심이후에 연회장 A-D(오찬 장소) 앞에서의 인터뷰 시간이 저에겐 전혀 문제가 없습니다.
감사합니다.
홍콩에서 뵙길 기대합니다.
다가오는 구정에 소원성취하시길 기원합니다.

[예 8-17] 발표 파일 전달

보낸 사람: 서 승진
날짜: 2006년 1월 26일 목요일 오전 1:05
받는 사람: Antonia Wong [SHTM]
제목: Re: Presentation paper and PPT slides by Dr. Seung-Jin Suh

Dear Miss Wong:

Here I send 2 files: my paper and power point presentation slides on "The Impact of Special Events on Convention Activity."

Without your unsparing support and cooperation, I could not join the Summit with ease, let alone the filming and interviews with speakers.

I do appreciate a lot for everything you have done for me. See you in Hong Kong soon.

Best Regards,

Dr. Seung-Jin Suh
Hallym University

[해설]

- Impact: 충격, 영향
- unsparing: 아낌없는
- with ease: 편하게
- let alone: ~는 말할 것도 없이

[번역]

Miss Wong에게:

여기 제가 2개 파일을 보냅니다. "스페셜 이벤트가 컨벤션 활동에 미치는 영향" 에 관하여, 하나는 논문이고, 또 다른 하나는 파워포인트 발표 슬라이드 파일입니다.

당신의 아낌없는 지원과 협조 없이는 아마 쉽게 Summit에 참가할 수 없었을 것이고, 연사들을 녹화하고 인터뷰하는 것도 어려웠을 거예요.
저를 위해 해준 모든 일에 진심으로 감사드립니다. 홍콩에서 곧 뵙지요.

[예 8-18] 발표 파일 접수 확인

보낸 사람: Antonia Wong [SHTM]
날짜: 2006/01/25 20:36
받는 사람: 서 승진
제목: Re: Presentation paper and PPT slides by Dr. Seung-Jin Suh

Dear Dr. Suh:

Both files are well received. Do you want us to distribute your paper to the participants? or just for my reference?

By the way, there is some changes on the Opening Speakers. Do you want to interview them? However, their email contact is not available. If you need, I can only pass their fax no. to you. Anyway, the revised program is attached for your information.

Thanks.

Regards,
Antonia

[해설]

· distribute: 배포하다
· available: 사용 가능한, 구할 수 있는
· pass: 넘겨주다
· revised: 수정된

[번역]

서 박사님께:

2개 파일을 모두 잘 받았습니다. 선생님 논문을 참가자들에게 나눠드릴까요, 아니면 저만 참고할까요?

그리고 개회사 연사에 약간의 변경이 있습니다. 그들도 인터뷰하시길 원합니까? 그들의 이메일 연락처는 현재 가능하지가 않고, 필요하시다면 팩스번호를 알려 드리겠습니다. 어쨌든 조정된 프로그램이 첨부되었습니다.

[예 8-19] 발표 준비 요청

보낸 사람: 서 승진
날짜: 2006년 1월 26일 목요일 오전 1:05
받는 사람: Antonia Wong [SHTM]
제목: Re: Re: Presentation paper and PPT slides by Dr. Seung-Jin Suh

---

Dear Miss Wong:

I appreciate your quick response. I want my paper distributed to the audience, but I assumed that all papers are combined and printed as a "conference proceeding," and hence, all registered attendees can get one copy each. Will there be someone on-site to operate my power-point slides for me? Please arrange one operator. How sweet you are! Actually, I wanted Ms. Eva Cheng, but she must be a very busy celebrity, and so I gave up.

There is one person I really want to have an interview --- That is, Mr. Cliff Wallace. I emailed him explaining the background of interview request, but no reply. Should I email him again? Or, is there any method you can help me? Since KNOU media people and myself arrive on the 6th, we want to visit HKCEC and meet him for interview and filming the facility.

Expecting your wise advice.

Best regards,

Dr. Seung-Jin Suh
Hallym University
Seoul, Korea

【해설】

· assume: ~이라 가정하다, 간주하다; ~을 추측하다
· combined: 결합한, 묶어진
· proceeding: 의사록, 회의록, 논문집
· registered attendee(s): 등록을 한 참가자(들)
· arrange: (미리) ~을 계획하다, 준비(주선)하다, 마련하다
· celebrity: 저명인사

【번역】

Miss Wong에게:
빠른 답변 감사합니다. 저는 제 논문이 참가자들에게 배포되길 원하는데, 제 생각엔 모든 논문이 "회의 논문집" 에 수록되어 인쇄가 될 것으로 알고 있었어요. 따라서 모든 등록 참가자들은 논문을 한부씩 갖고 있을 거예요. 현장에서 제 파워포인트를 작동해줄 사람이 있을까요? 한명을 배치해주시기 바랍니다. 정말 친절하시네요. 사실 저는 Ms. Eva Cheng이 해주길 바라지만, 그녀는 매우 바쁜 저명인사일 테고, 그래서 제가 포기했습니다.

제가 정말로 인터뷰하고자 하는 사람이 한명 있는데, Mr. Cliff Wallace 씨예요. 제가 그분에게 인터뷰 배경 설명에 대하여 이메일을 보내드렸는데 아무런 답변이 없으시네요. 제가 다시 이메일을 보내야 할까요? 혹은 저를 도와줄 방법이 없나요? KNOU 방송 담당자들과 제가 6일에 도착하기 때문에, 우리는 HKCEC를 방문하여 그를 인터뷰 하고, 시설을 녹화하고 싶습니다. 현명한 충고를 기다립니다.

[예 8-20] 인터뷰 진행관련 질문

From: Jane Vong Holmes, ICCA Asia Pacific
To: 서 승진
Sent: 2006/01/27 17:00
Subject: knou interview

Dear Dr. Suh:

Reference to earlier correspondence about proposed interview in conjunction with Int'l Convention & Exhibition Expo, I am pleased to suggest the following:

Interview for KNOU on 8 Feb. 2006 at about 4:15pm at Miramar Hotel

To be interviewed:
1) Jane Vong Holmes, Regional Manager Asia Pacific, ICCA

2) Mr. Gary Grimmer, CEO, DOME (Data on Meetings & Events)
DOME is a research project initiative by ICCA and several other industry leaders. Please refer to www.domeresearch.com for more details of this project.
Mr. Grimmer will be co-presenting a session with me on ICCA Research, Resources and Research Studies on 8 Feb from 1:45-3:30pm at the Summit, Miramar Hotel.

If you would like to include DOME in your interview, you can allocate 5-10mins to Mr. Grimmer, OR he and I can share the interview slot of 5-10mins. Our topic can be research, resources and research studies conducted by ICCA. (A bit similar to our session).

Please let me know if the above proposal suits you.

Our office is closed one week for Chinese New Year holidays, but you can still email me at this address, with a copy sent to J. Vong Holmes. I shall be in Hong Kong on 6 Feb., 2006.

Thank you and I look forward to meeting you soon.

Jane Vong Holmes
Regional Manager Asia Pacific

【해설】

- reference to: ~에 대한 언급(을 하자면)
- correspondence: 편지 왕래, 통신; 연락
- in conjunction with: ~와 함께, ~와 협력하여; ~에 관련하여
- initiative: 이니셔티브, 주도권
- conducted by: 수행된
- suit(s): 적합하다, 맞다

【번역】

서 박사님께:

Int' l Convention & Exhibition Expo과 관련하여 제안하신 인터뷰에 관한 처음 편지에 대해 조금 말씀드리자면, 다음과 같은 내용을 제안하고 싶습니다.:

방통대와 2006년 2월8일 4시 15분에 Miramar 호텔에서 인터뷰

인터뷰 내용:

1) Jane Vong Holmes, ICCA의 아태지역 매니저

2) Mr. Gary Grimmer, CEO, DOME (Data on Meetings & Events)
DOME은 ICCA와 다양한 기타 산업 연구 프로젝트를 주도하는 곳으로, 이 프로젝트에 대한 자세한 정보를 위하여 다음 사이트를 참고하세요. www.domeresearch.com
Grimmer씨는 저와 함께 ICCA 연구 세션을 공동 진행하는 분입니다.

당신이 인터뷰에 DOME을 함께 포함하고 싶다면 Mr. Grimmer에게 5-10분의 인터뷰 시간을 할당하시거나, 제게 주어진 5-10분을 함께 나누어서 사용할 수도 있습니다. 저희 주제는

ICCA에 의해서 수행되는 연구, 자원, 연구논문에 관한 것입니다. (저희 세션 내용과 다소 유사합니다)
위의 제안이 맘에 드시는지 알려주세요.

저희 사무실이 구정으로 인하여 일주일동안 휴무입니다만, 제게 이메일 보내세요. 저는 2006년 2월 6일에 홍콩에 있을 겁니다.

감사드리고 곧 뵙길 고대합니다.

[예 8-21] 인터뷰 질문내용 발송

보낸 사람: 서 승진
날짜: 2006년 2월 1일 수요일 오전 11:33
받는 사람: Jane Vong Holmes, ICCA Asia Pacific
제목: knou interview

Dear Ms. Jane Vong Holmes:

Thank you very much for your suggestion. Yes, three of us (you, Mr. Gary Grimmer and me) will meet at 16:15 on Feb. 8 (Wed.) at Function Room III together for interview. I appreciate if both of you allow me to take about 10 minutes or so each from you (altogether 20 minutes).

Items to ask Ms. Jane Vong Holmes are: 1) What do you think a convention is?; 2) Tell us about international organizations related to convention or international meetings; 3) What are the roles and contributions of ICCA and ICCA-AP?; 4) What are the qualifications of a meeting planner?/ What kind of education or on-the-job training is needed for a meeting planner?; 5) and other comments you may make regarding convention industry.

Items to ask Mr. Gary Grimmer are: 1) Please explain about DOME; 2) the general trend of convention industry in Asia and the worlds; 3) please tell us your observation on the characteristics of convention organizers--the government, the associations and the corporations; and your additional comment regarding education on convention management.

Let me convey my deep appreciation again for your cooperation. Have a wonderful Chinese Happy New Year Holidays. See you soon.

Best regards,

Dr. Seung-Jin Suh
Hallym University

【해설】

- suggestion: 제안, 제언, 제의
- Function Room: 행사장
- qualification(s): 자격요건(들), 필요조건(들)
- on-the-job training: 현장 연수
- observation: 의견, 소견
- convey: 전달하다, 알리다

【번역】

Ms. Jane Vong Holmes 에게:

당신의 제안에 감사합니다! 예, 저희 셋(당신, Mr. Gary Grimmer 그리고 저)이 인터뷰를 위해서 함께 2월8일 (수요일) 4시 15분에 3연회장에서 만나도록 하죠. 당신들 둘이 10분씩 인터뷰를 해주면 좋겠습니다. 즉 각각 10분씩 말이죠(모두하면 20분).

Ms. Jane Vong Holmes에게 물어볼 질문: 1) 컨벤션이 무엇이라고 생각하십니까?; 2) 컨벤션 관련 국제 조직과 국제회의에 관해 말씀해주세요.; 3) ICCA와 ICCA-AP의 역할과 기여는 무엇입니까?; 4) 회의 기획가의 자질로는 무엇이 있을까요?/ 회의기획가로써 어떤 종류의 교육 혹은 연수가 필요할까요?; 5) 그리고 컨벤션 산업에 대한 기타 의견 부탁드립니다.

Mr. Gary Grimmer에게 물어볼 질문: 1) DOME에 대해 설면해주세요.; 2) 아시아와 세계적인 컨벤션 산업의 일반적 경향; 3) 컨벤션 주최자들의 특징에 대한 의견을 말씀해주세요 - 정부, 협회, 기업 관련; 그리고 컨벤션 경영에 있어서 교육에 관련한 부가적인 말씀 부탁합니다.

당신의 협조에 대해 다시 한번 진심어린 감사를 표합니다. 즐거운 구정 보내세요. 곧 뵙죠.

[예 8-22] 환영만찬 초대

보낸 사람: Antonia Wong [SHTM]
날짜: 2006년 2월 3일 금요일 오후 7:09
받는 사람: 서승진
제목: Invitation - Welcome Reception & Dinner on 7 Feb 2006

Dear Panel Speakers:

I would like to take this opportunity to express my sincere gratitude for your kind participation in our event, 2006 International Convention & Expo Summit. We are honored to have you share your invaluable experience and knowledge in the Summit, and we are certain that all the attendances will share the same thought, too.

As our valued panel speaker, we would like to invite you to join our Welcome Reception & Dinner session. It will be held on the first day of the Summit, i.e. February 7, 2006, starting at 18:00, Miramar Ballroom A-D, Hotel Miramar Hong Kong. It would be grateful if you can attend the session.

As noted previously in my email, it is encouraged to have the electronic presentation materials, e.g. PowerPoint slides, sent to us on next Monday by the latest (February 6, 2006), the day prior to the Summit in order to avoid any possible technical problems during the event. Alternatively, the materials can also be provided to the technicians during the event by saving it to a memory stick, CD or using your own notebook if you wish.

Secondly, if possible, it would be delighted if you could provide us with your contact number during your stay in Hong Kong. For maintaining effective administration, if alternative arrangements have to be made during the Summit, it would be much helpful if we had your contact number to inform you immediately.

Once again, we do highly appreciate your participation as well as your support to our Summit. If there are any inquiries concerning about the event, please do not hesitate to contact me at (852) 0000 0000.

Thanks.

Regards,
Antonia

[해설]

- gratitude: 일에 대한) 감사(하는 마음)
- are honored to: ~ 하는 것이 영광이다
- invaluable: 값을 매길 수 없을 정도의; (~에) 매우 귀중한
- grateful: (~에 대해/~하여) 고맙게 생각하는, 감사하는
- As noted previously: 앞에서(전에) 이야기 한 대로
- it is encouraged to: ~ 하는 것을 권하다(장려하다)
- prior to: ~보다 앞에[먼저]
- avoid: ~을 피하다, ~하는 것을 막다
- alternatively: (~아니면) 그 대신에(instead)
- saving: 저장하기
- administration: 관리, 운영
- inquiry(ies): 질문(들), 문의사항(들)
- concerning: ~에 관한

[번역]

패널 연사들께:

이번기회에 저희 행사 2006 International Convention & Expo Summit에 참가해주신 점에 진심으로 감사를 전하고자 합니다. 저희는 이번 Summit에서 당신의 귀중한 경험과 지식을 공유할 수 있게 되어 영광이고, 모든 참가자들도 같은 생각을 공유할 것을 확신합니다. 저희 귀한 패널 연사로써 저희는 환영만찬과 정찬에 여러분을 초대하고 싶습니다. 이는 Summit 첫날에 개최될 예정으로, 2006년 2월7일 저녁 6시에 Miramar 연회장 A-D에서 개최될 것입니다. 이 세션에 참가해주시면 진심으로 감사하겠습니다.

제가 이메일로 사전에 알려드렸듯이, 파워포인트 슬라이드와 같은 전자 발표를 사용하시길 바랍니다. Summit 전달에 어떤 기술적인 문제도 생기지 않도록 저희에게 다음 월요일까지 최신 파일을 보내주시기 바랍니다. 또는 메모리 스틱이나 CD 원하신다면 본인 노트북을 사용하여, 행사 중에 저희 기술담당자에게 발표 자료를 제공해주시기 바랍니다.

둘째, 가능하다면, 홍콩에 머무르시는 동안에 연락 가능한 연락처를 알려주시면 좋겠습니다. 효과적인 운영을 유지하기 위해서, Summit 동안에 대체되는 변경사항이 있을때 저희에게 즉시 알려줄 전화번호가 있다면 도움이 되겠습니다.

다시 한번, 저희 Summit을 후원해주시고 참가해주셔서 대단히 감사합니다. 행사와 관련한 어떤 문의라도 있으시면 주저하시 마시고 (852) 0000 0000으로 제게 연락주시기 바랍니다.

감사합니다.

[예 8-23] 연사의 파워포인트 요청에 대한 답변

보낸 사람: Jane Vong Holmes, ICCA Asia Pacific
날짜: 2006년 2월 15일 수요일 오후 5:16
받는 사람: 서 승진
제목: hello from ICCA

Dear Dr. Seung-Jin Suh:
It was a pleasure meeting you in Hong Kong, and it was exciting to be part

of the Summit.

As per your request, I will be sending the educational initiatives of ICCA PowerPoint through www.yousendit.com. You can retrieve the PowerPoint from this website once it is loaded and there will be a message to your email inbox to advise you of this. This power-point is huge at 7MB and I do not wish to send it through conventional methods lest your Outlook gets jammed.
I also have a photo for your album, please advise what is your postal address so I can get that to you.

Until next time, with best wishes,

Jane Vong Holmes
Regional Manager Asia Pacific

【해설】

- as per: ~대로
- retrieve: 검색하다
- inbox: (이메일의) 받은 편지함
- conventional: 기존의
- lest: ~ 하지 않도록
- jammed: 엉킨

【번역】

서 승진 박사님께:
홍콩에서 당신을 만나 뵙게 되어 진심으로 기뻤고, Summit에 참가해서 좋았습니다.
당신의 요청에 따라 제가 ICCA 파워포인트의 교육 제안을 www.yousendit.com을 통해서 보내드립니다. 이파일이 올라오면 웹사이트에서 파워포인트 파일을 검색하시면 됩니다. 그리고 받은 편지함에 작동에 대한 메시지가 있을 겁니다. 이 파워포인트는 7MB로 대용량으로, 일상적인 방식으로 보내서 당신의 아웃룩이 엉키게 하고 싶지 않습니다.
그리고 당신의 사진이 있는데 당신이 이것을 받을 수 있는 우편주소를 알려주세요.

[예 8-24] 참가에 대한 감사

보낸 사람: Antonia Wong [SHTM]
날짜: 2006년 2월 22일 수요일 오후 6:31
받는 사람: 서 승진
제목: Thank you - International Convention & Expo Summit 2006

Dear Summit Speakers & Delegates:

International Convention & Expo Summit, 7-9 February 2006

I am pleased to inform you that the International Convention & Expo Summit that our School of Hotel & Tourism Management, The Hong Kong Polytechnic University hosted in partnership with the William F. Harrah College of the Hotel Administration, University of Nevada, Las Vegas on 7-9 February 2006 was a great success. The Summit was attended by more than 100 participants from around the world, including Hong Kong, Macao, China, Taiwan, Korea, Malaysia, Thailand, USA, UK and Australia.

Our delegates provided overwhelming positive feedback, commenting most favorably on both the caliber and quality of presenters and presentations. We are happy to announce that, based on the success of the Summit, we have confirmed a rotation agreement between Hong Kong and Las Vegas, with Hong Kong hosting the Summit again in 2008.

Summit photos & Panel Session presentations are posted at our conference website, you may wish to refer to http://www.polyu.edu.hk/abc

I would like to take this opportunity to thank for your support and participation. Without your support, the event could not have been so successful.

Once again, thank you for your support of our School.

Sincerely,

Professor Kaye Chon
Summit Chairman

[해설]

- Delegate(s): 대표자(들), 참가자(들)
- I am pleased to inform you that: 나는 여러분께 ~에 대해 알려드리게 되어 기쁩니다.
- hosted: 주최를 한
- in partnership with: ~와 파트너가 되어
- including: ~을 포함한
- overwhelming: 압도적인, 굉장한
- most favorably: 가장 호의적으로
- caliber: 능력, 품질, 등급
- rotation: 회전, 돌아가며 교대로 하기
- are posted at: ~에 붙여(올려) 놓다
- take this opportunity to: 이번 기회를 통해 ~ 하다

[번역]

Summit 연사와 참가자들께:

International Convention & Expo Summit, 7-9 February 2006

저는 저희 학교인 Hong Kong Polytechnic University가 University of Nevada, Las Vegas의 William F. Harrah College of the Hotel Administration와 파트너십을 갖고 2006년 2월 7-9일 International Convention & Expo Summit행사를 성공적으로 수행하였음을 알려드리게 되어 기쁩니다. 100명 이상의 참가자가 홍콩, 마카오, 중국, 대만, 한국, 말레이시아, 태국, 미국, 영국, 호주 등 전 세계에서부터 왔습니다.

참가자들은 압도적으로 긍정적인 피드백을 주었고, 연사들의 능력과 양질의 발표 논문에 대하여 극찬하였습니다. Summit의 성공을 기반으로, Hong Kong과 Las Vegas가 교대로 행사 개최할 것을 확인하였고, 2008년에 홍콩에서 다시 Summit을 개최하겠습니다.

Summit 사진과 패널 세션 발표 자료는 저희 회의 웹사이트에서 보실 수 있습니다.
http://www.polyu.edu.hk/abc

이 기회를 빌어서 여러분의 후원과 참여에 감사드립니다. 여러분의 지원 없이는 이번 행사에 성공도 없었을 것입니다.

다시 한번 저희 학교에 대한 지원에 감사드립니다.

[예 8-25] 참가만족도 설문조사에 대한 답변의뢰요청

보낸 사람: Athena Mark [SHTM]
날짜: 2006년 3월 28일 화요일 오후 6:31
받는 사람: 서 승진
제목: 2006 International Convention Expo Summit (ICES) Evaluation

Dear Dr. Suh:

Thank you very much for attending the 2nd International Convention & Expo Summit (ICES) held on 7-9 February 2006 in Hong Kong!

We would like to seek your kind assistance in evaluating the 2nd ICES. Could you please spend a few minutes to answer the attached questionnaire? Please be assured that all information obtained will be kept strictly confidential.

Please kindly return the completed questionnaire to me or via fax +852-0000 0000 by 7 April 2006. Your kind assistance is much appreciated! If you have already returned the questionnaire, please accept our heartfelt appreciation!

With best regards,

Athena Mark
School of Hotel and Tourism Management
The Hong Kong Polytechnic University

[해설]

· evaluating: ~을 평가하기; ~의 가치를 어림(감정)하기
· be assured: ~라고 확신하다
· confidential: 기밀의
· via: ~을 통해서, ~에 의해서(by means of)
· heartfelt: 마음으로부터의

[번역]

서 박사님께:
홍콩에서 2월 7일-9일 개최된 2006년 국제 컨벤션전시 정상회의에 참가해주셔서 감사합니다.
제2회 ICES 참가와 관련하여 평가를 해주시길 바랍니다. 첨부한 설문지를 위해 소정의 시간을 할애해 주실 수 있습니까? 제출하시는 모든 정보는 결코 외부로 노출되지 않을 것입니다.
4월 7일까지 제게 이메일로 회신해주시거나 팩스(852-0000 0000)로 보내주세요. 친절한 도움에 진심으로 감사드립니다. 만약에 이미 설문지를 제출하셨다면 저희의 진심어린 감사만 받아주세요.

References

김한규, 2005. *E-Mail 영어표현*. 학일출판사

김치훈, 2005. *비즈니스 영어회화*, 국제어학연구소

Chaper **9**

업무용 영문편지 작성

A. 구성형태

1. 업무용 영문편지의 구성요소　2. 배열 스타일

3. 특별한 단락 만들기　4. 봉투

B. 영작 스타일의 문제점

1. 너무 긴 표현　2. 상투적 표현　3. 거창한 단어 남용　4. 전문용어 남용

5. 세부사항 미비　6. 수신자 입장 고려 미흡　7. 문장구조의 병렬화 결여

8. 중복표현 남용

▶ References

이 장에서는 영문 편지를 쓰기 전 알고 있어야 할 영어 편지의 구성형태에 관한 상식을 살펴본 뒤, 영작 스타일에 대해 정리를 하고자 한다.

A 구성형태

편지의 내용을 논하기 전에 편지의 물리적 구조 형태를 살펴보자. 독자에게 편지의 배열 구조, 글자체와 크기 등 시각적으로 최종 모습이 강한 첫 인상을 주기 때문이다. 또한 편지를 다 쓰고 인쇄하기 전에 다음 3 가지를 염두에 두고 다시 검토해 보자 (Geffner, 1995: 13).

- **글자 써넣기**: 문장 사이에는 single-space 간격, 단락사이에는 double-space 간격을 주고 철자나 문법적 오류가 없어야 한다.
- **문단 나누기**: 문단을 나누는 지점은 논리적으로 한 가지 내용이 끝나는 곳이어야 하며 각 문단의 길이도 거의 비슷해야 한다.
- **여백 남기기**: 편지 본문의 위치를 중앙으로 하여 위, 아래, 좌, 우 모두 충분한 여백을 남기어야 하며, 내용이 길어지면 뒷장으로 넘기는 것이 좋다.

1. 업무용 영문 편지의 구성 요소

수평적으로 배열하는 순서도 다양하지만 (예 9-1)에서처럼 편지 구성의 각 부분들을 수직으로 배열하는 표준 순서가 있다 (Geffner, 1995: 13-14).

(예 9-1) 업무용 편지의 구성

Flanagan's Department Store
① 12207 Sunset strip
Los Angeles, California 91417
②June 7, 19 --

③ Ketchum Collection Agency
1267 Hollywood Boulevard
Los Angeles, California 91401

④ ATTENTION: MS. TERRY ROBERTS

⑤ Gentlemen and Ladies:

⑥ Subject: Mr. Gary Daniels, Account #69 112 003

We would like to turn over to your services the account of Mr. Gary Daniels, 4441 Natick Avenue, Sherman Oaks, California 91418. The balance on Mr. Daniels' account, $829.95, is now 120 days past due; and, although we have sent him four statements and five letters, we have been unable to collect his debt.

⑦ Mr. Daniels is employed by West Coast Furniture Showrooms, Inc. He banks at the Natick Avenue branch of Third National City Bank and has been a customer of ours for four years. We have enclosed his file for your reference.

We are confident that we can rely on Ketchum as we have in the past. Please let us know if there is any further information with which we can furnish you.

⑧ Sincerely yours,

⑨ Martha Fayman
Credit Manager

⑩ MF/wg
⑪ Enclosure
⑫ cc Mr. Norman Hyman

출처: Geffner(1995 : 15)

[해설]

- turn over to: ~에게 넘기다
- account: 계좌
- balance: :잔고
- past due: 기한이 지난

· statement(s): 진술서(들)
· collect: 수금하다
· He bank(s) at: 그는 ~은행과 거래하다 (bank가 동사로 쓰인 것에 유의)
· for your reference: 참고자료로
· confident: 확신하는
· rely on: ~에 의지하다
· furnish A with B: A에게 B를 제공하다

[번역]

저희는 Gary Daniels씨(주소: 캘리포니아 주 셔만오크 시 내트릭 에비뉴 4441번지 91418)의 계좌를 귀하가 처리하도록 넘겨드리고 싶습니다. Daniels 씨 계좌의 지불잔고(829.95불)는 지금 기한이 120일이나 지났습니다. 저희가 4번의 진술서와 5통의 편지를 발송했으나 이를 수금하지 못했습니다.
Daniels 씨는 West Coast Furniture Showroom 회사에 근무하고 있으며 Third National City Bank의 Natrick Avenue 지점에서 거래하고 있으며 4년째 저희 고객입니다. 참고하시라고 그의 파일을 동봉합니다.
과거에도 그랬던 것처럼 저희는 귀사를 믿을 만하다고 확신합니다. 저희가 제공해드릴 정보가 더 있는지 알려주십시오.

① **편지 머리부분(Letter Head):** 기관, 회사, 조직의 이름, 로고, 주소, 연락처 등이 기록된 분으로서 편지가 여러 장일 때 첫 장에만 사용한다.

② **날짜선:** 편지를 작성한 날짜를 Letter Head에서 몇 줄 내린 위치에 적는다.

③ **속지 주소(Inside Address):** 편지 수신자의 주소는 편지 겉봉 뿐 아니라 편지의 첫 장에 쓴다.

④ **참조선(Attention Line):** 편지를 회사나 기관 앞으로 보내지만 해당 회사나 기관내의 특정인이 처리해 주기를 바랄 때 필요한 부분이다. 밑줄을 긋거나 대문자로 쓰는 것이 보통이다.

⑤ **인사말(Salutation):** 아주 격식을 차려야 하는 경우에는 "Dear sir" "Dear Madam" "Dear Madam or sir," "Gentlemen and Ladies," "Dear Participants"등의 표현이 괜찮으나 상대방을 알면 이름 전체를, 직책을 알면 그 직책을 쓰는 것이 좋다.

⑥ **제목선(Subject Line)**: 참조선(Attention Line)의 경우처럼 생략할 수 있으나 써넣는 것이 독자에게 예의를 표시하는 것이고, 또한 편지 수신자는 제목만 보고도 시급을 다투는 중요한 것인지의 여부를 알려주기 때문에 중요한 부분이다. 대개 밑줄을 긋거나 대문자로 쓴다.

⑦ **본문**: 메시지의 본 내용이다.

⑧ **마무리 인사(Closing)**: 예의바르게 격식을 갖추어 편지를 마무리 짓는 부분으로서 "Sincerely yours," "Yours truly," "Respectfully yours," 등의 표현이 일반적이다. 서로 가깝게 아는 사이인 경우에는 "Best wishes,"를 쓸 수 있는데 개인적인 편지가 아니므로 "Love,"같은 표현은 삼가 해야 한다.

⑨ **서명자의 신분증명**: 마무리 인사를 쓴 줄에서 4행정도 아래에 서명자의 이름과 직책을 쓰게 된다.

⑩ **참조인 이름의 첫 글자들(Reference Initials)**: 서명자의 이름의 첫 글자들(initials)을 대문자로 쓰고 빗금(slash) 혹은 콜론(colon)을 쓴 뒤 이 편지를 타이프 한 사람의 이름의 첫 글자들(initials)을 소문자로 쓴다. 이를 통해 본 편지의 작성자가 누구인지 알 수 있다.

⑪ **동봉 표기(Enclosure Reminder)**: 동봉(enclosure)이라고 적고 동봉한 문건의 목록을 적게 된다. 편지 수신자는 이를 보고 봉투 안에 들어 있는 동봉된 문건을 챙기게 된다.

⑫ **CC 표기(CC Notation)**: 예의상 이 표기는 편지 수신자에게 본 편지의 복사 본을 받아본 사람들이 누구인지 알려주고 있다.

2. 배열 스타일

앞에서도 언급했지만 수평적 배열방식은 다음의 5가지 기본 스타일내에서 다양하다.

① **Full-Blocked(예 9-2)**: 편지의 모든 부분이 왼쪽 시작 부분(margin)에서 시작되며 따라서 타이핑 속도가 빠르게 된다.

② **Blocked(예 9-3)**: 날짜선, 마무리 인사, 편지 보낸 자의 이름과 직책은 편지 본문의 중앙에서 시작되고 나머지 부분은 모두 왼쪽 시작부분(margin)에서 시작된다.

③ **Semi-Blocked 혹은 Modified-Blocked(예 9-4):** 각 단락의 맨 앞의 부분이 4~5단어 안으로 들어가서 시작된다는 것을 제외하고는 Blocked 스타일과 동일하다.

④ **Square-Blocked(예 9-5):** 날짜가 속지 주소(inside address)의 시작과 같은 선에 있으며 그 날짜가 오른쪽 끝부분(right margin)에서 끝난다는 것을 제외하고는 Full-Blocked Style과 같다. 따라서 편지의 4개 모서리가 정사각형을 이루며 공간 활용이 효율적이라 웬만한 편지는 한 장으로 메시지를 전달할 수 있다.

⑤ **Simplified(예 9-6):** 원칙적으로 Full-Blocked 스타일과 동일하나 인사말과 마무리 표현이 없고 "Subject (주제)" 라는 제목 없이 제목 선이 모두 대문자로 표기되며, 서명한 사람의 이름과 직책도 대문자로 표기된다. 이 스타일은 매우 효율적이라 작성 소요시간이 적게 든다. 그러나 따뜻한 사적인(personal) 느낌이 적고 업무적 성격이 커서 편지를 받는 사람의 이름을 본문에 최소한 한번 정도는 언급해 주어야 한다.

(예 9-2) Full-Blocked Letter Style

NORP
NATIONAL ORGANIZATION OF RETIRED PERSONS
Freeport High School, Freeport, Vermont 66622

October 14, 19 --
Ms. Iva Stravinsky
Attorney-at-Law
200 Center Street
Freeport, Vermont 66622

Dear Ms. Stravinsky

Subject: Guest Lecture

The members of the Freeport chapter of the National Organization of Retired Persons would indeed be interested in a lecture on "Proposed

Changes in The Financing of Medicare." Therefore, with much appreciation, I accept your offer to address at our club.

The NORP meets every Tuesday at 8 P.M. in the auditorium of Freeport High School. The programs for our meetings through November 20 have already been established. However, I will call you in a few days to schedule a date for your lecture for the first Tuesday after the 20th that meets your convenience.

The membership and I look forward to your lecture on a topic so important to us all.

Sincerely yours,

NATIONAL ORGANIZATION OF RETIRED PERSONS

Henry Purcell
President
HP/ bm

출처: Geffner(1995: 17)

[해설]

- with much appreciation: 감사하는 마음으로
- offer: 제안
- address: 연설하다
- The NORP meet(s):(주어가 단체임에 유의) NORP 협회가 회의를 갖다
- auditorium: 강당
- to schedule a date: (schedule이 동사로 쓰임) 날짜를 잡다
- meet(s) your convenience: (주어가 날짜임에 유의) 편리함을 충족시켜주는

[번역]

주제: 초빙강연

National Organization of Retired Persons(NORP)의 Freeport 지구 회원들은 "의료비용에 대한 재정지원의 변화에 대한 제언" 에 관한 특강에 정말로 관심이 있을 것입니다. 따라서 깊

은 감사의 마음으로 저희 협회에서 강연을 하시겠다는 귀하의 요청을 수락하는 바입니다. 저희 협회는 Freeport 고등학교 강당에서 매 화요일마다 오후 8시에 회합을 갖습니다. 11월20일까지의 회합 프로그램이 이미 다 짜져 있습니다. 그러나 20일 이후 첫 화요일에 하실 강연에 대해 논의하고자 귀하가 편하신 때에 날짜를 잡기 위해 전화 드리겠습니다. 저희 회원들과 저는 우리 모두에게 중요한 주제로 귀하께서 강연해 주시기를 기대하고 있습니다.

(예 9-3) Blocked Letter Style

NORP
NATIONAL ORGANIZATION OF RETIRED PERSONS
Freeport High School, Freeport, Vermont 66622

October 14, 19 --

Ms. Iva Stravinsky
Attorney-at-Law
200 Center Street
Freeport, Vermont 66622

Dear Ms. Stravinsky

Subject: Guest Lecture

The members of the Freeport chapter of the National Organization of Retired Persons would indeed be interested in a lecture on "Proposed Changes in The Financing of Medicare." Therefore, with much appreciation, I accept your offer to address our club.

The NORP meets every Tuesday at 8 P.M. in the auditorium of Freeport High School. The programs for our meetings through November 20 have already been established. However, I will call you in a few days to schedule a date for your lecture for the first Tuesday after the 20th that meets your convenience.

The membership and I look forward to your lecture on a topic so important to us all.

Sincerely yours

Henry Purcell
President

HP/ bm

출처: Geffner(1995: 18)

(예 9-4) Semi-Blocked Letter Style

NORP
NATIONAL ORGANIZATION OF RETIRED PERSONS
Freeport High School, Freeport, Vermont 66622

October 14, 19 --

Ms. Iva Stravinsky
Attorney-at-Law
200 Center Street
Freeport, Vermont 66622

Dear Ms. Stravinsky:

Subject: Guest Lecture

The members of the Freeport chapter of the National Organization of Retired Persons would indeed be interested in a lecture on "Proposed Changes in The Financing of Medicare." Therefore, with much appreciation, I accept your offer to address our club.

The NORP meets every Tuesday at 8 P.M. in the auditorium of Freeport High School. The programs for our meetings through November 20 have already been established. However, I will call you in a few days to schedule a date for your lecture for the first Tuesday after the 20th that meets your convenience.

The membership and I look forward to your lecture on a topic so important to us all.

Sincerely yours

Henry Purcell
President

HP/ bm

출처: Geffner(1995: 19)

(예 9-5) Square-Blocked Letter Style

NORP
NATIONAL ORGANIZATION OF RETIRED PERSONS
Freeport High School, Freeport, Vermont 66622

October 14, 19 --

Ms. Iva Stravinsky
Attorney-at-Law
200 Center Street
Freeport, Vermont 66622

Dear Ms. Stravinsky

Subject: Guest Lecture

The members of the Freeport chapter of the National Organization of Retired Persons would indeed be interested in a lecture on "Proposed Changes in The Financing of Medicare." Therefore, with much appreciation, I accept your offer to address our club.

The NORP meets every Tuesday at 8 P.M. in the auditorium of Freeport High School. The programs for our meetings through November 20 have already been established. However, I will call you in a few days to schedule a date for your lecture for the first Tuesday after the 20th that meets your convenience.

The membership and I look forward to your lecture on a topic so important to us all.

Sincerely yours
NATIONAL ORGANIZATION IF RETIRED PERSONS

Henry Purcell
President HP/ bm

출처: Geffner(1995: 20)

(예 9-6) Simplified Letter Style

NORP
NATIONAL ORGANIZATION OF RETIRED PERSONS
Freeport High School, Freeport, Vermont 66622

October 14, 19 --

Ms. Iva Stravinsky
Attorney-at-Law
200 Center Street
Freeport, Vermont 66622

GUEST LECTURE

The members of the Freeport chapter of the National Organization of Retired Persons would indeed be interested in a lecture on "Proposed Changes in The Financing of Medicare." Therefore, with much appreciation, I accept your offer to address our club.

The NORP meets every Tuesday at 8 P.M. in the auditorium of Freeport High School. The programs for our meetings through November 20 have already been established. However, I will call you in a few days to schedule a date for your lecture for the first Tuesday after the 20th that meets your convenience.

The membership and I look forward to your lecture on a topic so important to us all.

HENRY PURCELL, PRESIDENT

HP/ bm

출처: Geffner(1995: 21)

3. 특별한 단락 만들기

메시지 내용에 가격 견적이나 특정 날짜 등의 중요한 정보가 들어 있을 때 (예 9-7)처럼 왼쪽 시작부분 (left margin)과 오른쪽 끝부분 (right margin)에서 모두 5자 정도 들어와서 시작하는 새로운 단락을 삽입할 수 있다. 물론 이때에도 행 한 칸을 띄고 내려와서 위치시킨다.

(예 9-7) 특별 단락 만들기

IAEM SERVICES, INC.

5001 LBJ Freeway, Suite 350
Dallas, Texas USA 75244
Phone: 972.458.8002
Fax: 972.458.8119
iaem@iaem.org
www.iaem.org

Be sure to note your Membership Number: 34830.
It's your key to gaining access to www.4imprint.com/iaems
Your website opens after Expo Expo!

Seung-Jin Suh
Prof, Dept Studies Intl Conferences
Hallym University - Graduate School of International Studies
37-12, Nonhyun Bldg 4F, Chamwondong,Seocho-gu
Seoul. 137-030
Korea

Dear Seung-Jin:

IAEM Services, Inc. is very excited to announce a truly unique promotional products program! Nelson Marketing, Inc. a direct marketer of promotional products, has been named a marketing partner of IAEM.

Nelson Marketing was selected through a RFP process, for two very evident reasons:

- **Ability to offer reduced pricing to members.** As North America's largest direct marketer of imprinted promotional products, the company has volume buyer power, a demonstrated leadership in technology, and a fully integrated state-of-the-art e-commerce web site where members can order products: www.4imprint.com/iaems. Plans are to include monthly specials.
- **Customer service focus.** Nelson Marketing understands the time-sensitive needs of IAEM's members; many items in the catalog can be produced in 5-10 working days.

The program gives members the pricing associated with the next higher-quantity discount in the catalog. For instance, for a zippered canvas portfolio, the catalog price for 50 is $13.99 each. **IAEM members receive the next category discount** pricing – making your per piece cost $12.99 each – **a savings of $1.00 per portfolio.**

You can see why we're so excited about this program! Be sure to visit the Nelson Marketing booth, located in the IAEM Services Pavilion in the registration area of the Annual Meeting. You have the pen – fill out the form on the enclosed flyer and stop by to pick up your portfolio and find out how Nelson Marketing can help you achieve your marketing goals through reduced product pricing.

See you in Miami Beach!

J. Kelley
Jim Kelley
President of the Board
IAEM Services, Inc.

Cathy Breden
Cathy Breden, CAE, CMP
Executive Director
IAEM Services, Inc.

IAEM Services, Inc. is a subsidiary of the International Association for Exposition Management. The mission of IAEM Services is to provide IAEM members with products and services designed to meet their needs and that offer superior value at competitive prices.

a subsidiary of the International Association for Exposition Management

출처: 본 저자가 받은 편지

[해설]

· has been named: ~라는 이름을 갖게 되다
· a RFP process: 제안서 요청(Request for Proposal) 과정
· fully integrated: 완전히 통합된
· stage-of-the-art: 최신의
· e-commerce website: 전자 상거래 웹 사이트
· Nelson Marketing understand(s) ~: 저희 Nelson Marketing회사가 이해하기로는
· associated with: ~와 연관된
· Pavilion: 전시회에서 독립적으로 갖춘 전시관
· flyer(s): 전단지(들)
· stop by: 잠깐 들리다
· a subsidiary of ~: ~(라는 모회사)의 자회사
· superior: 탁월한, 우월한

[번역]

승진에게

IAEM Services 주식회사는 진실로 독특한 홍보물 제작 프로그램에 대한 소개를 하게 되어 매우 기쁘게 생각합니다. 홍보물 관련 마케팅 업무를 직접 담당하게 될 Nelson Marketing 회사가 IAEM의 마케팅 파트너라는 명칭을 갖게 되었습니다.

Nelson Marketing 회사는 다음 2가지 명백한 이유로 RFP 과정을 통해 선정되었습니다.

회원들에게 할인가격 제공능력: 북미의 최대 인쇄 홍보물 직판업체로서 저희 회사는 대량 구매력을 갖추고 있고, 기술 분야에서 지도력을 발휘하여 완전히 통합된 최신 전자상거래 웹 사이트를 구축하고 있기에, 회원들께서는 www.4imprint.com/iaems 앞으로 제품 주문이 가능합니다. 이에는 월간지 특별판도 포함될 계획입니다.

고객 서비스에 초점집중: Nelson Marketing 회사는 IAEM 회원들이 시간에 민감한 욕구가 있음을 알고 있습니다. 따라서 저희 카탈로그에 있는 많은 제품들은 5-10주 안에 생산 가능합니다.

저희 프로그램은 회원들께 카탈로그에 있는 제품들을 차기 대량 구매시 할인 가격으로 드리고 있습니다. 예를 들어 지퍼가 달린 캔버스 포트폴리오의 경우 50개에 대한 카탈로그 가격은 단가가 13.99불입니다. IAEM 회원들께서는 다음과 같이 한 개당 12.99불로 할인 받게 됩니다. 포트폴리오 1개당 1불씩 비용절감이 됩니다.

왜 저희가 이 프로그램으로 그렇게 흥분하고 있는지 아시게 될 것입니다. IAEM 연례총회의 등록구역에 있는 IAEM Services 독립 전시관 내에 위치한 Nelson Marketing 부스를 꼭 방문해 주십시오. 펜을 들어 동봉한 전단지에 있는 양식에 기록을 하신 뒤, 저희 부스를

방문하시어 귀하의 포트폴리오를 가져오십시오. 할인된 제작비용으로 인해 귀하의 마케팅 목표를 달성하시는데 저희 Nelson Marketing 회사가 얼마나 큰 도움이 되는지 아시게 될 것입니다.
마이애미 비치에서 뵙겠습니다.

4. 봉투

겉봉투의 주소는 속지 주소와 동일해야 하며, 업무용 표준 봉투에서는 주소를 (예 3-8)처럼 왼쪽 끝에서 4인치 정도 떨어지고 위에서 14행정도 아래에 위치한 곳에 적게 된다. "ATT: Mr. Smith 혹은 Please Forward (본인 앞)" 등의 발신자 주소에서 4행 떨어진 곳에 위치해야 한다. "Air mail (항공 우편), Certified Mail (등기 우편)" 등의 표기는 우표 밑에 한다.

(예 9-8) 봉투

pcma Education Foundation
Professional Convention Management Association
Dr. Seung-Jin Suh
Dean
Hallym Graduate School of Intern
907-13 Daechi-dong
Kangnam-gu
Seoul 135-841
Korea

출처: 본 저자가 받은 편지

스타일이란 어떻게 언어가 사용되는가를 말한다. 글을 쓸 때 흔히 저지르는 오류는 명료성, 간결성 그리고 힘 있는 표현력을 잊어버리는 것이다. 이제 업무상 영문편지를 작성할 때 흔히 나타나는 함정들을 살펴보자.

B 영작 스타일의 문제점

1. 너무 긴 표현

단어 하나면 될 내용에 여러 단어를 써서 문장을 길게 하는 실수를 범하지 말자. 원래 문장의 의미는 그대로 두고 각 문장을 간결한 표현으로 바꾸면 다음 (예 9-9)와 같다.

(예 9-9) 긴 표현/ 간결한 표현

1. (×) In this letter we have attempted to answer all of your questions, and we hope that if you have any additional questions whatsoever, you will not hesitate to contact us.
   (O) If you have additional question, please contact us.

2. (×) It has been my wish for a considerable period of time to gain entrance into the field of accounting. This is due to the fact that challenges of my intellect are what challenge me.
   (O) I have always wanted to go into accounting because it challenges me.

3. (×) To me it appears that Smith did not give attention whatsoever to the suggestion that had been recommended by the consultant.
   (O) I believe Smith ignored the consultant's suggestion.

4. (×) In the past there were a quite large number of firms located on the West Coast offering us competition. At this present point in time, the majority of those firms have been forced to go out of business by the hardships and difficulties of the present recessionary period of business contraction and stagnation.
   (O) Many of our West Coast competitors have gone out of business because of the recession.

5. (×) It is the policy of this company in every case to proceed with care in testing each and every new product under development by us, and such testing must precede our arriving at any positive conclusion with respect to the effectiveness of said product.

(O) It is the company policy to carefully test all new products for effectiveness.

6. (×) In the event that Wilkins does not come forth with an expression of willingness to lend us assistance in the matter of financing this project, it is entirely conceivable that we will not be able to make the required acquisitions of raw materials we need without help.

(O) If Wilkins does not help us financially, we may not be able to acquire needed raw materials.

출처: Brock(1996: 23, 30, 89)

[해설]

1. · attempt: 시도하다
   · whatsoever: 무엇이든지
2. · considerable: 상당한
   · gain entrance into: ~로 진입하게 되다
   · accounting: 회계
   · due to: ~ 때문에
3. · give attention whatsoever to: 무엇이든지 ~에 관심을 쏟다
4. · firm(s): 회사(들)
   · have been forced to: 강제로 ~하게 되다
   · go out of business: 영업을 그만두다
   · recessionary: 침체의
   · contraction: 축소
   · stagnation: 침체
   · recession: 불경기
5. · proceed with care: 조심스레 나아가다
   · under development: 개발 중
   · precede: 선행되다.

· with respect to: ~에 관해
· said: 앞서 언급한

6. · In the event: ~한 경우
· financing: 재정을 책임지는
· conceivable: 생각할 수 있는
· raw material(s): 원자재(들)

[번역]

1. (X) 이 편지에서 우리는 귀하가 제기한 모든 문의에 대한 답을 드리고자 했습니다. 무엇이든지 추가 질문이 있으시면 주저 없이 저희에게 연락 주십시오.
   (O) 추가 문의가 있으시면 저희에게 연락 주십시오.
2. (X) 회계분야로의 진출은 내가 상당히 오랫동안 바라던 바입니다. 이는 내 지적인 도전이 나에게 도전해왔기 때문입니다.
   (O) 나는 항상 회계분야로 진출하고 싶었습니다. 왜냐하면 이것이 나에게는 도전해 볼 분야이기 때문입니다.
3. (X) 내가 보기에 스미스는 자문 전문가가 추천한 제안은 무엇이든지 귀를 기울이지 않았던 것 같습니다.
   (O) 나는 스미스가 자문 전문가의 제안을 무시했다고 봅니다.
4. (X) 과거에는 우리와 경쟁관계에 있는 많은 회사들이 서부 해안지역에 소재해 있었다. 현 시점에서는 이들 회사의 대부분이 영업 축소와 침체의 현 불경기가 가져온 역경과 고난 때문에 어쩔 수 없이 문을 닫게 되었다.
   (O) 서부해안지역의 많은 우리 경쟁사들은 불경기로 문을 닫았다.
5. (X) 우리가 개발 중인 모든 새 상품마다 신중히 검사를 하는 것이 이 회사의 방침이며, 그러한 검사는 앞서 말한 제품의 효능에 관해 어떠한 긍정적 결론에 다다르기 전에 필이 이루어져야 한다.
   (O) 모든 신제품에 대해 효능검사를 신중하게 실시하는 것이 회사 방침이다.
6. (X) 윌킨스가 이 프로젝트의 재정을 맡는 문제에 대해 우리에게 도움을 주겠다는 의지의 표현을 해오지 않을 경우 그런 도움 없이 필요한 원자재 확보는 가능하지 않으리라는 생각이 확연히 든다.
   (O)윌킨스가 재정적으로 우리를 돕지 않으면 우리는 필요한 원자재를 확보할 수 없을지도 모른다.

2. 상투적 표현 (cliches)

(예 9-10)처럼 판에 박은 듯한 진부한 표현을 피하고 자연스런 표현을 사용하도록 한다.

(예 9-10) 진부한 표현 / 자연스런 표현

(X) Enclosed please find the information per your request. Hopefully, you can utilize our product to benefit your company within the parameters of your computer's invoice processing. We appreciate your input.

(O) We have enclosed the information you requested. Our product will speed your computer's invoice processing. Thank you for your suggestions.

출처: Brock(1996: 23)

[해설]

- per your request: 요청에 따라
- utilize: 활용하다
- benefit: 혜택을 주다(동사로 쓰임)
- parameter(s): 변수(들)
- invoice processing: 청구서 처리
- input: 투입(된 의견)
- speed: 속도를 내다 (동사로 쓰임)

[번역]

(X) 요청하신 정보를 동봉했으니 확인하십시오. 저희 제품을 활용하시어 귀사의 청구업무 처리 분야에 있어서 혜택을 받으시기 바랍니다. 귀하의 의견을 주시면 감사하겠습니다.

(O) 요청하신 정보를 동봉했습니다. 저희 제품이 귀사의 청구업무 처리를 신속히 해드릴 것입니다. 제안해주신 것 감사합니다.

3. 거창한 단어(big words) 남용

영작할 때 "집"을 "abode" 대신 "home"으로, "얼굴"을 "visage" 대신 "face"로, "사용하

다" 의 의미를 "utilize" 대신 "use" 로 쓰면서 문장을 단순화 하라. 단어 역시 짧은 것이 좋으며, 자연스런 표현을 위해 영어편지를 다 쓰고 나서 큰 소리로 읽어보면서 (예 9-11)처럼 고쳐보자.

(예 9-11) 거창한 단어 다듬기

(X) Pursuant to our discussion, herewith we acknowledge receipt of your correspondence as of the above date.
(O) We received your letter on December 16 as we discussed.

출처: Brock(1996: 23)

【해설】

- pursuant to: ~에 뒤이어
- acknowledge: 인정하다
- receipt: 접수
- correspondence: 통신, 응답
- as of: ~의 날짜로

【번역】

(X) 우리의 논의에 뒤이어 이에 위의 날짜로 귀하의 통신을 접수했음을 알려드립니다.
(O) 12월 16일에 귀하의 편지를 받았습니다.

4. 전문용어 (jargon) 남용

(예 9-12)처럼 단어의 의미 설명이 없이 "facilitator" 나 "interface" 같은 단어 사용은 피하는 것이 좋다.

(예 9-12) 전문용어 남용

(x) Our facilitator will interface with the new communication system network.
(o) Our administrative assistant will operate the new telephone system.

출처: Brock(1996: 24)

[해설]

· facilitator: 촉진자, 진행자
· interface: 접촉하다
· operate: 운영(작동)하다.

[번역]

(x) 우리 측 진행자가 새로운 통신 체계 망과 접속할 것입니다.
(o) 우리의 행정 보조원이 새 통신체계를 운영할 것입니다.

5. 세부사항 미비

편지 작성자는 편지를 쓰기 전에 전할 내용의 모든 목록을 열거해보고 세부사항, 사실, 이유 등을 요약한 뒤 편지를 읽을 독자가 이를 충분히 이해할 수 있도록 표현해야 비로소 그 내용전달이 정확해진다. 예를 들어 "Profits were affected." (이윤에 영향이 있었다.)라면, 이익이 올라갔는지 내려갔는지 알 수 없다. 또한 (예 9-13)처럼 글자체, 철자법 등 세밀한 부분까지 다시 읽어보고 수정하여 발송해야 하며, 구체적인 입장을 취해야 할 때에는 "sort of, quite, rather, somewhat" 등 어정쩡한 어휘들은 피해야 한다.

(예 9-13) 세부사항 점검

1. (X) The company's negative <u>cash flow</u> position forced it to <u>resize</u> its operations to the level of <u>profitable</u> market opportunities.
   (O) The company lost money, and had to <u>lay off</u> workers.

2. (X) We hope we can <u>accomodate</u> your office supply and stationary needs.
   (O) We hope we can <u>accommodate</u> your office supply and stationery needs.

3. (X) We are <u>quite</u> pleased about our <u>rather</u> exciting word processor.
   (O) We are pleased about our exciting line of word processors.

출처: Brock(1996: 24, 26)

【해설】

1. · cash flow: 현금흐름
   · resize: 규모를 재조정하다
   · profitable: 이윤이 남음
   · lay off: 해고시키다
2. · accomodate: 철자가 틀림
   · accommodate(공급하다)이어야 함
3. · quite: 꽤
   · rather: 오히려, 상당히

【번역】

1. (X) 회사의 부정적인 현금흐름으로 인해 운영규모를 이윤 창출이 가능한 시장기회 수준으로 재 조정해야한다.
   (O) 회사가 적자가 되어 근로자를 해고해야 했다.
2. (X) 우리는 귀사의 사무실 용품과 문구류에 대한 수요를 충족시킬 수 있기를 바랍니다.
   (O) 우리가 귀사의 필요한 사무용품을 공급할 수 있기를 바랍니다.
3. (X) 우리는 어느 정도 훙미로운 워드프로세서에 대해 상당히 만족하는 편입니다.
   (O) 우리는 훙미로운 워드프로세서에 대해 만족합니다.

6. 수신자 입장 고려 미흡

편지를 쓰는 목적은 상대방이 감동을 받아 마음이 움직이고 행동까지 취하도록 하는 것이다. 따라서 편지 수신자에 대한 세심한 고려가 있어야 한다. 글을 쓸 때 인간적으로 따뜻함을 전해야 하는데 "of course(물론)"라는 표현을 잘못 쓰면 "어떤 바보라도 그것은 알겠다." 라는 오해를 불러일으켜서 편지를 읽을 상대방을 무시하는 문장으로 받아들일 수 있다. 또한 편지를 받아볼 상대방을 생각하여 "Gentleman, he, his, him" 등의 어휘는 조심해서 사용하여 언어적 성차별을 가져와서도 안 된다. 여성의 사회 진출이 증가하면서 많은 전통적 관습이 바뀌어 가고 있다. 그래서 "Gentleman" 대신 "Dear Directors, Dear Members" 등의 중립적 호칭을 쓰고 있다. (예 9-14)처럼 항상 편지 수신자의 시각에서 가능한 한 2인칭을 사용하는 것이 좋으며, "할 수 없다" 혹은 "갖고 있지 않다" 등의 부정적 표현보다는 이를 긍정적으로 바꾸어 표현하는 습관을 갖도록 해야 한다.

(예 9-14) 수신자 입장고려

1. (×) We are certain you <u>are concerned with</u> saving money.
   (○) If saving money is important to you, please mail the enclosed card today. Thank you.

2 (×) *An <u>accountant</u>* must pass a difficult exam before he can become a CPA.
   (○) *Accountants* must pass a difficult exam before they can become CPAs. (주어를 복수로)
   (○) *An accountant* must pass a difficult exam before becoming a CPA. (가능하면 인칭대명사 사용자제)
   (○) To become *<u>a</u>* CPA, an accountant must pass a difficult exam.
   (○) As an accountant, you must pass a difficult exam before you become a <u>CPA</u>. (상대방을 알면 호칭은 'you' 로)

3. (×) We would like to invite you to attend the conference.
   (○) You are invited to attend the conference.

출처: Brock(1996: 24-26)

[해설]

1. · be concerned with: ~에 대해 염려하다
2. · accountant: 회계사
   · CPA: Certified Public Accountant(공인회계사)

[번역]

1. (×) 우리는 귀하가 비용절감에 대해 염려하시리라고 확신합니다.
   (○) 비용절감이 중요하시다면 동봉한 카드를 오늘 보내주십시오. 감사합니다.
2 (×) 회계사는 공인회계사가 되기 전에 어려운 시험을 통과해야 한다.
3. (×) 우리는 귀하를 회의에 참가하시도록 초청하고 싶습니다.
   (○) 귀하는 회의 참석에 초청되셨습니다.

7. 문장구조의 병렬화 결여

바람직한 업무용 편지는 구성 면에서도 논리적이고 간단명료하게 배열되어 있어야 한다. 한 문장의 구성성분들을 품사별로 같은 유형끼리 구성하는 병렬화를 이루면 (예 9-15)처럼 글이 명료하고 우아한 균형미를 갖게 된다.

(예 9-15) 병렬구조 유무비교

1. (×) *Speaking* <u>in public</u> is sometimes harder than to write in private.
   (○) *Speaking* in public is sometimes harder than *writing* <u>*in private*</u>.

2 (×) My partner is <u>a man of *action*</u>, *decision, and who is bright.*
   (○) My partner is a man of *action, decision, and intelligence.*

3 (×) Sarah's office was *painted, had carpeting put in* and paneled last week.
   (○) Sarah's office was *painted, had <u>carpeted</u>*, and <u>paneled</u> last week.

4 (×) *To teach, to <u>supervise</u>*, and *delegating* work are a few of the task our office manager performs.
   (○) *To teach, to supervise*, and *to <u>delegate</u>* work are a few of the tasks our office manager performs.
   (○) *eaching, supervising, and delegating* work are a few of the tasks our office manager <u>performs</u>.

5 (×) She has and continues to seem <u>competent</u>.
   (○) She has *seemed* and continues to *seem* competent.

6 (×) A secretary can <u>program</u> a computer *to type* a letter but not *think.*
   (○) A secretary can program a computer *to type* a letter but not *to think.*

출처: Brock(1996: 32)

Convention English

[해설]

1. · in public: 대중 앞에서
   · in private: 사적으로
2. · a man of action: 행동적인 사람(a man of + 추상명사: ~한 성격의 사람)
3. · carpeted: 카펫트를 깔았다(여기서 carpet는 동사로 쓰임).
   · paneled: 판넬을 붙였다
4. · supervise: 감독하다
   · delegate: 위임하다
   · perform(s): 수행하다
5. · competent: 능력 있는
6. · program: 프로그램을 만들다 (동사로 쓰임)

[번역]

1. 대중 앞에서의 연설이 사적인 글을 쓰는 것 보다 때로는 더 어렵다.
2. 내 파트너는 행동적이고 결단력 있으며 지성적인 사람이다.
3. 지난주 사라의 사무실은 페인트칠해졌고, 카펫트가 깔렸고 판넬이 붙여졌다.
4. 가르치고 감독하고 일을 위임하는 것이 우리 사무실 부장이 수행할 일 중 몇 가지이다.
5. 그녀는 예전에도 능력 있어 보였고 지금도 여전히 그런 것 같다.
6. 비서는 편지를 타이프 치도록 컴퓨터 프로그램을 만들 수 있어도, 생각할 수 있도록 만들 수는 없다.

이제 다음과 같이 각 문장들을 병렬구조로 고쳐보자.

(예 9-16) 병렬구조로 고치기

1. It was both a long meeting and very <u>tedious</u>.
   ➔ It was both a *long and very tedious meeting*.

2. Joe likes a job with challenging work that keeps him stimulated.
   ➔ Joe likes a job with <u>*challenging and stimulating*</u> work. OR
   Joe likes a job <u>*that challenges*</u> him and <u>*that keeps*</u> him stimulated.

3. Poor writing wastes time, costs money, and <u>alienates</u> customers.
   ➔ Poor writing *wastes time*, *costs money*, and *alienates customers*.

4. His experience made him sullen, bitter , and a cynic.
   ➔ His experience made him *sullen, bitter* , and *a* cynical.

5. Our instructor drilled us, tested us, and he also gave us encouragement.
   ➔ Our instructor *drilled* us, *tested* us, and *encouraged* us.

6. I went to Maui to enjoy the warm weather and for getting some practice in snorkeling.
   ➔ I went to Maui *to enjoy* the warm weather and *to practice* snorkeling

7. Our first choice is John, who is healthy, witty, capable, and an athletic.
   ➔ Our first choice is John, who is *healthy, witty, capable*, and *athletic*.

출처: Brock(1996: 33-34, 91-92)

[해설]

1. · tedious: 지겨운
2. · challenging and stimulating: 도전적이고 자극적인
   · that challenge(s): 도전을 주는 (주어인 job을 수식함)
   · that keeps: ~를 유지해주는 (주어인 job을 수식함)
3. · alienate(s): 소외시키다
4. · sullen: 침울한
   · bitter: 씁쓸한
   · cynic: 냉소적인 사람
   · cynical: 냉소적인
5. · dirlled: 강 훈련을 시켰다
6. · snorkeling: 스노클링 하기
7. · athletic: 운동선수, 운동을 좋아하는

[번역]

1. 그것은 길고도 매우 지루한 회의였다.
2. 죠는 도전적이고 고무적인 일을 할 수 있는 직업을 좋아한다.
3. 잘못 쓴 글은 시간과 돈의 낭비이며 고객을 소외시킨다.
4. 그의 경험은 그를 침울하고 씁쓸하며 냉소적으로 만들었다.
5. 우리의 교관은 우리를 강하게 훈련시키고 테스트했으며 격려도 해주었다.

6. 나는 따뜻한 날씨를 즐기고 스노클링을 연습하러 마우이 섬에 갔다.
7. 우리가 첫 번째로 선택한 사람은 존인데, 그는 건강하고 재치가 있고 능력이 있으며 운동을 잘한다.

8. 중복표현의 남용

우리는 중복되는 내용의 어휘를 너무 많이 사용하면, (예 9-17)처럼 글이 길어지게 되고, 따라서 메시지 전달의 명료성이 떨어지며, 그런 문서는 시각적으로 피로를 가져온다. (예 9-17)의 괄호 안에 있는 표현들은 생략하는 것이 더 좋다.

(예 9-17) 중복표현

(advance) planning	(as) for example
ask (a question)	refer (back)
(as to) whether	(true) facts
(as) yet	(when and) if
(at a) later (date)	whether (or not)
at (the) present (time)	written (down)
(basic) fundamentals	(brief) moment
(specific) example	off (of)
(but) nevertheless	period (of time)
(close) proximity	might (possibly)
(close) scrutiny	since (the time when)
combine (together)	recur (again)
(completely) filled	(still) remains
for (a period of) 10 days	blend (together)
(just) exactly	came (at a time) when
my (personal) opinion	(false) pretenses
(absolutely) essential	(on a) daily (basis)

출처: Brock(1996: 29)

References

Brock, Susan L., 1996. *Better Business Writing Techniques for Improving Correspondence* (3rd ed.), Crisp Publications Inc.

Geffner, Andrea B., 1995. *How to Write Better Business Letters* (2nd ed.), Barron's Educational Series, Inc.

Chaper **10**

목적별 영문 편지 사례분석 및 작성요령

A. 판매 및 홍보

1. 판매 편지　2. 홍보 편지

B. 안내 및 초청

1. 등록안내 편지　2. 연사초청 편지

3. 초청장

C. 요청

1. 문의 편지　2. 주문 편지

3. 수금요청 편지

D. 답장

1. 진척상황전달 편지　2. 확인 편지

3. 송금요청에 대한 답장

4. 주문확인 및 감사 답장

5. 문의에 대한 답장　6. 추천소개 편지

7. 거절 편지　8. 감사 편지

▶ References

이 장에서는 판매 및 홍보, 안내 및 초청, 요청, 답장쓰기 등 목적별로 쓴 영문 편지의 사례를 분석하여 그 작성요령을 설명코자 한다.

A 판매 및 홍보

업무상 쓰게 되는 편지는 어떤 의미에서는 모두 판매목적 편지이며, 고객과 좋은 관계를 맺으려는 홍보차원의 편지이다. 이런 목적의 편지는 전문적 문체를 구사하여 편지를 읽는 사람의 마음을 움직일 수 있어야 한다. 이런 편지를 잘 쓰는 사람은 고객의 구매동기에 어떻게 호소하며, 잠재적 구매자가 누구인지를 파악하여, 그 중 판매나 홍보 편지의 효과를 거둘 수 있는 수신자들의 목록을 확보한 사람이다.

컨벤션 기획사는 컨벤션이라는 서비스 상품을 컨벤션 참가자라는 구매자에게 알리고 판매, 홍보하는 편지를 쓰게 되는데, 이런 종류의 편지는 직접우편(direct mail)을 통한 판매촉진(sales promotion) 편지와 일반사항을 알리는 홍보(PR) 편지로 크게 나눌 수 있다.

1. 판매(Sales)편지

직접우편(direct mail) 판매편지는 컨벤션 기획사가 조직위원회를 대신하여 회의에 참가할 가능성이 있는 잠재 고객들에게 직접방문이 아닌 우편물을 통해 회의에 등록비를 지불하고 참가하게끔 노골적이고 강력한 판매(hard sell)를 달성하는데 그 목적이 있다. 따라서 이런 편지는 편지 수신자의 시선을 끌 수 있도록 물리적 외양이 매력적이어야 하며, 브로셔 등 회의관련 홍보책자를 동봉해야 한다. 편지 수신자의 시선을 끌기 위해 첫 구절(headlines)들이 호소력이 있어야 하고, 제공되는 서비스의 내용이 질적으로 지불해야 하는 등록비 등 소요비용에 비하여 가치가 있음을 설득해야 하고, 자세한 정보와 안내도 수반되어야 한다.

오늘날에는 전문 전시회에 회의가 수반되는 추세에 있으며, 따라서 (예 10-1)과 (예 10-2)처럼 행사 주최 측인 협회나 컨벤션 매니저가 잠재적인 전시회 참가자에게 참가유도를 위해 회의의 내용도 설명하고 있다.

(예 10-1) 참가유도 편지-1

April 22, 2003

Derek Jourdan
Jourdan Jems
3220 Ruby Ridge Road
Amber, TX 75222

Dear Mr. Jourdan:

With more than 1,600 <u>exhibits</u>, 9800 <u>attendees</u>, and 30 FREE educational seminars, the 2003 Dazzling Diamonds Trade-show is your best source for quality education and information. As the largest <u>gem</u> trade-show, the exposition <u>attracts</u> the finest and widest of <u>exhibitors</u> and products <u>to serve your needs</u>.

As <u>competition</u> in the jewelry industry increases, it is <u>vitally</u> important to ensure that your managers and senior staff are educated in the latest techniques. This year's education program provides focused <u>education tracks on key areas</u> of your store's operation.

With the opportunity to educate your management, <u>investigate</u> the newest equipment and products, and <u>take advantage of</u> many special <u>offers</u> only available at this trade-show. This is an event you won't want to miss.

Please <u>take the time</u> to review the enclosed attendee information and register your managers and key employees.

Sincerely,
Reid Maitland

American Association of Jewelers

RM/rm
Enclosure
P.S. We also <u>offer</u> complimentary meeting space, registrations, and service for companies like yours that want to use the trade-show for corporate or franchise meetings. Call our Trade-show Department at (800)888-8888 for more information.

출처: IAEM(1999: 4)

[해설]

· exhibit(s): 전시품(들)
· attendee(s): 참가자(들)
· gem: 보석
· attract(s): 끌다, 유인하다 (여기서 동사 attract의 주어는 exposition이라는 무생물임)
· exhibitor(s): 전시 참가업체(들)
· to serve your need(s): 귀하가 필요로 하는 것(들)을 제공하기 위해
· competition: 경쟁
· vitally: 매우
· education track(s) on key areas: 중요(핵심) 분야에 관한 교육 내용의 분류(들)
· investigate: 조사하다, 알아보다
· take advantage of: ~을 이용하다
· offer(s): 제공된 것(들) (명사로 쓰임)
· take the time to ~: 시간을 내어 ~하다
· offer: 제공하다 (동사로 쓰임)

[번역]

Jourdan씨에게:
1,600여개의 전시 출품품목, 9,800여명의 참가자 그리고 30개의 무료 교육 세미나가 열리는 2003년도 Dazzling Diamond Trade-show는 양질의 교육과 정보를 접할 수 있는 최고의 자원입니다. 최대규모의 보석 전문전시회로서 이 전시회에는 최상의 그리고 다양한 출품업체와 제품들이 참가하여 귀하가 필요로 하는 것을 충족시켜 드릴 것입니다.
보석 산업의 경쟁이 심해지면서, 귀하의 임직원들이 최신의 기술관련 교육을 받았는지 여부가 매우 중요하게 되었습니다. 올해의 교육 프로그램은 귀하의 가게 운영의 핵심 분야

에 초점을 맞춘 교육내용을 여러 가지 부류로 나누어 제공합니다.
경영진의 교육기회로 뿐만 아니라 이 전시회에서 최신 장비와 제품을 조사해 보시고, 이 전시회에서만 제공되는 많은 특별행사를 최대한 이용하십시오. 절대로 놓치고 싶지 않은 행사가 될 것입니다.
시간을 내시어 동봉한 참가자 안내서를 검토하시어 귀하의 매니저나 핵심 종업원들을 등록시켜 주십시오.

추신: 전문전시회를 기업회의 혹은 총판업체 회의의 계기로 활용하고 싶어 하는 귀사와 같은 회사들에게 회의장 공간, 등록, 기타 서비스를 무료로 제공해 드립니다. 보다 자세한 문의는 저희 전시부서의 (800) 888-8888로 전화 주십시오.

(예 10-2) 참가유도 편지-2

April 15, 2005

Mr. Arthur Sherman
6405 Candlestick
Mason City, IA 54722

Dear Mr. Sherman:

Congratulations! You are one of the more than 3,500 exposition industry professionals who will attend the 2005 AIE Annual Meeting and Tradeshow. By registering for this extraordinary event, you have guaranteed yourself an opportunity to bolster your professional skills and knowledge and build important relationships, both of which will undoubtedly enhance your career -- all the while having a super time in Rockport, Maine.

We are extremely excited about this year's meeting. In AIE's history, never has there been so much excitement about a meeting, so far. To date, registrations are up more than 150% over this time last year. One of the hotels is already sold out. For the first time ever, the trade-show in the industry will last three days. And of course, we're in Rockport, ME. There is an undeniable buzz in the industry about this year's Annual Meeting and Trade-show, and you will be there to witness it all firsthand.

Enclosed is the latest information about this spectacular event. This brochure contains everything you need to plan your trip and make your experience one to remember. Inside are topics, speakers, and descriptions for the 94 different educational opportunities being offered by AIE --167 hours total. you'll also find information on all social, networking, and special events.

One of the highlights this year is our Keynote Speaker -- Don Madison of Trade-show Success. Mr. Madison is the founder and editor of the award-winning magazine that is recognized for its dynamic theories on the forces that currently reshape the business world.

Another special event you'll want to make note of is the deep sea fishing tournament. While AIE meetings have always been a place of important business, this year we've added a little fun. When you arrive, make sure to register for team participant and prizes to the winners for most, smallest, and trophy-category catches.

Review and use the enclosed brochure to develop a strategy that will make the 2005 AIE Annual Meeting and Trade-show a great success for you. Things are going to go smoothly in Rockport, and we'll see you there!

Paul Robyns
Convention Manager

prePrmAtt2

출처: IAEM(1999: 6)

[해설]

· attend: ~에 참가하다 (동사 다음에 전치사가 필요 없음)
· extraordinary: 아주 특별한
· bolster: 받쳐주다, 강화시키다
· enhance: 높이다
· career: 경력, 전문직
· never has there been ~: ~이 있은 적이 없다 (never를 강조하기 위해 "there has never been ~"의 문장에서 주어와 동사가 도치됨)
· to date: 오늘까지
· over this time last year: 작년 이때쯤에 비해
· sold out: 매진된
· last: 지속(계속)하다
· an undeniable buzz: 부정할 수 없는 야단법석(소문)
· witness: 목격하다
· firsthand: 직접
· Enclosed is the latest information about ~: 동봉된 것은 최신 ~에 관한 정보이다 (주어 부분이 너무 길고 동사부분이 짧으면 도치됨)
· spectacular: 구경거리가 될만한
· plan: 계획세우다 (동사로 사용 됨)
· one to remember: 기억할 만한 것 (여기서 one은 experience를 의미)
· Inside are ~: ~가 안에 들어있다 (여기서도 주어부분이 길고 동사부분이 짧아 도치된 문장임; 이때 주어가 복수이므로 동사가 are임에 유의)
· description(s): 설명(들)
· being offered by ~: ~가 제공하는 (여기서 being은 현재분사로서 그 앞의 명사인 opportunities를 수식함)
· social: 사교의 ("사회의"라는 의미가 아님)
· networking: 인간관계를 맺는
· Keynote Speaker: 기조 연설자
· founder: 칭립자
· award-winning: 수상을 한
· is recognized for: ~로 인정받다
· currently reshape: 현재 새로운 모습을 하다
· make note of: 주목하다
· make sure to ~: 확실히 ~해두다
· catch(es): 어획한 고기(들) (명사임)

【번역】

Sherman씨에게:

축하합니다! 귀하께서는 2005년 AIE 연례총회 및 전문전시회에 참가할 3,500명 이상의 전시산업 전문가 중에 한 분이십니다. 이 매우 특별한 행사에 등록하시면 귀하의 전문기술 및 지식을 강화할 수 있고, 중요한 인적관계를 구축할 기회가 보장됩니다. 이 두 가지 기회는 모두 귀하의 전문성을 확실히 높여드리면서 메인 주 록포트에서 멋진 시간을 보내게 해드립니다.

저희는 올해의 행사로 매우 들떠 있습니다. AIE 역사상 지금까지 회의에 관해 이렇게 관심을 보이신 적이 없습니다. 오늘까지의 등록 통계를 보면 작년 이때쯤과 비교하여 150% 이상을 상회합니다.

지정호텔 중 한곳은 이미 예약이 마감되었습니다. 본 산업분야의 전시회 역사상 최초로 전시가 3일간 열립니다. 물론 우리 모두는 메인 주 록포트에 체류합니다. 올해의 연례총회 및 전문전시회 행사에 대해 업계에서는 부정할 수 없는 소문이 나있으니, 직접 오셔서 확인해 보십시오.

이 엄청난 행사에 관한 최신정보를 동봉합니다. 이 브로셔에는 여행계획을 세우고 귀하의 경험이 기억될 수 있는 것으로 만들기에 필요한 모든 것이 들어있습니다. 안에 들어있는 내용은 주제, 연사, AIE가 제공하게 될 94종에 달하는 총 167시간의 교육내용에 대한 설명 등 입니다. 또한 모든 사교행사, 교분의 기회, 특별행사에 관한 안내도 있습니다.

올해에 하이라이트 중 하나는 기조연사인 Trade-show Success 회사의 Don Madison씨의 강연입니다. Madison씨는 현재 업계의 구조 재편성을 가져온 힘에 관해 역동적 이론을 펼친 것으로 알려진 수상경력이 있는 잡지사의 창립자이자 편집인 이십니다.

귀하가 주목하실 또 다른 특별행사는 심해낚시 시합입니다. AIE가 항상 중요한 사업교류의 장이었지만 올해 저희는 이에 재미를 조금 첨가했습니다. 도착해서 팀 참가에 필히 등록하시고 최다어획 상, 최소어획 상, 최고 대상 등의 상을 타십시오.

동봉한 브로셔를 검토하시고 2005년 AIE 연례총회 및 전문전시회가 귀하에게 성공적인 행사가 되도록 전략을 수립해 보십시오. 록포트에서는 준비사항이 모두 잘 진행됩니다. 다 같이 그곳에서 만납시다!

판매 목적 편지를 보낼 대상에는 스폰서 제공업체도 있다. (예 10-3)은 주최 측인 협회가 스폰서쉽을 판매하려는 내용의 편지이다.

(예 10-3) 스폰서쉽 판매 편지

October 2, 2002

Mr. Derek Jourdan
Jourdan Jems
3220 Ruby Ridge Road
Amber, TX 75222

Dear Derek :

I truly enjoyed meeting you and Deirdre in Phoenix this past week. Thank you for taking time to meet with Martin and me; it was a pleasure to get to know you both on a more personal level.

As promised, I have enclosed a copy of the detailed packet for this year's sponsorship opportunity and benefits. Included with the packet is a proposal which highlights the value-added benefits offered to The Accommodations Program for your participation as a 2003 AAOJ major sponsor. I was sure you would be interested in seeing the yellow section, which contains copies of the press coverage as a result of the exposure. The Accommodations Program received during last year's trade-show in Philadelphia.

We are very pleased to have you as one of the AAOJ 2003 Show sponsors. You have my commitment to work by your side to create a mutually beneficial working relationship between Jourdan Jems and AAOJ.

If you have any questions at all, do not hesitate to contact me. I will be getting in touch with both you and Deirdre with any additional follow-up. I look forward to seeing you in Uptown.

Warmest personal regards,

American Association of Jewelers

Reid Maitland
Executive Diretor
RM/mma
Enclosures

출처: IAEM(1999: 131)

【해설】

· it was a pleasure to ~: ~하게 되어 기뻤다
· get to know you both: 당신네 두 분을 알게 되다
· benefit(s): 혜택(들), 이익(들)
· Included with the packet is ~: 이 묶음에 포함된 것은 ~이다
· highlight(s): 가장 눈에 띄다 (동사임)
· value-added: 부가가치의
· the press coverage: 언론에 취재된 기사내용
· exposure: 노출
· mutually beneficial: 상호 이득이 되는, 호혜적인
· be getting in touch with ~: ~와 연락하게 되다

【번역】

Derek에게:

저는 지난주 피닉스에서 당신과 Deirdre를 만나서 즐거웠습니다. 시간을 내서 Martin과 저를 만나주셔서 감사합니다. 보다 사적으로 두 분을 알게 되어 기쁜 일이었습니다.

약속드린 대로 올해 행사의 스폰서쉽을 해주실 수 있는 기회와 이에 따른 혜택에 관해 상세한 자료 1부를 동봉했습니다. 또한 2003 AAOJ 행사의 주요 스폰서로서 참가하시어 Accommodations Program 측에게 제공할 부가적 혜택을 강조하는 제안서도 그 자료묶음 속에 들어 있습니다. 자료묶음 중 노란색으로 표기된 부분에 관심이 있으리라 믿습니다. 이에는 작년 필라델피아에서 열린 전시회 동안 Accommodations Program이 언론에 노출되어, 그 결과 받게 된 언론취재 기사내용을 복사한 자료도 있습니다.

귀하를 AAOJ 2003년도 전시회의 스폰서업체 중 하나로 모시게 되어 매우 기쁩니다. 귀하의 편에 서서 Jourdan Jems 측과 AAOJ 측 사이의 상호 도움이 되는 업무관계를 창출하

는데 힘껏 저도 노력을 하겠다는 약속도 드린바 있습니다.
문의사항이 있으시면 주저 없이 연락을 주십시오. 어떠한 추가사항이든지 귀하와 Deirdre씨와 계속 연락드리겠습니다. Uptown에서 뵙겠습니다.

판매촉진(sales promotion) 목적의 편지는 즉각적인 주문요청이나 판매보다는 관심과 궁금증을 이끌어내며, 제공할 서비스나 상품에 대해 열의를 갖도록 도발적이고 감정 자극적인(evocative)언어로 표현하게 된다. 호텔이나 컨벤션 센터 측에서도 회의 혹은 전시 참가자나 전문 컨벤션 기획사에게 자신들의 시설과 제공할 서비스에 대해 판매촉진의 차원에서 (예 10-4)와 같은 편지를 쓰게 된다.

(예 10-4) 판매촉진 편지

June 18, 2003

Mr. Donovan Blanque
Association for Oak Furniture Manufacturers
7711 Delaney Street
Boston, Massachusetts 01644

Dear Mr. Blanque:

I would like to take this opportunity to thank you for your interest in the T. J. MacKenzie Expo Center in Cedar Falls, Lake Highlands.

The facility comprises several main elements: 120,000 square feet of contiguous exhibit space to accomodate 700 10'×10' booths and 736 8'×10' booths; seven off-street loading docks; and 4,750 square feet of dividable seminar space.

The convenience of the T. J. MacKenzie Expo Center, located within the Dallas Metroplex, and its close proximity to DFW, Love Field, and the

Addison Airport, simplifies arrival and departure for both show exhibitors and attendees. Likewise, the network of major roadways, including several main arteries, makes the center easily accessible from all directions.

Surrounded by nine hotels and dozens of restaurants, the state-of -the-art T. J Mackenzie Expo Center is within 3.8 miles of an additional 920 hotel rooms. The Center provides over 11,000 free parking spaces on site, as well as entertainment facilities and amenities of our facilities to host a perfect event.

The enclosed brochure will further detail the capabilities and amenities of our facility.

If you have any questions, or I can be of further assistance, please call me directly at(972)333-3333 ext333.

Sincerely,

Allison Billingsly
Director of Sales
AB/mma
Enclosure

출처: IAEM(1999: 53)

【해설】

- take this opportunity to : 이 기회를 빌려 ~하다
- facility: 시설
- comprise(s): 구성하다 (주어가 무 생물인 facility이며, 동사 뒤에 전치사가 필요 없음)
- contiguous: 인접한, 접촉하는
- to accommodate: 수용하다
- off-street loading dock(s): 도로를 벗어나 직접 시설에서 수하물을 싣고 내릴 수 있는 장소들
- dividable: 칸막이로 분리할 수 있는

· The convenience of A simplifies B: A라는 편리성이 B를 단순(간단)하게 해주다
· proximity to : ~로의 근접성
· likewise: 마찬가지로
· main artery(arteries): 주요 간선도로(들)
· accessible: 접근 가능한
· surrounded by ~: ~로 둘러싸여서
· amenity(amenities): 쾌적함과 즐거움을 주는 것(들)
· to host: 개최(주최)하다 (동사로 쓰임)
· detail: 상세히 설명하다 (동사로 쓰였으며 그 주어는 brochure 임)
· be of further assistance: 더욱 도움이 되다

[번역]

Blanque씨에게:

이 기회를 빌어서 Lake Highlands의 Cedar Falls에 소재한 T. J. MacKenzie Expo Center에 관심을 가져주신 것에 대해 감사드립니다.

저희 전시장은 여러 중요부분으로 구성되어 있습니다. 10 x 10짜리 부스 700개와 8 x 10짜리 부스 736개를 수용할 수 있는 12만 제곱피트 규모의 전시공간이 서로 인접하여 있으며, 거리에서 벗어나 전시장에서 직접 수하물을 싣고 내릴 수 있는 화물 하차장들, 그리고 4,750 제곱피트 규모의 분리가능한 회의공간이 있습니다.

T. J. MacKenzie Expo Center는 Dallas Metroplex안에 소재하고 있고, DFX, Love Field 그리고 Addison 공항과 매우 인접해 있습니다. 이 같은 편리성 때문에 전시회 출품업체나 참가자 모두에게 도착과 출발을 용이하게 할 수 있습니다. 마찬가지로 여러 개의 주요 간선도로를 포함하여 주요 도로망이 잘 갖추어져 있어서 모든 방향에서의 접근이 용이합니다.

T. J. MacKenzie Expo Center 주변에는 9개의 호텔과 수 십 개의 식당들이 있는데, 게다가 반경 3.8 마일 거리 이내에 920개의 객실들이 더 있습니다. 이 전시장에는 현장에 11,000 여대의 차량을 주차시킬 수 있는 무료 주차장이 있으며, 전시장 내에 물론 여흥시설과 쾌적함을 갖추고 있어서 완벽한 행사를 치룰 수 있습니다.

동봉한 브로셔에 저희 시설의 용량 및 쾌적함에 관해 더 자세히 나와 있습니다.

문의사항이 있거나 도움이 더 필요하시다면 직접 (972)333-3333에 내선 333번으로 전화주십시오.

2. 홍보(PR)편지

홍보(PR: public relations)는 즉각적인 판매보다는 다양한 대중매체나 방법을 통해 일반 대중이 해당회사에 대해 신뢰도, 효율성, 능력, 공정성 등 좋은 이미지를 갖도록 하는 것이 주된 목적이다. 따라서 홍보용 편지는 컨벤션과 전시 관련 서비스 제공회사의 선의(goodwill)를 전달하면서 제공할 서비스를 소개하는 (예 10-5)와 (예 10-6)이 이에 해당된다. 또한 제안한 내용에 대해 거절을 통고 받고나서라도 향후 좋은 사업관계를 유지해 나가기 위해 (예 10-7)과 (예 10-8)의 편지를 보낼 수도 있다.

또한 행사에 관한 대외 홍보용으로 언론 측에 보내는 (예 10-9)와 같은 News Release도 있다. 이 모든 편지들은 컨벤션 기획사로서 독립된 업체에 종사하거나, 호텔이나 컨벤션 센터 등 시설에 근무한다면 업무상 활용할 표현들이 많으니 꼼꼼히 분석 · 숙달케 해두었으면 한다.

(예 10-5) 홍보(PR)편지-1

August 11. 2003

Mr. Reid Maitland
American Association of Jewelers
17951 Pearlman Boulevard
Emerald, TX 75222

Dear Mr. Maitland:

Thank you for the opportunity to briefly introduce Global Freight Co.. We want to become your shipping company of choice.

Service is our business and we understand what <u>separates</u> a good shipping company <u>from</u> an <u>outstanding</u> one. We specially <u>train</u> our staff to know and understand your business. We believe in communication. Our offices are open 24 hours a day, 365 days a year, for your convenience. Our computer tracking system is second to none.

The reason why so many associations and corporations nationwide have come to depend on Global is the great price combined with great service, which will keep you as our customer for a long time.

Please note some of our services:

* Same day deliveries/Next day deliveries/2-day and 3-5day deferred deliveries
* International worldwide service (brokerage and customs clearance on demand)
* Exclusive-use trucking for larger loads.
* Charter services for urgent needs
* Continuous computer tracking
* Tradeshow department for your event

Please call me to discuss specific rates for your next shipment. I look forward to being of assistance the very next time you need to send something out. Don't forget, we specialize in shipping for trade shows and meetings of all sorts. Put our experience to work for you today! Call me direct at (888)111-1117, or e-mail me at dcglobal@gfc.com

Sincerely,
Dustin Carmichael
National Account Executive

DC/mma

Sales-SrvcFrght3

출처: IAEM(1999: 101)

[해설]

· separate(s) A from B: A와 B를 분리하다 (구분하다)
· outstanding: 뛰어난
· train: 훈련시키다 (여기서 동사로 쓰임)
· tracking: 추적하기
· second to none: 누구에게도 지지 않는 (못잖은)
· have come to ~: ~하게 되다
· combined with: ~와 결합된, ~와 합쳐진
· note: 주목하다 (여기서 동사로 쓰임)
· deferred delivery(deliveries): 지연된 운송 (배달)(들)
· brokerage: 중개업무
· customs clearance: 세관 통관
· on demand: 요청 시
· exclusive-use: 전속으로 사용하기
· urgent: 시급한, 다급한
· shipment: 선적, 화물수송
· e-mail: 이메일로 보내다 (동사로 쓰임)

[번역]

Maitland씨에게:
간단히 저희 Global 탁송회사를 소개할 기회를 주셔서 감사합니다. 저희는 귀하의 화물 운송회사로 선정되기를 바랍니다.
서비스제공이 저희의 업무이며, 좋은 운송회사와 탁월한 운송회사가 무엇으로 차이가 나는지 알고 있습니다. 저희는 직원들에게 특별교육을 통해 귀하의 업무를 주지시키고 있습니다. 커뮤니케이션의 중요성을 믿습니다. 귀하의 편의를 위해 저희는 하루 24시간, 1년 365일 운영합니다. 저희의 컴퓨터 화물추적 시스템은 타의 추종을 불허합니다.
전국의 수많은 협회와 기업들이 저희 Global 회사에 의존하게 된 이유는 훌륭한 서비스와 함께 저렴한 가격 때문입니다. 따라서 귀하도 우리의 오랜 고객이 되실 것입니다.

저희가 제공해 드리는 주요 서비스들을 눈여겨 보아주십시오.

· 당일 운송 / 다음날 운송 / 2일 혹은 3-5일 지연된 운송
· 전 세계적 서비스 업무 (요청 시 중개업무 및 세관 통관 업무)
· 큰 화물에 대한 트럭 전용
· 급한 경우 전세 서비스

· 지속적인 컴퓨터 추적
· 귀하의 행사를 위한 전시회 담당부서 배정

전화주시면 다음 화물운송 시 특정 요금에 대해 말씀드리겠습니다. 다음에 발송할 화물이 있으시면 도움을 드리고 싶습니다. 저희 회사가 각종 전시회 및 회의관련 화물탁송 전문회사임을 잊지 마십시오. 오늘 저희들의 경험을 투입하여 귀하의 업무를 돕도록 해주십시오. 직접 (888)111-117로 전화주시거나 dcglobal@gfc.com으로 이메일 해주십시오.

(예 10-6) 홍보(PR)편지-2

July 22, 2003

Mr. Reid Mailtland
American Association of Jewelers
17951 Pearlman Boulevard
Emerald, TX 75222

Re: Convention Serivices Proposal

Dear Mr. Mailtland:

As you know, ICEM Convention Services had the pleasure of submitting a proposal to you this past March. Realizing that you must be reviewing quotes at this time, I wish to express, on behalf of ICEM Convention Serivices, that we are noted for providing exceptional service.

If, in our proposal, you find items that require any additions or alterations which may be necessary, please let me know. We will certainly make every effort to accommodate your requests. We hope that we will be a strong contender in your reviewing process.

I look forward to hearing from you.

Sincerly,
Hee-Young Kim
Head of Convention Team

MR/mma

Sales-F-UtoRFP

출처: IAEM(1999: 98)를 저자가 재정리함

[해설]

· be reviewing: 심의(검토) 중이다
· quote(s): (제출한, 제시한) 시세(들), 가격(들)
· on behalf of~: ~를 대신하여, ~를 대표하여
· are noted for ~: ~로 알려져 있다
· proposal: 제안서
· alteration(s): 변경사항(들)
· make every effort to ~: ~하기 위해 모든 노력을 기울이다
· contender: 경쟁자

[번역]

Mailtland씨 귀하:
아시는 바대로 저희 ICEM 컨벤션 서비스 회사는 지난 3월 귀하께 제안서를 제출하는 기쁨을 가졌었습니다. 지금쯤 귀하께서 각 (입찰) 가격들을 심의하고 계신다는 것을 알고서, ICEM 컨벤션 서비스 회사를 대표하여 저희가 예외적으로 훌륭한 서비스를 제공하는 것으로 널리 알려져 있음을 전하고자 합니다.
저희 제안서에 추가하거나 변경할 필요가 있는 항목이 있다면 알려주십시오. 귀하의 요청을 수용할 수 있도록 모든 노력을 다 기울일 것입니다. 심의 과정에서 저희가 강력한 경쟁자가 되기를 바랍니다.
소식을 주시기 바랍니다.

(예 10-7) 거절통보 접수 후 홍보편지

August 17, 2002
Reid Maitland
American Association of Jewelers
17951 Pearlman Blvd
Emerald, TX 75222

Dear Mr. Maitland:

All of us at the Treasure Valley Convention Center were disappointed to learn that we were not chosen to host your AAOJ Annual Convention next spring.

I have made a note to get in touch base with you again later this year. In the meantime, if you need any additional information, please do not hesitate to contact me.

We appreciate your initial interest and would welcome the opportunity to work with you again in the very near future.

Best regard,
Treasure Valley Convention, Center

Jon Petersmyth
Booking Coordinator
JP/mma

출처: IAEM(1999: 52)

[해설]

- to learn that～: ～라는 것을 알고서
- made a note to ～: ～하겠다는 메모를 해 두었다

· In the meantime: 그러는 사이에
· in the very near future: 아주 가까운 시일 내에

[번역]

Maitland 씨 에게:
Treasure Valley 컨벤션 센터의 우리 모두는 다음 봄에 개최될 AAOJ 연례총회의 개최장소로 선정되지 못했음을 알고서 매우 실망했습니다.
올해 하반기에 귀하와 다시 연락하겠다는 메모는 해 두었습니다만, 그 사이에도 추가 문의가 있으시면 주저 없이 저에게 연락 주십시오.
처음 저희의 관심을 보여주신 것에 대해 감사드리며, 가까운 시일 내에 귀하와 함께 다시 일할 수 있는 기회를 기대합니다.

(예 10-8) 거절통보 접수 후 홍보편지

April 23, 2003

Derek Jourdan
Jourdan Jems
17951 Pearlman Blvd
Emerald, TX 75222

Dear Derek:

Thank you for calling the Stanton Suites with regard to your next scheduled training seminar. We appreciated the opportunity to speak with you. Although we are disappointed that we will not be working with Jourdan Jems for the September event, we wish you a success in planning future functions.

It is our hope you will again consider the Stanton Suites the next time you require overnight accommodations for Jourdan Jems. We look forward to hosting one of your seminars in the very near future!

Convention English

Sincerely,

Stanton Suites

Tobias Chestwick
Executive Conference Manager
TC/mma

NChs2

출처 : IAEM (1999: 54)

[해설]

· with regard to ~: ~에 관해
· function(s): 행사(들)
· look forward to hosting: ~를 개최하기를 기 대하다

[번역]

Derek 씨 에게:
귀하의 차기 일정이 잡힌 교육 세미나에 관해 저희 Station Suites 호텔에 전화 주신 것 고맙습니다. 귀하와 말씀 나눌 수 있었던 기회에 감사드립니다. 비록 Jourdan Jems사와 9월 행사건으로 일할 수 없게 되어 실망은 했지만, 앞으로 있을 행사의 기획이 성공적으로 되기를 기원합니다.
다음에 Jourdan Jems사가 숙박시설이 필요하시면 저희 Station Suites호텔을 다시 한번 고려해 주시기를 바라는 바입니다. 가까운 장래에 귀하가 개최하시는 세미나 중 한 행사를 저희가 모실 수 있기를 기대합니다.

(예 10-9) News Release (보도자료)

Welcome to IEA 2003 World Congress in Seoul, Korea

Korea Ergonomics Association (President: Kwan-Sok Lee, Ph. D.) <u>announces that</u> the IEA 2003 World Congress will be held in Seoul, KOREA. The IEA 2003 will be held from the 24th to the 29th of August

2003 with a variety of themes and programs linking the academia to the industry. In the Age of Globalization when the world gets smaller and the Asia-Pacific Zone becomes ever-increasingly an important area in every aspect, the Organizing Committee Chairman Dr. Min-Keun Chong of the IEA 2003 Seoul Congress said that the Seoul Congress in 2003 will be a great momentum for IEA to make a great progress in broadening friendly cooperations and deepening exchanges of information among scholars and industry people of Ergonomics-related fields from the Asia-Pacific Zone and from the world.

The IEA 2003 Congress to be held in Seoul, KOREA shall offer the exciting opportunity to explore the wonder of 5,000-year-old Korean unique tradition and culture nick-named as the Land of the Morning Calm and to have at the same time a productive and meaningful gathering at the state-of-the-are venue, the ASEM Convention Center, that was opened newly in May, 2000 where participants can enjoy the conferences and other activities with comfort, appreciating the Old and the New concurrently.

출처: IEA(2003) 행사자료

【해설】

- announce(s) that ~: ~를 알리다 (여기서 announce의 주어는 주최 학회임)
- ever-increasingly: 점차로 증가하면서
- in every aspect: 모든 면에서
- Organizing Committee: 조직 위원회
- momentum: 타성, 기세, 탄력을 받는 순간
- in broadening A and deeping B ~: A를 확대하고 B를 심화시키는 데에
- explore: 탐색(구경)하다
- nick-named as ~: ~라는 별명이 붙은
- gathering: 모임
- venue: 개최장소
- with comfort: 편안하게
- appreciating: 감상하면서
- concurrently: 동시에

【번역】

한국 서울에서 개최되는 IEA 2003 세계총회에 여러분을 환영합니다.

한국인간공학회(회장: 이관석 박사)는 IEA2003 세계총회가 대한민국 서울에서 개최됨을 알려드립니다. IEA2003 세계총회는 학계와 업계를 연결하는 다양한 주제와 프로그램으로 2003년 8월 24일에서 29일까지 개최됩니다. 세계가 점차 작아지고 아태지역이 모든 면에서 그 중요도를 더해가는 세계화 시대에, IEA2003 서울 총회의 조직위원장이신 정민근 박사는 IEA2003 서울총회는 IEA 학회로서는 아태지역을 위시한 전 세계에서 오신 학자 및 인간공학 관련 업계의 참가자들이 우호적으로 협력을 확대하고, 정보교환을 심화할 수 있는 중요한 발전적 계기가 될 것이라고 전하고 있습니다.

한국 서울에서 개최될 IEA2003 세계총회는 "조용한 아침의 나라" 라는 별명이 붙은 5,000년 역사와 독특한 전통을 갖고 있는 한국문화를 탐색하시면서, 동시에 2000년 5월에 새로이 문을 연 ASEM 컨벤션센터인 최신 개최시설에서 생산적이고 의미 있는 모임을 가질 기회를 제공합니다. 모든 참가자들은 옛것과 새것을 동시에 감사하시면서, 회의와 기타 여러 활동을 편안히 즐기실 수 있습니다.

B 안내 및 초청

컨벤션 기획과정에는 회의나 전시 참가자, 연사, 현장 진행요원 등 수많은 사람들에게 문서로 공지사항을 알리는 업무가 크게 차지하고 있다. 또한 각종 초청장과 감사편지 등 사교와 의전 상 많은 편지를 쓰게 된다. 지면상 제한 관계로 여기에서는 등록업무와 연사초청에 관련된 편지, 그리고 각종 초청장을 중점적으로 살펴보고자 한다.

1. 등록안내 편지

사전등록에 관한 내용을 컨벤션 센터 담당자가 참가자에게 알리는 공지사항 성격의 편지는 (예 10-10)에서 볼 수 있고, 이에 대해 확인을 하면서 회의참가 시 필요한 출입증, 동반자 무료 출입증, 개최도시에 대한 안내 등 일체 모든 자료를 동봉하면서 등록에 관한 상세한 내용을 알리는 (예 10-11)의 편지도 있다.

(예 10-10) 등록에 관해 참가자들에게 알리는 편지

December 10, 2002

Dear AAOJ Dazzling Diamonds Show Attendee:

Thank you for pre-registering for the 2003 Dazzling Diamonds Tradeshow taking place on February 12-14 in Uptown, Arizona at the Majestic County Convention Center. The enclosed confirmation packet contains your badges, along with hotel information, exhibitor list, event and scheduling information. Please review the badges carefully, and if you have any questions, call the AAOJ office at (800)888-8888.

Please bring your badge(s) with you to the show. If needed, replacement badges will be available for $15 each at the registration area in the lobby of the Majestic County Convention Center. Badge holders and show directories will be available free of charge at the show registration area.

If you haven't already done so, make your hotel reservation immediately to ensure availability. You can reach Travel Technicians at (800)333-3333 to make your reservation.

We appreciate your support of the Dazzling Diamonds Trade Show and look forward to seeing you in Uptown.

Sincerely,
American Association of Jewelers

Reid Maitland
Executive Director

RM/mma
Enclosure

Reg1

출처: IAEM(1999: 69)

[해설]

· pre-registering for ~: ~를 사전 등록하기
· taking place: 개최되는 (현재분사인 taking은 그 앞의 전시회를 수식함)
· along with: ~와 함께
· bring your badge(s) with you to ~: 자신의 이름표(들)를 몸에 지니고 (가지고) 오다
· replacement: 대치 (잃어버려서 다시 만들기)
· holder(s): 고리(들)
· directory(directories): 참가자 명부(들)
· free of charge: 무료로
· availability: 가능성
· reach: 연락이 닿다

[번역]

AAOJ Dazzling Diamonds Show 참가자 귀하:
아리조나 주 Uptown의 Majestic County 컨벤션 센터에서 2월 12~14일에 개최되는 2003년도 Dazzling Diamonds 전시회에 사전 등록해 주셔서 감사합니다. 동봉된 확인 서류묶음 속에는 호텔안내, 출품업체 명단, 행사 및 일정안내와 더불어 귀하의 이름표가 들어 있습니다. 그 이름표를 잘 살펴보시고 의문이 생기시면 AAOJ 사무실 (800)888-8888로 전화 주십시오.
전시회장에 귀하의 이름표를 가지고 나오십시오. 새 이름표가 필요하시면 Majestic County 컨벤션센터의 로비에 있는 등록대에서 한 개당 15불씩 내시고 발급 받으십시오. 이름표 고리와 전시회 출품업체 명부는 무료로 가져가실 수 있습니다.
아직 호텔예약을 하지 않으셨다면 즉시 예약하시어 객실확보를 하십시오. 예약을 하시려면 Travel Technicians 회사의 (800)333-3333으로 연락하실 수 있습니다.
Dazzling Diamonds 전문 전시회를 지원해 주셔서 감사합니다.
Uptown에서 뵙기 바랍니다.

현장등록 시 회의나 전시회 참가자들에게 관련절차를 알려주는 (예 10-11)의 편지도 있고 전시회에 참가하는 출품업체에게 사전등록과 현장등록을 안내하는 (예 10-12)의 경우도 좋은 지침이 된다.

(예 10-11) 현장 등록 안내

Registration Procedures

Conferences, Event and Exhibit Hall --On-Site Registration

Badges Available: Conference
Conference/ Tutorial
Exhibits Only
Exhibitor
Speaker
Press

For Attendee Registration:

Paid Attendees
* Complete an on-site registration form (4-part NCR form) located at sign-in counters.
* Take completed form together with payment to Cashier.
* Take yellow and pink copies of registration form to Typist.
* Typist gives attendee their receipt (pink copy of registration form) and directs attendee to printer station to pick up a badge.

Complimentary Attendees
* Show a Pass and complete the on-site registration form.
* Go directly to Self-Registration. OR proceed directly to Typist.
* After Typist enters registration date, proceed to printer station to pick up a

badge.

RegProcstfBltn2

출처: IAEM(1999: 60)

[해설]

· tutorial: 개인교습
· paid attendee(s): 등록비를 낸 참가자(들)
· sign-in counter(s): 접수대(들)
· take A to B: A를 B로 가지고 가다
· direct(s): 지시를 내리다, 방향을 가르쳐주다, 안내하다 (이 동사 direct의 주어는 Typist임)
· printer station: 프린터기가 있는 곳
· self-registration: 자신이 직접 컴퓨터에 입력하여 등록하기
· proceed directly to ~: 곧바로 ~로 나아가다

[번역]

등록절차
회의, 행사, 전시장 - 현장등록
사용가능한 이름표들 - 회의
- 회의 /개인교습
- 전시 목적에 국한됨
- 출품업체
- 연사, 언론인

참가자 등록절차

<u>등록비를 지불하는 참가자</u>

· 접수대에 위치한 현장등록 양식 (4쪽 NCR 양식)을 기입하십시오.
· 완전히 기입한 양식을 등록비와 함께 현금 담당자에게 가지고 가시오.
· 노란색과 분홍색 등록양식을 타이피스트에게 가지고 가시오.
· 타이피스트가 참가자에게 영수증(분홍색 등록양식)을 주면서 프린터 있는 곳에 가서 이름표를 찾아가도록 방향을 일러줍니다.

<u>무료 참가자</u>

· 출입증을 보여주고 현장등록 양식을 기입하시오.

· 자신이 직접 입력하는 등록대로 가던지 타이피스트에게로 나가시오.
· 타이피스트가 등록날짜를 입력한 후 프린터기가 있는 곳으로 가서 이름표를 찾아가시오.

(예 10-12) 현장 및 사전등록안내 - 2

Registration Procedures

Advance Registration

* Badges were mailed to attendees who ordered their badges September 20th. All attendees who have their badge and need badge holders only may exchange their badge stub attached to the badge for badge holders at any of the Badge Holder Pick-up Counters located at the Attendee Registration Counters or Registration Lobby.

* Attendees who pre-registered and asked for their badge to be held for on-site pick-up may pick up their badge at Attendee Advance Registration Counter.

* Badge corrections or revisions need to be done at the Attendee Badge Correction Counters. If other attendee registration counters are not busy, they can also correct badges.

* Attendees who pre-registered and did not receive their badges must go to the Attendee Advance Registration Counter to pick up badge and badge holder.

On-site Registration

* Attendees registering on-site must go to Attendee Registration to fill out the necessary forms

* After Attendees have completed the registration form, they are to proceed to the Attendee On-site Registration Counter.

Note: Some attendees will order badges for <u>personnel</u> that are not needed at that particular time. When this occurs, register the attendee and any personnel <u>present</u> at the time.

RegprocstfBltn2

출처: IAEM(1999: 61)을 저자가 부분 수정함

【해설】

· advance registration: 사전등록
· badge stub: 이름표에 붙은 보관용 반쪽 표
· attached to: ~에 붙어있는
· to be held: 보관해 줄 것을
· may pick up: 찾아가도 좋다 (여기서 may 앞의 pick-up은 명사임)
· Advances Registration Counter: 사전 등록대
· revision(s): 개정(들)
· on-site registration: 현장등록
· fill out: 적어 넣다
· personnel: 직원
· present: 현장에 있는, 출석한

【번역】

등록절차

<u>사전등록</u>

* 9월 20일까지 이름표를 주문한 참가자에게 이름표가 우편발송 되었습니다. 이미 이름표는 갖고 있으나 이름표 고리만 없는 참가자들은 이름표에 부착된 보관용 이름표 반쪽 부분을 제시하여 이름표 고리를 교환 받으십시오. 이는 참가자 등록대 혹은 동록로비에 위치한 여러 이름표 고리 교환대 중 한 곳에서 교부됩니다.
* 사전 등록한 참가자 중 이름표를 현장에서 찾아가려고 보관요청하신 분들은 참가자 사전 등록대에서 이름표를 찾아가실 수 있습니다.
* 이름표 교정 및 수정은 참가자 이름표 수정 카운터에서 가능합니다. 다른 등록대가 붐비지 않으면 그곳에서도 이름표 수정이 가능합니다.

* 사전등록은 했으나 이름표를 받지 못하신 분들은 사전등록대로 가셔서 이름표와 고리를 받아 가십시오.

현장등록

* 현장에서 등록하시는 참가자들은 참가자 등록대로 가셔서 필요한 양식을 기재하셔야 합니다.
* 등록양식에 기재를 마치신 참가자들은 참가자 현장등록대로 가셔야 합니다.

주의: 등록하는 특정 시각에는 필요 없으나 나중에 필요하게 될 직원용 이름표를 주문하실 수 있습니다. 이런 경우가 발생했을 시 그 시각 현장에 있는 직원과 참가자는 등록하셔야 합니다.

2. 연사초청 편지

국제회의 해외본부와 국내 조직위원회가 연사를 초청하게 되는데 이 때 컨벤션 기획사가 이들을 대신하여 (예 10-13)과 같은 연사 초청 편지를 쓰게 된다. 그러면 연사 자신이 초청에 대해 수락하는 편지(예 10-14)와 거절하는 편지 (예 10-15)를 보내게 되는데, 컨벤션을 기획하는 과정에서 컨벤션 기획사가 받게 되는 많은 서신중의 하나이다.

(예 10-13) 연사 초청 편지

FIPP
SEOUL 2002

Date:

Dear~~:

The International Federation of the Periodical Press(FIPP) and the Korean Magazine Association(KMA) <u>are pleased to</u> invite you to speak at the Asia-Pacific Magazine Media Regional Conference next April 16-18 in Seoul, Korea.

This is the first FIPP conference <u>focusing exclusively on</u> the opportunities and challenges of publishing in the rapidly developing magazine markets of Asia. It is the first international magazine conference to be hosted by Korea and the first FIPP Asian magazine conference to be held since the China Periodical Association joined FIPP last fall.

We would be very pleased to <u>have you as</u> one of the speakers in a session <u>dedicated to</u> the theme "~~~~~~~~." This is a very important question with challenges and opportunities to our industry in the "New World." Your insights would be a major <u>contribution</u>.

We expect a <u>predominantly</u> Asian audience of 300-500 delegates with strong support not only from the hosting Korean publishers but also from the Japan Magazine Publishers Association and the China Periodical Association. In addition, we expect <u>delegates</u> from Taiwan, Hong Kong, Australia and Southeast Asia as well.

So this will be an excellent opportunity for you <u>to address</u> and <u>to network</u> with <u>a host of</u> publishers from the Far East. And you will get a close look at Korea and <u>thriving</u> Korean publishing industry together with ocial programmes designed to promote networking opportunities.

We sincerely believe this conference will be a unique and wonderful occasion, which you will enjoy along with us.

Sincerely yours,

Y. B. Min	Donald D. Kummerfeld
Conference Chairman	President
Chairman, YBM Si-sa	FIPP

출처: FIPP((2002) 행사자료

【해설】

· are pleased to: ~하게 되어 기쁘다
· focusing exclusively on: 전적으로 ~에 초점을 둔
· have you as ~: 당신을 ~로 모시다
· dedicated to: ~에 바쳐진, 전적으로 ~를 다루는
· contribution: 공헌, 기여
· predominantly: 우세하게, 지배적으로
· delegate(s): 대표자(들)
· to address: 말은 걸다, 발언하다, 연설하다
· to network: 인간관계(친분)를 맺다 (여기서 network는 동사임)
· a host of: 수많은
· thriving: 번창하는

【번역】

~귀하:

세계 잡지협회와 한국 잡지협회는 귀하를 대한민국 서울에서 다음 4월 16~18일에 개최될 아태지역 잡지대회의 연사로 초청하게 되어 기쁘게 생각합니다.

이번 회의는 빠르게 발전하고 있는 아시아 잡지시장의 기회와 도전에 전적으로 초점을 맞춘 제1차 세계 잡지협회 회의입니다. 이번 행사는 한국이 주최하는 최초 국제 잡지회의이며, 또한 지난 가을 중국 잡지협회가 세계 잡지협회에 가입한 이래 최초로 개최되는 아시아지역 잡지대회입니다.

저희는 귀하를 "~~~라는 주제를 주로 다루게 되는 세션의 연사 중 한 분으로 모시게 되어 매우 기쁩니다. 이 주제는 새로운 세계에서 잡지 산업이 직면한 도전과 기회의 문제로서 매우 중요합니다. 귀하의 통찰은 큰 기여가 될 것입니다.

주최국인 한국의 잡지협회 뿐만 아니라 일본과 중국의 잡지협회의 강력한 지원으로, 아시아 참가자가 거의 300~500명 정도로 대다수를 차지하리라 예상합니다. 또한 대만, 홍콩, 및 동남아시아의 대표들도 참가할 것으로 기대합니다.

따라서 이번 대회가 귀하께는 극동 아시아에서 오는 수많은 출판인들 앞에서 연설하고 친분을 갖게 될 절호의 기회가 될 것입니다. 이 같은 친목도모를 증진하도록 구성한 사교 프로그램을 통해 한국과 번창하는 한국 잡지 산업을 보다 가까이에서 접하시게 될 것입니다.

이번 회의가 독특하고 훌륭한 대회로서, 귀하께서도 저희와 함께 즐거운 시간을 보내시리라고 확신합니다.

(예 10-14) 연사 수락 편지

SINGAPORE
INTERNATIONAL CONVENTION & EXHIBITION
CENTRE

Our ref: ST/laick By Fax & Mail

31 March, 1998

Dr. Seung-Jin Suh
Dean
Graduate School of Studies on Convention Management
Hallym University
4th Floor, Nonhyun-Dong 37-12 Zamwon-dong
Seocho-Gu Seoul 137-030
Korea

Dear Dr. Suh:

ACCEPTANCE OF INVITATION TO ICEM SYMPOSIUM & WORKSHOP - 23 & 24 JUNE '98

Thank you for your invitation to the ICEM Symposium & Workshop. We gladly accept your offer, and will be sending a speaker to the ICEM Symposium & Workshop in June. However, we can only furnish you with details of the speakers later.

Meanwhile, I would appreciate it if you could give me full details of the symposium, such as deadline for materials, provision of translation services, AV set-up details, and electricity watts requirements should we choose to bring our own equipment.

Let us also know if the Governor of Cheju Island, His Excellency Mr. Shin Boo Kum would be present at the symposium too.

Best regards, and looking forward to hearing from you.

Your sincerely,
SINGAPORE INTERNATIONAL
CONVENTION & EXHIBITION CENTRE

LAI CHEE KIONG
Director
Sales & Marketing

출처: 본 저자가 받은 편지

[해설]

- furnish A with B: A에게 B를 제공하다
- I would appreciate it if ~: ~해 준다면 고맙다
- provision: 제공
- electricity watts requirements: 전기 와트 관련 필요조건들
- should: 만약 ~이라면 ("if we should choose" 에서 if가 생략되면 should가 도치됨)
- His Excellency: 대통령, 도지사 등 고위층 인사에게 예우로 이름 앞에 부르는 호칭임 (여자의 경우는 Her Excellency)임

[번역]

서 박사 에게:

'98년 6월 23~24일 ICEM 심포지엄 및 워크숍에 초청 수락

ICEM 심포지엄 및 워크숍에 초청해 주셔서 감사합니다. 귀하의 제안을 기쁘게 수락하며 6월에 개최될 ICEM 행사에 연사 한분을 보내드리겠습니다. 그러나 연사에 대해서는 나중에 자세한 내용을 말씀드릴 수 있겠습니다.

한편, 귀하께서 자료제출 마감일, 통역 서비스 제공여부, 시청각 기자재 관련 세부사항, 그리고 만약 우리가 우리 자체 장비를 가져갈 경우 전기 와트는 얼마 짜리가 필요한지 등 심포지엄에 관한 모든 상세한 내용을 전해주시면 고맙겠습니다.
또한 존경하는 신 구범 도지사께서도 이번 심포지엄에 참석하시는지 알려주십시오.
모든 것이 다 잘 이루어지시기를 바라며 소식을 기다리겠습니다.

(예 10-15) 연사거절 편지

UNLV

April 2, 1998

To: Dr. Seung-Jin Suh
Page 1 of 1
From: John Bowen

Dear Dr. Seung-Jin Suh:

Thank you for your invitation to come to Korea and participate in the conference organized by your Institute of Convention and Event Management. It was quite an honor to receive the invitation.

Unfortunately, I am already committed during the period of your event. I am sorry that I will not be able to participate in the conference.

Thank you for thinking of me.

I am working on getting an equally qualified faculty member from UNLV that would be willing to come. If you think this person is qualified he could come in my place.

Best regards,

John Bowen

출처: 본 저자가 받은 편지

[해설]

· It was quite an honor to ~: ~하게 되어 매우 영광 이었습니다
· I am working on ~: 나는 ~에 관 해 연구(노력)중입니다
· an equally qualified faculty member: 동등하게 자격이 있는 교수진
· in my place: 내 대신

[번역]

서 승진 박사 귀하:
한국을 방문하여 귀하의 컨벤션 · 이벤트 경영 연구소가 주관하는 회의에 참석하도록 초청해주셔서 감사합니다. 그 같은 초청이 저에게는 매우 큰 영광입니다.
불행히도 귀하의 행사기간에 이미 약속이 잡혀있어서, 죄송합니다만 그 회의 참석이 불가능하겠습니다.
저를 생각해 주셔서 감사합니다.
UNLV 교수 중 동등한 자격을 갖춘 분으로서 기꺼이 이 행사에 참가할 교수를 찾아보는 중입니다. 귀하께서 이분의 자격이 괜찮으시다면 저 대신 참가할 수 있을 것입니다.

상대방이 이를 수락 했을 때, 연사 수락에 대한 감사 및 안내편지를 (예 10-16)처럼 국제회의 해외본부의 총책임자가 보내거나, 국내 컨벤션 기획책임자가 보내게 된다. 또한 연사 수락에 대해 감사의 내용 이외에 자세한 발표관련 정보를 컨벤션 기획 담당자가 (예 10-17)처럼 보낼 수 있다.

(예 10-16) 연사 수락에 대한 감사 및 안내 편지

Dear ***:

<u>We are delighted that</u> you have agreed to speak at the FIPP Asia-Pacific Magazine Media Regional Conference taking place 16-18 April 2002 at the COEX Inter-Continental Hotel in Seoul, Korea. The theme for the Congress is "Magazine Media Welcomes the Digital Age Making technology work for magazines" and it will look at the opportunities and challenges in a

developing media environment worldwide.

As you can see from the enclosed programme, you will be speaking at xx:xx hr. on xxdatexx in the session xxxtitlexxx. I also attach full contact details for all our speakers, as available, should you wish to contact them direct and liaise on the content of your presentations.

Please note that the delegate fee for all speakers waived, but speakers are required to fund their own travel and hotel expenses. **It is important that the registration forms, as attached (indicating you are a speaker, with registration fee not applicable), should be submitted and that your hotel and travel arrangements are confirmed as soon as possible.** For hotel reservations please complete the attached forms (including registration fee for spouse/accompanying partners where applicable).

Please return your registration form and hotel booking form to:

* Ms. Hee-Young(Jenny)KIM
Convention Manager
Institute of Convention & Exhibition Management(ICEM)/Korea Magazine Association(KMA)
3rd Floor Hallym Building
907-13 Daechi-Dong,Gangnam Gu
Seoul 135-841
Korea
Tel: +82(2)552 8321 Extension:313
Fax: +82(2)552 8325
Email: nanida@icemkorea.com
Web: www.fippseoul.or.kr

Jenny will also be your contact regarding rehearsals, Audio Visual details and other practical concerns in Korea.

Please indicate your arrival time at the hotel so that we can arrange speaker rehearsals and run through your presentation. However, please ensure, if you are speaking in the morning, that you arrive at the conference centre **by 8.30 am**, and if you are an afternoon speaker, that you arrive **no later than the lunch break** to confirm speaking arrangements and to attend rehearsals scheduled for your session.

I would be obliged if you could provide me with **a photo and your biography as soon as possible** and the following items no later than **xxxdatexxx**(please see the attached Speaker Guidelines and Speaker Fax Back Form & Checklist for detailed requirements) :

· A full colour photo in two formats for the web site and for the printing purpose.
· A short personal biography
· Audio visual requirements
· A short summary of your paper in no more than 100 words
· A full written paper and Power-point presentation(if applicable)is requested by XXXdatexxx. If you would like to alter the title given for your presentation, please let me know so that we can change the details in the programme.
(Please note this is very important for the interpreters and must be received in advance. Thank you!)

Lastly, to help you putting together your presentation, I would like to emphasize that the audience will consist of 300-500 top decision-making publishers based in the Asia Pacific region. They will be made up primarily of Chief Executive Officers, Presidents and Managing Directors from different countries. There will be interpretation available for English, Korean, Chinese and Japanese.

Thanking you in advance for agreeing to participate in this important event. In the meantime, please do not hesitate to get in touch with me, if you have any further queries.

Yours sincerely,

HELEN BLAND
General Manager

출처: FIPP(2002) 행사자료

[해설]

- We are delighted ~: 우리는 ~하게 되어 기쁘다
- liaise: 중재(조정)하다
- content: 내용
- the delegate fee: 참가비
- waived: 면제된
- not applicable: 적용이(해당이) 안 되는
- spouse: 배우자
- accompanying partner(s): 동행하는 동반자(들)
- where applicable: 적용(해당) 시
- regarding: ~관해
- practical concern(s): 실제적인 문제(들)
- no later than ~: 늦어도 ~까지
- confirm: 확인하다
- scheduled: 일정이 잡힌
- I would be obliged if ~: ~하면 감사하다
- biography: 이력서
- in no more than 100 words: 100 단어 미만으로
- alter: 바꾸다
- interpreter(s): 통역사(들)
- emphasize: 강조하다
- be made up primarily of: 주로 ~로 구성되다
- Thanking you in advance for ~: 귀하게 ~에 대해 미리 감사해 하면서

[번역]

~귀하:

귀하께서 대한민국 서울 소재 COEX Inter-Continental Hotel에서 2002년 4월 16~18일에 개최되는 FIPP 아태지역 잡지대회에 강연해 주시기로 동의하신 것에 대해 매우 기쁘게 생각합니다. 이 대회의 주제는 “잡지 미디어는 디지털 시대를 환영 한다 - 기술이 잡지를 위해 쓰이도록 하면서” 입니다. 이를 통해 전 세계적으로 발전하는 미디어 환경에 존재하는 기회와 도전을 살펴볼 것입니다.

동봉한 프로그램에서도 보셨듯이, 귀하께서는 ~세션에서 ~일 ~시에 발표하시게 되겠습니다. 또한 모든 연사들의 연락처도 별첨했습니다. 그들과 직접 연락하셔서 발표내용을 조정하고 싶으시면 이 자료를 활용하십시오.

모든 연사분들의 참가비들은 면제되지만, 항공료와 호텔 체류비 등은 본인이 부담하셔야 됨을 주지하십시오. 별첨한 대로 (귀하가 연사이며, 따라서 등록비 적용대상이 아님을 나타내는) 등록신청서를 제출하는 것과, 가능한 빨리 귀하의 호텔 및 항공 일정을 확인하시는 것이 중요합니다. 호텔예약을 하시려면 별첨한 (적용 필요시 배우자/동반자 등록비를 포함한) 양식을 기재해 주십시오.

등록신청서와 호텔 예약양식 서류를 다음 주소로 보내주십시오:

사전연습, 시청각 기자재 관련 세부사항, 기타 한국 체류 시 신경 써야 할 실질적인 문제에 대해서는 Jenny가 연락 책임자입니다.

호텔 도착시간을 알려주시면 발표 사전연습을 위한 연사 대기실을 준비하겠습니다. 오전에 발표하시는 연사께서는 오전 8시 30분까지, 그리고 오후에 발표하시는 연사께서는 늦어도 점심시간 때까지 회의장에 오셔서 강연관련 준비상황을 확인하시고, 저희가 마련한 일정대로 사전연습을 하십시오.

귀하께서 본인 사진과 이력서를 가능하면 빨리 보내주시고, 다음 사항들을 늦어도 ~까지 보내주시면 감사하겠습니다. (별첨한 연사 안내서, 연사 FAX 회신 통보서 및 세부 필요사항 점검표 등을 참조하시오.)

· 웹사이트 용 및 인쇄용 칼라사진 2개
· 짤막한 이력서
· 시청각 기자재 필요사항
· 100단어 미만의 발표내용 요약
· ~까지 발표원고 원본과 (필요시) 파워포인트 자료 제출

발표를 부탁드린 제목을 변경하시려면 저희에게 알려주셔야 프로그램에 변경사항을 포함시킬 수 있습니다. (이 사항은 통역사에게 중요한 사항으로서, 미리 전달받도록 해주시면 감사하겠습니다.)

마지막으로 발표내용을 준비하시는 데에 도움이 되고자하여 다음과 같은 사실을 강조 드립니다. 청중들은 300-500명 정도의 최고 경영자들이며, 아태지역에 본부를 두고 있는 잡지인들 입니다. 영어, 한국어, 중국어, 일본어 통역 서비스가 제공됩니다.
이렇게 중요한 행사에 연사로 참가해주시기로 동의해 주셔서 감사합니다. 한편 문의사항이 있으시면 주저없이 저에게 연락 주십시오.

(예 10-17) 연사수락에 대한 감사 및 안내 편지 - 2

April 15, 2003

Ms. Chirelle Thomas
President and CEO
StarQuest, Inc
91774 -134th Avenue
Phoenix, AZ 50505

Dear Ms. Thomas:

The International Technology Association thanks you for your participation as a presenter at the 2003 Fall Meeting in Capital City, California. ITA appreciates your knowledge and expertise.

Your presentation has been scheduled as follows:

Presentation: E-Business and E-Applications: Feast or Famine for Integrated Systems?
Location: 153-Ponderosa Pine Parlour, Capital City Convention Center
Date/Time: Thursday, October 10, 6:00 pm - 8:00 pm

Please review the Presenter's Checklist and return forms to me by the designated deadline. ITA's Uniform Presentation Guidelines are enclosed.

Since you are also participating in a panel presentation as a moderator, it will be necessary for you to call your panel members to coordinate and facilitate the discussion. A list of names and phone numbers is enclosed for your convenience.

If you plan to attend the full conference, the registration fee before July 1 is $450 for a member, and $525 for a non-member. If you will only attend the conference the day of your presentation and panel participation, the registration fee is waived; however, please complete the daily registration form. If you will attend the full conference, please complete the full conference registration form. Also, complete the housing form. The host hotel is the Ponderosa Plaza.

World Airlines is ITA's official air travel provider. To make reservations, call Conventions Fly toll-free at (888)121-2121 (US only) or +1(411)555-3333 (outside US)and ask for Group #923. You may also call World Airlines toll free at (800)333-3333 (US only), but you must mention Code 7117PP to receive a discount.

We have included presentation tips, "Teaching Adults," as well as information about ITA to assist you in the preparation of your presentation. We hope this information will be helpful. Once again, thank you for agreeing to speak at the ITA Fall meeting. Please contact me at (800)555-4444, ext 119, or send an e-mail to bduncan@ita.org, if you need any information.

Cordially,

Brett Duncan, CMP
Convention Manager

SpkrConfInstrPre-S1

출처: IAEM(1999: 121)

[해설]

· presenter: 발표자
· appreciate(s): 귀하게 여기다 (주어가 사람이 아님)
· expertise: 전문성
· as follows: 다음과 같은
· by the designated deadline: 지정된 마감일까지
· non-member: 비회원
· housing form: 숙박 신청서
· the host hotel: 개최 호텔
· toll-free: 수신자 부담
· mention: 언급 하다
· tip(s): 요령(들)

[번역]

Thomas 여사 귀하:

국제기술협회(ITA)는 귀하께서 캘리포니아 주 Capital City에서 개최되는 2003년도 추계 회의에 연사로 참석해주시는 것에 대해 감사드립니다. ITA는 귀하의 지식과 전문성을 귀하게 여깁니다. 귀하의 일정은 다음과 같습니다.

연사 점검목록을 검토하시고, 지정된 마감일까지 관련양식들을 저에게 보내주십시오. ITA의 통일된 발표자 지침서를 동봉합니다. 또한 귀하께서는 패널 발표의 사회자로서도 참가하시기 때문에, 패널 참가자들과 연락하셔서 토론을 조정 · 촉진시켜주셔야 합니다. 귀하의 편의를 위해 그 명단과 전화번호 목록을 동봉했습니다.

모든 회의에 다 참가하실 계획이시면, 7월 1일 이전까지의 등록비는 회원의 경우 450불, 비회원의 경우 525불입니다. 발표하시고 패널토의에 참가하시는 날짜에만 회의에 참가하신다면 등록비는 면제됩니다. 그러나 일별 등록 신청서는 기재해 주십시오. 모든 회의에 참가하신다면 모든 회의 참가자용 등록 신청서를 작성해주시고, 숙박 신청서도 작성해 주십시오. 개최 호텔은 Ponderosa 호텔입니다.

World Airlines이 ITA의 공식 항공사입니다. 예약을 하시려면 수신자 부담 (888)121-2121(미국 내 국한) 혹은 +1(411)555-3333(미국 이외 지역) 번호로 전화하시고 단체번호는 923번을 요청하십시오. 할인혜택을 받으시려면 Code 7117pp를 말씀하셔야 됩니다.

발표 요령서인 "Teaching Adults"와 ITA에 관한 안내를 동봉하였습니다. 발표 준비에 도

움이 되시기 바랍니다. 다시 한번 ITA 추계회의에서 연사로 참가하실 것을 동의해 주셔서 감사드립니다. 더 많은 정보가 필요하시면 (800)555-4444 구내번호 119로 저를 찾아 주시거나 bduncan@ita.org로 이메일 주십시오.

3. 초청장

컨벤션 참가자에게 보내는 초청장은 대개 그 양식이 일정하다. (예 10-18)은 공지사항을 포함시킨 초청장의 안쪽 양면을 보여주며, 단순히 행사 목적과 일정을 알리는 (예 10-19)와 같은 초청장을 만드는 것도 컨벤션 기획사의 일이다. 또한 (예 10-20)은 대한민국 정부가 사용하는 공식 초청장의 하나이다. 정부주최 행사에 참석하는 컨벤션 참가자들이 받게 될 초청장을 만드는 것도 컨벤션 기획사의 업무 중 하나이므로 숙지해 두기 바란다.

(예 10-18) 공지사항을 포함한 초청장 (안쪽 첫째면)

Dear Professor Seung-Jin Suh

On behalf of Sejong University, I feel privileged to invite you to our Annual International Symposium. As you may be aware, our Annual Symposium aims to excel in presenting innovative contributions concerning various current issues.

In view of Kin Sejong's historic accomplishment of creating the Korean written language and the 52nd Anniversary of our University's founding, this year's symposium is being held to commemorate the King's humanitarian spirit in making the Korean written language accessible to everyone.

In the present age of globalization, the need for a worldwide language policy is greater than ever:

- Should English be used as the universal yardstick of communicative ability and social status?

- Is the snowballing effect of the diffusion of English all over the globe lending itself to cultural imperialism and linguistic discrimination?

- Are there any alternatives to preserve the cultural characteristics of vulnerable language regions:

Please accept our invitation and consider making time to commit yourself to this great opportunity to voice your perspective concerning the theme.

We are looking forward to seeing you at the Symposium. (RSVP Required)

Your sincerely,

Soonbok Kim (Director, Sejong Language Research Institute)
Jungwha Lee (President, Sejon University)

▶ Theme: Creation or Evolution: One Voice for All the Hear in a Global Setting?
▶ Date: May 23rd.(Sat.), 1998 09:30 ~ 17:00
▶ Place: Sejong Language Research Institute
Sejong University

(안쪽 두 번째 면)

✣ PROGRAM

- **09:40~09:45** Opening speech - Prof. **Kim Soon bok** (Director)
- **09:45~10:00** Key-note Speech - Dr. **Choo Myung-Gun** (Chair of the Board of Trustees)

✣. PRESENTATION — Heinz Tengler (Presider)

- **10:00~10:20** **Mr. Shashank** (Ambassador of India)
  " An Indian Perspective on World Language ; Unish"
- **10:20~10:40** **Kim Seoung Do** (Prof. Korea Univ.)
  " The Landscape of Language at the End of the Twentieth Century"
- **10:40~11:00** **Dr. Larsen** (American Fullbright Commission)
  " The www. & World Language."
- **10:00~11:20** **Machida Mitsugu** (Japanese Council)
  "The Japanese Perspective on the future of World language"
- **11:20~11:40** **Jung Young Hee** (Prof. Sejong Univ.)
  " Borrowing as a Strategy for Universal Language"
- **11:40~12:00** Q & A Session
- **12:00~13:00** Lunch Break
- **13:00~13:20** **Choi Ki-Sun** (Prof. KAIST)
  "Artificial Intelligence and Artificial Language"
- **13:20~13:40** **Yuji Suzuki** (Prof. Keio Univ.)
  " Collaborated Media for Creation and Imagination in Communication Dynamics : English as only one of Many Alternatives"
- **13:40~14:00** **Lee Jong Young** (The President Esperanto Universal Association)
  "An Agenda for Action Toward a New International Language Order"
- **14:00~14:20** **M. Gnanam** (Prof. of Hindi)
  "A sociology of Language and Sociolinguistics"
- **14:20~14:50** **Kim Soon-bok** & **Stuart Read** (Sejong Univ.)
  " Like WTO, Why not WCO? "
- **14:50~15:20** Q & A Session
- **15:20~15:30** Break-Time

✣. PANNEL DISCUSSION — Al. Giacchiui (Chair)

- **15:30-17:00** : **" Ilusion vs Realism in global communication"**
  Discussants : **Eyles Kasri** (Ambassador of Tunisia) **Fernando Machado** (Ambassador of Portugal)
  Hidetaro Chokki (Japanese Council) **Yang Hak Choong** (Chinese Council)
  Antonio Ferrer (Spanish Council) **Andy Milburn** (British Council)
  Durk Zurmuahleen (German Prof.)

- **17:00** Closing Speech Prof. Kim Soon-bok

출처: 본 저자가 받은 초청장

[해설]

· on behalf of: ~를 대신하여
· feel privileged to: ~하는 것을 큰 영광으로 여기다
· aware: 인식하고 있는
· aim(s) to excel in ~: ~에서 우수하게 뛰어나는 것을 목표로 하다 (동사 aim의 주어는 symposium 임)
· innovative: 혁신적인
· contribution(s): 기여(공헌)한 것들
· concerning: ~에 관한
· In view of: ~의 관점에서
· historic accomplishment: 역사적 업적
· the 52nd Anniversary of ~: ~의 52주년 (이때 52th가 아님)
· commemorate: 기념하다
· humanitarian: 인도주의적인
· accessible: 접근(사용) 가능한
· universal: 우주 보편적인
· yardstick: 척도
· social status: 사회적 지위
· the snowballing effect of ~: ~이 눈 덩이처럼 커지는 효과
· diffusion: 확산
· is lending itself to ~: ~에 마음(정력)을 기울이게 되다
· imperialism: 제국주의
· discrimination: 차별
· alternative(s): 대안(들)
· preserve: 보전하다
· vulnerable: 취약한
· commit yourself to ~: 당신 자신이 ~하기로 약속하다
· to voice: 목소리를 내다 (동사로 쓰임)

[번역]

세종대학교를 대신하여 귀하를 저희 연례 국제 심포지엄에 초대하게 되어 매우 뜻 깊게 생각합니다. 아시겠지만, 저희 연례 심포지엄은 다양한 시사문제에 대해 뛰어난 혁신적 기여를 함에 그 목적이 있습니다.
세종대왕의 한글 창조라는 역사적 업적과 세종대학교의 개교 52주년이라는 관점에서, 올해의 심포지엄은 한글을 모든 사람이 접할 수 있게 만든 세종대왕의 인도주의적 정신을

기념하고자 개최되는 것입니다.
현재의 세계화시대에 있어 전 세계적 언어정책의 필요성은 그 어느 때보다 더 큽니다.

- 영어가 의사소통 능력과 사회적 지위에 대한 보편적인 척도로 사용되어야 하는가?
- 영어의 전 세계적인 확산이라는 눈 덩이 같이 불어나는 효과가 문화적 제국주의와 언어적 차별을 가져오는 것은 아닐까?
- 취약한 언어지역에서의 문화적 특성을 보전하기 위한 대안은 없을까?

저희의 초대에 응하여 주시고 시간을 내시어 이 좋은 기회를 통해 주제와 관련된 귀하의 관점을 피력해주십시오.
심포지엄에서 뵙겠습니다.

(예 10-19) 정식 초청장

저희 코엑스는 지난 한해 고객 여러분의 협조에 감사드리고
아울러 전시컨벤션업계 여러분의 교류를 증진시키기 위해 아래와 같이
2002 전시컨벤션의 밤을 개최하오니 부디 참석하시어
자리를 빛내 주시기 바랍니다.

-아 래-

2002. 12. 12(목) 오후 6시 00분
무역센터 코엑스 1층 그랜드 볼룸

코엑스 대표이사 안 재 학

참석여부: (02)6000-1082, 1084

We <u>cordially</u> invite you to attend the Convention & Exhibition Night 2002, where you will have the opportunity to meet a variety of <u>professionals</u> in the industry.

on DEC. 12, 2002 at 6:00pm
COEX, Grand Ballroom, 1st floor

An, Jae-Hak
President of COEX (Convention & Exhibition)

RSVP: (02)6000-1082, 1084

출처: 본 저자가 받은 초청장

【해설】
· cordially: 정중하게
· professional(s): 전문인(들)

(예 10-20) 공식연회 초청장

In honor of
His Excellency the Prime Minister of the State of Travel and Mrs.
Benjamin Netanyahu
The President of the Republic of Korea
and Mrs. Kim Dae-Jung
Request the pleasure of the company of

at a Dinner
on Wednesday, the twenty-fifth of February
at six-thirty p. m.
at Chong Wa Dae

Lounge Suite on
National Dress

귀하
동영부인

네탄야후 이스라엘 총리 내외분을 위하여
다음과 같이 만찬을 가지고자 하오니 참석하여

주시기 바랍니다.

일시: 1998년 0월 00일 (수) 오후 6시

장소: 청와대 본관

복장: 평 복

대통령 김 대 중

이 희 호

출처: 서승진(1998: 38-39)

[해설]

- In honor of: ~를 기리기 위해
- His Excellency: ~ 각하
- request the pleasure of the company of: '~로의 참석에 대한 기쁨을 요청하다' 는 의미로서, 공식적인 참가요청 문구임.

C 요청

업무상 컨벤션 기획사는 정보, 안내, 특별 혜택, 주문, 예약, 인쇄물 제작 등에 관해 요청하는 내용의 편지를 많이 쓰게 된다. 이 때에 편지 수신자가 편지 내용대로 즉시 행동을 취해 주기를 바란다면, 편지 작성자는 예의바르게 그러나 매우 구체적이고 간략하게 그리고 합리적으로 요청사항을 써야 하며, 특히 관련된 정보를 정확하고 완전하게 주어야 한다 (Geffner, 1995: 25).

1. 문의 (Inquiries) 편지

대체로 여러 가지를 알려달라는 문의(inquiries)의 편지를 받은 수신자는 그 편지로 인해 즉각적인 보상이나 이득이 생기는 것은 아니며, 단지 미래의 고객과 좋은 관계를 맺을 수 있는 잠재력을 갖게 될 뿐이다. 따라서 여러분이 이런 유형의 편지를 쓸 경우에는 상대방이 바쁜 데에도 불구하고 답장을 쉽게 그리고 즉시 해 줄 수 있도록 써야 한다. 다음의 (예 10-21)을 보자.

(예 10-21) 부적절한 문의 편지

Dear Sir or Madam :

Please send us information about your office <u>copiers</u> <u>so that</u> we will know whether one would <u>be suited to</u> our type of business.

Yours truly,

출처: Geffner(1995: 25)

[해설]

· copier(s): 복사기(들)

· so that: 목적의 의미

· be suited to: ~에 적합하다

[번역]

저희 업무에 적합한 복사기를 보유하고 있는지 알아보기 위해, 당신의 사무실 복사기에 대한 정보를 보내주시기 바랍니다.

이 편지를 받아본 사람은 완전히 헷갈릴 것이다. 단순히 브로셔나 카탈로그를 보내 주는 것 외에 상대방이 필요로 하는 것이 무엇인지 모르기 때문에 복사기 회사 측에서도 다양한 기종의 장점들을 설명할 수가 없다. 이와 같이 궁금한 것을 물어보는 내용의 편지에는 구체적인 사실들을 담은 내용이 들어있어야 한다. 이제 (예 10-22)를 보자.

(예 10-22) 적절한 문의 편지

Mahoney and Millman, Inc.
1951 Benson Street
Bronx, New York 10465

May 2, 19--
RBM Manufacturing Company, Inc.

4022 Ninth Avenue
New York, New York 10055

Dear Sir or Madam:

We intend to purchase a new office copier before the end of the fiscal year. We would like to consider an RBM copier and wonder if you have a model that would suit our needs.

Our office is small, and a copier would generally be used by only three secretaries. We run approximately 3,000 copies a month and prefer a machine that uses regular paper. We would like a collator, but rarely need to run off more than 25 copies at any one time.

We would also like to know about your warranty and repair service.

Since our fiscal year ends June 30, 19--, we hope to hear from you soon.

Sincerely yours,

William Wilson
Office Manager

WW/sw

출처: Geffner(1995: 26)

[해설]

- intend to: ~할 의도가 있다
- copier: 복사기
- fiscal year: 회계연도
- suit: 적합하다 (이 동사의 주 어는 무생물인 model임)
- run: 작동시켜 만들어내다

· collator: 낙장을 살피는 기계
· run (off): 기계를 돌리다
· rarely: 거의 ~않는
· warranty: 보증기간
· repair service: 수리 서비스

[번역]

선생님께:

저희는 올해의 회계연도가 끝나기 전에 새로운 사무실 복사기를 구입하고자 합니다. RBM 복사기를 고려하고 있고, 우리 요구사항에 맞는 모델을 보유하고 있는지 궁금합니다.

저희 사무실은 작고, 복사기는 주로 3명의 비서직 종사자들에 의해 이용됩니다. 한달에 3,000장 정도의 복사를 하고, 일반 용지를 사용하는 복사기를 선호합니다. 페이지 수를 조정할 수 있는 기계를 선호하지만, 한번에 25장 이상 복사하는 경우는 거의 없습니다.

또한 우리는 보증기간과 수리 서비스에 대해서도 알고 싶습니다.

저희 회계연도가 19--년 6월30일에 끝나므로 귀사로부터 빨리 답변을 듣기를 바랍니다.

(예 10-22)와 같은 편지를 받은 사람은 묻는 내용이 구체적이므로 적절한 제품을 골라 추천해 줄 수 있다. 또한 구매할 시기를 밝히고 있으므로 당연히 이 편지의 답장은 빨리 올 것이다. 보다 응답을 빠르고 올바르게 받아보려면 보내는 사람이 알고 싶은 사실들을 항목별로 열거하고, 답장해 줄 (self-addressed) 봉투에 우표까지 붙여 동봉하고 보내면서 향후 서로 협조방안을 모색하자는 내용을 담으면 더욱 효과적이다.

2. 주문(Orders) 편지

많은 회사들이 제품이나 서비스를 주문할 때 필요한 내용이 다 들어있는 구매 주문서(purchase order)양식을 사용한다. 한편 제품이나 서비스를 제공하는 측에서는 주문서(order form)를 사용한다. 그러나 편지 양식으로 주문을 할 필요가 종종 있게 되는데, 이런 편지는 다음과 같은 모든 정보를 정확하게 담고 있어야 한다 (Geffner: 1995: 28).

* 주문할 품목 명, 품목 번호(모델 번호 등), 수량, 단가, 허용 가능한 할인 금액, 판매세금, 총액, 지불 방법, 운송 날짜 및 방법, 배달된 주소, 그리고 담당자의 서명

또한 광고를 보고 주문한 경우라면 광고가 게재된 잡지나 신문의 발행날짜와 광고제목명 등을 명시해야 한다. 다음 (예 10-23)의 경우에는 문제가 있다.

(예 10-23) 부적절한 주문 편지

Dear Sirs :
Please send me one of your weather vanes which I saw advertised for $34.95.

We have recently repainted our garage, and a weather vane would be a wonderful finishing touch.

My check is enclosed.

Sincerely,

출처: Geffner(1995: 28)

[해설]

- weather vane(s): 풍향계(들)
- finishing touch: 마무리 손질
- enclosed: 동봉된

[번역]

제가 광고에서 34.95불로 본 귀사의 풍향계를 보내주기 바랍니다. (최근에 우리는 차고를 수리하였고, 풍향계가 최고의 마무리가 될 것 같습니다. 저의 수표를 동봉합니다.

우선 이 제조회사가 $34.95 짜리 제품 한 종류만 생산하는 것이 아니라 같은 가격에 여러 제품을 생산하면 어느 것을 보내주어야 할 지 모를 것이다. 또한 주문하는 이유 등 불필요한 사실들을 적을 필요가 없다. 이제 이 내용을 제대로 표시한 (예 10-24)를 살피어 효율적인 주문편지 작성능력을 함양시키자.

(예 10-24) 적절한 주문편지

250 Commonwealth Avenue
Boston, Massachusettes 02118
February 14, 19--

Cape Cod Ornaments, Inc.
94 State Road
West Yarmouth, Massachusetts 02757

Dear Madam or Sir:

I have seen your ad in the Boston Globe of Sunday, February 12, and would like to order the following weather vane:

Model EPC-18" eagle with arrow, copper, $34.95

I would like the weather vane sent to the above address by parcel post and charged, with any applicable sales tax and handling costs, to my VISA account (number 003 0917 A109; expiration date, 3/93).

Yours truly,

출처: Geffner(1995: 29)

[해설]

- copper: 구리, 구리제품
- by parcel post: 소포로
- charged to: ~로 지불하게 되는
- applicable sales tax: 적용 가능한 판매세
- handling cost(s): 운송 처리비용(들)
- expiration date: 유효 만기일

【번역】

선생님께:

저는 2월12일 일요일자 Boston Globe에 실린 광고를 보고 다음의 풍향계 제품을 주문하고자 합니다.

모델 EPC-18인치, 화살표가 있는 독수리, 동판, 34.95불

소포로 위에 주소로 풍향계를 보내주길 바라고, 적용되는 판매세와 운송비를 제 VISA 카드로 지불하겠습니다 (카드번호 003 0917 A109; 만기일, 93년 3월).

3. 수금요청(Collection) 편지

청구서를 발송해도 상대방이 지불을 하지 않아서 이를 요청하면서도 상대방과 좋은 관계를 유지할 수 있는 편지를 써야 되는 경우가 종종 있다. 이런 종류의 편지는 강요보다는 확고한 자세로 설득을 해야하며, 상대방에게 예의를 지키며 상대방의 이익을 배려한 내용이어야 하는데 대개는 여러번 시리즈로 보내게 된다. 매번 보내는 편지에도 지불해야 하는 액수, 지불시기가 얼마나 지났는지의 연체기간, 그리고 상대방이 취해야 할 구체적인 행동지침이 포함되어야 한다 (Geffner, 1995: 55).

시리즈로 지불요청을 하는 수금목적의 편지들은 처음에는 (예 10-25)처럼 지불지연을 알려주는 정도로 시작한다. 이 단계에서 개인적 항의 개진은 너무 이르다.

(예 10-25) 수금 지연 통고 편지

July 31, 2003

Mr. Derek Jourdan
Jourdan jems
3220 Ruby Ridge Road
Amber, TX 75222

Dear Mr. Jourdan:

Although we have contacted you about the outstanding balance on your account, we still have not heard from you. Your past due balance of $2,083.33 is detailed below:

Inv. No.	Inv. Date	Due Date	Inv. Amount	Balance
128	2/20/03	3/15/03	$1,053.33	$1,053.33
133	2/20/03	3/15/03	$ 617.00	$1,670.33
161	2/21/03	3/15/03	$ 413,00	$2,083. 33

If you have already sent payment in full, we ask that you call and let us know. Otherwise, please call to discuss what you plan to do to settle your account.

Thank you for your prompt attention to this matter.

Sincerely,

ABQ Communications Corporation

Penny Nichol
Accounts Receivable

PN/rm

Col 1

출처: IAEM(1999: 17)

[해설]

- outstanding: 미지불의, 남아있는

· past due balance: 지불기한이 지난 잔액
· in full: 완전히, 전액 모두
· settle: 결재하다, 청산하다
· prompt: 즉각적인

【번역】

Jourdan 씨에게:

저희가 당신 계좌의 미결재 잔고 액에 대해 연락을 했었지만 여전히 아무런 답변도 듣지 못했습니다. 선생님의 마지막 지불 만기 액은 2,083.33불로 아래와 같습니다.

번호	날짜	만기일	금액	차액
128	2/20/03	3/15/03	1,053.33불	1,053.33불
133	2/20/03	3/15/03	617불	1670.33불
161	2/21/03	3/15/03	413불	2,083.33불

만약 선생님께서 이미 전액을 지불하셨다면, 저희에게 연락을 주셔서 알려주시기 바랍니다. 그렇지 않으면 선생님 계좌를 어떻게 처리할 계획인지 저희와 상의하기 위해 연락을 주시기 바랍니다.

이 문제에 대한 신속한 관심에 감사드립니다.

객관적 사실통보가 실패하면 (예 10-26)처럼 지불사실을 재차 일러주는 편지를 보내게 되고, 수금과정은 점차로 감정적이고 개인적인 것이 되기 쉬우나, 이 때에도 미지불이 의도적이 아니라 실수로 놓친 것으로 알고 있다는 식의 우호적 표현을 잊지 말아야 한다. 이번에도 실패로 끝나면 미지불로 상대방이 불이익을 당할 수 있음을 알려주면서, (예 10-27)처럼 지불요구를 확고히 해야 한다 (Geffner, 1995: 56-57).

(예 10-26) 지불요청 재확인 편지

June 30, 2003

Mr. Derek Jourdan
Jourdan jems
3220 Ruby Ridge Road

Amber, TX 75222

Dear Derek:

Just a friendly reminder that you have an overdue invoice with a balance of $525.32. If you have any questions about the amount you owe, please give us a call and we'll be happy to discuss it. If you have already sent your payment, please disregard this reminder.

We appreciate your continuing business, and we look forward to hearing from you shortly.

Sincerely,

Galaxy Gardens

Diane Archer
Business Manager

DA/mma

Col2

출처: IAEM(1999: 18)

[해설]

- a friendly reminder: 친절하게 잊지 않도록 알려주는 것
- overdue: 기한이 지난
- invoice: 청구서, 송장
- with a balance of ~: ~만큼의 잔액 상태로
- owe: 빚지다, 지불해야 하다
- disregard: 무시하다
- shortly: 곧

[번역]

Derek 씨께:

미지불 잔액인 525.32불에 대한 지불기한이 지났음을 알려드립니다. 미지불 상태에 있는 금액에 대해 궁금한 점이 있으시면 전화를 주십시오. 기꺼이 상담해드리겠습니다. 만약 이미 미결재액을 지불하셨다면 이 편지를 무시하시기 바랍니다.

저희는 선생님과 지속적인 업무에 관계를 갖게 되기를 바라며 빠른 시간 내에 연락을 주시기를 고대합니다.

(예 10-27) 미지불에 대한 확고한 요청 편지

October 8, 2003

Mr. Reid Maitland
American Association of Jewelers
17951 Pearlman Boulevard
Emerald, TX 75222

Dear Mr. Maitland:

The following invoice is long overdue:

Invoice Number: 115-Balance Due:$3,654

Please contact us immediately regarding this situation.

Unless we hear from you in seven days, we will be forced to turn your account over to our collection agency. Obviously, this would have a detrimental effect on your credit rating.

Please send your payment in full, or call us to discuss the matter.

Sincerely,

Here & There Shuttle
Geoffrey Presser
Director of Finance

Gp/mma

Col3

출처: IAEM(1999: 19)

[해설]

- regarding: ～에 관해(서)
- be forced to: 강제로 ～하게 되다
- turn A over B: A를 B에게 넘기다
- collection agency: 미수금 처리 대행기관
- detrimental: 해로운, 불리한
- credit rating: 신용등급

[번역]

Maitland 씨께:
다음의 송장은 장기 미 납입에 관한 것입니다:
송장번호: 115 - 잔고: 3,654불
부디 이 상황에 대해서 저희에게 즉시 연락을 주시기 바랍니다.
저희가 향후 7일 동안 아무런 소식을 듣지 못한다면 강제로 당신의 계좌를 저희 미수금 처리 대행회사에 넘기겠습니다. 이렇게 되면 이는 분명히 당신의 신용등급에 불리한 영향을 줄 것입니다.
저희에게 미납금 전액을 지불해주시거나 이 문제에 대해 상의해주시기 바랍니다.

여러 시도가 모두 실패하여 최종적인 지불요구 편지를 쓰게 될 경우 고객의 지불을 유도하기 위해 법적 조치를 취할 수 있음을 밝히면서 마지막 지불기회를 주겠다는 내용을 (예 10-28)처럼 담게 된다 (Geffner, 1995: 57).

(예 10-28) 미지불에 대한 최후통고 편지

July 22, 2003

Mr. Reid Maitland
American Association of Jewelers
17951 Pearlman Boulevard
Emerald, TX 75222

Dear Mr. Maitland:

We have tried, <u>on several occasions</u>, to <u>resolve</u> the problem of your past due account, but the problem continues. Your account remains seriously overdue in the amount of $16,444.

This is your final notice. Unless we have your check for $16,444 within ten(10)days, we shall immediately turn your account over for collection.

We believe you will agree that immediate payment is in your own best interest; it will save you <u>added interest</u> and <u>court costs</u>, as well as help <u>preserve</u> your credit rating.

Very truly,

Cole Convention Services

Zach Cole
Business Manager

ZC/mma
Col6

출처:IAEM(1999: 22)

[해설]

· on several occasion(s): 여러 경우에
· resolve: 해결하다
· added interest: 늘어난 이자
· court cost(s): 법률 처리 비용(들)
· preserve: 보전하다

[번역]

Maitland 씨께:
저희는 여러 번 당신의 미납금 계좌에 대한 문제를 해결하기 위해 노력했습니다. 당신의 계좌에는 16,444불이 미납되어 있습니다.
이 편지가 마지막 통보입니다. 우리가 10일 이내에 16,444불을 입금 받지 못하면 우리는 즉시 당신의 계좌를 미수금 처리(대행) 회사로 넘기도록 하겠습니다.
아마도 이것이 추가로 합산된 이자와 법률처리 비용을 절감시킬 것이고 당신의 신용등급도 보존하는데 도움이 될 것입니다.

D 답장

컨벤션 기획사의 일상 업무 중 상당부분은 답장을 보내는 일이다. 보낼 답장들은 물품, 정보, 돈, 서비스 등을 받아 고맙다는(acknowledgement) 답장, 추후 사실을 알리는(follow-ups) 답장, 확인(confirmations) 답장, 송금(remittances) 답장, 참조의견(referrals)의 답장 그리고 거절(refusals)의 답장 등 여러 부류가 있다 (Geffner, 1995: 31).

내용을 요청하는 편지의 경우와 마찬가지로, 답장의 경우도 구체적이고 완전히 필요한 내용을 담고 있어야 한다. 그러나 답장일 경우는 상대방에게 도움이 되고 영업판매 지향적으로 써야 되므로 항상 간결하게 쓸 수는 없다. 단, 응답을 빨리 해주어야 한다. 이제 답장을 부류별로 살펴보자.

1. 진척상황 전달(Follow-Ups) 편지

회의나 대화로 어떤 결정이나 합의를 보았을 때 (예 10-29)와 같은 추후사실을 알리는 진척상황전달(follw-up)편지를 보내어 주고받은 내용을 문서로 남기는 것이 중요하다.

(예 10-29) 진척상황 전달

THE COMMITTEE TO KEEP MINNESOTA GREEN
24 North Main Street, Blackduck, Minnesota 56630

June, 3, 19--

Ms. Christine Solars
Solars, Solars, and Wright
62 Onigum Road
Walker, Minnesota 56484

Dear Ms. Solars:

We are pleased that you will be participating in the Ecology Colloquium sponsored by the Committee to Keep Minnesota Green. As we discussed in our telephone conversation this morning, the Colloquium will take place on June 29 in the convention room at the Blackduck Inn.

The Colloquium will begin with the keynote address at 10:20 A.M. At 11:00, you will join our other guests of honor in a debate on the topics, "The Cost of Conservation: Public or Private Responsibilities?" Following the debate, luncheon will be served in the main dining room, where you will, of course, be a guest of the Committee.

Along with the other members of the Committee, I am looking forward to our meeting on the 29th.

Sincerely yours,

출처: Geffner(1995: 33)

[해설]

· Colloquium: 격식이 없이 전문가들이 토론하는 회의
· take place: 개최되다
· keynote address: 기조 연설
· guest of honor: 귀빈
· debate: 토론
· luncheon: 연설이 있으며 정식코스로 나오는 오찬
· along with: ~와 함께

[번역]

Solar 씨께:
선생님께서 미네소타 환경위원회에서 후원하는 생태학 세미나에 참석하신다니 반갑습니다. 저희가 오늘 아침 전화로 말했듯이, 이번 세미나는 Blackduck Inn의 컨벤션실에서 6월29일에 개최됩니다.
세미나는 오전 10시20분에 기조연설로 시작할 것입니다. 11시에 당신은 "보존의 비용: 정부의 책임인가 민간의 책임인가?"라는 주제의 토론에서 다른 초대 손님들과 함께 동참하게 될 것입니다. 토론 후에 오찬이 main dining room에서 제공되고, 물론 이 자리에는 당신이 위원회의 손님으로 참석할 것입니다.
위원회의 다른 회원들과 함께 당신을 29일 회의에서 뵙기를 고대하고 있습니다.

2. 확인(Confirmations) 편지

컨벤션 센터나 호텔의 회의 공간 예약, 연사 예약 등의 확인은 전화로도 가능하나 규모가 큰 행사의 경우 (예 10-30)과 같은 격식을 차린 편지로 정확하고 완전한 내용을 확인할 수 있다. 또한 스폰서가 되어주겠다는 상대방의 허락을 확인하는 (예 10-31)의 편지와 상대방이 취소했음을 확인하는 (예 10-32), (예 10-33)과 같은 편지도 이에 속한다.

(예 10-30) 예약 확인 편지

The Barclay
5500 South 96th Street, Omaha, Nebraska 68127
August, 10, 19--

Mr. Yegor Volsky
2233 Connecticut Avenue, N. W.
Washington, D.C. 2008

Dear Mr. Volsky:

This letter will confirm your reservation for a single room with bath for August 24-27. Your room will be available after 2 P.M. on the 24th.

Since you will be arriving in Omaha by plane, you may want to take advantage of the Barclay's Shuttle. Our limousine departs from the domestic terminal every hour, and the service is free for guests of the hotel.

Cordially yours,

출처: Geffner(1995: 34)

【해설】
- confirm: 확인하다 (주어가 letter 임)
- take advantage of: 이용하다
- depart(s): 출발하다 (주어가 limousine 임)
- domestic terminal: 국내선 터미널

【번역】
Volsky 씨께:
이 편지는 8월 24-27일까지의 화장실이 딸린 1인용 침실에 대한 예약을 확인하는 것입니다. 손님의 방은 24일 오후 2시부터 이용이 가능합니다.
비행기로 오마하에 도착하실 예정이므로 Barclay가 제공하는 셔틀버스를 이용하기를 원하실 것 같군요. 저희 리무진은 시간마다 국내선 터미널에서 출발하고, 호텔 투숙객은 무료로 사용하실 수 있습니다.

(예 10-31) 스폰서 허락 확인편지

September 21, 2002

Mr. Derek Jourdan
Jourdan Jems
3220 Ruby Ridge Road
Amber, TX 75222

Dear Derek:

We are pleased to confirm the sponsorship, two copies of the Sponsorship Agreement, and another copy of the Marketing Proposal. Please sign both Sponsorship Agreements and mail one copy to me. The other copy is for your records.

Thank you for your support of this essential program we provide for our members. I look forward to working with you in the coming months. Should you have any questions or suggestions about Dazzling Diamond Trade Show, please contact me at (800)888-8888.

Sincerely,

Reid Maitland
Executive Director

RM/mma
Enclosure

Spons4-Inv

출처: IAEM(1999: 133)

[해설]

- Agreement: 합의서
- sign: 서명하다
- mail: 우편으로 보내다
- in the coming months: 앞으로도 오래

[번역]

Derek 에게:

저희는 후원을 해주시기로 한 약속으로 후원합의서 2장과 마케팅 제안서 1장을 받은 것을 확인하게 되어 기쁩니다. 후원합의서의 모든 페이지에 서명하시고, 한 부는 저희에게 우편으로 보내주시기 바랍니다. 그리고 다른 한부는 기록을 위해 보관하십시오.

저희 회원들을 위해 제공하는 중요한 프로그램을 후원해주셔서 감사합니다. 저희는 앞으로도 오래 당신과 일하게 되기를 고대하고 있습니다. Dazzling Diamond Trade Show에 관해 질문이나 제안사항이 있으시면 800-888-888로 연락주시기 바랍니다.

(예 10-32) 취소 확인 편지 - 1

October 15, 2002

Mr. Reid Maitland
American Association of jewelers
17951 Pearlman Boulevard
Emerald, TX 75222

Dear Mr. Maitland:

This letter is to confirm cancellation of your AAOJ meeting, previously confirmed for February 12-14, 2003. In satisfaction of The Majestic County Convention Center's non-refundable deposit, and as detailed in your contract, the amount of $325 has already been deducted from the balance refunded to you herein.

I look forward to working with you again in the not too distant future. Please call me if I can assist you in any way.

Best regards,

Laurel Lane
Booking Coordinator
Majestic County Convention Center

LL/mma
Enclosure

Cancl

출처: IAEM(1999: 12)

[해설]

· cancellation: 취소
· previously: 이전에
· in satisfaction of: ~을 충족시키기 위해
· non-refundable: 환불이 안 되는
· deposit: 예치금
· detailed: 상세히 설명된
· deduct from: ~에서 공제된
· refunded: 환불되는
· herein: 이에
· in the not too distant future: 멀지 않은 장래에

[번역]

Maitland 씨께:
이 편지는 당신이 2003년 2월 12-14일로 지난번에 확인했던 AAOJ 회의에 대한 취소를 확

인하고자 하는 것입니다. Majestic County의 컨벤션 센터의 환불이 안 되는 예치금 조건을 만족시키고, 또한 당신의 계약서에도 자세히 나와 있는 것과 같이, 325불은 이미 지불 금액에서 공제 되었습니다.
멀지 않은 미래에 다시 당신과 일하게 되기를 기대하고 있습니다. 어떻게든 도와드릴 일이 있으면 연락 주십시오.

(예 10-33) 취소 확인 편지 - 2

October 19, 2002

Mr. Reid Maitland
American Association of jewelers
17951 Pearlman Boulevard
Emerald, TX 75222

Dear Mr. Mailtland:

I am sorry you found it necessary to cancel your <u>arrangements</u> here at the Silver Fox Inn for the Dazzling Diamonds Tradeshow. We are disappointed <u>not to have</u> the opportunity to work with you.

All guest room reservations and meeting space have been <u>released</u>, <u>at no cost</u> to you. I hope you will again consider the Silver Fox Inn and Reaort the next time you <u>require</u> accommodations.

Best regards,

Mac Townsend
Sales Director
Convention Planning

MA/mma
Canc2

출처: IAEM(1999: 13)

[해설]

· arrangements: 주선, 예약
· not to have: ~를 갖지 못하게 되어
· released: 해지된
· at no cost: 무료로
· require: 요구하다, 필요하다

[번역]

Mailtland 씨께:

Dazzling Diamonds Trade Show를 위한 Silver Fox Inn과의 예약을 취소하게 되었음을 알게 되어 유감입니다. 당신과 함께 일할 기회를 잃어서 실망스럽습니다.

모든 객실예약과 회의실공간을 당신에게는 벌금을 물리지 않고 해지시켰습니다. 저희는 당신께서 Silver Fox Inn and Resort를 다음 번 숙박이 필요하실 때 고려해 주시기를 부탁드립니다.

3. 송금 요청에 대한 답장 (Replies to Remittance Requests)

회사들이 그들의 청구서를 보내면서 송금을 요청하는 경우가 많다. 송금 요청 편지에는 계좌번호(account number), 청구번호(invoice number), 금액(amount) 에 대한 설명 등 송금과 직접 관련된 내용만을 담아야 한다. 이에 대한 답장으로 돈을 수표(check)로 지불해야 하는 측은 (예 10-34)와 같이 편지를 쓸 수 있다.

(예 10-34) 송금요청에 대한 답장

Dear Gentlemen and Ladies :

The enclosed check for $312.68 is in payment of invoice no.10463. Please credit my account (no. 663-711-M).

Your truly,

출처: Geffner(1995: 35)

[해설]

· credit: 입금하다

[번역]

동봉된 수표 312.68불은 주문번호 10463번에 대한 금액입니다. 이 금액을 제 구좌(663-711-M)에 입금하여 주시기 바랍니다.

고객이 미지급에 대한 사유를 밝히면서 일부 금액을 지불하겠다고 하고 특별한 조처를 요구하는 경우도 있다. 예를 들어 600불을 2달째 지급하지 않던 고객이 우선 150불을 보낸다는 편지와 함께 돈을 보내왔다면 다음(예 10-35)와 같은 응답의 편지를 보낼 수도 있다.

(예 10-35) 부분지불에 대한 응답 편지

Dear ---:

Thank you for your check for $150. The balance remaining on your account is now $450.

Since you have requested an extension, we offer you the following payment plan :$150 by the 15th of the month for the next three months.

If you have another plan in mind, please telephone my office so that we may discuss it. Otherwise, we will expect your next check for $150 on Sentember 15.

Sincerely yours,

출처: Geffner(1995: 58)

[해설]

- checks: 수표
- remaining: 남아있는 (현재분사로 그 앞의 명사 balance를 수식함)
- extension: 연장
- by the 15th of the month: 매달 15일 까지
- have A in mind : A를 마음에(염두 에) 두다
- telephone: 전화 걸다 (동사로 쓰임)
- otherwise: 그렇지 않으면

[번역]

~ 씨께:

150불을 지불해주셔서 감사합니다. 당신 계좌에 남은 미 납입액은 450불입니다.
당신께서 연장을 요구하셨기 때문에 우리는 다음과 같은 지불 계획을 제안합니다. : 매달 15일에 150불을 앞으로 3개월 동안 지불하기
다른 계획이 있으시다면 저희 사무실로 연락하셔서 상의해주시기 바랍니다. 아니면 9월 15일에 다음번 150불을 지불하시는 걸로 알겠습니다.

4. 주문확인 및 감사 답장 (Orders Confirmations & Thank-You Replies)

오늘날 많은 회사들이 주문을 받으면 즉시 청구서를 보내어 주문에 대한 확인 기능을 신하는 추세이나, 주문편지를 받았음을 확인하고 감사를 표시함으로써 고객과 보다 우호적 관계를 오래 유지 할 수 있으며, 유사한 제품이나 서비스를 홍보할 수 있는 기회도 된다. 또한 고객이 주문한 내용을 확인하는 수단이기도 하다. (예 10-36)처럼 이러한 종류의 편지에는 주문한 날짜, 청구번호, 선적(혹은 전달)방법, 지불방법이 표기되어야 한다. 컨벤션 기획사도 회의 관련 물품을 주문했을 때 이 같은 편지를 자주 받게 되므로 꼼꼼히 확인해 보아야 한다.

(예 10-36) 주문 확인 편지

PAYTONS' PLASTICS, INC.
1313 Spruce Street
Philadelphia, PA 17512

September 16, 19--

Ms. Cybel Megan
FRAMES-BY-YOU
126 Walnut Street
Philadelphia, PA 17503

Dear Ms. Megan:

We are pleased to have received your order of September 15 and would like to welcome you as a new customer of Payton's Plastics.

Your order (No. 62997) is being processed and will <u>be ready for shipment</u> on September 21. It will be delivered to your workshop by our own van, and payment will be <u>c. o. d.</u> (our policy for all orders <u>under $100</u>).

We are sure you will appreciate <u>the clear finish</u> and <u>tensile</u> strength of our <u>entire line</u> of plastics. Ms. Julie Methel, your <u>sales representative</u>, will call on you soon with a catalog and samples.

Cordially,

PAYTON'S PLASTIC, INC.

Howared Roberts

Customer Relations

출처: Geffner(1995: 37)

[해설]

· be ready for shipment: 운송(선적) 준비가 되다
· c. o. d.: cash on delivery의 약자로 물건 배달시 현찰 지불로 결재하는 방식
· under $100: 100불 미만
· the clear finish: 깨끗한 마무리
· tensile: 신축성 있는
· entire line: 생산되는 모든 제품
· sales representative: 영업사원

[번역]

Ms. Megan 귀하:
저희는 11월 15일에 선생님으로부터 주문을 받게 되어 기쁘고 Payton' s Plastics의 신규고객으로 당신을 환영합니다.
귀하께서 주문하신 것(주문번호 62997)은 처리중이고, 9월21일에 운송이 될 예정입니다. 저희의 운송차량으로 당신의 워크숍까지 배달될 것이고, 금액은 배달시 현찰로 결재해주시기 바랍니다.(100불미만의 금액에 대한 저희 내규입니다.)
저희가 생산하는 모든 플라스틱 제품의 깨끗한 마무리와 신축성 있는 강도에 만족하시리라고 확신합니다.

5. 문의에 대한 답장(Replies to Inquires)

모든 문의(inquiry)편지에 대해서는 대외비(confidential)적인 이유나 기타 다른 사정으로 완전히 모든 답을 다 해주지 못해도 답장은 꼭 해주어야 한다. 만약 답하기 곤란한 사항을 요청한 경우라면 (예 10-37)처럼 요청 자체에 대해 비난하는 어조는 피하면서 답할 수 없는 사유를 조심스레 설명해야 한다. 때때로 문의에 대한 응답을 브로셔나 카달로그로 대신할 때 별도의 편지와 함께 관련 자료를 동봉해야 한다.

(예 10-37) 문의에 대한 답장

Dear Mr. X :

Thank you for your request for information about ABC Conference Center. One of Seoul's newest facilities, we are a full-service meeting center just a few minutes from City Hall.

The enclosed brochure describes our special features, including small and medium-size meeting rooms and professional staff.

If you drop by ABC Conference Center any time between 7 am. and 10 p.m., we would be delighted to give you a personal tour of the Center.

Cordially yours,

출처: Geffner(1995: 39)

【해설】

- feature(s): 특성(들)
- be delighted to: 기꺼이 ~하다
- tour: 안내

【번역】

X 씨께:

ABC 회의장에 대한 정보요청에 감사드립니다. 저희는 서울에 있는 최신 회의시설 중의 하나로서 완전한 서비스를 제공하고 있고, 시청으로부터 가까운 거리에 위치하고 있습니다.

동봉된 브로셔가 중소규모의 회의실과 전문 종사자를 비롯한 저희 시설의 특별한 특징을 설명하고 있습니다.

선생님께서 ABC 회의장에 오전 7시에서 오후 10시 사이에 방문해주신다면 기꺼이 개별적인 센터 안내를 해드리겠습니다.

6. 추천소개 (Referrals) 편지

업무상 받게 되는 많은 문의편지 중 답장을 할 적당한 사람을 추천, 소개 해주는 것으로 답신을 대신할 경우가 있다. 이 때에는 어디에 있는 누구에게로 편지 해보라고 일러주거나, (예 10-38)처럼 상대방의 편지를 어디에 있는 적임자에게 송부했다는 내용을 적은 편지를 보낼 수 있다.

(예 10-38) 추천 소개 편지

Dear Mrs. ABC:

Your request for information regarding professional meeting planners in your community can best be answered by Busan CVB.

I am therefore referring your letter to Mr. K. H. Lee at Busan CVB. He will, I am sure, be in touch with you soon.

Your truly,

출처 : Geffner(1995: 40)내용을 본 저자가 재정리

[해설]

· am referring A to B: A를 B에게 넘기다

[번역]

Mrs. ABC 께:

당신 지역에서의 전문회의 기획가에 대한 정보 요청은 부산 CVB에 의해 답변이 가능합니다. 따라서 당신의 편지를 부산 CVB의 K. H. Lee에게 전달하겠습니다. 그가 곧 당신에게 연락하리라 확신합니다.

7. 거절 (Refusales) 편지

업무상 우리는 부탁을 거절하고 계약체결에 대해 거절하고 직원채용 등 여러 제안에 대해

거절하는 편지를 쓸 경우가 빈번하다. 이때 중요한 것은 상대방의 마음을 상하지 않게 하고 긍정적인 마음을 갖도록 하되, 애매한 답변을 해서도 안 된다. "아니다"라는 내용은 분명하게 그리고 짧게 하여야 하며, 그 거절의 이유가 감정이 아닌 사실에 근거한 것임을 (예 10-39)의 경우처럼 설명해야 한다. 또 (예 10-40)처럼 대안을 제시할 수도 있다.

(예 10-39) 거절의 편지

October 8, 2003

Mr. Derek Jourdan
Jourdan Jems
3220 Ruby Ridge Road
Amber, TX 75222

Dear Derek:

Thank you for your recent inquiry about space availability for your upcoming event. Unfortunately, we do not have the space to accommodate your group during the time frame requested. If there is any possibility of revising your scheduled dates, please let us know, as we would be happy to accommodate your organization at any other time.

If I may be of further assistance in helping you find other facilities, please do not hesitate to contact me.

Thank you for your initial interest. We wish you success and hope that we will have an opportunity to extend our hospitality to you sometime in the future.

Sincerely,

PURPLE SAGE RESORT & SPA
Zane Lamour
Sales Manager

ZL/mma

Sls-FacNAv1

출처: IAEM(1999: 55)

[해설]

- inquiry: 문의
- upcoming: 다가오는
- the time frame: 그 기간 대
- revising: 변경하기
- extend: 전달하다

[번역]

Derek에게:

귀하께서 다가오는 행사에 대한 공간 사용가능성에 대해 최근 요청해 주신 것에 감사드립니다. 불행하게도 저희는 현재 귀하가 요청하신 기간동안 귀하의 단체를 수용해 드릴 공간이 없습니다. 귀하의 계획된 일정이 변경 가능하신지 저희에게 알려주시면, 언제든지 귀하의 단체를 기꺼이 모시고 싶습니다.

다른 시설을 찾으시는데 도움이 필요하시다면 주저하지 마시고 연락주시기 바랍니다.

귀하의 최초 관심에 감사드립니다. 행사가 성공하시기를 기원하고, 앞으로 언젠가 저희의 환대를 귀하께 전해드릴 수 있는 기회가 있기를 희망합니다.

(예 10-40) 대안 제시 편지

June 18, 2003
Mr. Derek Jourdan
Jourdan Jems
3220 Ruby Ridge Road
Amber, TX 75222

Dear Mr. Jourdan:

We recently received your Request For Proposal. Unfortunately, we do not have your preferred dates available to host this upcoming event. I certainly hope you will keep us in mind for any future events.

The Silver Fox Inn is truly unique, offering 209 newly remodeled guest rooms, six of which are suites. Our convention and meeting facilities offer over 11,800 square feet of flexible meeting space. The hotel also features:

* free airport shuttle transportation;
* free parking;
* two outdoor heated pools;
* three night clubs; and
* four restaurants.

These, as well as other features, have made the Silver Fox Inn the premier hotel in the area. I would welcome the opportunity to work with you on any future event that you may be planning in this vicinity. Should you have any questions regarding the enclosed information, please feel free to contact me.

Sincerely,

Vic Brennan
Director of Sales

VB/mma
Sls-FacNAv2

출처: IAEM(1999: 56)

[해설]

- preferred: 선호하는
- keep us in mind: 우리를 염두에 두다
- offering: 제공하는
- remodeled: 개조된
- six of which: 그 중 6개가
- flexible: 융통성이 있는
- features: 특징을 지니다 (동사로 사용됨)
- vicinity: 근처, 근교
- feel free to: 부담 없이 ~하다

[번역]

Jourdan 씨께:

우리는 최근에 귀하의 제안서 요청을 받았습니다. 불행하게도 저희는 다가오는 행사를 개최함에 있어 귀하가 선호하는 날짜는 불가능합니다. 다음번 행사에 저희를 염두에 두고 계시기를 희망하는 바입니다.

매우 독특한 시설인 저희 Silver Fox Inn은 209개의 새롭게 개조된 객실이 있는데, 그 중 6개가 Suite 형태입니다. 저희의 컨벤션과 회의 시설에 대해 말씀드리자면, 11,800 평방피트의 융통성 있게 쓸 수 있는 공간을 제공하고 있습니다. 저희 호텔은 다음과 같은 특성을 갖추고 있습니다.

* 공항으로부터의 무료 셔틀운행
* 무료 주차장
* 2개의 야외 온수 수영장
* 3개의 나이트클럽; 그리고
* 4개의 레스토랑

다른 특징들과 함께 위의 내용들이 Silver Fox Inn을 지역에서 최고의 호텔로 인정받게 하고 있습니다. 이 지역 근처에서 귀하가 가까운 시일 내에 계획하고 계시는 향후 행사에 귀하와 함께 일할 수 있는 기회가 있기를 고대합니다. 동봉된 정보에 대해 질문이 있으시다면 부담 없이 연락 주시기 바랍니다.

8 감사(Thank-You) 편지

어떤 컨벤션이라도 그 행사가 끝난 뒤 조직위를 대신하여 (예 10-41)과 같은 참가자에게 보내는 편지, (예 10-42)와 같은 연사들에게 보내는 감사편지, 전시회가 끝난 뒤 부스 방문에 대해 감사를 전하는 (예 10-43)과 같은 편지, 스폰서를 해준 기관에 보내는 (예 10-44)와 같은 감사편지 등 여러 서신 작성도 컨벤션 기획사의 업무인 것이다.

(예 10-41) 참가자들에게 보내는 감사편지

April 22, 2002

Dear~:

We would like to thank you personally as well as on behalf of FIPP and the Korea Magazine Association for your presence at the FIPP Asia-Pacific Magazine Media Regional Conference 2002 held from the 16th to the 18th of April in Seoul, Korea.

The FIPP Seoul Conference 2002 which ran under the theme Magazine Media Welcome the Digital Age was a great success thanks to almost 600 magazine leaders of the world who did not leave the venue until the last moment of the Conference, let alone to many precious speeches and papers presented by prominent speakers.

Without your active participation and enthusiastic support, we strongly believe, this gathering could not have been a fruitful, pleasurable and rewarding one. Let us extend our deepest appreciation once again for your contribution and cooperation to make this conference a never-to-be-forgotten event.

	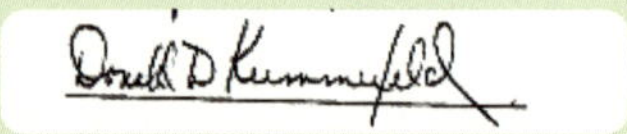
Y.B. Min	Donald D. Kummerfeld
Conference Chairman	President
Chairman, YBM Si-sa	FIPP

출처: FIPP(2002) 행사자료

[해설]

· personally as well as on behalf of ~: ~를 대신해서 뿐 아니라 개인적으로도
· ran: 진행되었다
· thanks to: ~덕분에
· venue: 개최장소
· let alone: ~는 말할 것도 없이
· prominent: 탁월한, 훌륭한
· enthusiastic: 열정적인
· gathering: 모임
· extend: 전달하다
· never-to-be-forgotten: 잊을 수 없는

[번역]

2002년 4월 23일

~ 귀하:

국제잡지연맹 (FIPP) 와 한국잡지협회 (KMA)를 대신하여 FIPP 서울대회 2002에 참석하셔서 대회를 빛내주신 귀하께 진심으로 감사를 드립니다.

FIPP 서울대회 2002는 아태지역에서 개최된 최초의 지역대회로, 급속히 변화하는 시대에서 잡지 매체의 새로운 전략을 모색하는 자리로 마련되었습니다. 거의 600명의 세계 선진 잡지 발행인들이 한자리에 모임으로써 아태지역 잡지 시장에 대한 폭발적인 관심을 확인할 수 있는 소중한 기회가 되었습니다.

아울러, 이렇듯 대회를 성공적으로 이끌 수 있게 해주신 귀하의 적극적 관심과 참여에 심심한 감사의 말씀을 다시 한번 드리고 싶습니다.

감사합니다.

(예 10-42) 연사들에게 보내는 감사편지

Thank You Letter

Toshiharu Kanesaka
Director, Media Services/Magazine Division,
Dentsu Inc.,
8-1 Akashi-cho
Chuo-ku
Tokyo
Japan

22 April 2002

Dear Mr. Toshiharu Kanesaka:

FIPP Asia-Pacific Magazine Media Regional Conference 2002

We would like to thank you personally as well as on behalf of FIPP and the Korea Magazine Association for speaking at the FIPP Asia-Pacific Magazine Media Regional Conference 2002 16-18 April in Seoul, Korea.

Your presentation was excellent and extremely interesting and I know it was much appreciated by all our delegates. Feedback from delegates so far to both the programme and the presentations has been very positive with particular comments about the high calibre of the speakers contributions.

It was also a pleasure to be able to have you with us during the Conference and both FIPP and KMA were very happy to be able to extend their hospitality to you.

Any helpful comments you may have on the programme of this Regional

Conference would be very much appreciated, to help us plan the next one in 2004.

My thanks once again for your valuable time in helping to make this event such a success.

Yours sincerely

Y.B. Min	Donald D. Kummerfeld
Conference Chairman	President
Chairman, YBM Si-sa	FIPP

출처: FIPP(2002) 행사자료

[해설]

- on behalf of: ~를 대신하여
- it was much appreciated by ~: ~로부터 깊은 감사를 받았다
- delegate(s): 대표자(들)
- positive: 긍정적인
- caliber: 역량
- extend their hospitality to ~: ~에게 환대의 마음을 전하다
- make this event such a success: 이번 행사를 성공적으로 치르다

[번역]

감사편지

2002년 4월22일

Toshiharu Kanesaka 선생 귀하:

FIPP 아태잡지대회 2002

FIPP와 한국 잡지협회를 대신하여, 그리고 개인적으로도 2002년 16~18일 한국 서울에서 개최된 FIPP 아태잡지대회에 연사로 참가해주신 것에 대해 감사드립니다.

귀하의 발표는 훌륭했으며 매우 흥미로운 것이었습니다. 귀하의 발표에 대해 모든 참석자들이 깊은 감명을 받았던 것으로 알고 있습니다. 행사 프로그램과 발표에 대한 참가자들의 지금까지 반응은 매우 긍정적이었습니다. 특히 연사분들의 기여도에 대해 극찬이 있었습니다.

회의 기간동안 귀하를 모실 수 있게 되어 매우 기뻤습니다. FIPP와 한국 잡지협회도 귀하께 감사를 전하는 바입니다.

이번 아태지역 잡지대회에 관해 어떤 도움의 말씀이라도 주시면 감사 하겠습니다. 2004년도 행사 계획 수립에도 큰 도움이 될 것입니다.

귀하의 귀중한 시간을 내시어 이번 행사를 성공적으로 치룰 수 있도록 도와주신 것에 대해 다시 한번 감사드립니다.

(예 10-43) 부스 방문객에게 보내는 감사편지

Dear IEA 2003 Booth visitors:

Thank you for visiting our IEA 2003 booth in the IEA/HFES 2000 San Diego Congress. We, the IEA 2003 Organizing Committee and Secretariat staff, are doing our best to make the IEA 2003 Seoul Congress a great success. As you watched the film introducing the venue and KOREA in the closing ceremony of IEA 2000, the ASEM Convention Center is the newest and best convention facility in Asia. You can enjoy dynamic and variable experiences during your stay in Seoul along with your participation at the Congress. We promise that we will provide you a well-organized program with a variety of subjects. If you have any questions, don't hesitate to contact us.

We hope see all of you in the IEA 2003 Seoul Congress

IEA 2003 Secretariat
Kang Nam P. O. Box 467 Seoul, KOREA 135-646
Tel: +82-2-3446-2451
Fax: +82-2-3446-2465

출처: IEA 2003 행사자료

[해설]

· introducing: 소개하는 (이 현재분사는 그 앞의 명사인 film을 수식함)
· the closing ceremony: 폐회식
· stay: 체류
· along with: ~와 함께

[번역]

IEA 2003 부스 방문객에게:

IEA/HFES 2000 샌디에고 총회 때 저희 IEA 2003 부스를 방문해 주셔서 감사합니다. IEA 2003 조직위원회와 사무국 요원들은 IEA 2003 서울 총회를 매우 성공적인 행사로 만들기 위해 최선의 노력을 하고 있습니다. IEA 2003 총회의 폐회식 때 차기 대회의 개최장소와 한국을 소개하는 영상자료에서도 보셨듯이, ASEM 컨벤션 센터는 아시아에서 가장 최신식의 최고 컨벤션 시설입니다. 총회에 참석하시면서 서울에 체류하시는 동안 역동적이고 다양한 체험을 즐기실 수 있습니다. 여러분께 다양한 주제로 잘 짜여진 프로그램을 제공할 것을 약속드립니다. 의문사항이 있으시면 주저 없이 연락 주십시오.

IEA 2003 서울 총회에서 여러분 모두를 뵙기를 바랍니다.

(예 10-44) 스폰서 업체에 보내는 감사편지

November 15, 2005

Mr. Dwight Lundquist
Lundquist Document Systems
33 Organizer Boulevard
Harmony, Nevada 85858

Dear M. Lundquist:

Thank you for your generous sponsorship of the NLITN 2005 Annual Conference and Trade Show, October 17 and 18 in Portland. Your contribution was instrumental to our success.

The conference was well-received by attendees and I hope you found your participation beneficial. The support of sponsors like yourself enables

Business Records Management Association to offer top-notch educational programming and networking opportunities.

On behalf of BRMA and its member organizations, thank you again for your contribution to this year's conference. Please feel free to contact me at (800)777-1718 should you have any questions.

Sincerely,

Charles Frantz
Executive Vice President

CF/MMA

TY5Spons

출처: IAEM(1999: 135)

[해설]

- generous: 관대한
- instrumental: 도움이 되는
- well-received: 잘 받아들여진, 만족한
- beneficial: 이득이 되는
- enables A to B: A가 B 하게 해주다
- top-notch: 최고급 단계(수준)

[번역]

Lundquist씨 귀하:
포트랜드에서 10월 17~18일에 개최된 NLITN 2005 연례 총회 및 전시회에 관대한 후원을 해주셔서 감사합니다. 귀하의 기여가 저희 행사의 성공에 큰 도움이 되었습니다.
회의에 대해서 참가자들도 만족했고, 귀하도 스폰서로 참여하셨던 것으로 이득이 있었기를 바랍니다. 귀하와 같은 스폰서로서의 후원덕분에 Business Records Management Association이 최고 수준의 교육 프로그램과 사교의 기회를 제공할 수 있는 것입니다.
BRMA와 그 회원사를 대신하여 올해의 회의에 기여해 주신 것에 대해 다시 한번 감사드립니다. 기타 문의사항이 있으시면 (800) 777-1718 번호로 제게 주저 없이 연락 주십시오.

References

서승진, 1998. *대한민국과 미국의 의전*, 한국컨벤션전시산업연구원

Geffner, Andrea B., 1995. *How to Write Better Business Letter*(2nd ed.), Barron's Educational Series, Inc.

IAEM, 2001, *Model Letters: A Guide for Effective Business Communication,* (IAEM Resource Kit), IAEM

FIPP 2002 행사자료: www.fipp.seoul.or.kr

IEA 2003 행사자료: www.iea2003.org

Convention English

PART Ⅲ

Convention English for Speaking

Chaper 11

회의사무국과 행사현장 영어

A. 인사하기

1. 자기를 소개할 때 2. 안부를 전할 때 3. 헤어질 때

B. 감정표현하기

1. 감사함을 나타낼 때 2. 상대방을 칭찬할 때 3. 사과 · 양해 · 부탁할 때
4. 초대 · 권유 · 사양할 때 5. 위로 · 격려할 때 6. 놀라움 · 분노를 나타낼 때

C. 업무처리하기

1. 업무를 보고할 때 2. 고객과 약속할 때 3. 회사 방문과 미팅할 때
4. 회사 제품/서비스 및 재무/실적을 소개할 때
5. 주문할 때 6. 판매할 때 7. 클레임과 배상할 때

D. 전화하기

1. 사무실 기기를 이용할 때 2. 전화 통화의 기본표현을 할 때 3. 통화로 용건을 전달할 때
4. 전화를 받을 수 없을 때 5. 전화를 끊을 때

E. 국제회의 기획 · 운영하기

1. 등록 및 안내 업무할 때 2. 등록비 지불 안내 할 때 3. 등록양식 안내할 때
4. 호텔관련 안내할 때 5. 공항 영접할 때 6. 관광 안내할 때 7. 현장 운영할 때
8. 사례: Professional Convention Organizer (PCO)와 호텔 Convention Service Manager(CSM) 와의 대화

▶ References

본 장에서는 일반적으로 국제회의 기획사 사무실이나 국제회의 조직위원회 회의사무국에서 일어날 수 있는 기본적인 영어 표현들을 선별 · 정리 (김한규, 2005; 김치훈, 2005)하였고, 이어서 컨벤션 기획사로서 알고 있어야 할 국제회의 기획과 운영에 관한 용어와 표현들 (서승진, 1998)을 제시하였다. 이 같이 유용하고 다양한 기본 영어 표현들을 우리말과 비교, 대조하면서 숙달하여, 컨벤션 기획 사무국과 행사 현장에서 활용해 보도록 하자. 여기에서는 우리말을 먼저 제시하고 그에 대응되는 영어 표현을 달아놓았다.

A 인사하기

1. 자기를 소개할 때

- 먼저, 제 소개를 하겠습니다. 새로 온 컨벤션 서비스 매니저입니다.
  - First of all, let me introduce myself. I'm a new convention service manager.
- 방금 소개받은 미스터 김입니다.
  - May name is Mr. Kim as mentioned in my introduction.
- 이쪽은 제 동료 미스터 박 입니다.
  - This is my colleague, Mr. Park.
- 말씀 많이 들었습니다.
  - I've heard so much about you. - I've heard a great deal about you.
  - I've often heard about you.
- 만나 뵙고 싶었습니다.
  - I wanted to see you. - I've been looking forward to meeting you.
- 명함 한 장 주시겠어요?
  - May I have your business card?

[해설]

· as mentioned: 언급했듯이

· looking forward to meeting: ~를 만나기를 몹시 기다리는 (to 다음에 (동)명사가 쓰임)

· business card: 명함 (이름표가 아님)

2. 안부를 전할 때

- 어떻게 지내세요?

  - How are you? - How's it going? - How are things with you?
  - How have you been (doing)? - What have you been up to?
  - How have you been getting along lately?

- 오랜만입니다.

  - Long time no see. - I haven't seen you for a long time.

- 그 이후로 뭘 하고 계십니까?

  - What have you been doing since then?

- 사업은 잘 되어 갑니까?

  - How is your business going?

- 늘 그렇지요.

  - About the same. - In the same state.

- 별일 없어요.

  - Nothing much. - Oh, not much.

- 항상 바빠요.

  - Keeping busy. - Busy as ever.

[해설]

· lately: 최근에 ('늦게' 라는 뜻이 아님)

3. 헤어질 때

- 너무 오래 있었던 것 같군요.

  - I'm afraid I stayed too long.

- 돌아가 봐야겠어요. (지금 가 봐야겠습니다.)
  - I'm afraid I have to leave. - I've got to go now. - I must be leaving.
  - I guess I'd better be on my way. - I'm afraid I'd better be leaving.
  - I'd better go now. - I'll say goodbye here, then.
  - I've got to be on my way now. - I think I must be off now.
- 만나서 매우 반가웠습니다.
  - I was very glad to see you. - It's been very(so) nice meeting you.
- 다시 만나 뵙기를 바랍니다.
  - I hope we'll get the chance to see you again.
  - I hope we'll get together again in a few days.

【해설】

· be off: 떠나다, 자리를 뜨다

· get together: 자리를 함께하다

B 감정표현하기

1. 감사함을 나타낼 때

- 여러 가지로 감사드립니다. 당신이 무척 도움이 되었습니다.
  - Thank you for everything. You've been a great help.
- 어떻게 감사를 드려야 할지 모르겠습니다.
  - I don't know how to thank you enough. - I can't thank you enough.
  - I don't know how to express my thanks. - How can I ever thank you?
- 당신의 도움에 감사드리고 싶었습니다.
  - I wanted to thank you for your help.

- 위로해 주셔서 감사합니다. 그렇게 말씀해 주시니 고맙습니다.

  - Thank you for your sympathy. It's very kind of you to say so.

- 그처럼 융통성 있게 처리해 주셔서 감사합니다. 저한테 너무 잘해 주시는군요.

  - I appreciate your being so flexible. You are too good to me.

- 제가 좋아서 한 건데요.

  - It's my pleasure. - The pleasure is mine.

- 아무것도 아닌데 대단하게 생각하지 마세요.

  - Think nothing of it. - Don't make anything of it.
  - Don't make too much of it.

【해설】

· sympathy: 동정, 연민
· appreciate: 감사하다
· flexible: 융통성이 있는

2. 상대방을 칭찬할 때

- 정말 큰일을 해내셨군요. 모든 일이 잘 되길 바랍니다.

  - You've come a long way. I hope everything will come out all right.

- 행운을 빌게요.

  - Good luck to you. - I wish you the best of luck.
  - I'll keep my fingers crossed for you.

- 잘하시는군요!

  - You're doing well! - You are coming along well!

- 당신은 항상 저보다 한 수 위군요.

  - You're always one step ahead of me.

- 그건 당신의 공적입니다. 당신은 그럴 만한 자격이 있어요.
  - You deserve a lot of credit for that. You deserve it.
- 계획을 끝까지 밀고 나가는 당신이 존경스럽습니다.
  - I admire you for sticking to your plans.
- 과찬의 말씀입니다.
  - I'm so flattered. - This is very flattering. - Don't flatter me.
  - You praise me so much. - You make me blush. - Don't make me blush.

[해설]

· come out: ~ 한 결과가 나오다
· keep my fingers crossed: 내가 (손가락을 꼬아 십자가를 만들어) 기원하다
· ahead of: ~ 보다 앞선
· deserve: ~ 받아 마땅한
· credit: 신용, 공적
· sticking to: ~를 고집하는
· flattered: 과하게 칭찬받은
· praise: 칭찬하다
· blush: 부끄러워 얼굴이 붉어지는

3. 사과 · 양해 · 부탁할 때

1) 실수에 대한 사과할 때

- 제가 한 행동에 대해 사과드립니다.
  - I apologize for what I've done.
- 고의로 그런 것은 아니었습니다.
  - My intentions were good. -I didn't do it on purpose.

- It wasn't intentional.
- I really didn't mean it.　- I couldn't help it.

● 대단히 죄송합니다.

- I'm awfully(terribly)sorry.　- I feel sorry about it.
- I can't tell you how sorry I am.　- Please accept my sincere apologies.
- I apologize to you from the bottom of my heart.

● 제 잘못입니다.

- I made a mistake.　- It's all my fault.　- That was my fault.

● 미안합니다. 제가 깜박 잊었습니다.　제가 좀 더 주의를 했어야 했습니다.

- I'm sorry. It slipped my mind.　I am sorry I should have been more careful.

● 미안합니다. 제가 날짜를 혼동했습니다.　다시는 이런 일이 일어나지 않을 겁니다.

- I'm sorry. I'm mixed up the dates.　It won't happen again.

● 실례했습니다. 제가 사람을 잘못 봤습니다.

- Excuse me. I got the wrong person.

● 그건 제가 생각이 부족했기 때문입니다.

- That was thoughtless of me.

● 제가 말은 잘못했습니다.

- It was a slip of my tongue.　- I put my foot in my mouth.

● 괜찮습니다. 걱정 마세요. 누구한테나 일어날 수 있는 일입니다.

- That's all right.　- That's okay.　- No problem.　- Not at all.
- It doesn't matter.　- Don't worry about it.　- It can happen to anyone.

● 당신이 사과할 필요는 없습니다.

- There is no need for you to apologize.

【해설】

· apologize: 사과하다

· intention(s): 의도(들)
· on purpose: 고의로, 일부러
· intentional: 의도적인
· couldn' t help: 어쩔 수 없었다
· fault: 잘못
· I' m mixed up: 내가 혼동하다
· thoughtless: 생각이 없는
· a slip of my tongue: 내 혀가 미끄러지듯 말실수한

2) 상대방이 납득할 만한 양해를 구할 때

● 잠깐 실례합니다.

- Excuse me. - Excuse me for a moment.

● 기분이 나쁘지 않았으면 합니다.

- I hope I didn't offend you. - I'm sorry if I <u>offend</u> you.
- If I have offended you, I apologize.
- Please excuse me for offending you.

● 생각할 시간을 좀 주시겠어요?

- Will you give me some time to think it over?

● 말씀 도중에 죄송합니다만, ……. 여기에 짐을 놔두어도 될까요?

- Forgive me for <u>interrupt</u>ing you, but ……. Can I leave my <u>stuff</u> here?

● 당신 차를 좀 사용할 수 있나요?

- Do you think I could use your car?

[해설]
· offend: 공격하다, 마음을 불쾌하게하다
· interrupt: 중단하다, 방해하다
· stuff: 물건

3) 부탁할 때

● 부탁을 들어 주시겠습니까? 꼭 부탁드릴 게 하나 있습니다.

- Would you do me a favor? - May I ask a favor of you?
- I have a big favor to ask of you.

● 개인적인 부탁을 드려도 될까요? 거절하지 마세요.

- May I ask you a personal favor? Don't say no.

● 제 일에 익숙해질 때까지는 여러분의 도움이 필요합니다.

- I think I need your help until I get better acquainted with my job.

● 제 일이 자리가 잡힐 때가지는 여러분의 원조가 필요합니다.

- I think I need your assistance until I get well settled with my job.

● 이것을 번역해 주십시오.

- I'd like to have this translated.

【해설】

· do me a favor: 내 부탁을 들어주다
· ask a favor of~: ~에게 부탁을 요청하다
· acquainted with: ~에 익숙한, 낯익은
· assistance: 도움, 지원
· settled: 자리 잡은
· have this translated: 이것을 번역해 달라고 하다 (여기서 have 는 "시키다" 의 의미임)

4. 초대 · 권유 · 사양할 때

1) 초대할 때

● 언제 한번 놀러 오세요.

- Come and see me one of these days.
- Please drop in at my house someday.

● 제 초청을 받아 주시겠습니까?

- Would you care to be my guest?

● 기꺼이 가겠습니다.

- I'd love to come. - I'll be glad to come.

● 파티가 몇 시에 시작되죠?

- When is the party starting? - What time will you start the party?

● 파티가 몇 시에 끝나죠?

- What time will the party end? - What time will the party be over?

● 정장을 해야 합니까? 양복을 입어야 합니까?

- Should I dress formally? Should I wear a business suit?

● 오늘 몇 분이 올 것 같습니까?

- How many people are you expecting today?

● 기다리고 있었습니다.

- We've been expecting you.

[해설]

· drop in: 잠깐 들르다
· care to: ~ 하기를 좋아하다
· be my guest: 나의 손님이 되다, 초청하다
· dress formally: 격식 있게 옷을 입다 (여기서 dress 는 동사임)
· a business suit: 정장

2) 권유할 때

● 마실 것을 드릴까요?

- Would you like something to drink? - Should I fix you a drink?

- I'll get you something to drink? - What would you like to drink?

● 이렇게 추운 날씨에는 뜨거운 커피 한 잔이 최고입니다.

- There's nothing better than a hot cup of coffee in this cold weather.

● 술을 끊는 게 좋겠어요.

- <u>You'd better</u> <u>quit</u> drinking.

● 자세를 편히 하십시오.

- Please make yourself at home. - Please make yourself <u>comfortable</u>.

● 신발은 벗으세요. 상의를 벗고 편히 쉬세요.

- Please <u>take off</u> your shoes. Take off your jacket and make yourself at home.

● 여기 좀 더 계시지 그러세요?

- <u>Why don't you</u> stay longer? - Can't you <u>stick around</u> a little longer?

● 차로 댁까지 모셔다 드릴까요?

- Would you like me to drive you home?

[해설]

· fix a drink: 음료수를 만들어 주다
· You' d better: 당신은 ~ 하는 게 더 좋다 (had better 다음에는 동사원형이 쓰임)
· quit: ~를 그만두다 (quit 다음에 오는 동사는 " V + ing" 형태임)
· comfortable: 안락한
· take off: (옷이나 신발을) 벗다
· Why don' t you: 당신이 ~ 하는 것이 어떤가?
· stick around: 자리를 떠나지 않고 주변에 있다

3) 기분 나쁘지 않게 사양, 거절할 때

● 그럴 생각이 없습니다. 미안하지만, 그렇게는 안 되겠는데요.

- I'm not ready for that. I'm sorry, but I can't do it.

- 아무것도 하고 싶은 생각이 없어요. 그럴 기분이 아닙니다.
  - I don't feel like doing anything. I'm not in the mood for it.
- 그러고 싶지만 선약이 있어서요.
  - I'd love to, but I have another appointment.
- 오늘은 매우 바쁩니다. 오늘 시간이 없습니다.
  - I'm tied up today.
- 그건 무리한 요구입니다.
  - It's a difficult task. - It's a hard job.
  - It's an arduous chore. - That's asking too much.

[해설]

· feel like + ing: ~ 하고 싶은 기분이다

· tied up: 꽉 묶인, 약속이 있는

· arduous chore: 힘든 허드렛일

5. 위로 · 격려할 때

1) 상대방이 우울해 보일 때

- 우울해 보이네요. 무슨 일이 생긴 건 아닙니까?
  - You look down. Are you up to something?
- 왜 그렇게 우울한 얼굴을 하고 계세요?
  - How come you have such a long face? - Why so blue?
- 어떤 걱정거리가 있어 보이는군요. 걱정되는 일이라도 있으세요?
  - You look worried about something. Do you have something on your mind?
- 그저 조금 슬픈 기분입니다. 스트레스만 쌓이고 있어요.
  - I'm just feeling a little sad. The stress just keeps building up.

[해설]

· look down: 우울해 보이다

· How come: 어찌하여

· have such a long face: 그렇게 우울한 얼굴을 하다

2) 상대방에게 안 좋은 일이 생겼을 때

- 어떻게 된 건지 궁금하군요. 두 사람 사이에 무슨 일이 있었어요?

  - I wonder what happened to it. What's going on between you two?

- 뭐라고 위로의 말씀을 드려야 할지 모르겠군요.

  - I don't have adequate words to express my sympathy.

- 부친께서 돌아가셨다니, 참 안됐습니다.

  - I'm very sorry (to hear that) your father passed away.

- 진정하세요!

  - Calm down! - Take it easy! - Cool down! - Slow down!

- 그렇게 화낼 이유가 없어요.

  - There's no reason to get so angry.

- 그런 일에 낙심하지 마세요.

  - Don't be disappointed about such a thing.

- 그것 때문에 골치 아파하지 마세요. 그것 때문에 그렇게 골머리 짜지 마세요.

  - Don't get a headache over it. Don't beat your brains on it.

[해설]

· adequate: 적절한

· passed away: 돌아가셨다, 사망했다

· disappointed: 실망한

· beat: 때리다

· brain(s): 두뇌(들)

3) 용기를 북돋워 줄 때

- 힘내세요!

  - Cheer up!　- Be of good cheer!　- Perk up!

- 그걸 해낼 시간이 충분해요.

  - You have lots of time to do it.

- 당신의 능력을 과소평가하지 마세요.

  - Don't sell yourself short.　- You shouldn't under-estimate your abilities.

- 걱정할 것 없어요. 그건 그때 가서 걱정하세요.

  - You have nothing to worry about. Cross that bridge when you get there.

- 나쁜 것은 잊어버리고 좋은 것만 생각하세요.

  - Forget about bad things and think about good things.

- 기죽지 마세요.

  - Don't let yourself down.　- Don't look small.

- 필요한 것은 강한 의지력입니다.

  - All it takes is strong will power.

- 힘이 드시겠군요. 당신에겐 내가 있으니 안심하세요.

  - This is hard on you. Don't be anxious because I will always be behind you.

- 어떻게 견디고 계세요?

  - How are you holding up?

- 그의 말이 저에게 큰 힘을 주었습니다.

  - His words gave me quite a lift.

[해설]

· Perk up: 기운 내다
· under-estimate: 과소평가하다
· let down: 기가 죽다
· anxious : 걱정하는
· holding up: 버티고 (견디고)있는
· lift: 들어올림

6. 놀라움 · 분노를 나타낼 때

1) 놀랐을 때

● 정말? 농담이지? 농담 말아요. 설마!
- Really? - Are you kidding? - No kidding. - No way!

● 누굴 놀리는 거예요? 날 놀리는 거죠?
- Who are you trying to kid? - You're pulling my leg.

● 엄청나네. 믿을 수가 없어요. 나보고 그걸 믿으라고요?
- Unbelievable! I find that hard to believe. You expect me to believe that?

● 직접 봐야 믿을 수 있겠어요. 내 눈을 못 믿겠군. 아직(전혀) 믿어지지 않아요.
- I'll believe it when I see it. I can't believe my eyes. I remain (very) skeptical.

● 아마 기절초풍할걸요?
- This will blow you away.

[해설]

· kidding: 놀리는
· pulling my leg: 나를 놀리는
· skeptical: 회의적인

· blow: 불어버리다

2) 실망 · 후회할 때

- 결과에 (너무) 실망했어요. 그 거래에 대해 실망입니다.
  - I'm (pretty) disappointed with the outcome. I'm discouraged about the deal.
- 모든 과정이 실망스러워요. 결과가 만족스럽지 못하군요.
  - I'm frustrated with the whole process. I'm dissatisfied with the results.
- 실망하지 마세요.
  - Don't let it get you down.
- 그들의 결정에 화가 나요. 거절당했을 때 정말 낙심했죠.
  - I'm upset about their decision. I was crushed when I was rejected.
- (좀더 잘)알고 있었어야 했는데. 시간을 되돌릴 수만 있다면.
  - I should have known (better). If I could only turn back the clock.

【해설】

· outcome: 결과
· discouraged: 용기를 잃은, 낙담한
· frustrated: 좌절한
· upset: 화가 난
· crushed: 부서져버린
· rejected: 거절당한

3) 더 이상 참기 어려울 때

- 일이 너무 지긋지긋해요. 더 이상 못 참겠습니다.
  - I'm sick and tired of my job. I've just had it.

● 그들의 그 허튼 소리라면 넌더리가 나요. 그 사람들 실수 때문에 내가 미치겠어요.

- I am fed up with their nonsense. Their mistakes are driving me up the wall.

● 그가 내 신경을 긁기 시작했어요. 그가 슬슬 성가시게 해요.

- He's starting to get on my nerves. He's starting to bother me.

● 진정해요. 침착하세요. 서두르지 마세요.

- Calm down. - Get a hold of yourself. - Hold your horses.

【해설】

· sick and tired of: ~이 지긋지긋한
· fed up with: ~에 진저리가 나는
· driving me up the wall: 나를 미치고 화나게 만드는
· get on my nerves: 내 신경을 거슬리게 하다
· bother: 괴롭히다, 방해하다

C 업무 처리하기

1. 업무를 보고할 때

1) 맡은 일의 진행상황 보고할 때

● 그 일은 어떻게 되고 있어요? 마감 시간에 맞추어야 합니다.

- How does that matter stand now? You must meet the deadline.

● 처리 기간은 보통 얼마나 됩니까?

- What's your normal turn-around time?

● 급한 일을 우선 처리하세요.

- Take care of the urgent things first.

- 당신이 해야 할 일이 좀 있어요.
  - I have some work for you to do.

- 잊어버리지 않도록 메모해 두세요.
  - Jot it down so as not to forget.
  - Take it down in order not to forget.

- 그 사람들이 일을 어떻게 처리하고 있는지 점검해 보세요.
  - Please check to see how they are doing with their work.

- 그가 돌아올 때까지 제가 대신 일을 맡고 있어요.
  - I'm taking care of his work until he returns.

- 두 시까지 끝내기 위해서는 지금 일에 착수해야 할 것 같습니다.
  - We should set about the work in order to finish it by two o'clock.

- 우리는 무척 열심히 했기 때문에 예상보다 더 빨리 끝냈어요.
  - We worked so hard that we finished it much earlier than we expected.

- 결과를 아는 대로 알려 드리겠습니다.
  - As soon as I know the result, I'll let you know.

- 모든 게 완결되면 전화를 드리겠습니다.
  - I'll phone you when everything is set.

- 다음 일은 뭐죠?
  - What's the next to do?

【해설】

· meet the deadline: 마감 기간을 맞추다
· turn-around time: (한바퀴 돌아) 처리되는 시간
· urgent: 다급한
· Jot it down: 빨리 적어내려 가다
· so as not to: ~ 하지 않기 위해
· set about: 착수하다

2) 상사에게 보고서 올릴 때

- 그 보고서가 언제까지 필요하십니까?
  - When do you need the report by?
- 이 보고서를 금요일까지는 끝내겠습니다.
  - I'll be done (through) with this report by Friday.
  - I'll have this report done by Friday.
  - I'll have to get this report finished by Friday.
- 이 서류를 3부 만들어서 부장과 과장에게 1부씩 드리십시오.
  - Make three sets of this report, and please five one to the manager and one to the section chief.
- 우선 그 서류 좀 훑어봅시다.
  - First of all, let's look over the papers.
- 매뉴얼을 직접 읽어보세요.
  - Why don't you read the manual for yourself?
- 이 보고서에는 부족한 점이 많이 있을 겁니다.
  - I think this paper leaves much to be desired.

[해설]

· be done (through) with: ~를 끝마치다
· manager: 부장
· section chief: 과장
· look over: 검토하다
· leaves much to be desired: 바랄 부분이 많이 남아 있다, 부족한 점이 많다

3) 업무처리에 관한 도움을 요청할 때

- 제 대신 업무를 맡아 주시겠어요?

- Could you take my place? - Could you fill in for me?

- 이 서류들을 어디에 철해 두어야 합니까?
  - Where should I file these documents?
- 계획보다 늦었어요.
  - We're behind schedule.
- 밀린 일이 많아요.
  - I have a lot of work to catch up on.
  - I still have thousands of things to do.
  - There's a good deal of work left undone.
- 할 일이 많아서 무엇부터 손을 대야 할지 모르겠어요.
  - I have too many things to do. I don't know where to begin.
- 이 문제를 어떻게 시작해야 할 지 모르겠어요.
  - I don't know how to start do it.
- 어떻게 그 문제를 해결하셨어요?
  - How did you manage that problem?
- 그 일은 당신이 생각하는 만큼 어렵지 않아요. 좌우간 그것에 대해 준비를 해 둡시다.
  - The work is not as difficult as you think. In any case, let's make preparation for it.

[해설]

- take my place: 나를 대신하다
- fill in: 빈 자리를 채우다
- file: 서류철하다 (여기서는 동사임)
- behind schedule: 예정보다 늦어진
- catch up on: 뒤처진 것을 따라가 만회하다
- left undone: 미완성 상태로 남겨두다
- In any case : 어떤 경우에도

2. 고객과 약속할 때

1) 약속시간을 정할 때

- 그쪽에서 시간과 장소를 말씀해 보세요.
  - You name the place and time. - Please tell the place and time you like.
- 몇 시가 좋을까요?
  - What's a good time for you? - What's the most <u>convenient</u> time for you?
  - When would you like to meet? - When is it convenient for you to meet me?
- 몇 시쯤 오시겠습니까?
  - When do you want to come? - When can I expect you?
- 그 분과 언제 약속이 가능하죠?
  - When Is his next <u>available</u> appointment?
- 거기에 언제까지 도착하면 됩니까?
  - What time should I be there? - What time would you like me to come?
- 제가 몇 시에 들르면 가장 좋겠습니까?
  - What's the best time to drop in? - What time would <u>suit</u> you best?
- 내일 열 시에 스미스 씨와 약속을 하고 싶습니다.
  - I'd like to <u>schedule an appointment</u> with Mr. Smith.
- 최대한 서두르면 몇 시까지 올 수 있습니까?
  - What's the fastest you can <u>make it</u>?
- 세 시쯤에 시간이 있으십니까?
  - Would you be able to meet me at three o'clock?
  - Are you going to be free at about three today?

- Do you have some free time at around three?

- 내일 세 시에 오실 수 있습니까?
  - Could you come over tomorrow at three?
- 오늘이 무슨 요일이죠?
  - What day is it today? - What day of the week is it today?
- 어느 요일이 좋겠습니까?
  - What day of the week will be the best for you?
- 금주 중으로 언제 시간이 납니까?
  - Would you be free anytime during the week?
  - May I see you sometime during the week?
- 아무 때나 오세요.
  - You are welcome at any time. - Come any time you please.
  - Please come any time you want.

[해설]

· convenient: 편리한
· available: 사용가능한, 시간이 나는
· suit: 적합하다 (여기서는 동사임)
· schedule an appointment: 약속 일정을 잡다 (여기서 schedule 은 동사임)
· make it: 약속시간을 ~로 잡다

2) 약속장소를 정할 때

- 거기서 바로 올 수 있습니까?
  - Can you come straight over from there?
- 제가 내일 방문하겠다고 그분에게 알려 주세요. 오후에 시간이 나는 대로 들르겠습니다.
  - Remind him that I'll come tomorrow. I'll drop by as soon as I get a free afternoon.

- 원하시면 언제든지 사무실로 찾아가 뵙겠습니다.

  - I'd be happy to come down to your office any time.

- 퇴근길에 당신 사무실에 들를게요.

  - I'll stop by your office on my way home.

- 지금 들러서 만나 뵐 수 있을까요?

  - Could I drop over and see you now?
  - May I drop in and see you for a moment?

- 우리 어디서 만날까요?　거긴 너무 멀어요. 중간쯤에서 만납시다.

  - Where shall we meet?　- That's too far. I'll meet half way.

- 불편하시지 않으면 이쪽으로 오시겠어요?

  - If it isn't inconvenient for you, would you come my way?

[해설]

· Remind: 기억을 상기시키다
· drop by; drop over; drop in: 잠깐 들리다
· on my way home: 내 집으로 오는 길에
· inconvenient: 불편한

3) 약속을 취소해야 할 때

- 중요한 일이 생겨서 약속을 지킬 수가 없습니다.

  - Some important thing has come up, so I'm afraid I won't be able to make it.

- 오늘은 좀 곤란하군요.

  - Today isn't good.　- Today is not convenient.
  - I don't have any time today.

- 약속 시간을 조금만 앞당기면 어떨까요? 저는 오후에 주로 자리에 없습니다.

  - Why don't you make it a little earlier?　I am out most afternoons.

- 시간이 좀 더 걸리겠는데요.
  - I'm afraid it'll take a little more time.
- 오늘은 잠시도 자리를 비울 수가 없군요.
  - I'm going to stick to my desk today.

【해설】
- come up: 나타나다, 발생하다
- am out: 외출(외근)하다
- stick to: ~에 고수하다, 달라붙다

3. 회사 방문과 미팅할 때

1) 외국인 방문객이 회사를 찾았을 때

- 실례지만 무슨 용건으로 오셨습니까?
  - May I ask the nature of your business?
  - May I ask what your business is?
- 누구를 만나시려는 거죠?
  - Who would you like to see?
- 그 분과는 약속을 하셨습니까?
  - Do you have(Did you make) an appointment with him?
- 밀러 씨를 만나러 왔습니다.
  - I'm here to see Mr. Miller.   I'd like to see Mr. Miller.
- 회장님을 대신하여 제가 뵈러 왔습니다.
  - I came here to see you in place of the president.
- 그 분께 들어오시라고 할까요?
  - Shall I ask him in?

- 들어가셔도 됩니다.

  - You may go right in.

[해설]

· nature: 본질, 성격

· in place of: ~를 대신하여

2) 잠깐 상대방을 기다려야 할 때

- 그게 언제 끝나죠?

  - When will it be done? - How soon will it be over?

- 회의 중에 잠깐 나올 수 있나 봐 주세요.

  - See of he can break away for a second.

- 그 분이 지금 당신을 만날 수 있는지 확인해 보겠습니다.

  - I'll check if he can meet with you now. - I'll tell him you're here.

- 여기서 잠시 기다려 주시겠습니까?

  - Would you please wait for a moment?
  - Would you mind waiting for a moment?

- 여기 앉으셔서 잠깐 기다리세요.

  - Please have a seat and wait for a while.

- 그 분이 곧 나오실 겁니다.

  - He'll be with you in a moment. - He'll be coming in a minute.
  - He'll be here soon.

- 기다리시는 동안 커피 한잔 하시겠습니까?

  - Would you like a cup of coffee while you're waiting?

[해설]

· be over: 끝나다

· break away: 깨고 나오다, 자리에서 나오다
· Would you mind + Ving: ~ 해주셔도 됩니까?
· be with you: 당신을 만나다

3) 미팅 자리에서 용건 얘기하기

- 당신을 만나고 이야기도 할 겸해서 왔습니다.
  - I have come with a double purpose of seeing you and talking with you.
- 마침 잘 오셨습니다.
  - You've come just in time. - You've come at just the right moment.
- 벌써 찾아뵈었어야 했는데 그러지 못했습니다.
  - I should have called on you long ago.
- 제 소견을 말씀드리겠습니다. 당신의 의견과 내 의견은 비슷하군요.
  - Let me give my humble opinion. Your opinion is similar to mine.
- 한 말씀 드려도 될까요?
  - May I say a word or two? - May I make another point?

【해설】
· just in time: 바로 제때에
· should have called on: 방문했어야 했다
· humble: 초라한 겸허한, 보잘 것 없는
· similar to: ~ 와 비슷한

4) 미팅이 취소되었을 때

- 그 분은 지금 회의 중입니다. 그는 다른 손님과 함께 계십니다.
  - He's in a meeting now. He has another visitor now.
- 미안합니다만, 그는 지금 만날 형편이 못 됩니다.

- I'm sorry, but he's not available.

● 그 분은 조금 전에 회장실로 불려갔습니다.

- He was called to the president's office a little while ago.

● 제 시간에 끝낼 수 없을 것 같아요.

- I'm afraid I won't be able to get it done on time.

● 나중에 다시 와 주시겠습니까? 다시 연락드리겠습니다.

- Would you come back later? You'll be hearing from me again.

● 제가 여기에 왔었다고 그에게 전해 주세요.

- Please tell him I was here.

[해설]

· was called to: ~로 불려갔다
· get it done: 그것을 끝마치다
· on time: 제시간에
· be hearing from: ~ 로부터 소식을 듣게 되다

4. 회사 제품/서비스 및 재무/실적을 소개할 때

1) 신제품/서비스에 대한 프레젠테이션

● 저희 신제품을/서비스를 보여 드리겠습니다. 이에 대한 수요가 상당히 있습니다.

- I'll show you our new product/service. There's a great demand for this.

● 이것은 요즘 한국에서 잘 팔리는 것입니다.

- This is a big hit in Korea nowadays.
- This is the largest selling brand in Korea nowadays.

● 실제로 요즘 한국 시장에서 엄청나게 팔리고 있습니다.

- Actually it sells like hot cakes in Korea these days.

- 그 모델의 새로운 특성에 대해 좀 더 자세히 알고 싶습니다.
  - I'm interested in finding out more about new features of the model.
- 기존 것들과는 무엇이 다릅니까?
  - What's the main difference from the old ones?
- 당신의 새 모델에서 특별히 개선된 것은 무엇입니까?
  - What's the distinctive improvement of your new model?
- 안전성에 대해 좀 더 자세히 알려 주시면 고맙겠습니다.
  - I'd appreciate some more information about safety.
- 이 시스템은 연료비용을 대폭 절감시켜 줍니다.
  - This system will allow you to cut fuel costs drastically.
- 유지비를 대폭 줄여 놓았습니다.
  - Maintenance costs have been reduced drastically.
- 이 모델은 지난해 모델에 비해 약 30% 정도 더 빠릅니다.
  - This new model is about 30 percent faster than last year's model.

[해설]

· demand for: ~ 에 대한 수요
· it sells like hot cakes.: 불티나게 잘 팔리다
· feature(s): 특성(들)
· distinctive: 구별되는
· improvement: 향상
· appreciate: 고마워하다
· Maintenance: 유지
· reduced : 감소된

2) 재무 관련 사항과 실적 공개하기

- 귀사의 자본금은 얼마입니까?

- How much capital does your company have?

● 작년 매출 실적은 얼마입니까?

- How was the sales performance last year?

● 평균적인 이익 마진은 얼마입니까?

- What is your average margin of profit?

● 당신의 연간 매상고는 어느 정도입니까?

- What's the total amount of your annual sales?
- How much do your annual sales run up to?

● 순이익은 얼마입니까?

- What's the total profit of your annual sales?
- What's the percentage of your profit?

● 귀사의 시장 점유율은 어느 정도입니까?

- What is your market share?
- What's the percentage of the market share held by your company?

● 우리 회사는 약 1억 달러의 매출을 가지고 있습니다.

- We have a turnover of roughly hundred million dollars.

● 작년에는 매출이 100% 신장되었습니다.

- We experienced 100 percent growth in sales last year.

[해설]

· capital: 자본
· sales performance: 판매실적
· profit: 이윤
· run up to: ~ 까지 (기로, 업적이) 나오다
· market share: 시장점유
· turnover: 매출
· roughly: 대략적으로

3) 제품/서비스에 대한 여러 가지 질문

- 이것은 요즘 잘 팔립니까? 제품에 관해 인쇄물로 된 것이 있습니까?
  - Is this a hot sale item lately? Do you have anything in print on the products?
- 견본품과 시방서를 포함한 카탈로그 몇 부를 얻고 싶습니다.
  - I'd like to get some samples and the catalogs including specification.
- 견적서를 보내 주실 수 있습니까?
  - Would you mind sending us an estimate?
- 죄송하지만 다시 한 번 질문해 주시겠어요?
  - Would you mind repeating your question?

[해설]

- a hot sale item: 잘 팔리는 품목
- in print:인쇄로 된
- specification: 시방서
- estimate: 추산, 견적

5. 주문할 때

1) 주문과 가격에 관한 문의

- 주문 좀 하려고 합니다. 추가 주문을 하고 싶습니다.
  - I'd like to order something. We'd like to make an additional order.
- 주문을 변경하고 싶습니다. 세트를 나누어서 팔지는 않습니까?
  - I'd like to change my order. Why don't you break up the set?

- 전에 전화로 말씀드린 대로 어떤 일정한 조건으로 이 제품을 구매하려고 합니다.
  - As I told you over the phone, we are going to buy the products on certain conditions.
- 어떤 종류의 물건을 찾으십니까? 주문하려고 하는 시리즈 번호가 무엇이죠?
  - What kind of thing are you looking for? What serial number would you like to order?
- 어떤 사이즈를 찾으십니까? 다양한 가격대가 있습니다.
  - What size are you looking for? We have a wide range of prices.
- 더 싼 것을 찾으세요?
  - Would you like to see a less expensive model?
  - Can I show you one of our less expensive ones?
- 값이 저렴한 것도 있습니다.
  - We have cheaper ones. - We have some at a lower price.
  - We have a less expensive model. - We have an economy model.
- 이 물건은 (박스 단위) 세트로만 팝니다.
  - We sell those only (by the box.) by the set. - We don't break up the set.
- 합계 5,000 달러입니다.
  - That'll be five thousand dollars altogether.
  - You can have them for five thousand dollars in all.

[해설]

· additional: 추가적인

· on certain conditions: 어떤 조건으로

· range: 범위

· expensive: 비싼

· by the set: 세트단위로

· That' ll be ~: 값이 ~ 가 되다

2) 희망 단가를 다른 경우에 협상하기

- 이 제품은 단가가 얼마입니까? 이 가격은 흥정할 수 있나요?
  - How much is this per unit? Is this price negotiable?
- 이 제품에 대해 얼마를 부르겠습니까?
  - How much can you quote me for this unit?
  - What's your asking price on this unit?
  - Please let me know the price you can offer for this unit.
- 좀 무리한 주문이라는 생각이 듭니다. 이것을 좀 더 할인해 주면 고맙겠습니다.
  - I feel like you are asking a little too much. I'd appreciate it if you could give me more discount on this.
- 가격을 더 인하해 주실 수 있습니까?
  - How far do you think you could bring the price down?
- 5% 할인해 주실 수 있습니까?
  - Can you bring it down by five percent?
- 값을 잘해 드리겠습니다. 그것이 얼마나 싼지 믿을 수 없을 겁니다!
  - I'll give you a super deal. You won't believe what a steal it is!
- 이것들은 세일 중입니다. 그래서 가격이 절반입니다.
  - These are on sale. So they're half price.
- 1,000개 이상을 구입하시면 더 큰 폭의 할인을 해 드릴 수도 있습니다.
  - If you buy over a thousand units, I could consider a better discount.
- 우리가 해 드릴 수 있는 가격은 개당 50달러입니다.
  - The best we can do is fifty dollars each.
- 가격을 3% 인하한다면 상당량의 우리 제품을 구입하시겠다는 거죠?
  - Do I understand that you would buy a substantial amount of our products if we reduce our prices by three percent?

● 더 이상 할인은 불가능합니다. 아시겠지만, 우리도 수지 균형을 맞추어야 하니까요.

- We can't reduce our price any more. We've got to make both ends meet, you know.

[해설]

· per unit: 단가별로
· negotiable: 협상이 가능한
· quote: 가격을 부르다, 견적을 내다
· offer: 제안하다
· bring it down by five percent: 5 퍼센트로 할인하다
· on sale: 세일 중인
· substantial amount: 상당한 양
· make both ends meet: 수지를 맞추다

3) 주문 수량과 재고 현황

● 남아 있는 재고가 있습니까? 모델 23의 재고가 있습니까?

- Is there any stock left? Do you have Model-23 in stock?

● 모든 제품은 재고가 있습니다.

- All of our goods are in stock.

● 당분간은 재고가 없습니다.

- For the time being, we've run out of stock.
- We've temporarily run out of stock.

● 죄송하지만 지금은 재고가 없습니다. 지금 재고가 바닥이 났습니다.

- I'm sorry but they're out of stock now. We're completely out of stock at present.

[해설]

· stock left: 남아있는 물건 (여기서 left 는 "남아있는" 의 의미로, leave(남기다)의 과거분사임)
· in stock: 재고로 있는
· For the time being: 당분간
· run out of stock: 재고가 없다

6. 판매할 때

1) 판매고를 올리는 제품의 마케팅 전략

- 이 제품을 강력히 추천합니다.
  - I strongly recommend these goods.
- 선택하실 수 있는 제품이 많이 있습니다.
  - There's a wide selection to choose from.
- 이것 한번 써 보시죠?
  - How about trying this one? - Would you like to try this one?
- 품질을 경쟁사 제품과 비교해 주십시오.
  - Please compare our product's quality with that of our competitors.
- 귀사의 판매 전략은 무엇입니까?
  - What are your sales strategies?
  - What sort of sales strategy do you have?
- 국내의 판매 전략은 어떤 것입니까?
  - What are your sales strategies at home?
- 얼마 동안 보증이 됩니까?
  - How long do you guarantee it? - How long is the warranty?
- 3년 간 보증을 해 줍니다.
  - We'll guarantee (warrant) them for three years.
  - We'll give a full warranty on this product for three years.
  - You'll receive a 3-year guarantee with this product.
- 우리의 판매 전략은 박리다매입니다.
  - Our sales strategy is small profits and quick returns.

[해설]

· recommend: 추천하다
· a wide selection: 폭넓은 선택
· compare A with B: A 와 B를 비교하다
· competitor(s): 경쟁업체(들)
· strategy(ies): 전략(들)
· guarantee: 보증하다 (동사로 쓰임)
· warranty: 보증
· small profits and quick returns: 박리다매

2) 정확한 날짜의 납품과 그 운송 방법

- 선적하는 데 얼마나 걸립니까?
  - How long will it take to <u>make shipment</u>?
- 언제 물품을 선적할 수 있습니까?
  - When will you be able to ship the <u>merchandise</u>?
  - When will you be able to send the goods?
- 물품이 도착하는 데 얼마나 걸립니까?
  - How long will it take for the <u>goods</u> to arrive?
- 500개를 먼저 5월 30일까지 납품할 수 있습니까?
  - Will you be able to <u>deliver</u> the first 500 units by May 30th?
- 실질적인 선적은 신용장을 접수한 후 30일 이내에 준비하겠습니다.
  - Actually shipment will be arranged within 30 days after receiving the L/C.
- 납품 기한을 연기해 주시겠습니까? 금요일까지 시간을 주십시오.
  - Could you <u>extend</u> the delivery deadline? Give me until Friday.
- 일단 월요일로 정해 둡시다. 항공으로 운송하면 시간이 절약되지요.
  - Let's make it <u>tentatively</u> for Monday. <u>Air transportation</u> sure can save a

lot of time.

- 선적이 늦어진 이유를 알려 주십시오. 우리 제품은 수송할 때 손상을 입을 수도 있습니다.
  - Please tell me the reason you <u>delayed</u> shipment. Our goods might be <u>damaged</u> during shipment.
- 운임은 중량과 목적지에 따라 결정됩니다.
  - The fee <u>is based upon</u> weight and <u>destination</u>.
  - The shipping expenses depend on weight and destination.

【해설】

· make shipment: 선적하다
· merchandise; goods: 상품, 물품
· deliver: 전달하다
· extend: 연장하다
· tentatively: 잠정적으로, 임시로
· Air transportation: 항공 운송
· delayed: 지연된
· damaged: 손상 입은
· is based upon: ~ 에 근거를 두다
· destination: 목적지

3) 구매 대금 지불의 방법과 시기

- 지불 기한은 5월 30일까지입니다. 그때까지 3,000달러를 저희 계좌를 송금해 주십시오.
  - Your payment <u>is due</u> on May 30th. Please <u>transmit</u> three thousand dollars to our account <u>by then</u>.
- 지불 조건은 어떠한 방식입니까?
  - Could you tell me what your terms of payment are?
  - What are your terms of payment? - How should we pay this?
  - How is this to be paid for?
- 지불에 대해선 전혀 걱정하시지 않도록 확실히 하겠습니다.

- Let me assure you that you'll have nothing to worry about payment.

● 송금이 들어오면 알려드리겠습니다.

- I'll notify you when the remittance comes in.

[해설]

· is due: 기한이 ~ 이다
· transmit: 보내다, 송금하다
· by then: 그 때 쯤
· assure: 확신시키다
· notify: 통고하다, 알리다
· remittance: 송금

7. 클레임과 배상할 때

1) 결함이 있는 제품의 클레임 처리하기

● 식음료서비스에 관해 클레임이 생겼습니다.

- We have a complaint against you for the catering service.

● 메뉴 목록이 우리가 주문한 것과 다릅니다.

- The menu list we received is different from what we ordered.

● 귀사가 선적한 물품을 손상된 상태로 받았습니다.

- We've received your shipment in a badly damaged condition.

● 물품이 10% 정도가 운송에서 파손되었습니다.

- About ten percent of the merchandise was damaged in transit.

● 그 모델의 수요에 대해 충분한 공급을 해주지 못하고 있습니다.

- Our supply cannot sufficiently meet the demand for the model.

● 포장이 좋지 않아서 일부 제품이 파손되었습니다.

- Some products are broken due to bad <u>packing</u>.

● 선적하는 데 문제가 생겼습니다. 주문량보다 수량이 200개가 부족합니다.

- We've had some problems arranging shipment. We're two hundred units <u>short of</u> our orders.

[해설]

· complaint: 불만, 불평
· catering service: 식음료 서비스
· what: ~ 한 것
· badly damaged: 심하게 손상 입은
· in transit: 운송 중에
· sufficiently: 충분히
· meet the demand : 수요를 충족시키다
· packing: 포장
· short of: ~ 이 부족한

2) 물품의 회수와 배상 논의하기

● 귀사에서 이 클레임 건에 대하여 어떻게 하실 작정인지 계속 연락을 취해 주세요.

- Please <u>keep me informed on</u> what your company intends to do about the claim.

● 어떻게 보장하시겠습니까? 배상 청구서를 보내겠습니다.

- What kind of <u>assurance</u> can you give me? We'll send you our <u>claim note</u>.

● 죄송하지만 그 문제에 대해선 지금 언급할 수가 없습니다.

- Sorry, but I cannot <u>make a comment</u> now on the issue.

● 당신이 그걸 찾으러 오시겠습니까? 누굴 보내서 그것을 찾아가시겠습니까?

- Will you pick them up? Will you have someone come and get it?

● 다소 어렵겠지만, …….

- I know it's rather difficult, but ……. - I know it's hard on you but, …….
- I know we're asking too much, but …….

● 저희는 거기에 대한 책임이 없습니다. 서명하기 전에 반드시 파손 여부에 관한 모든 걸 확인하세요.

- We're not responsible for that. Be sure to check everything for damage before signing for it.

● 이 달 말까지는 결제해 드리겠습니다.

- We'll settle our account before the end of the month.

[해설]

· keep me informed on: ~ 에 관해 나에게 계속 알리다 (연락하다)
· assurance: 확신
· claim note: 배상 청구서
· make a comment: 의견을 개진하다
· Be sure to: 확실히 ~ 하다
· settle our account: 결산하다, 결제하다

D 전화하기

1. 사무실 기기 이용하기

1) 컴퓨터 작동을 요청할 때

● 이 자료를 컴퓨터에 입력해 주세요. 파일 이름을 뭐라고 지정했죠?

- Please input this data into the computer. What did you name the file?

● 이 파일을 하드 드라이브와 플로피 디스크에 저장해 두세요.

- You should save this file on the hard drive and on a floppy disk.

- 컴퓨터 화면에 월간 판매보고서를 불러내 보세요.
  - Call up monthly sales reports on the screen.
- 누가 파일을 관리하죠?
  - Who maintains the file? - Who's in charge of maintaining the files?
- 데이터가 다 없어졌어요. 인터넷을 어떻게 접속하죠?
  - All the data have disappeared. How do I get on the internet?
- 이 소프트웨어 사용법을 아세요? 파워 포인트를 아직 설치하지 않았어요?
  - Do you know how to use this software? Have you loaded Power Point software yet?

[해설]

· input: 입력하다 (동사로 쓰임)
· name: 이름을 붙이다 (동사로 쓰임)
· save this file on the hard drive: 이 파일을 하드 드라이브에 저장하다
· Call up: (자료를) 불러 오다
· in charge of: ~를 책임맡고 있는
· get on the internet: 인터넷에 접속하다
· loaded: 설치된

2) 복사기를 이용할 때

- 2부를 복사했어요. 몇 부를 더 복사해 드릴까요?
  - I made two copies. How many more copies shall I make?
- 몇 장이나 복사할 건가요?
  - How many copies are you going to make?
- 양면복사를 할 수 있습니까? B4로 확대해 주세요.
  - Can I make copies on both sides? Please enlarge this to B4.
- B5 사이즈로 축소해 주세요.

- Please <u>reduce this to</u> B5 size.

● 이 페이지를 80%로 축소해 주시겠어요?

- Could you please reduce this page to 80 percent?

● 복사기를 사용한 후에는 원래대로 맞춰 놓으세요.

- After you use the copier, please put it back on the original settings.

● 사본이 원본과는 다른데요.

- The copy does not <u>correspond with</u> the original.

● 복사기를 용지가 떨어졌어요.

- The copying machine is <u>out of paper</u>.

● 복사기에 종이가 걸렸어요.

- The <u>copier</u> has a paper jam. - It's jammed.

● 복사기에 걸린 종이를 제거하는 방법을 좀 가르쳐 주시겠어요?

- Could you show me how to <u>unjam</u> this copier?

[해설]

· made two copies: 2 부 복사하다
· on both sides: 양면으로
· enlarge this to ~: 이것을 ~ 로 확대하다
· reduce this to ~ : 이것을 ~로 축소하다
· correspond with: ~ 와 일치하다
· out of paper: 종이가 다 떨어진
· copier: 복사기
· unjam: 종이가 걸린 것을 제거하다

3) 팩스를 이용할 때

● 그 서류를 팩스로 보내 주시겠어요?

- Would you like to <u>fax the documents</u>?
- Why don't you send the documents <u>by fax</u>?

- 팩스로 계속 연락드리겠습니다.
  - I'll keep you informed by fax.
- 당신 팩스가 아직 도착하지 않았습니다.
  -Your fax didn't come through yet. - I haven't received your fax yet.
- 보내 주신 팩스가 선명하게 나오지 않았습니다. 글씨가 흐립니다.
  - Your fax didn't come out clearly. The print is light.
- 내용을 알아볼 수가 없어요. 글씨가 일그러져 있어요.
  - I can't make out what it says. - The print is too distorted.
- 끝이 잘렸어요.
  - The lines are cut off.

[해설]
· fax the documents: 서류를 팩스로 보내다 (여기서 fax 가 동사임)
· by fax: 팩스로
· light: 흐린
· make out: 이해하다
· distorted: 왜곡된, 뒤틀린

2. 전화 통화의 기본표현을 할 때

1) 외국인에게 전화를 걸 때

- 내선 512번 부탁합니다. 기다린 지 10분이나 되었습니다.
  - Extension 512, please. I've been put on hold for at least ten minutes.
- 안녕하십니까, 박 은미 입니다. Linda와 통화할 수 있나요?
  - Hello. This is Eun-Mi Park. May I speak to Linda, please?
- 실례합니다만 방금 전화했던 사람입니다.

- Excuse me, this is the person who was just on the phone.
- I'm the one who called a minute age.

● 이렇게 밤에 전화를 드려 죄송합니다.

- I am sorry to disturb you at night.
- I hope I'm not disturbing you at night.

● 귀찮게 해서 미안합니다만 스미스 씨는 아직 안 들어오셨습니까?

- I'm sorry to bother you again, but has Mr. Smith come in yet?

● 어제 저와 통화를 하셨던 분입니까?

- Are you the same person I talked the yesterday?

● 전화를 걸어 보았는데 전화를 받지 않더군요.

- I called him but there was no answer.
- I called but no one was there.

● 전화하려고 몇 차례 시도를 해 봤지만 계속 통화 중이더군요.

- I've tried several times to return your call today, but your line has been in continual use.

[해설]

- Extension: 내선, 연장
- I' ve been put on hold: 전화통화를 대기하다
- on the phone: 전화로
- disturb: 방해하다
- bother: 괴롭히다
- in continual use: 계속적인 사용

2) 외국인의 전화를 받을 때

● 무엇을 도와 드릴까요?

- What can I do for you?
- What can I help you with?
- Anything I can do for you?

● 실례지만 누구십니까?

- Who's speaking? - Who's calling, please?

- 당신 전화를 기다리던 중이었어요.
  - I've been waiting for your call. -I was looking forward to talking to you.
- 저도 전화를 드리려는 참이었습니다.
  - I was just going to call you. -I was just thinking of calling you.
- 요즘은 서로 연락을 못 했군요, 그래서 전화를 드리려고 생각했었습니다.
  - We've been out of touch lately, so I thought I'd give you a call.

【해설】

· was looking forward to talking: 통화하기를 몹시 기다리고 있었다

· be out of touch: 연락이 없다

· lately: 최근에

3) 외국인에게서 온 전화를 바꿔 줄 때

- 여기에는 김 선생님이 두 분 계십니다. 어느 김 씨를 바꿔 드릴까요?
  - We have two Mr. Kim here. (We have two people by the name of Kim.) Which Mr. Kim do you want to speak to?
- 부장님을 바꿔 드리겠습니다.
  - Let me get the manager, sir. - Let me get the manager to talk to you.
- 성함이 어떻게 되시죠? 누구라고 말씀드릴까요?
  - May I have your name, please? Who shall I say is calling, please?
- 전화 받으세요.
  - A phone call for you. - You are wanted on the phone.
  - There is a call for you. - You have a call.

【해설】

· Let me get ~: 내가 ~에게 연결하겠다

· wanted on the phone: (수동태) 전화가 온

4) 당황하지 않고 국제 통화 하는 법

- 한국에 국제전화를 신청하려고 합니다.
  - I want to place an overseas call to Korea.
  - I'd like to make an international call to Korea.
- 통화하려는 국가와 도시 이름을 알려 주시겠습니까?
  - Could you give me the country and city you wish to call?
- 이 전화기로 외국에 직통전화를 할 수 있습니까?
  - Can I call overseas directly from this phone?
  - Can I make an overseas call directly from this phone?
- 외선으로 걸어 주십시오. 전화를 끊지 말고 기다려 주십시오.
  - Give me an outside line, please. Hold the line, please.
- 잠깐만 기다려 주십시오.
  - Can you wait a minute, please? - One moment, please.

[해설]

· place an overseas call; make an international call; make an overseas call: 해외 (국제) 전화를 걸다

· outside line: 외선

· Hold the line: 끊지 않고 기다리다

3. 통화로 용건을 전달할 때

1) 전화한 용건에 대해 알아보려 할 때

- 무슨 일입니까? 무엇을 도와 드릴까요?
  - What's on your mind? What can I do for you?
- 무엇 때문에 전화를 했지요?
  - Why is she calling? - What's she calling in about?
- 용건이 뭔지 여쭈어 봐도 되겠습니까?
  - May I ask what this is about? - What are you calling about?
  - Would you mind if I ask about what it is about?
- 어디서 전화를 건다고 하셨죠?
  - Where did you say you were calling from?
- 용건만 간단히 말할게요. 1분만 더 얘기할게요.
  - We'd better cut it short. I will keep you only a minute.

【해설】

· did you say: ~ 라고 말했나요? (문장 속에 삽입된 위치에 유의)
· cut it short: 간단하게 말하다

2) 전화해서 상담자를 찾을 때

- 어느 분과 이야기를 해야 됩니까? 어느 분을 찾아야 하지요?
  - Who should I talk to? Who should I ask for?
- 누가 이 문제를 도와줄 수 있지요? 어느 분과 상담하는 것이 제일 좋지요?
  - Who can help me out? Who'd be the best person to talk to?

- 지난번 저와 통화를 하셨던 분이 아닙니까?
  - Aren't you the one that I spoke with last time?
- 저는 담당자가 아닙니다.
  - I'm not the person handling the matter.
  - I'm not the person in charge of the matter.
- 의문 나는 게 있으면 언제든지 전화하세요.
  - If you have any other questions, just feel free to call.
- 너무 많은 시간을 빼앗아서 죄송합니다.
  - I'm sorry I've taken up so much of your time.

【해설】

· handling: 처리하는
· in charge of ~: ~를 책임 맡고 있는
· feel free to ~ : 자유롭게 ~ 하다
· I' ve taken up: 내가 (시간을) 빼앗다

3) 전화로 일의 진행을 물을 때

- 그 일이 얼마나 진척이 되었습니까?
  - How far along are you with the work? - How's the work coming along?
  - How much have you got done? - How's the work going?
  - How much have you completed?
- 지금 그 일이 얼마나 진척이 되었는지 궁금해서 전화를 드렸습니다.
  - I'm calling to find out how far along you are with the work.
- 간단히 말씀해 주세요.
  - Please try to cut it short.

- 이 모든 것이 결정되면 전화를 드리겠습니다.
  - When it's all set, I'll call you.
- 일정이 확정되면 알려 드리겠습니다.
  - When I get a definite date, I'll let you know.

【해설】

· all set: 모든 것이 준비 된
· definite: 결정된, 구체적인, 확정된

4) 통화로 업무를 처리할 때

- 전화상으로 처리하시죠.
  - Why don't we take care of it over the phone?
  - We can handle it over the phone.
- 복잡한 내용이라 전화로 설명하기가 어렵습니다.
  - It's complicated and difficult to explain on the phone.
- 통보가 너무 늦었지만 …….
  - I know I'm letting you know awfully late, bet …….
- 너무 갑작스런 통보인 줄은 알지만 …….
  - I know this is really a short notice, bet…….
- 요점만 이야기하고 자세한 것은 나중으로 미루세요. 2-3분이면 되겠어요?
  - Just get to the point and save the details. Will a couple of minutes do?
- 직접 오셔서 그 문제를 상의하셔야 합니다.
  - You'll have to come in person in order to discuss that matter.

【해설】

· over the phone: 전화상으로
· complicated: 복잡한
· awfully: 매우, 상당히

· Will do; ~ 로 충분하다
· in person: 직접

4. 전화를 받을 수 없을 때

1) 찾는 사람이 부재중일 때

- 지금 안 계시는데요.
  - I'm sorry he's not in at the moment. - He is not here at the moment.
- 방금 퇴근하셨습니다.
  - He's gone for the day just now. - He just left for home.
- 방금 점심 식사하러 나갔습니다.
  - He's just stepped out for lunch.

- 그 분은 이제 여기를 그만두셨습니다.
  - He no longer works here. - He quit working here.
  - He resigned from this company.
- 5분 후에 다시 전화해 주실 수 있습니까?
  - Could you call back again in five minutes?
- 그는 지금 다른 전화를 받고 계십니다.
  - He's talking on another phone. - He's on anther line.
- 언제쯤 들어오실까요?
  - How soon do you expect him back? - When do you think he'll be back?
  - How soon will be he back?

● 아마 2시까지는 들어오실 겁니다.

- He should be back before 2 pm. - He'll return by two.
- He'll probably be back by two.

[해설]

· stepped out: 방금 나갔다
· on another phone; on anther line: 다른 전화로
· by two: 2시 까지

2) 전화 건 사람이 메모를 남길 때

● 뭐라고 전해 드릴까요?

- Would you like (care) to leave a message?

● 전화 드리라고 할까요?

- Do you want him to call you back? - Shall I have her call you back?

● 혹시 그 사람한테서 전화가 오면, 나에게 전화 좀 하라고 해 주시겠어요?

- If he happens to call you, would you have him phone me?

● 혹시 모르니까 전화번호를 가르쳐 주시겠습니까?

- Can I have your phone number just in case?

● 만약을 위해서 전화번호를 알려 주시겠습니까?

- Can you give me your phone number just to be on the safe side?

● 481-4563으로 연락하시면 됩니다.

- You can get in touch with me at 481-4563.
- You can get hold of me by calling 481-4563.
- You can reach (contact) me at 481-4563.

● 당신이 나가 있는 동안에 톰 베이커라는 사람한테서 전화가 왔었습니다.

- While you were out, a Tom Baker called for you.

- 안 계시는 동안 김 선생님으로부터 전화가 왔었는데, 기다릴 테니까 전화 좀 해 달라고 하시던데요.
  - You had a call from Mr. Kim while were gone. He's waiting for you to call him back.

[해설]

· have him phone me: 그가 나에게 전화 걸라고 시키다 (여기서 'phone' 은 동사임)
· just in case; just to be on the safe side: 혹시 모르니까, 만약을 대비해서
· get in touch; get hold of; reach (contact): 연락하다

3) 전화 통화 시 일어날 수 있는 사고

- 전화가 잘 들리지 않습니다.
  - The voice is not distinct. - I can't hear you.
- 제 전화기가 제대로 작동하지 않아요. 지지직하는 소리만 나는군요.
  - My phone is not working right. I get nothing but a lot of static.
- 이 전화는 불통입니다.
  - This telephone line is interrupted. - The wire (line) is dead.
  - The telephone is out of order.
- 다른 사람이 통화하는 것도 들리는군요. 좀 더 크게 말씀해 주시겠어요?
  - I hear another party, too. Would you speak up, please?
- 전화번호가 잘못되었습니다. 몇 번에 거셨습니까?
  - I'm afraid you have the wrong number. What number are you calling?
- 그 전화는 수화기가 제대로 놓여 있지 않았습니다.
  - That phone was off the hook.
- 그 번호는 더 이상 사용되지 않는 전화번호입니다.

  The number is no longer in service.

[해설]

- distinct: 확실히 구분되는
- static: 칙칙 하는 잡음소리가 나는
- interrupted: 방해받은, 중단된
- out of order: 고장 난
- party: (대화나 통화의) 상대방
- off the hook: 연결고리가 빠진
- no longer in service: 더 이상 사용되지 않는

5. 전화를 끊을 때

1) 통화 도중에 전화를 끊겠다고 할 때

- 통화를 너무 오래 한 것 같군요. 이만 전화 끊겠습니다.
  - I shouldn't have talked so long. I'm hanging up now.
- 다른 전화가 와서 이만 끊어야겠습니다.
  - I have a call on the other line. I'll have to say good-bye.
- 바쁜 것 같으니까 이만 끊겠습니다.
  - I know you're busy so I'll let you go.
- 지금은 전화 받기가 곤란합니다.
  - You caught me at a bad time. - I'm not free at the moment.
- 지금은 통화할 시간이 없습니다.
  - I don't have time to talk to you.
- 또 다른 전화가 왔군요.
  - I've got someone on another line. - The other line's ringing.
  - I got another call. - The other phone is ringing.
  - There's another phone call for me.

【해설】

· hang up: 전화를 끊다

· let you go: (당신을 가도록 허락한다는 의미로) 전화 통화를 마치다

2) 나중에 다시 전화하겠다고 얘기할 때

● 다시 전화 드리겠습니다.

- I'll get back to you. - I'll call back later.

● 제가 나중에 전화를 하면 안 될까요? 내일 아침에 다시 전화를 드릴까요?

- Let me call you back later, OK?

- Is it okay if I try again tomorrow morning?

● 그것에 대해 생각 좀 해 본 후에 다시 연락드리겠습니다.

- I'll think about it and get back to you.

● 편한 시간에 전화를 드릴까요? 며칠 후에 다시 전화 드리겠습니다.

- May I call you back at a better time? I'll give you another call in a few days.

● 무슨 일이 있으면 전화해 주세요.

- If something comes up, please call me.

【해설】

· get back to: ~ 에게 다시 연락하다

E 국제회의 기획 · 운영하기

1. 등록 및 안내 업무할 때

- ABC 회의 등록은 2층 로비에 있습니다.
  - The registration for ABC meeting is located at the Lobby on the second floor.
- 등록데스크가 있는 방향을 알려드리죠.
  - Let me direct you to the registration desk.
- DEF 회의 등록데스크는 여기입니다.
  - This is the registration desk for DEF conference.
  - Please register here for DEF conference.
- 사전등록 하셨습니까? 성함이 어떻게 되시죠?
  - Did you pre-register? May I have your name, please?
- 아, 여기 있군요. 내일 발표하시는 연사이시군요.
  - Ah, here it is. You are a speaker giving your presentation tomorrow.
- 회의자료 가방 가져가세요. 그 안에 식권도 들어 있어요.
  - Please take the Congress Kit. The meal tickets are also in there.
- 시내 지도하고, 이곳 관광지와 추천할 만한 식당을 알려 드리죠.
  - Let me give you a city map and information about local sightseeing and recommended restaurants.
- 이것은 선생님과 사모님의 사교행사에 관한 안내입니다.
  - This is the information concerning social events for yourself as well as for your wife.
- 메시지 게시판은 인터넷카페 옆에 있습니다.
  - The message board is next to the Internet Cafe.

- 회의에 참가한 동료가 어디 있는지 찾고 싶으신 건가요?
  - Do you want to locate a colleague who is attending the meeting?
- 수요일 오후로 잡힌 시찰견학 신청하셨나요?
  - Did you apply for the Technical Tour scheduled for Wednesday afternoon?
- 죄송합니다만, 지금은 화요일 오찬회의 취소가 불가능 합니다.
  - I'm afraid you cannot cancel the Luncheon Meeting on Tuesday now.
- 똑바로 가다가 왼쪽으로 가시면 사무국이에요. 거기서 배포자료 복사 본을 구하실 수 있어요.
  - If you go straight and turn left, you'll find the Secretariat. You can get a copy of the handouts there.
- 김 박사님은 오늘 오후 2시 반에 발표이시군요. 1시 반까지 연사실로 오세요.
  - Dr. Kim. You are scheduled to give your presentation at 2:30 this afternoon. Please come to The Speakers Room by 1:30.
- 논문초록은 2006년 3월 15일 까지 제출하셔야 합니다.
  - The abstract of your paper must be submitted by March 15, 2006.

[해설]

· The registration is located at ~: 등록은 ~에 위치하다
· direct: 방향을 알려주다
· registration desk: 등록데스크
· pre-register: 사전등록하다
· giving your presentation: 당신이 발표하는
· Congress Kit: 회의관련 물품 및 자료를 담은 가방
· recommended: 추천된
· concerning: ~에 관한
· social: 사교적인
· as well as for: ~에 대해서 뿐 아니라 (전치사 for 가 as well as 다음에도 나온다는 점에 유의)
· locate: ~ 의 위치를 파악하다
· attending: ~ 에 참가하는
· apply for: ~를 신청하다
· Technical Tour: 단순 관광이 아닌 전문분야나 산업현장 시찰

· Luncheon: 정식 코스가 3 가지 이상 나오며 특강이나 기타 프로그램이 수반되는 오찬
· Secretariat: 사무국
· handout(s): 배포자료
· are scheduled to: ~ 하기로 일정이 잡혀 있다
· The Speakers Room: 연사들의 발표 준비실
· abstract: 초록, 요약본
· be submitted by: ~ 까지 제출되다

2. 등록비 지불 안내 할 때

● ABC 앞으로 지불 가능한 수표가 동봉되었나요?

- Was the check payable to ABC enclosed?

● 등록비 지불로 야기된 모든 은행 수수료는 신청자 본인 부담입니다.

- All bank service charges caused by the payment of the registration fee must be paid by the applicants.

● 카드 (여행자 수표)로 지불하셔도 됩니다.

- You may pay by credit card (traveler's check).

● 등록비를 사전에 내셨죠?

-You have pre-paid the registration fee, haven't you?

● 2007년 9월 30일 전에 합당한 지불완료 후 이 서식이 저희에게 돌아왔을 때에만 사전등록이 유효 합니다.

- Pre-registration is effective only when this form is returned to us after completion with appropriate payment before September 30, 2007.

【해설】

· payable to ~: ~ 앞으로 지급 가능한
· bank service charge(s): 송금 수수료
· caused by: ~ 로 야기 된, 일어난
· have pre-paid: 사전 지불하다

· Pre-registration: 사전등록 (on-site registration: 현장등록; confirmed registration: 확인등록)
· effective: 유효한
· appropriate: 적절한

3. 등록양식 안내할 때

● 다음 서식을 또박또박 써 주세요.
- Please print out the following form.

● 참여하고 싶으신 관광을 아래에 표시해 주세요.
- Please indicate below the excursion you wish to take part in.

● 이 양식에 쓰신 선생님의 주소가 참가자 명단에 쓰일 겁니다.
- The address you write on this form will be used for the Participants List.

● 등록 확인은 전액 지불 영수증이 접수될 때만 가능합니다.
- Your registration will only be confirmed upon full receipt of payment.

● 이 서식을 서 넣으셔서 지불과 함께 조직위 사무국으로 보내주세요.
- Please complete this form and forward it with your payment to the Secretariat of the Organizing Committee.

● 명함을 여기에 별첨하시거나 아래 부분을 채워 주세요.
- Please attach your business card here, or fill up the section below.

【해설】
· print out: 또박또박 쓰다
· excursion: 관광
· take part in: 참여하다
· be confirmed upon ~: ~ 하자마자 확인되다
· forward A to B: A를 B에게 보내다
· Secretariat: 사무국
· the Organizing Committee: 조직위원회
· business card: 명함

· fill up: 채워 써넣다

4. 호텔관련 안내할 때

- 죄송합니다만 지금은 이 컨벤션 참가자용 객실이 없네요. 객실예약이 지난주에 해지됐어요.
  - I'm afraid the rooms for this convention attendees are not available for now. The room blocking was released last week.
- 얼마나 오래 투숙하실 건가요? 몇 박 하실 거죠?
  - How long do you plan to stay here? How many nights will you stay?
- 어떤 객실 예약을 하셨나요? 예약 확인해 드릴게요.
  - What reservation are you holding? Let me confirm your reservation.
- 이 숙박등록용지에 기입해 주세요. 언제 나가시나요?
  - Please fill in this registration form. When will you check out?
- 셔틀버스가 호텔에서 행사장까지 30분 간격으로 운행됩니다.
  - The shuttle buses from the hotel to the function site run every 30 minutes.
- executive floor 라운지에 부페식으로 아침식사가 준비됩니다.
  - Breakfast is served in buffet style at the lounge of the Executive Floor.
- 객실이 1112호실입니다. 여기 객실 출입 카드가 있습니다. 체크아웃은 12시입니다.
  - You are in room 1112. Here is your room card. The check-out time is 12.

[해설]

· I' m afraid: 죄송합니다만
· attendee(s): 참가자(들)
· available: 사용 가능한
· room blocking was released: 객실 예약이 해지 되었다

· function site: 행사장
· run: 운영되다
· is served: 제공되다

5. 공항 영접할 때

- 실례합니다만, 호주에서 오신 발로굴루 박사이신가요?
  - Excuse me. Are you Dr. Baloglu from Australia?
- 저는 한국관광공사의 Mr. Lee입니다. 저희 사장님을 대신해서 영접하러 나왔습니다.
  - I'm Mr. Lee of Korea National Tourism Organization. I'm here to greet you on behalf of President Kim of KNTO.
- 다른 일행들은 어디 계시나요?
  - Where are the other members of your group?
- 자리를 옮겨서 미니버스를 타실까요? 이쪽으로 오시죠.
  - Shall we leave and take the mini-bus? Come this way, please.

【해설】
· greet: 인사하다
· on behalf of: ~를 대신해서

6. 관광 안내할 때

- 관광 출발 하루 전에 안내데스크에서 전액 선불을 받습니다.
  - Full payment in advance is to be made at the Information Desk 1 day before taking tours.
- 컨벤션 종료 후 관광은, 수요에 따라 달라지지만, 각 워크숍 장소에서 출발할 것입니다.
  - Post-Convention tours will start from each workshop site, depending on

demand.

- 여러분께 소개해 드리고 싶은 관광을 5가지 선별했어요.
  - We have selected 5 tours of sightseeing that we'd like to introduce to you.
- 이 프로그램의 비용은 개인부담 비용이고, 회의 등록비인 100불로 충당되지 않아요.
  - The cost of this program is a personal expense and is not covered by the 100 dollars, the conference registration fee.
- 저희는 여러분께 판문점 방문을 계획했었어요. 그러나 어떤 필요상의 이유로 그 계획된 여행 중 판문점 부분을취소해야 했습니다.
  - We had planned for you to visit Panmunjom, but due to certain necessities, we had to cancel the Panmunjom portion of that planned trip.

【해설】

· in advance: 미리
· Post-Convention tour(s): 컨벤션 종료 후 관광
· depending on demand: 수요에 따라 달라지는
· is not covered by: ~ 로는 충당되지 않는다
· due to certain necessities: 어떤 필요한 사유로 인해

7. 현장 운영할 때

- 선생님 좌석은 2층 중앙에 예약되었습니다.
  - Your seat has been reserved at the center area of the second floor.
- 안전상의 이유로 금속물건은 안으로 갖고 들어가실 수 없어요.
  - For safety reasons, metal objects should not be carried inside.
- 선생님 좌석은 예약 되어있지 않군요. 안내요원의 지시를 따라주십시오.
  - Your seat has not been reserved. Please follow the direction of the information personnel.

- 여러분이 협조해 주신다면 감사하겠습니다.
  - Your cooperation would be greatly appreciated.
- 다양한 언어 서비스가 다음과 같이 제공될 것입니다.
  - Various language services will be provided as follows.
- 선생님께서는 3층에 있는 회의장 313호에서 발표하시게 됩니다.
  - You'll be presenting your paper at Conference Room 313 on the third floor.
- 시청각 서비스에 대해 누구하고 이야기 하셔야 되는지 말씀드릴게요.
  - Let me tell you with whom you may speak about audio-visual services.
- 각 프로그램의 동시통역을 들을 수 있도록 여러분께 헤드폰 세트가 제공됩니다.
  - The headphone set is provided for you so that you may receive a simultaneous interpretation of each program.
- 세션이 끝나면 헤드폰 세트는 이 자리에 놔두시기 바랍니다.
  - Please leave the headphone set here after the session is over.
- 특파원 자리는 15석으로 제한되었다는 점을 양지해 주시기 바랍니다.
  - We request your understanding of the fact that the seats for correspondents are limited to 15.
- 한 가지 공지사항을 말씀드리겠습니다. 서울시 시장님이 주관하는 오찬은 이 회의장 옆에 있는 연회장에서 12시 반부터 시작됩니다.
  - There is one public announcement to make. The luncheon hosted by Major of Seoul Metropolitan City will be served at the Banquet Hall next to this meeting room.
- 만찬장으로 가는 버스가 컨벤션 센터 남쪽 정문 앞에서 정각 18시에 출발합니다.
  - The bus leaving for the dinner venue will start at 18:00 sharp in front of the South Gate of the Convention Center.
- 첫 번째 본회의는 공식 개회식에 이은 휴식시간이 끝나는 즉시 시작되겠습니다.

- The first Plenary Session will take place immediately after the break following the official Opening Ceremony.

- 저녁 사교행사 전에 약간의 여유시간을 드릴 수 있게 매일 세션을 4시 반이나 5시에는 마쳐 주십사고 권합니다.
  - It is recommended to end daily sessions by 4:30 or 5:00 pm to permit some leisure before the evening social events.
- 별첨한 내용은 2006년 7월 1일 자로 시작되는 2006/2007 회계연도에 대해 사무국이 준비한 예산입니다.
  - The attached statement shows the budget prepared by the Secretariat for the 2006/2007 fiscal year, which begins on July 1, 2006.
- 저희들은 기념 부채와 함께 한국을 안내하는 소책자도 대표자들께 나누어 드렸습니다.
  - We have also distributed to delegates a booklet providing information about Korea, together with a souvenir fan.
- 개회식에 초청되신 언론 대표자들께서는 정규 기자신분 카드 외에 문화관광부가 발급한 기자신분 표찰을 달아 주시기 바랍니다.
  - Media Representatives invited to the Opening Ceremony are requested to wear the press badge issued by the Ministry of Culture and Tourism in addition to carrying their regular press cards.
- 대표단 여러분들의 출국일정을 도와드리기 위해 저희는 안내 데스크를 이 호텔의 중앙 로비와 본부에서 운영하고 있습니다.
  - To help delegates for their departure schedule, we are operating an information desk at the main lobby of this hotel and the Head Office.
- 비행기 예약, 재확인 그리고 계속 여행하실 목적으로 노선변경이 필요하시면, 반드시 이 양식을 기재하셔서 안내 데스크로 늦어도 2월 25일 까지는 제출해 주십시오.
  - If you need flight booking, reconfirmation and rerouting for your continued travel, please be sure to complete this form and forward it to the Information Desk not later than February 25.

[해설]

- For safety reasons: 안전상의 이유로
- be greatly appreciated: 매우 감사해 하다
- simultaneous interpretation: 동시통역
- We request your understanding of the fact that: ~ 점에 이해(양해)를 부탁드리고자 합니다
- correspondent(s): 특파원(들)
- one public announcement to make: 말씀드릴 한 가지 공지사항
- hosted by: ~ 가 주최하는
- be served: 제공되다
- venue: 장소
- take place: 일어나다, 발생하다
- immediately: 즉시
- It is recommended to: ~ 하는 것을 권합니다
- social: 사교적인
- attached: 별첨한
- budget: 예산
- souvenir: 기념품
- are requested to: ~ 해주시기 바랍니다
- wear: 몸에 지니다
- issued by: ~ 가 발급한
- operating: 운영하고 있는
- information: 안내 (정보의 의미가 아님)
- rerouting: 노선을 다시 잡는
- be sure to: 필히 ~ 하다
- not later than: 늦어도

8. 사례: Professional Convention Organizer (PCO)와 호텔 Convention Service Manager(CSM) 와의 대화

다음 대화는 미국에서 환대(hospitality) 업무인 호텔, 조리, 회의경영 등의 전문교육기관으로 유명한 학교 중의 하나인 플로리다 국제대학교 (FIU: Florida International University) 관계자와 컨벤션 호텔의 컨벤션 서비스 담당자 간에 실제 있었던 대화이다. 그 대화를 목격한 본 저자가 일부 발췌하여 이에 수록한 것으로, 여러분의 컨벤션 실무 영어 습득에 도움이

되기 바란다.

PCO: ... American Hotel and Restaurant Conference would be from the 3rd to the 5th of August with around 450 participants. Do you have the facilities for that number of people on those dates?

CSM: Yes, these dates would be suitable. We have the National Tooling and Machining Conference finishing on the 28th of July, and the Dentists' Conference starting on the 11th of August. So we can fit you in very well. Regarding the facilities, perhaps I can give you a brief idea of what we can offer.

PCO: Yes, please if you can give me some idea...

CSM: Basically, we have a multi-purpose conference center with seating for over 700 delegates. That's including the seating in the auditorium. Our main auditorium seats 500 people.

PCO: So, it could hold all our delegates if we had a full session of the conference?

CSM: Certainly. But we also have 2 fairly large conference rooms, each with an area of 55 square meters, which can be used for lectures if necessary. The conference rooms have a seating capacity of about 110 each.

PCO: Oh, I see...

CSM: We have sound-proof folding doors between the conference rooms. These can be opened up to form a single extra large room. So you could have an extra seating capacity of about 220.

PCO: Great. That could be a useful feature. What about the technical side? I mean... How about audio-visual facilities? At our last conference, we had problems with the equipments.

CSM: The auditorium has built-in AV equipments. We've found them perform perfectly well.

PCO: That sounds good. We might have a large group of students from Florida International University coming to hear famous invited speakers. Can you link the auditorium with the other rooms?

CSM: Of course. We can provide a closed circuit TV link-up from the Auditorium to the conference rooms.

PCO: Very good. We may also have several participants from Far East Asia including Korea this year. Is there an equipment for simultaneous interpretation?

CSM: Yes, there is. Our main auditorium has full simultaneous interpretation equipments. And you'll find that both the auditorium and conference rooms have excellent acoustics. It's important when you have a lot of participants listening to a foreign language, isn't it?

PCO: Yes. You're right.

CSM: There's also an exhibition hall for display purposes. You may be planning to exhibit cook books or hotel and restaurant equipments. This hall provides you with an area of 45 square meters.

PCO: Really? We'd like some exhibition space for newly published books and journals. By the way, have you got any leaflets or sales kits of your property? I'd like to study all the details.

CSM: Certainly. I'll give you a leaflet with a complete description of the facilities, and a plan of the actual conference center. But why don't we take a look at the complete center? Let me show you around. I think you'll find it an impressive building.

[해설]

· around: 약, 대략
· participant(s): 참가자(들)
· facilities: 시설들
· on those dates: 그 날짜에 (날짜, 요일 앞에는 전치사 on 이 쓰임)
· suitable: 적합한
· fit (you) in: (당신 일정을 그 날짜들) 사이에 끼워 넣다
· Regarding: ~에 관해
· offer: 제안하다
· multi-purpose: 다목적의
· with seating for: ~명을 수용할 자리가 있는
· seat(s): 주어인 어떤 시설이 목적어인 사람 수 만큼 수용할 수 있다 (동사로 쓰임)
· hold: 수용하다 (주어가 무생물인 시설임)
· fairly: 상당히
· each with an area of: 각 각 ~의 면적을 갖는
· if necessary: 필요하다면
· a seating capacity of: ~명의 좌석을 수용할 수 있는
· sound-proof: 방음의
· folding: 접는
· be opened up to form: 열어버리면 ~형태로 되다
· feature: 특성, 장점
· audio-visual: 시청각의
· built-in: 붙박이로 내장된
· perform: (기능을) 수행하다
· link: 연결하다
· a closed circuit: 폐쇄회로
· link-up: 연결
· simultaneous interpretation: 동시통역

· acoustics: 음향
· exhibition hall: 전시장
· display: 진열, 전시
· exhibit: 전시하다
· By the way: 그건 그런데 (화재를 바꿀 때의 표현)
· leaflet(s): 소책자(들)
· sales kit(s): 판매, 홍보용 자료집(들)
· property: 시설물 (부동산의 의미가 아님)
· study: 꼼꼼히 살펴보다
· description: 기술, 설명
· a plan: 도면 (계획이 아님)
· show around: 이리저리 안내하며 보여주다

【번역】

PCO: American Hotel and Restaurant Conference가 약 450명 정도의 참가자 규모로 8월 3일에서 5일 까지 예요. 그 날짜에 그 정도 인원을 수용할 시설이 있나요?

CSM: 네, 그 날짜면 딱 맞네요. the National Tooling and Machining Conference가 7월 28일에 끝나고, Dentists' Conference가 8월 11일에 시작됩니다. 그래서 선생님의 날짜를 그 사이에 배치해 드릴 수 있어요. 시설에 관해서는, 저희가 제공해 드릴 수 있는 것에 대해 간략히 말씀드릴 수 있습니다.

PCO: 네, 대략으로라도 말씀해 주실 수 있다면요.

CSM: 기본적으로, 저희는 회의 대표자들 700명 이상을 수용할 수 있는 다목적 컨퍼런스 센터가 있습니다. 그 수용 좌석에는 강당이 포함됩니다. 강당에는 500명이 앉을 수 있습니다.

PCO: 그러니까 우리가 모든 세션을 운영해도 우리 대표단 전원을 수용할 수 있다는 말이군요.

CSM: 그렇습니다. 그런데 여기엔 상당히 큰 회의실이 2개 있어요. 각 각 55 제곱미터인데, 필요하다면 강연 장소로도 사용할 수 있죠. 각 회의실 수용인원은 110명입니다.

PCO: 아, 알겠어요.

CSM: 회의실 사이에 방음처리가 된 접었다 폈다 하는 문이 있습니다. 이 문을 트면 하나의 큰 회의실이 되죠. 약 220명 정도 수용 가능한 회의실을 쓰실 수 있어요.

PCO: 좋습니다. 그건 유용한 특성이네요. 기술적인 면은 어떤가요? 제 말은... 시청각 시설은 어때요? 지난 번 회의 때에는 장비문제로 애를 먹었어요.

CSM: 강당에는 붙박이로 시청각 시설이 내장되어 있어요. 성능이 아주 완벽한 걸로 알고 있습니다.

PCO:그거 잘 됐군요. 유명 초청연사의 강연을 들으러 풀로리다 국제대학교에서 많은 학생들이 올 지도 몰라요. 강당을 다른 회의장들 하고 연결시킬 수 있나요?

CSM: 물론이죠. 강당에서 회의장으로 폐쇄 회로 TV를 연결해 드릴 수 있습니다.

PCO: 아주 잘 됐네요. 올 해에는 한국을 포함한 극동아시아에서도 참가자가 여러 명 될 것 같아요. 동시통역 장비는 있나요?

CSM: 네 있어요. 강당에는 동시통역 장비가 완전히 갖추어져 있습니다. 그리고 곧 아시게 되겠지만 강당과 회의실 모두 음향이 아주 좋습니다 외국어로 많은 사람이 듣게 될 때에는 음향이 중요한 거 아닌가요?

PCO: 네. 맞는 말씀이에요.

CSM: 전시 목적으로 사용할 전시장도 있습니다. 요리관련 서적이나 호텔과 레스토랑 관련 장비 전시도 계획하실 수 있는데요. 그 공간이 45 제곱미터입니다.

PCO: 정말요? 신간 서적과 학술지를 전시할 공간이 있으면 하는데요. 그건 그렇고, 이 시설에 대한 소책자나 판매 홍보용 자료집은 있나요? 모든 세부사항을 꼼꼼히 알아보고 싶어요.

CSM: 물론이에요.

Convention English

References

김한규, 2005. *E-Mail 영어표현*, 학일출판사.

김치훈, 2005. *비즈니스 영어회화*, 국제어학연구소

서승진, 1998. *국제회의영어*, 한림대학교 국제학대학원

Chaper **12**

회의 · 협상영어

A. 의견교환하기

1. 안건을 제시할 때 2. 이해 여부를 말할 때 3. 입장을 밝힐 때

B. 질의응답하기

1. 질문할 때 2 질문에 답할 때 3. 대화를 연결할 때

C. 논쟁하기

1. 주장할 때 2. 요청할 때 3. 신뢰 · 충고 · 경고할 때 4. 긍정할 때 5. 부정할 때
6. 장단점과 타당성 말할 때 7. 추측과 추론할 때

D. 협상하기

1. 기대와 가능성을 말할 때 2. 오해를 해결할 때 3. 재고와 유보할 때
4. 결론을 내릴 때 5. 계약 협상할 때

▶ References

이 장에서는 일반적으로 회의, 협상 그리고 계약 과정에서 일어날 수 있는 다양한 상황에 필요한 기본적인 영어 표현들 (Jung, 2005; 박희권, 2005; 이호열, 2004)을 선별하여 수정 · 정리하였다. 이 같은 기본 영어 표현들을 우리말과 비교, 대조하면서 숙달하여, 컨벤션 기획 및 운영 업무 수행 시 활용해 보도록 하자. 여기에서는 영어를 먼저 제시하고 그에 대응되는 우리말 번역을 달아놓았다.

A 의견교환하기

1. 안건을 제시할 때

1) 자신의 의견을 말할 때

- I think we should move forward with the project.
  (난 그 프로젝트를 계속 추진해야 한다고 생각합니다.)
- In my opinion, we should do more research before making a decision.
  (제 생각엔 결정을 내리기 전에 좀 더 조사할 필요가 있는데요.)
- It seems to me that we're taking the wrong approach to this whole thing.
  (제가 느끼기엔 우리가 이 일에 전반적으로 잘못 접근하고 있는 것 같습니다.)
- The way I see it, there's a good chance of us being taken over.
  (제 생각엔 우리 회사가 합병될 가능성이 아주 높습니다.)
- I'd say we're in a lot of trouble.
  (제 생각에 우린 큰 곤경에 빠졌습니다.)
- I'd like to point out something. Could I say something?
  (한 가지 지적하고 싶습니다. 한마디 해도 될까요?)
- If you ask me, we should sign the contract.
  (제 생각을 말씀드리자면, 그 계약을 체결해야 할 것 같습니다.)
- If you want to hear my observation, we should turn down the offer.
  (제가 한마디 드리자면, 그 제안을 거절해야 할 것 같습니다.)
- I'd like to elaborate on that point, if you don't mind.
  (괜찮으시다면 좀 더 구체적으로 말씀드리고 싶습니다.)
- May I say a word or two? (May I make another point?)
  (한 말씀 드려도 될까요?)

- In conclusion, I should like to say a word. I've got something to tell you.
  (마지막으로 한 말씀드리겠습니다. 꼭 드릴 말씀이 있어요.)
- I'm sorry to interrupt you, but let me say a word. This is only my personal opinion.
  (말씀 중에 죄송하지만 한마디 하겠습니다. 이것은 단지 제 사견입니다.)
- Look, I've got an idea. Off the top of my head,…….
  (잠간 만요. 생각이 떠올랐어요. 지금 당장 떠오르는 생각으론,…….)
- That may be true, but I know ……. To be blunt with you, …….
  (사실일지 모르지만, 제가 알기로는, ……. 직접적으로 말씀드리면, …….)
- It's rather difficult to generalize but …….
  (일괄하여 말하기는 곤란하지만, …….)
- I think that we should strengthen our R&D efforts.
  (연구 개발 부분을 강화해야 한다고 생각합니다.)
- The only solution is to sell products at a large profit.
  (해결책은 단 하나, 이윤을 극대화하는 것입니다.)

【해설】

· move forward: 앞으로 나아가다, 추진하다
· It seems to me that: 나에게는 ~처럼 보이다
· The way I see it: 내개 보는 바로는
· chance: 가능성 (기회가 아님)
· being taken over: 인수됨
· contract: 계약
· observation: 의견 (관찰, 준수의 의미가 아님)
· turn down: 거절하다
· elaborate on: ~에 대해 보다 정교하게 설명하다
· In conclusion: 결론적으로
· generalize: 일반화시키다
· strengthen: 강화하다
· solution: 해결책

2) 상대방의 의견을 물을 때

- What do you think? What is your opinion? What did you like about it?
(어떻게 생각해요? 당신 의견은 어떤가요? 그것의 어떤 점이 좋았습니까?)

- What do you think about the problem? I would like to hear your point of view.
(이 문제를 어떻게 생각하세요? 당신 견해를 듣고 싶은데요.)

- Could you be more specific? - Could you elaborate on that?
(좀 더 구체적으로 말씀해 주시겠어요?)

- What are you trying to get at? So what is your point?
(무슨 말을 하려는 거죠? 그래서 요지가 뭐죠?)

- Stop beating around the bush and get to the point.
(빙빙 돌려 말하지 말고 요점을 이야기 하세요.)

- Please, go on. Do you have anything to add?
(예, 계속하세요. 더 하실 말씀 있으세요?)

【해설】
· specific: 구체적인
· get at: ~한 결론에 이르다
· beating around the bush: 빙빙 돌려서 말하기
· get to the point: 요점을 말하다

3) 논점을 말할 때

- As for the pay, we will offer you competitive salary plus other perks.
(급여에 대한 거라면, 다른 회사에 뒤지지 않는 월급에 보너스도 받게 될 것입니다.)

- As far as the details of the contract are concerned, my lawyer will go over them ASAP.
(계약의 세부 사항에 관해서는 제 변호사가 가능한 한 빨리 검토할 것입니다.)

- With regard to money, we should be able to get new loans from our banks.
  (금전 문제에 대한 거라면, 은행에서 새로 융자를 받을 수 있을 것입니다.)
- In this regard, this is the best desktop PC available in the market today.
  (이런 관점에서 볼 때, 이것이 현재 시중에 나와 있는 최고급 사양의 데스크톱 PC입니다.)
- Now that you have mentioned it, how are we supposed to solve this problem?
  (방금 그 문제를 언급했으니 말인데, 어떻게 하면 문제를 해결할 수 있을까요?)
- Speaking of exports, what can we do to prepare for the higher raw material costs?
  (수출에 대한 말이 나왔으니 말인데, 원료 가격상승에 대처하기 위해 어떻게 해야 할까요?)
- Since you've brought up the issue, what do you suggest?
  (그 문제에 대한 얘기를 꺼내서 말인데, 어떻게 하면 좋을까요?)
- That brings us back to the issue of the design.
  (그 이야기로 디자인 문제로 되돌아가게 됩니다.)
- Going back to Mr. Jone's point, I think we should make changes to the proposed advertisements.
  (미스터 존의 의견으로 돌아가서, 저는 그 제안된 광고를 우리가 변형해야 한다고 생각합니다.)
- To answer your earlier question, yes, we are making concerted efforts to iron out the problem.
  (좀 전의 질문에 답하자면, 예 , 우리는 문제를 해결하기 위해 힘을 모아 노력하고 있습니다.)

[해설]

· As for: ~ 로 말하자면
· competitive: 남에게 뒤지지 않는
· perk(s): 특전(들)

· As far as: ~에 한해서는
· are concerned: ~에 관해서는
· go over: ~을 세밀히 조사하다, 점검하다
· ASAP = as soon as possible의 약자, 가능한한 빨리
· With regard to: ~에 관해서는
· loans: 대여, 융자금
· In this regard: 이점에 있어서는
· Now that: ~이기 때문에, ~이므로
· mentioned: 언급한
· are supposed to: ~으로 여겨지다
· Speaking of: ~에 대해
· brought up the issue: 문제제기를 했다, 제안했다
· That brings us back to: 그 이야기로 ~의 의견으로 돌아가게 되다
· concerted: 혼신의, 단합된, 모아진
· iron out: (엉킨 문제 등)을 (다림질로 반듯하게 하듯) 해결하다

4) 검토할 안건을 제시할 때

- I'd like to go over that problem with you.
  (그 문제에 대해서 같이 검토를 했으면 합니다.)
- First of all let's start our talks on the project.
  (우선 그 프로젝트부터 이야기합시다.)
- Let's get back to talking about (the main) business. (Let me get down to the main business.)
  (이만 본론으로 돌아갑시다.)
- Please think about the proposal and tell me your views tomorrow.
  (제의에 대해 검토해 보시고, 내일 당신의 의견을 알려 주세요.)
- Let's discuss the problems until a solution is found.
  (해결책을 찾을 때까지 그 문제에 대해서 토의합시다.)

[해설]

· go over: ~을 세밀히 조사하다, 점검하다
· talks on: ~에 대한 이야기(여기서 talks는 명사임)
· main business: 주 업무
· proposal: 제안, 신청 계획

5) 안건에 대한 의견을 구할 때

- I'll get a second opinion.
  (다른 의견도 알아보겠습니다.)
- Do you have any proposal to make? (Do you have any other suggestions?)
  (귀측이 제안은 없으신지요?)
- Isn't there any way out?
  (무슨 뾰족한 방법이 없을까요?)
- What would you say to my opinion?
  (내 의견에 대해 어떻게 생각하세요?)
- What ar you going to do with his proposal?
  (그의 제안을 어떻게 처리할 건가요?)
- Can you come up with any good ideas? (Did a good idea come to you?
- Have you thought of anything good yet?)
  (좋은 생각이라도 떠오르세요?)
- May I ask what you are getting at? - What is it that you are trying to say? - What are you trying to say? - May I have what you have in mind?
  (무슨 말씀을 하시려는 건지 들려주실래요?)
- I have no opinion of my own about that.
  (그것에 대해서는 별로 의견이 없습니다.)

[해설]

· a second opinion: 다른 사람의 진단(의견)
· proposal: 제안, 계획
· way out: 출구, 타개책
· come up with: ~을 제안하다, (어떤 생각)을 꺼내다; ~이 생각나다, 떠오르다
· have in mind: ~에 관해 생각하고 있다; ~을 뜻하다, 계획하다

2. 이해 여부를 말할 때

1) 이해할 때

- I see. Now I get it. I get your point.
  (그렇군요. 이제 알겠습니다. 무슨 말인지 알겠어요.)
- I understand what you mean. I see what you're getting at.
  (무슨 말씀인지 알겠습니다. 무슨 말씀을 하려는지 알겠어요.)
- I know where you're coming from.
  (왜 그런 말을 하는 건지 알겠어요.)
- Okay, can you elaborate on your point?
  (그럼, 좀 더 자세히 말씀해 주시겠어요?)
- You have a point there. What you say makes complete sense.
  (일리 있는 말이에요. 충분히 일리 있는 말씀입니다.)

[해설]

· I get it: 이해하다
· elaborate on: ~에 대해 상세히 말하다
· make(s) sense: 말이 되다, (어떤 일이) 사리에 맞다

2) 이해할 수 없을 때

- What do you mean? I don't get it. I didn't get your point.
  (무슨 뜻입니까? 잘 이해가 안 가요. 무슨 말인지 모르겠어요.)
- I have no idea what you are talking about. I don't know what you're getting at.
  (무슨 얘기를 하고 있는지 모르겠어요. 무슨 말을 하려는 건지 잘 모르겠어요.)
- This is beyond my understanding. I'm not sure if I follow you.
  (무슨 말인지 통 모르겠어. 제가 제대로 이해한 건지 모르겠어요.)
- I didn't catch what you were saying. Your explanation is over my head.
  (무슨 말인지 제대로 못 들었어요. 네 설명이 내 머리로는 이해가 안 가요.)
- What is your point? I'm confused about your point.
  (요점이 뭡니까? 무슨 말을 하려는지 잘 모르겠습니다.)
- Would you repeat that for me?
  (다시 말씀해 주시겠어요?)

【해설】
· beyond: (정도 · 능력) ~을 넘어서, ~에 벅찬
· follow: 이해하다
· explanation: 설명, 해명, 변명
· confused: 혼잡한, 혼란스러운

3) 이해의 정도를 말할 때

- Their intentions are black and white. What they're saying is cut and dried.
  (그들의 의도가 너무 뻔해요. 그들이 한 말은 간단명료해요.)
- Her answer is pretty clear(cut).
  (그녀의 대답은 정말 명확해요.)

- Why don't you tell me straight out? Your answer is pretty vague.
  (솔직히 얘기해 주는 게 어때? 당신의 대답이 너무 애매모호해요.)
- It's hard to make out what she's trying to say.
  (그녀가 무슨 말을 하려는 건지 잘 모르겠어요.)
- It's hard to comprehend what he's trying to tell us.
  (그가 무슨 얘기를 하려는 건지 이해가 안 되네요.)

[해설]

· intention: 의향, 목적, 의도, 계획
· cut and dried: (말따위가) 미리 준비된(결정되어 있는)
· straight out: 솔직한, 단도직입의
· vague: 애매모호한
· comprehend: ~을 이해하다, 알다, 파악하다

3. 입장을 밝힐 때

1) 일반적 내용을 거론할 때

- For the most part, the risk of a war remains in Korea.
  (대체적으로 한국에는 전쟁의 위험이 남아 있습니다.)
- Normally, this process takes about a week, but with the new technology, we can cut the time in half.
  (일반적으로 이 과정에는 일주일이 소요되나, 신기술을 사용한다면 시간을 반으로 단축할 수 있습니다.)
- As a(general) rule, you have to be employed with us for at least 3 months before you can receive the benefits.
  (일반적으로 우리 회사에 3개월 이상 근무해야 복지수당을 받을 수 있습니다.)

- In general, most of the staff are adapting well to the new schedule.
  (일반적으로, 대부분의 직원들은 새 일정표에 잘 적응하고 있습니다.)
- Generally speaking, most of the small-and mid-sized companies are facing financial difficulties.
  (일반적으로 말해서, 대부분의 중소기업들이 재정적인 어려움을 겪고 있습니다.)
- Most often, we can resolve the trade conflicts through WTO.
  (거의 대부분, 우리는 WTO를 통해 무역 마찰을 해결할 수 있습니다.)
- In most cases, disputes are settled out of court.
  (대부분의 경우, 분쟁은 법정까지 가지 않고 합의를 봅니다.)
- By and large, neighboring countries of North Korea hope to resolve the conflict in a peaceful means.
  (전반적으로 북한의 이웃 국가들은 분쟁을 평화적인 방법으로 해결하고 싶어 합니다.)
- On the whole, next year is looking to be another record year.
  (전체적으로 볼 때, 내년에 또 다시 기록을 세우게 될 것 같습니다.)

[해설]

· For the most part: 대부분, 거의
· in half: 반으로, 둘로
· As a(general) rule: 대체로, 일반적으로, 보통
· benefits: 이익; 편의, 이로움, 복지수당
· adapting well to: 잘 순응(적응)하는
· financial: 재정(상)의, 재무의
· conflict(s): 충돌 모순, 대립(들)
· disputes are settled: 논쟁이 해결되다
· By and large: 대체로; 대강, 대충; 어느 면으로 보든
· means: 수단, 방법
· On the whole: 대체로

2) 자신의 입장을 밝힐 때

- I'm for the proposal. I'm all for it. I'm behind it all the way.
  (저는 그 제안에 찬성합니다. 대 찬성이에요. 적극적으로 찬성합니다.)
- I object to the decision. I beg to differ.
  (저는 그 결정에 반대합니다. 이의 있습니다.)
- I'm (totally) opposed to the proposed expansion.
  (저는 그 확정 제안에 (전적으로) 반대합니다.)
- Either way is fine with me. It doesn't matter to me.
  (양쪽 다 괜찮습니다. 저는 상관 안 해요.)
- It (really) doesn't matter either way.
  (어느 쪽도 (정말) 상관이 없습니다.)
- If I were in your shoes, I'd accept the offer.
  (내가 당신이라면 그 제안을 수락하겠어요.)
- I'm not in a position to make a decision, but I think we should go with a European company.
  (결정을 내릴 위치에 있진 않지만, 저는 우리가 유럽의 회사와 손을 잡아야 한다고 생각합니다.)
- We're in a difficult position, but I believe this will be the turning point.
  (우리는 어려운 입장에 있습니다만, 이게 전환점이 될 것 같습니다.)
- It would be advantageous for us to build a factory in China.
  (중국에 공장을 건설하는 게 우리에게 유리할 겁니다.)
- We're at a disadvantage because of high labor costs.
  (값비싼 노동력 탓에 우린 불리한 위치에 있습니다.)

【해설】

· all for it: 전적으로 찬성하는

· object to: ~에 반대하다

· opposed to: ~에 반대하는
· If I were in your shoes: 내가 당신의 처지라면
· advantageous: 유리(유익)한, 안성맞춤의, 편리한
· disadvantage: 불리함

3) 근거를 대며 정리할 때

- May I suggest that?
(참고로 말씀드릴까요?)
- Where did you hear that (from)?
(어디서 그런 얘기를 들었어요?)
- What is your authority for that statement?
(무슨 근거로 그런 말씀을 하십니까?)
- Where were you able to get all the data?
(그 모든 정보를 어디에서 입수했습니까?)
- I have some charts to show you. This graph shows our latest sales figures.
(여러분께 보여 드릴 몇 개의 차트가 있습니다. 이 그래프는 최근 판매 수치를 보여 줍니다.)
- Please consult the graph I handed out to you earlier.
(제가 여러분께 미리 나누어 드린 그래프를 참고 하십시오.)
- Taking everything into consideration, I think we should push for a new tax system.
(모든 점을 고려해 볼 때 새로운 조세제도를 추진해야 할 것 같습니다.)
- Considering the risks involved, I'd say we should wait and see what happens first before we commit
(뒤따르는 위험 요인을 고려해볼 때, 결단에 앞서 우선 상황을 주시해야 한다고 생각합니다.)

- In view of the circumstances, we ought to put off the investment.
  (상황을 볼 때 투자를 연기해야 할 것 같습니다.)
- Depending on the length of the war, the stock markets could rebound or go down further.
  (전쟁이 얼마나 지속되느냐에 따라, 주식 시장이 회복 될 수도 더 악화될 수도 있습니다.)
- Judging from their reactions, I'd say they will turn down our offer.
  (그들의 반응으로 판단하건대, 우리의 제안을 거절할 것 같습니다.)
- In that case, we can start a joint venture.
  (그런 경우라면 우리가 합작 사업을 시작할 수 있습니다.)
- In that event, I'll ask the board to approve a new budget.
  (그런 상황이라면, 새로운 예산안을 승인해 달라고 이사회에 요청하겠습니다.)
- Since we're in the same boat, we should help each other.
  (피차 같은 처지에 있으니 서로 도와야 합니다.)
- Accordingly, we must increase our efforts to crack down on drug rings.
  (따라서 우리는 마약 조직 소탕을 위해 더욱 힘써야 합니다.)
- That being the case, the government should invest heavily in the infrastructures.
  (그러므로 정부는 사회 기반 시설에 대한 투자를 늘려야 합니다.)

[해설]

· authority: 권위, 권한, 직권, 허가, 인가
· latest sales figure(s): 최신 판매수치(들)
· consult: ~의 의견을 듣다, ~에게 조언(정보)을 구하다, ~에게 상의(상담)하다
· Taking everything into consideration: 모든 것을 고려(참작)할 때
· In view of: ~을 고려하여, ~에 비추어서, ~을 예상해서
· put off: 연기하다
· rebound: 도로 튀어 오르다, 되돌아오다
· Judging from: ~으로 판단하건대 (미루어 보아)
· In that event: 그 경우에는, 그렇게 되면
· board: 이사회

· approve: ~을 승인하다, 허가하다
· in the same boat: 운명을 같이 해서; 처지가 같아; 같은 상황에 있는
· Accordingly: 따라서, 그러므로, 그런 까닭에
· crack down: 엄중히 단속하다
· drug ring(s): 마약조직(들)
· That being the case: 사정이 그러하므로, 그런 실정이니
· infrastructures: (조직 · 제도따위의) 하부 조직(구조), 토대, 인프라

B 질의응답하기

1. 질문할 때

1) 문제를 제기할 때

- How ar we going to get passed the bureaucratic red tape?
  (복잡한 관청 절차를 어떻게 통과해야 할까요?)
- What are we going to do about the falling revenue?
  (수입 감소에 대해 어떻게 해야 할까요?)
- Are you sure this thing will function properly?
  (이것이 제대로 기능할 것이라고 확신 하십니까?)
- How much longer will it take to complete the project?
  (그 프로젝트를 완성하려면 시간이 얼마나 더 걸립니까?)
- We need to fix the wording of this contract.
  (이 계약서의 문구를 수정해야 합니다.)

【해설】
· bureaucratic red tape: 관료주의의 비능률적 형식 절차
· revenue: 세입, 수익, 수입항목

· function: 기능, 작용, 목적, 구실
· properly: 적당하게, 알맞게, 타당하게
· wording: 말씨, 용어(diction), 표현(법) (phrasing)

2) 대책을 찾을 때

- How can we increase our productivity? What can we do about it?
  (생산성을 높이려면 어떻게 해야 할까요? 우리가 어떻게 할 수 있을까요?)
- What's the best way to set up a distribution chain in your country?
  (당신 나라에서 유통망을 세우는 가장 좋은 방법이 무엇일까요?)
- Do we have another option? Is there anything we can do about it?
  (대안이 있습니까? 그것에 관해 우리가 할 수 있는 일이 또 있나요?)
- Do you have any suggestions to increase our profits?
  (수익을 올리려면 어떻게 하는 게 좋을지 의견 있습니까?)
- Do you reckon you could resolve this conflict?
  (이 분쟁을 해결 할 수 있을까요?)

【해설】
· productivity: 생산성, 생산력
· set up: 세우다, 시작하다, ~을 설비하다
· distribution chain: 유통망
· profit(s): 수익
· reckon: 간주하다, 생각하다
· resolve: 해결하다

3) 정보를 요구할 때

- Do you have any data on ABC Inc?
  (ABC사에 대한 자료가 있습니까?)

- What's the difference between your product and <u>conventional</u> ones?
  (기존 제품과 이 제품의 차이점이 무엇입니까?)
- Can we take a look at the <u>previous</u> <u>quarter's</u> figures?
  (지난 분기의 수치를 볼 수 있을까요?)
- How are you planning to do that? Is there anything else we need?
  (어떻게 하실 계획 입니까? 우리에게 필요한 것이 또 있나요?)
- Why would this be the best plan for us?
  (왜 이 계획이 우리에게 최선일까요?)
- What makes you so <u>positive</u>? - What makes you so <u>confident</u>?
  (무슨 근거로 그렇게 확신하죠?)

【해설】

· conventional: 전통적인, 항간의 통례적인, 관습적인
· previous: (시간 · 순서가) 앞의, 앞선, 이전의
· quarter: 분기, 네 번의
· positive: 긍정적인
· confident: 확신하는, 굳게 믿고 있는, 자신이 있는

2. 질문에 답할 때

1) 말문이 막힐 때

- Let's see, I would have to <u>look into</u> it further.
  (저, 거기에 대해서는 더 검토해야 합니다.)
- In fact, I'm not sure if I'm the right person to answer that question.
  (사실, 제가 답변할 수 있는 문제가 아닌 것 같은데요.)
- I'd say we're gonna have to wait and see what happens.
  (그러니까, 어떻게 될 지 두고 봐야 한다는 겁니다.)

- You know, you have a good point.
(예, 좋은 지적이십니다.)

- Tell you what, how about if we discuss that issue at another time?
(그러니까 말이죠, 그 문제에 대해서는 다음에 논의하는 게 어떨까요?)

- I'll tell you what, why don't we discuss that during the break?
(이렇게 하면 어떨까요? 휴식 시간에 그 문제를 다루도록 하죠.)

- Listen, could we talk about that some other time?
(저, 그 얘기는 다음에 하는 게 어떨까요?)

- How can I say this. I'm mot sure if words are enough to describe the situation.
(어떻게 말씀드려야 할지요. 그 상황을 충분히 설명할 수 있을지 모르겠습니다.)

- Well, how should I put it, we're definitely interested, but there's one thing we're worried about.
(글쎄, 어떻게 표현해야 할까요. 관심은 분명 있는데, 한 가지 염려되는 점이 있습니다.)

- How should say this.... We were impressed by your product, but I'm afraid it has no use for us.
(어떻게 말씀 드려야 할까요... 귀사의 제품이 무척 훌륭하긴 하지만, 우리에겐 별로 필요 가 없는데요.)

- Where was I? Uh, we were talking about the outlook of the project.
(제가 어디까지 얘기 했나요? 아, 그 프로젝트의 전망에 대해 이야기하던 중이었죠.)

- What do you want me to say?
(어떤 대답을 원하시는 건가요?)

- Well, what I mean is not the case.
(제 말의 취지는 그런 것이 아닙니다.)

- I cannot find the proper expression.
(적절한 말이 생각나지 않는군요.)

- What should I say? It's going to be a long story.
(뭐라고 말해야 할까요? 얘기를 꺼내면 길어요.)

- I'm not so sure about that. I don't know about that.
  (그것에 대해 자신 없어요. 난 그것에 대해 잘 몰라요.)
- Let me think over the matter before giving my answer.
  (대답을 하기 전에 생각 좀 해볼게요.)

【해설】

- · look into: ~을 주의 깊게 살피다, ~을 조사(연구)하다
- · Tell you what; I' ll tell you what; Listen: 사정을 말해 주지; 실은 이렇다; 이렇게 하면 어떨까
- · describe: ~의 특징을 말하다, 상황을 설명하다; ~을 서술(기술)하다; (말로) 묘사하다
- · put it: 설명하다
- · Where was I?: 어디까지 얘기했나요?
- · outlook: 예상, 장래성
- · proper: 적당한, 알맞은, 어울리는

2) 질문을 이해하지 못할 때

- What do you mean? What are you getting at?
  (무슨 말씀이십니까? 무슨 말씀을 하시려는 건가요?)
- I'm not sure what you're asking. I'm not sure if I follow your question.
  (무슨 질문을 하는 건가요? 질문의 뜻을 잘 모르겠습니다.)
- Are you asking me if we would consider a joint-venture?
  (우리가 합작 사업을 고려하는지 질문하신 건가요?)
- If I have understood you correctly, you mean they are interested in taking over my company? Is that right?
  (제가 질문을 제대로 이해했다면, 그들이 우리 회사를 인수할 의향이 있다는 뜻인데, 맞습니까?)
- Sorry, I'm not sure I understand. Could you repeat that, please?
  (죄송하지만 제대로 이해를 못했어요. 다시 말씀해 주시겠어요?)

- I didn't catch the last part of your question.
  (질문의 끝 부분을 제대로 못 들었습니다.)

[해설]

· taking over: ~를 양도받기, 인수하기
· catch: 알아듣다

3) 질문에 답한 후

- Is that okay? Does that answer your question?
  (됐습니까? 이제 답변이 되었습니까?)
- I hope I answered your question.
  (답변이 되었기를 바랍니다.)

[해설]

· answer: 대답하다 (동사로 쓰임)

4) 대답하기 곤란할 때

- I would say you're probably right, but I can't say for sure.
  (말씀하신 내용이 아마 맞을 거라고 생각합니다만, 정확하진 않습니다.)
- In my experience that was the case, but I'm not sure if that's the case for everyone.
  (제 경험으론 그렇습니다만, 모두에게 적용된다고 말할 수는 없겠죠.)
- I could be wrong, but I think we can make a profit in the first year.
  (제가 틀릴 수도 있지만, 첫 해에 순수익을 낼 수 있다고 생각합니다.)
- I don't have much experience in that field.
  (저는 그 분야엔 별로 경험이 없습니다.)

- I don't think I'm the right person to answer that.
  (제가 답할 수 있는 문제가 아닌 것 같군요.)
- I'm afraid that's outside the scope of my talk.
  (그건 제 이야기의 범위를 벗어나는 것입니다.)
- I'll have to come to that later, perhaps during the break, since we're running out of time.
  (시간이 모자라므로 그 문제는 나중에, 아마도 쉬는 시간에 답변 드려야겠네요.)
- I can't give you the answer right away. I'll answer that later.
  (지금 당장은 생각이 안 납니다. 그 문제는 나중에 답변하겠습니다.)
- I don't think this is the right time or a place to discuss the matter.
  (지금은 이 문제를 다루기에 적절한 시간도 장소도 아닌 것 같습니다.)
- I don't think we should discuss it further now.
  (지금 그 문제를 더이상 끄집어내야 한다고는 생각하지 않습니다.)

[해설]

· probably: 아마도, 대체로
· for sure: 분명히, 확실히
· scope: 범위
· come to that later: 그 문제는 나중에 다시 논하다
· running out of time: 시간이 다 된
· further: (정도 · 범위가) 한층 나아가서, 더욱 깊이

3. 대화를 연결할 때

1) 화제를 바꿀 때

- By the way, did you find out what happened last night?
  (그런데, 어젯밤에 무슨 일이 있었는지 알아냈어요?)

- Before I forget, make sure you have the presentation ready by tomorrow morning.
  (잊어버리기 전에, 내일 오전까지 발표준비 하실 것을 당부 드리겠습니다.)
- I nearly forgot, could you contact Mr. Jones tomorrow to see if he can make it to the meeting?
  (잊을 뻔했군요. 존스 씨에게 연락해서 내일 회의에 참석할 수 있는지 알아봐주시겠어요?)
- I <u>meant to tell you</u>. Speaking of money, who's going to pay for all this?
  (이 말을 하려고 했는데. 돈 얘기가 나왔으니 말인데, 누가 이 비용을 다 댈건가요?)
- Why don't we talk about something else?
  (다른 얘기하면 어떨까요?)
- Let's not <u>bring that up</u>. Let's <u>drop the subject</u>.
  (그 얘기는 꺼내지 맙시다. 그 얘기는 그만둡시다.)
- If we could <u>move on</u> now <u>to the details of</u> the project, I would like you to <u>pay attention to</u> the tenth <u>article</u>.
  (이제 프로젝트의 세부 사항으로 들어가죠. 모두 제 10항을 봐주시기 바랍니다.)
- I think we ought to talk about our other <u>options</u>.
  (우리, 다른 대안에 대해 얘기해 보죠.)
- On an <u>entirely</u>, different matter, what's going on with the new plant project in Korea?
  (다른 사안으로 넘어가서, 한국의 새 공장 계획은 어떻게 돼가고 있습니까?)
- The next <u>item on the agenda</u> is raising business <u>ethics</u> for our employees.
  (다음 안건은 우리 사원들을 위한 기업윤리를 상향시키는 문제입니다.)
- To change the subject for a moment,……. - <u>Putting that aside</u> for a moment, ……. - Please let me change the topic for a second.)
  (잠깐 화제를 바꾸면, …….)

[해설]

· meant to tell you: 너에게 말하려고 했다
· bring that up: 문제를 꺼내다

· drop the subject: 논의를 멈추다
· move on: 다음 화제로 옮기다
· to the details of: ~의 세부사항으로
· pay attention to: ~에 집중하다
· article: 조항, 항목, 정관, 규약
· option(s): 선택사항(들)
· entirely: 완전히, 전적으로
· item on the agenda: 의제 항목
· ethics: 윤리, 도의
· Putting that aside: 그 문제는 옆으로 밀어 두고

2) 덧붙일 때 · 강조할 때

- In addition, the mobile communications market in India is expected to grow at 20 percent a year.
  (또한, 인도의 이동 통신 시장이 1년에 20% 성장 할 것으로 전망됩니다.)
- Besides, the risks are too high. That's only the tip of the iceberg.
  (게다가 위험 부담도 높습니다. 그것은 빙산의 일각에 불과해요.)
- Likewise, we expect the cell phone market in India to have explosive growth in coming years.
  (마찬가지로, 인도의 휴대 전화 시장도 앞으로 폭발적인 성장을 할 것으로 기대됩니다.)
- The company is about to go belly up, let alone making profits.
  (그 회사는 이윤은 고사하고, 이제 곧 파산할 겁니다.)
- Coupled with your support, this project should be a cash cow.
  (여러분의 지지에 힘입어, 이 프로젝트는 우리의 재원이 될 것입니다.)
- Primarily, money, or the lack of it, is the biggest obstacle.
  (주로 자금 부족이 가장 큰 장애물입니다.)
- My point is, we should do whatever we can to cut down on expenses.
  (제 말은, 비용 절감을 위해 무슨 일이든 해야 한다는 겁니다.)

- Sorry to cut you off, but who's going to bear the costs?
  (끼어들어서 죄송합니다만, 누가 그 비용을 부담할 건가요?)

- I can't quite put my finger on it, but there's something weird about the financial statement.
  (딱 꼬집어 말할 순 없지만, 이 재무제표에 좀 이상한 부분이 있습니다.)

- It is self-evident. - It speaks for itself. - It's an open-and-shut case. - I can guarantee this fact.
  (그것은 자명합니다.)

- It turned out that I was right.
  (제가 옳았다는 것이 판명되었어요.)

- The results came up to our expectations.
  (결과가 우리가 예상한 대로 되었어요.)

- It figures! - That figures!
  (그럴 줄 알았어요!)

- That is the very point of the matter.
  (그것이 바로 문제의 초점입니다.)

- Give me the right to make the choice.
  (저에게 선택권을 주세요.)

- I intend to go through with the project.
  (그 계획을 끝내 완수할 작정입니다.)

【해설】

- the tip of the iceberg: 빙산의 일각
- Likewise: 마찬가지로
- is about to: 막 ~하려는 참이다
- go belly up: 손을 들게 되다, 도산하다
- let alone: ~은 말할 것도 없고, ~은 물론이고
- Coupled with: ~와 결부된, ~에 더불어
- a cash cow: 돈벌이가 되는 상품(사업)
- obstacle: 장애물, 지장, 방해

· cut down on: (수량)가 줄이다; ~을 삼가다, 절제하다
· bear: 지탱하다, 버티다; 참다, 견디다
· put my finger on: 정확하게 짚어내다
· weird: 기묘한, 괴상한
· financial: 재정적인
· statement: 계산서, 명세서, 보고서
· self-evident: 자명한
· It speaks for itself.: 그것은 자명하다
· It turned out that~: 결국은 ~이 되었다, 결국은 ~임이 밝혀졌다
· came up to our expectations: 기대수준에 이르렀다
· intend to: ~할 작정이다, 계획이다
· go through: (과정 · 수속따위)를 마치다, (협상 · 거래따위가) 매듭지어지다, 끝나다

3) 반론할 때

● In any case, I'm dead against this project.
(어쨌든 전 이 프로젝트에 결단코 반대합니다.)

● At any rate, we should wrap up this meeting. It's getting late.
(여하튼 회의를 마무리 해야겠어요. 시간이 늦었어요.)

● None the less, we should back them up.
(그럼에도 불구하고 우리는 그들을 지지해야 해요.)

● Despite the fact that energy prices have been on the increase, we have been able to make profits.
(연료 가격이 올랐음에도 불구하고 우리 회사는 이윤을 낼 수 있었습니다.)

● The game was not called off albeit the rain.
(우천에도 불구하고 경기는 취소되지 않았습니다.)

● Even though this is an uphill battle, I'm sure we can make it.
(비록 어려운 상황이지만, 해낼 수 있다고 확신합니다.)

● However, there's no guarantee that we'll be successful.
(그러나 우리가 성공할 것이라는 보장은 없습니다.)

- <u>On the other hand</u>, our <u>exposure</u> could be <u>beneficial</u>.
(다른 한편으로, 우리의 노출이 유리하게 작용할 수도 있습니다.)
- <u>On one hand</u>, it'll cost us a lot of money, but the potential rewards are worthwhile for us to <u>pursue</u> it.
(한편으로는 많은 지출을 하게 되었지만, 우리가 이 일을 추진할 만한 잠재적인 이득이 충분히 있습니다.)
- There are lots of opportunities in China right now, but at the same time, risks are high.
(현재 중국에는 기회가 많지만 동시에 위험도 큽니다.)

【해설】

· In any case: 어떤 경우라도, 어떻든, 어차피, 여하튼
· dead against: ~에 단호히 반대하는
· At any rate: 어찌 되었건, 아무튼, 하여간
· wrap up: ~을 매듭짓다, (기사 등)을 요약하다
· None the less: 그럼에도 불구하고
· Despite the fact that: 그러한 사실에도 불구하고
· called off: (계획)이 중지된; (약속 · 예약)따위가 취소된
· an uphill battle: 매우 힘든 일
· make it: (어떤 일을) 이룩하다, 성공하다
· guarantee: 보증, 담보
· On the other hand: 한편으로는
· exposure: 노출
· beneficial: 유익한, 유리한, 유용한
· On one hand: 한편으로는
· pursue: 추구하다

C 논쟁하기

1. 주장할 때

1) 주장을 펼 때

- I wouldn't say that's the case this time. I'm sure that they will sign the contract.
(이번에는 경우가 다르다고 할 수 있어요. 그들이 계약을 체결하리라 확신합니다.)
- Economists say that we're in for a long recession.
(경제전문가들은 장기적인 경기 후퇴가 닥칠 것이라고 합니다.)
- The board members maintain that increasing productivity should be our primary goal.
(이사회의 이사들은 생산성을 높이는 것이 주된 목표가 되어야 한다고 주장합니다.)
- I'm not sure if that would be the best decision.
(그것이 최선의 결정인지 확신할 수 없어요.)
- I (highly) doubt the figures they have given us.
(그들이 제공한 수치에 (전혀) 신뢰가 가지 않습니다.)
- If I were in your shoes, I would take the offer right away.
(제가 당신이라면 그 제안을 당장 받아들이겠어요.)
- To make a long story short, we're gonna have to go through painful budget cuts nest year.
(간략하게 말씀드리면, 우린 내년에 어려운 예산 삭감을 감내해야 할 것입니다.)
- All in all, the convention was a success.
(종합해 볼 때, 그 컨벤션은 성공적이었습니다.)
- All things considered, we've gained a great deal from the incident.
(모든 점을 감안할 때, 우리는 이 일을 통해 많은 이득을 보았습니다.)

- You might argue that this acquisition is too costly, but in the long run, it'll be worth it.
(인수 가격이 너무 높다고 할 수도 있겠지만, 장기적으로 보면 그만한 가치가 있는 일입니다.)

【해설】

- recession: 불황, 후퇴
- primary: 제1차의; 가장 중요한
- If I were in your shoes: 내가 너의 입장이라면
- budget cuts: 예산삭감
- All in all: 종합해볼 때
- incident: 사건, 일어난 일
- argue: 논의하다, 논쟁하다
- acquisition: 취득, 획득
- costly: 비용이 많이 드는, 값비싼
- in the long run: 긴 안목으로 보면, 결국엔, 궁극적으로는

2) 솔직하게 주장할 때

- We should insist on a longer term contract. We should take a firm stand on this issue.
(우리는 더 장기적인 계약을 주장해야 합니다. 이 문제에 대해 우리의 입장을 확고히 해야 돼요.)
- They's claiming that it was 100% our fault.
(그들은 100% 우리 쪽 과실이라고 주장하고 있습니다.)
- We should lay claim to our rights.
(우리의 권리를 주장해야 합니다.)
- She's really assertive. She swears by her testimony.
(그녀는 자기주장이 정말 강해요. 그녀는 자신의 증언이 옳다고 맹세하고 있어요.)
- May I be frank? I honestly believe this is worth pursuing.
(솔직히 말해도 될까요? 저는 이 일이 추진할 가치가 있다고 진심으로 믿습니다.)

- I'll give it to you straight. To be honest, I'm totally against this project.
  (있는 그대로 말씀드리죠. 솔직히 말하면, 저는 이 계획에 전적으로 반대합니다.)
- Let me be perfectly clear. Let me spell it out for you.
  (제 입장을 분명히 말씀드리겠습니다. 자세히 말씀드릴게요.)
- Here's the bottom line. Read my lips.
  (결론을 말씀드리겠습니다. 제 말을 똑바로 들어요.)
- Listen, this is our only chance to come out of this predicament.
  (제 말을 들어보세요. 이 곤경에서 벗어날 수 있는 기회는 이번 뿐입니다.)

【해설】

· insist on: 주장하다, 고집하다
· term: 기간
· take a firm stand on: 단호한 입장을 갖다
· claim: ~을 요구하다, 청구하다
· lay claim: ~에 대한 권리(소유권)을 주장하다; ~의 자격이 있다고 주장하다
· assertive: 단정적인, 독단적인; 자기주장이 강한
· swear: 맹세하다
· testimony: (법정에서의) 선서 증언
· spell it out: 철자하나씩 말하다
· the bottom line: 최종결과
· predicament: 곤경, 궁지, 궁상

2. 요청할 때

1) 하라고 요청할 때

- Would you reconsider it? Let me know what's on your mind.
  (다시 생각해 보시겠어요? 어떤 생각을 하고 계신지 말씀해 주세요.)

- I'm sorry to <u>interrupt</u> you, but could you <u>elaborate on</u> the <u>previous</u> point?
  (끼어들어서 미안하지만, 아까 얘기한 것 좀 좀 더 자세히 말씀해 주세요.)

- <u>Spare</u> me nothing. Give it to me straight. Make sure you cover all areas.
  (빼놓지 말고 다 얘기해요. 있는 대로 다 얘기해요. 한 부분도 빠뜨리면 안돼요.)

- Please <u>refer to</u> the chart <u>on page 6</u> of the handout.
  (배포 자료 6쪽에 있는 표를 참고해 주세요.)

- Be sure to explain the figures. Remember to ask the prepared questions.
  (수치를 꼭 설명해야 합니다. 준비한 질문을 잊지 말고 꼭 하세요.)

- Be careful with what you say. Watch out for any <u>suspicious</u> actions
  (말조심하세요. 수상쩍은 행동을 하는지 잘 보세요.)

[해설]

· interrupt: 방해하다
· elaborate on: ~에 대해 상세히 말하다
· previous: ~전에
· Spare: 아끼다
· refer to: 알아보다, 참조하다, 조회하다
· on page 6: 6페이지로
· suspicious: 의심스러운, 수상쩍은, 미심쩍은

2) 하지 말라고 요청할 때

- Stop <u>beating a dead horse</u>. We heard you, already.
  (이미 끝난 일 가지고 왈가왈부하지 마세요. 알아들었어요.)

- Stop beating around the bush. Stop speaking <u>in circles</u>.
  (돌려 말하지 마세요. 빙빙 돌려서 말하지 마세요.)

- Don't bring it up. Stop <u>harping on</u> that subject.
  (그 얘기 꺼내지 말아요. 그 얘기 자꾸 꺼내지 마세요.)

- Be careful not to let them in on our plans. Don't let on about our plans.
  (우리 계획이 새나가지 않게 조심해요. 우리 계획에 대해 발설하지 말아요.)
- Don't let him take advantage of you.
  (그가 당신을 이용하지 못하게 해요.)

[해설]

· beating a dead horse: 헛수고하기, 이미 결론이 난 일에 대해 계속 주장하기
· in circles: 돌려서
· harping on: 말을 되풀이하는
· let on: (비밀 따위)를 누설하다, 고자질하다
· take advantage of: 이익을 취하다, 이용하다

3) 재촉할 때

- I'm all ears. Spit it out. What are you waiting for?
  (듣고 있으니 어서 말해요. 어서 말해 봐요. 꾸물거리지 말고 어서 말해요.)
- Be my guest. By all means.
  (어서 말씀하세요. 그럼요.)
- You go first. Why don't you start?
  (먼저 얘기 하세요. 말씀하시지요.)
- Get to the point, please. Cut to the chase. Why don't you get to the bottom line?
  (요점이 뭔가요? 본론만 얘기해요. 본론을 말씀해 주시죠.)
- Let's get to the heart of the matter.
  (본론으로 바로 들어갑시다.)
- Put your cards on the table.
  (있는 그대로 솔직히 말해요.)

【해설】
· be all ears.: 열심히 귀를 기울이다, 온통 귀로만 마음이 가 있다
· Spit it out.: 숨김없이 말하다, 자백(실토)하다
· Be my guest.: ① (간단한 청을 받고) 그러시오, 어서 하시오; 좋을 대로; 먼저 하시죠 ② 괜찮습니다, 천만의 말씀을 (You' re welcome) ③ (식당 따위에서) 계산은 제가 하겠습니다
· By all means: ① 꼭, 반드시, 기어이 ② (승낙의 뜻) 좋다 뿐인가, 그럼요

3. 신뢰 · 충고 · 경고할 때

1) 믿도록 설득할 때

- I swear. I give you my word. You have my word. You can bank on it.
(맹세할게요. 약속할게. 맹세해요. 내가 장담하지요.)
- That's the whole truth. Take my word for it. Trust me.
(그게 전부입니다. 내 말을 믿어요. 날 믿어요.)
- Would I lie to you? You know I would never lie to you.
(내가 거짓말 하겠어요? 내가 거짓말 안 한다는 거 알잖아요?)
- Try talking her into it. You have to talk her out of the deal.
(그녀를 설득해 봐요. 그 거래를 하지 않도록 그녀의 마음을 돌려야 돼요.)
- I can't seem to convince him.
(그 사람 설득이 안 되는 것 같아요.)
- Put yourself in my shoes. Please think over what I've said.
(제 입장에서 생각해 보세요.)
- That's about right.
(그 정도가 타당할 겁니다.)
- Did I make myself clear? Did you understand me?
(제가 말한 것을 알아들으셨습니까?)

- We're in a good situation. - We're on the right track.
  (우리는 유리한 입장에 서 있어요.)
- I will get him to accept your offer.
  (당신의 제안을 그가 받아들이도록 하겠어요.)
- Why don't you sound out his view?
  (그의 견해를 타진해 보시죠?)
- I see your point but things are slowly changing.
  (말씀하신 것은 알겠지만 사정은 조금씩 바뀌고 있습니다.)
- You're supposed to do what you're told. - You only have to do as you are told.
  (당신은 시키는 대로만 하면 됩니다.)

[해설]
- swear: 맹세하다, 서약하다, 보증하다
- I give you my word; You have my word: 약속하다
- bank on: ~을 의지하다, 믿다, ~을 신용하다 (사람이 은행을 믿는 것처럼 신용하는 것)
- Take my word for it.: 내말 그대로 받아들여라
- talking her into: 그녀를 설득하기
- convince: 확신시키다, 납득시키다
- sound out: 살펴보다, 타진하다, 속을 떠보다
- what you' re told: 당신이 들은 대로
- as you are told: 당신이 지시 받은 대로

2) 충고할 때

- You should take the offer. You should take my advice.
  (그 제안을 받아들여야 해요. 내 충고를 들어야 돼요.)
- Why don't you seek advice from a financial consultant?
  (재정 관련 전문가와 상담을 해보지 그래요?)

- You must get a lawyer to take a look at the contract before you sign it.
  (서명하기 전에 변호사와 계약서 검토가 필요합니다.)
- I wouldn't do that if I were you. You need to set your priorities.
  (나라면 그렇게 하지 않아요. 중요한 일부터 해야 돼요.)
- Listen to what I'm telling you. I advise you to settle the case out of court.
  (내가 하는 말을 들어야 해요. 재판을 하지 않고 사건을 해결하는 게 좋겠어요.)
- Don't worry about it. John's harmless. His bark is worse than his bite.
  (걱정 말아요. 존은 해로운 사람이 아닙니다. 겉보기보다 순해요.)
- Take things as they come. One step at a time.
  (그때그때 처리하면 돼요. 한 번에 한 가지씩 해요.)

[해설]

· set your priorities: 우선사항을 정하다
· out of court: 법정 밖에서, 당사자끼리 합의하여
· harmless: 해롭지 않은, 악의가 없는
· bark: 고함, 날카롭게 외치는 소리
· bite: 물기; 물린 상처, 쏘인 상처
· as: ~와 같이, ~ 함에 따라

3) 경고할 때

- You'll regret this. Don't ever do that again. You're making a big mistake.
  (후회하게 될 겁니다. 다시는 이런 짓 하지 마세요. 큰 실수 하는 겁니다.)
- How many times have I told you not to speak to the reporters about this issue?
  (이 문제에 대해서는 기자들에게 아무 말도 하지 말라고 몇 번이나 말해야겠어요?)
- I'm warning you. If you keep this up, you'll be out of a job in no time.
  (경고하겠는데, 계속 이렇게 하다가는 순식간에 직장을 잃게 될 겁니다.)
- I'm telling you for the last time. Don't you dare!

(마지막으로 경고하겠어요. 감히 어떻게!)

- We should take their threats seriously.
  (그들의 위협을 진지하게 생각해야 합니다.)

- Don't tell me what to do. - Don't try to boss me around.
  (나한테 이래라 저래라 하지 마세요.)

[해설]

- warn: (남)에게 위험을 알리다, 예고하다, 경고하다
- in no time: 곧, 즉시
- dare: 감히(대담하게) ~하다; ~ 할 용기가 있다
- boss me around: 남을 좌지우지하다, 남에게 명령하다 (boss가 동사로 쓰임)

4. 긍정할 때

1) 동의할 때

- I'm completely in favor of that. - I've absolutely no objections.
  (전적으로 찬성입니다.)

- You could say that. You've got a point there. I agree. I'm with you.
  (그렇게 말할 수도 있지요. 일리가 있군요. 찬성해요. 동의합니다.)

- I'll say. That makes two of us. By all means. Absolutely.
  (저도요. 나도 찬성해요. 정말 그래요. 물론이죠.)

- You can say that again. You bet. You said it. Exactly. That's for sure.
  (맞는 말씀입니다. 그럼요. 그렇고말고요. 바로 그래요. 물론입니다.)

- No doubt (about it)! I couldn't agree with you more.
  (두말하면 잔소리지요. 전적으로 동의합니다.)

- You took the words right out of my mouth.

(바로 내가 하고 싶은 말입니다.)

- I applaud your decision. I'm in complete agreement.
  (결정을 잘 하셨습니다. 동의합니다.)

[해설]

- · in favor of: ~ 에 찬성(지지)하여
- · objections: (~ 에 대한) 반대, 항의, 이의
- · That makes two of us: 그건 나도 마찬가지다, 나도 그렇게 생각 한다
- · You can say that again.: 너의 말대로다, 바로 그렇다
- · applaud: 박수갈채하다, 성원하다; 칭찬하다

2) 공감할 때

- I got you. Point well-taken. Understood.
  (알겠어요. 잘 알겠습니다. 이해돼요.)
- Read you loud and clear. I hear you. I see your point.
  (아주 잘 알겠어요. 동의합니다. 무슨 말인지 알겠어요.)
- I know where you're coming from.
  (왜 그렇게 말하는지 알겠어요.)
- That's a good idea. That sounds good. That sounds like a good idea.
  (그거 좋은 생각이군요.)
- That makes sense. You are partly right.
  (일리가 있는 말입니다.)
- Your opinion is similar to mine.
  (당신의 의견은 내 의견과 비슷하군요.)

[해설]

- · I got you: 알다, 이해하다
- · partly: 일부분은, 부분적으로; 어느 정도, 얼마간

3) 수락할 때

- Good enough. It'll do. It's acceptable. That suits me fine.
  (그만하면 돼요. 그거면 돼요. 괜찮겠어요. 그렇게 하면 저는 좋아요.)
- It'll serve the purpose. It's terrific. I'm all for it.
  (그렇게 하면 되겠네요. 정말 좋은 생각입니다. 대 찬성입니다.)
- Bingo! That's just what we need. Now we're talking.
  (바로 그거야! 바로 우리가 찾던 것입니다. 이제 말이 통하네요.)
- I'll go along with you (on that). That's just what the doctor ordered.
  (저도 그렇게 하겠습니다. 그게 딱 입니다.)
- I will leave you to judge for yourself.
  (당신 판단에 맡길게요.)
- Everything depends on your decision.
  (모든 것은 당신의 결정에 달려 있어요.)
- You decide whatever you want.
  (당신이 원하는 대로 결정하세요.)

【해설】

· serve: ~을 다하다
· I' m all for it.: 나는 대 찬성이다

5. 부정할 때

1) 반대 의사 밝힐 때

- Well, it depends on what it is, of course.
  (글쎄요. 물론 그게 무엇이냐에 달렸죠.)

- I respect your point of view, but...
  (당신의 견해를 존중하지만,...)
- I may be wrong, but...
  (제 말이 틀릴지 모르지만,...)
- That could be so, but...
  (그럴 수도 있지만,...)
- It's not that, but...
  (그런 것이 아니고...)
- You have a point, but...
  (당신 말도 일리가 있지만,...)
- That's unthinkable. That's out of the question.
  (말도 안 돼요. 그건 말도 안 됩니다.)
- I can't agree with you (on that point).
  (그 점에 대해선) 찬성할 수 없어요.)
- I take exception to your point. I see things differently.
  (그 점에는 이의가 있어요. 제 생각은 다릅니다.)
- Your ideas are out of tune with my ideas. I disagree completely.
  (저와 생각이 다르시군요. 전적으로 반대합니다.)
- I'm sure someone will raise an objection.
  (누군가 반대할 걸요.)

[해설]

· unthinkable: 생각할 수 없는, 있을 수 없는
· out of the question: 문제가 되지 않는, 생각할 가치도 없는, 논외인
· exception: 예외
· out of tune: 가락이 안 맞아; 협조하지 않고
· raise an objection: 반대를 제기하다

2) 논지에서 벗어났을 때

- I don't know about that. I wouldn't say that. You've got it all wrong.
  (그건 안 되겠어요. 그게 아닌데요. 당신이 잘못 알고 있는 겁니다.)
- That's hardly the case. It's not (quite) that simple.
  (사실과 영 다릅니다. (절대) 그렇게 간단하지 않습니다.)
- You're (way) off (base). That's another story. That's irrelevant.
  (잘못 짚었어요. 그건 다른 얘기입니다. 그건 상관없는 얘기에요.)
- That has nothing to do with it.
  (그건 이 문제와 아무 관련 없어요.)
- You're missing the point. That's beside the point.
  (핵심을 놓치셨네요. 그건 핵심에서 벗어나는 겁니다.)

[해설]

· hardly: 거의 ~아니다(않다)
· irrelevant: 엉뚱한, 부적절한; (~와) 관계가 없는
· nothing to do with: ~와는 전혀 관계가 없는

3) 딱 잘라 거절할 때

- You're out of luck. Not a chance.
  (안됐지만 불가능해요. 가망 없어요.)
- Not in your wildest dreams. Absolutely not! Forget it.
  (꿈꾸고 있네요. 절대로 안 돼요. 말도 꺼내지 마세요.)
- Over my dead body. Not if I can help it. Save your breath.
  (내 눈에 흙이 들어가기 전엔 안돼요. 내가 해줄 것 같아요? 말해봐야 입만 아플 건데요.)

- I really can't accept that. - I'm completely against that. - I disagree completely.
  (전적으로 반대합니다.)
- You are dead wrong.
  (당신이 크게 틀렸어요.)
- His views are conservative. Strictly speaking, that is not correct.
  (그의 관점은 보수적입니다. 엄격히 말하면 그건 정확하지 않아요.)
- No. we'd rather not. I'm afraid, I don't agree with that.
  (그렇게 하지 맙시다. 그 얘기에는 찬성을 못하겠습니다.)
- I can't put up with your way of doing things.
  (당신이 하는 방식은 참을 수가 없습니다.)
- I'll not yield an inch on that matter.
  (그 문제에 관해서는 한 치도 양보하지 않을 겁니다.)
- That's a matter of opinion. It depends.
  (그것은 견해상의 문제입니다. 상황에 따라 다르죠.)

【해설】

· chance: 가능성
· Forget it.: ① (감사 · 사죄에 대해) 괜찮다, 신경 쓰지 마 ② (요청 따위를 거부하여) 천만에요, 당치도 않아 ③ (귀찮게 생각되는 일에 대해) 그쯤 해둬, 알게 뭐야
· dead: 완전히
· conservative: 보수적인, 보수주의의
· Strictly speaking: 엄격하게 말해서
· put up with: ~을 참다, 참고 견디다
· yield: ~에 무릎을 꿇다; ~을 내주다, 포기하다

6. 장단점과 타당성 말할 때

1) 장점에 관해 말할 때

- What are some advantages of your educational programs?
  (교육 프로그램의 장점이 무엇입니까?)
- What's so good about the new offer?
  (새로운 제안의 장점이 뭐죠?)
- What's so special about the new product?
  (제품에는 어떤 특별한 점이 있나요?)
- This information will be helpful to our advantage.
  (이 정보는 우리에게 유익할 거예요.)
- You have to take advantage of this opportunity.
  (이 기회를 최대한 활용해야 합니다.)
- This will come in handy. This will be valuable.
  (이게 유용할 거예요. 가치 있는 일이 될 거예요.)

【해설】

· advantages: 유리, 편의, 이익
· to our advantage: 유리하게; 돋보이게
· take advantage of: ①(기회 따위)를 이용(활용)하다; ②(남)을 이용하다, 기만하다
· in handy: 편리한

2) 단점에 관해 말할 때

- What's so bad about the deal?
  (이 거래가 어떤 점이 잘못됐다는 거죠?)
- The biggest drawback of this product is its cost.

(이 제품의 가장 큰 단점은 가격입니다.)

- There are no weaknesses in their plans. Their team doesn't have weak spots.
  (그들 계획엔 아무런 허점이 없어요. 그 팀은 취약점이 없습니다.)
- The downside of your argument is that your conclusion is based on false assumptions.
  (당신 주장의 허점은 거짓 가정 위에 내린 결론이라는 거죠.)
- This will be unsuitable for our company. The new venture seems unprofitable.
  (이것은 우리 회사에 적절치 않을 겁니다. 신규 사업은 별로 이득이 없을 것 같습니다.)
- If the Chinese government doesn't approve the deal, our efforts will be futile.
  (중국 정부가 거래를 승인하지 않으면 우리의 노력은 허사가 될 것입니다.)
- Tell us the pros and cons of the deal.
  (그 거래의 장단점을 말씀해 주세요.)

【해설】

- · drawback: 장애, 방해, 불리 한 점, 결점
- · argument: (~에 관한) 논의, 토론; 논쟁
- · false: 옳지 못한, 틀린, 당치 않은, 오해에서 나온
- · assumptions: (근거 없는) 가정, 추정, 전제
- · unsuitable: 부적당한, 당치 않은, 적임이 아닌
- · unprofitable: 이익이 없는, 쓸데없는
- · futile: 무익한, 효과 없는
- · pros and cons: 찬 반 양론

3) 타당성에 관해 말할 때

- It makes (perfect) sense. This is a legitimate forecast.
  ((충분히) 맞는 말입니다. 타당한 예견입니다.)

Convention English

- It sounds reasonable. It's logical. This is well-thought-out.
  (타당합니다. 논리적입니다. 심사숙고 한 결과입니다.)
- I guess costs are within reasonable limitations. His words are credible.
  (가격이 합리적으로 책정되었다고 봅니다. 그의 말은 신뢰할 수 있어요.)
- His conclusion is well-grounded. His plan is well-founded.
  (그의 결론은 근거가 확실해요. 그의 계획은 탄탄해요.)
- Their case is irrefutable.
  (그들의 주장엔 반박의 여지가 없습니다.)
- Can you justify the increases in costs? Your argument doesn't hold water.
  (비용 증가를 정당화 할 수 있습니까? 당신 주장은 이치에 맞지 않아요.)

[해설]

- legitimate: 합법의, 적법한, 정당한
- forecast: ~예측, 예상(명사로 쓰임)
- well-thought-out: 면밀한; 충분히 추론된, 심사숙고된
- credible: 믿을 만한, 설득력이 있는
- well-grounded: 기초가 튼튼한
- irrefutable: 반박할 수 없는
- justify: 을 옳다고 하다, ~을 정당화하다

7. 추측과 추론할 때

1) 추측이 어려울 때

- I never thought it would turn out this way.
  (이렇게 될 줄은 꿈에도 몰랐어요.)
- Who knows what will happen? It's anybody's guess.
  (무슨 일이 생길지 누가 알겠어요? 아무도 모르죠.)

- You never know what may <u>turn up</u>. You never know what the future will bring.
  (어떻게 될지는 아무도 모르죠. 어떤 일이 생길지는 알 수 없습니다.)
- We'll see what happens. - We'll have to wait and see.
  (두고 봐야죠.)
- Your guess is as good as mine.
  (저 역시 잘 모르겠어요.)

【해설】
· turn out: ~의 결과가 되다
· turn up: (일 · 사건이) 갑자기 일어나다, 생기다

2) 추측이 맞았을 때

- See! What did I tell you? See what I mean?
  (그것 봐. 그러게 제가 뭐라고 했어요? 그것 봐요. 내말이 맞지요?)
- We were right on target.
  (우리의 추측이 정확했어요.)
- We made the <u>right decision</u>. It was <u>an open-and-shut case</u>.
  (우리의 결정이 옳았어요. 명백한 일이었어요.)
- <u>It turned out that</u> I was right. Was I right or what?
  (결국 제가 옳았어요. 이래도 내가 틀렸나요?)
- Didn't I warn you? Don't say I didn't warn you.
  (내가 경고 했었지? 난 분명히 경고했어요.)

【해설】
· right on target: 정확한
· an open-and-shut case: 이내 해결이 되는 사건; 복잡하지 않고 단순한 것; 보통은 소송, 또는 문제 등

· It turned out that~: 결국은 ~이 되다, 결국은 ~임이 밝혀지다

3) 추론할 때

- You've made a strong point. Your analysis is right on the mark.
  (매우 합리적인 지적입니다. 정곡을 찌르는 분석이네요.)
- His paper was full of sound reasoning.
  (그의 서류는 상당히 합리적인 이론을 펴고 있습니다.)
- Your induction doesn't make any sense. Your argument is based on false assumptions.
  (당신의 추리는 이치에 맞지 않아요. 당신의 주장은 전제부터 잘못됐어요.)
- Your reasoning is not based on facts. You're generalizing too much.
  (당신의 추론은 사실에 근거한 게 아닙니다. 지나치게 일반화하고 있군요.)
- Nothing is conclusive right now. Don't jump to conclusions.
  (지금으로서는 아무 결론도 내릴 수 없어요. 성급하게 결론짓지 마세요.)
- I guess it's the only logical conclusion we can make right now.
  (그나마 그게 지금 우리가 내릴 수 있는 가장 논리적인 결론입니다.)

[해설]

· analysis: (내용 · 정세 따위의) 분석, 분해
· on the mark: 이해가 빠른
· sound: 건전한, 건강한
· reasoning: 추론, 추리
· induction: 일으킴, 야기, 귀납된 결론
· generalizing: ~ 를 일반화하는
· conclusive: 확정적인, 결정적인, 종국의
· logical: 논리적인, 이치에 맞는

D 협상하기

1. 기대와 가능성 말할 때

1) 기대감을 표현할 때

- I'm looking forward to seeing you in person. I'm dying to see the cover design.
  (직접 만나게 되길 고대하고 있습니다. 표지 디자인이 보고 싶어 죽겠어요.)
- We're anticipating record profits this year.
  (우리는 올해 최고 수익을 올릴 것으로 기대하고 있습니다.)
- We're hoping for better results this quarter.
  (이번 분기에는 결과가 더 좋기를 기대하고 있습니다.)
- Don't count your chickens before they're hatched.
  (김칫국부터 마시지 마세요.)

【해설】
- dying to: 죽을 정도로 ~하고 싶은
- anticipating: ~ 을 예기하다, 예상하다, 예견하다, 기대하다
- count: 세다
- hatched: 부화한

2) 가능성이 높을 때

- There's a good chance of Jane getting the promotion this time around.
  (제인이 이번에 승진 할 가능성이 높아요.)
- In all probability, we'll have to lay off some workers this year.
  (아마도 올해엔 직원 몇 명을 정리 해고해야 할 거에요.)

- The <u>odds</u> for <u>sustain</u>ing high growth for next year are high.
(내년에 고성장을 이룩할 확률이 높습니다.)

- Everything will be fine. It'll turn out okay.
(다 잘 될 거야. 잘 될 겁니다).

- I don't see how this project could fail. The chances are <u>in our favor</u>.
(이번 프로젝트는 실패할 것 같지 않아요. 우리 쪽이 가능성이 더 높아요.)

- I'm confident that sales next year will pick up. I feel quite sure about our <u>prospects</u> next year.
(내년엔 매출이 오를 거라고 확신합니다. 내년 우리 회사의 전망에 대해선 자신 있습니다.)

- There is a reason to believe the stock markets have <u>bottomed out</u>.
(주식 시장이 바닥을 쳤다고 믿을 만한 근거가 있어요.)

- A joint venture with a <u>local firm</u> is our best <u>bet</u>.
(현지 회사와 합작하는 것이 우리로서는 최선의 길입니다.)

[해설]

· In all probability: 아마도, 십중팔구는
· lay off: (일시적으로) ~을 해고하다
· odds: 가망, 공산, 가능성; 확률; 승산
· sustain: 지탱하다, ~ 을 견디다
· in our favor: 우리에게 유리한
· prospects: (성공의) 가망, 가능성, 공산
· bottomed out: 바닥시세가 되었다
· local firm: 지역회사
· bet: 내기

3) 가능성이 희박할 때

- We don't <u>stand a chance of</u> getting the contract. We're out of the running for the deal.

(우리가 그 계약을 따낼 가능성이 별로 없습니다. 입찰에 대한 희망이 사라졌어요.)

- There's a small chance that we could go bankrupt. It's touch and go.
  (우리 파산할 가능성이 조금 있어요. 아슬아슬한 지경입니다.)
- It's out of the question. I'm not so sure about this plan.
  (불가능해요. 이 계획에 대해 별로 확신이 안서요.)
- It's a toss up. - It's fifty-fifty.
  (가능성은 반반입니다.)

【해설】
- stand a chance of: ~의 가능성이 있다, ~할 듯하다
- go bankrupt: 파산하다
- out of the question: 불가능한

2. 오해를 해결할 때

1) 오해를 풀 때

- Let me rephrase that. Don't take it the wrong way.
  (다시 말씀드리겠습니다. 오해하지 마세요.)
- You have misunderstood my point. That's not what I meant.
  (제 말을 오해하고 있어요. 그런 뜻이 아닙니다.)
- Let me make myself (perfectly) clear. I didn't mean it.
  (제 말을 좀 (확실히) 들어보세요. 그런 뜻이 아니었어요.)
- I didn't mean to imply that. That's not which I was getting at.
  (그런 뜻으로 한 말이 아니에요. 그런 말을 하려던 게 아니에요.)

【해설】
- rephrase: ~을 고쳐(바꿔) 말하다

· imply: ~ 의 뜻을 내포하다, 함축하다

2) 오해를 공박할 때

- You're (completely) missing the point. You're taking it out of context.
  ((완전히) 잘못 이해하셨어요. 완전히 오해하고 계세요.)
- You're putting words in my mouth. You're not listening to me.
  (내가 언제 그렇게 말했어요? 제대로 들어야지요.)
- You're only hearing what you want to hear. You've got it all wrong.
  (자기 마음대로 해석하면 어떡해요? 완전히 잘못 알고 있네요.)
- You're barking up the wrong tree. You're quoting me out of context.
  (잘못 짚은 겁니다. 내 말을 와전하고 있어요.)
- You're exaggerating. You're blowing it out of proportion.
  (과장하지 마세요. 너무 과장하지 마세요.)
- That's an understatement.
  (그 말로는 부족해요.)

【해설】

· out of context: 전후 관계(문맥, 정황)를 무시하고, 전후 관계와 분리하여
· barking up the wrong tree: 잘못 짚은
· exaggerating: ~을 과대시하는
· understatement: 삼가는 표현

3) 마지못해 할 때

- I'd rather not. I'm not sure this is what I want.
  (그러고 고 싶지 않은데요. 이런 식으로 하고 싶지는 않은데.)
- It's not exactly what I had in mind. That's not what I was bargaining for.

(이렇게 하려던 게 아니었는데. 내가 원한 건 이게 아닌데.)

- If it were up to me, I wouldn't do this.
  (제가 한다면, 이렇게 하지는 않을 겁니다.)
- Well, if you really want me to, I guess I don't have a choice.
  (정 그렇다면 할 수 없군요.)
- There's no alternative. We've got no choice.
  (다른 수가 없어요. 선택의 여지가 없어요.)
- I wish there was a way out of this.
  (뭔가 다른 방법이 있으면 좋겠는데.)

[해설]

· bargaining for: ~을 위한 교섭
· alternative: 양자택일의, 둘 중 하나의

3. 재고와 유보할 때

1) 논의가 더 필요할 때

- I think we need more time to consider this. I would have to think about it more.
  (우리 좀 더 시간을 갖고 이 문제를 생각할 필요가 있겠어요. 거기에 대해서 좀 더 생각해봐야겠습니다.)
- I think we should discuss this further. We have to talk about it more.
  (이 문제를 좀 더 논의해봐야 합니다. 그 문제에 대해 좀 더 얘기해봐야 합니다.)
- We should discuss the details of the contract more.
  (계약의 세부 사항에 대해 좀 더 논의해봐야 합니다.)
- Can we leave this until another date?

(이 문제를 다른 날로 미뤄도 될까요?)

- Aren't there other avenues? We shouldn't jump to conclusions.
(다른 방법은 없나요? 성급히 결론지어서는 안 돼요.)
- We don't have enough information to make a decision.
(결정을 내리기엔 정보가 충분치 않습니다.)
- (I think) We should put off a decision.
(결정을 보류하는 게 좋겠습니다.)
- I'll need some time to think it over. Could I get back to you on this?
(더 생각해 볼 시간이 필요합니다. 이 점에 대해 추후 연락을 드려도 될까요?)
- How about if I call you tomorrow? (Why don't I get in touch with you tomorrow?)
(내일 연락드리면 어떻겠습니까?)
- I'll give you an answer by tomorrow.
(내일까지 답변을 드리겠습니다.)
- How about giving me until next week to answer yes or no to your proposal?
(다음 주까지 당신의 제안에 대답할 테니까 그때까지 시간을 주는 게 어떻습니까?)
- The matter at issue far exceeds my authorized power.
(문제가 되고 있는 그 일은 나의 권한 밖의 것입니다.)
- Let me feel out my boss first.
(먼저 사장님의 의중을 떠봐야겠습니다.)
- Let me have a word with my boss first.
(먼저 사장님과 의논을 해봐야겠습니다.)
- Let me get the approval from my boss first.
(우선 사장님의 허락을 얻어야 합니다.)
- Let me have a word with our export manager before we set up the overall delivery schedule.

(전반적인 물품인도 스케줄을 확정하기 전에 우선 수출부장과 잠시 상의를 해봐야겠습니다.)

- I'm afraid there isn't much time left for further discussion today.
  (오늘은 더 이상 논의할 시간이 없습니다.)
- Decision on the matter is suspended by our president.
  (그 문제에 관한 결정은 사장이 유보하고 있습니다.)
- We'll let you know as soon as we come to a decision.
  (결정 나는 대로 연락을 드릴게요.)

[해설]

· detail(s): 세부 항목(들)
· avenue(s): 길, 방법(들)
· jump to conclusions: 속단하다
· put off: ~을 연기하다, 늦추다
· exceed: (범위 · 한도)를 넘어서다
· authorized: 권한을 부여받은, 권위가 있는
· feel out: (~에 관해)(남)의 의향을 넌지시 떠보다; 타진하다
· have a word with: (~와) 잠깐 이야기를 하다; (~에게) 잔소리를 하다
· overall: 총체적인, 전반적인, 종합적인
· delivery schedule: 배달일정
· suspended: 보류된

2) 생각할 시간이 필요할 때

- I need more time to think about it. I can't make a decision right now.
  (거기에 대해선 생각할 시간이 더 필요해요. 지금 당장 결정할 수 없습니다.)
- I'm not sure what I want now. Let me reconsider it.
  (내가 바라는 게 뭔지 지금 잘 모르겠어요. 거기에 대해 다시 생각해볼게요.)
- Give me some more time to make up my mind.
  (결정할 수 있게 시간을 좀 더 주세요.)

- Let's see how things turn out before we decide.
(귀추를 보고 결정하도록 합시다.)
- Let's be real for a second. We need to think about it realistically.
(잠시 현실적으로 생각해 봅시다.)
- Let's wait and see how it turns out.
(결과가 나올 때까지 두고 봅시다.)
- It requires consideration from various points of view.
(그건 여러 각도에서 고찰할 필요가 있어요.)
- We'll have to be careful in deciding how to do it. It's too early to make up our mind.
(어떻게 할 것인가를 우리는 신중히 결정해야 합니다. 결심하기에는 너무 일러요.)
- Let me think about it for a few days.
(며칠 동안 생각할 시간을 좀 주세요.)
- I'll think it over at my leisure.
(한가한 시간에 천천히 생각해 볼게요.)
- I'll have to check with him about it.
(그것에 대해서는 그에게 확인을 해 봐야겠어요.)
- I need to talk to my boss about the matter.
(그 건에 대해선 저의 사장님과 상의를 해야 합니다.)
- I'll be happy to come over and discuss it further anytime of your convenience.
(이 건에 대해서는 언제라도 편리한 시간에 가서 상의 드리겠습니다.)
- Take your time and call me when you can.
(천천히 생각해 보시고 되는 대로 연락을 주세요.)
- Reconsider it. - Sleep on it, please. - Think twice.
(좀 더 생각해 보세요.)

[해설]

· make up my mind: 결심하다
· turn out: ~의 결과가 되다
· realistically: 현실적(실제적)으로, 사실적으로
· require: ~ 을 필요로 하다
· at my leisure: 틈이 있을 때, 형편이 좋을 때
· of your convenience: 당신에게 편리한
· Sleep on it.: 자고나서 다시 생각해보라

3) 재고를 권할 때

- Give it a thought. Please think it over. Would you consider it again?
  (생각해보세요. 다시 생각해보십시오. 다시 한 번 고려해보시겠어요?)
- Take your time and think about it.
  (시간을 갖고 좀 생각해보세요.)
- You don't have to decide right now. Any chance you might change your mind?
  (지금 당장 결정하지 않아도 됩니다. 생각이 바뀔 여지는 없을까요?)
- Let me know if you change your mind.
  (생각이 바뀌면 알려줘요.)
- You don't have to stick to your decision.
  (당신의 결정을 굳이 고수할 필욘 없어요.)
- It's anybody's guess. - There is no guessing.
  (그건 예측하기가 어려워요.)
- I don't have the faintest idea. (I don't have the slightest idea.)
  (전혀 짐작이 안가요.)
- No decision was reached. - Not decided yet. - It's up in the air.
  (아무런 결정도 나지 않았습니다.)
- That's for you to decide.

(그건 당신이 결정할 일이에요.)

- Let's leave that and go on to another issue.
  (그건 그쯤 해 두고 다른 문제로 넘어 갑시다.)
- Our arguments and discussions so far have been in discord with each other.
  (우리들의 주장과 토의는 지금까지 불협화음이었습니다.)
- The decision was deferred to the next meeting.
  (결정은 다음 회의 때까지 보류되었습니다.)

【해설】

· Give it a thought: 생각하다
· faintest idea: 최소한의 이해
· slightest: 아주 작은, 하찮은
· up in the air: 결정이 나지 않은
· in discord with: ~와 불화하는, 일치하지 않는
· was deferred to: ~연기되었다

4. 결론을 내릴 때

1) 요약할 때

- To put it in a nutshell, we would be making a big mistake if we accept it.
  (요컨대, 우리가 그 인수 안을 받아들인다면 크게 실수하는 거라는 얘깁니다.)
- So, the main point is getting the government's approval.
  (그래서 관건은 바로 정부의 승인을 얻는 것입니다.)
- The point I'm trying to make is what happens when the economy turns sour?
  (제가 말하고자 하는 요지는, 경제가 불황으로 돌아서면 어떻게 될 거냐 하는 겁니다.)

- What I'm saying is we have the technology that's <u>second to none</u>.
  (제가 말하고 싶은 건, 우리에게 누구보다 앞선 기술이 있다는 사실입니다.)
- In other words, we have to cancel the meeting.
  (다시 말해, 회의를 취소해야 한다는 뜻이죠.)
- What <u>it boils down to</u> is money. (결국 문제는 돈입니다.)
- The basic question is our <u>commitment to</u> the project.
  (중요한 건 우리가 이 프로젝트에 얼마나 많은 노력을 들이느냐 입니다.)
- Basically <u>it comes down to</u> whether they are willing to invest or not.
  (중요한 건 투자할 의향이 그들에게 있느냐 하는 겁니다.)
- So, what you're saying is you want us to provide the funds?
  (그래서 우리가 자금을 대었으면 좋겠다는 말씀입니까?)
- Tell me the <u>gist</u> of it. (핵심만 말씀하시죠.)

【해설】

· put it in a nutshell: ~을 간결하게 말하다
· sour: 신, 시큼한, 힘든
· second to none: (~에 있어서는) 아무에게도 뒤지지 않는
· it boils down to: 요약하면 ~ 게 되다
· commitment to: (~의/~하겠다는) 공약, 약속, 언질
· it comes down to: ① 결국 ~(하는 것)이 되다, ~로 귀착되다
· gist: 요점, 요지, 골자

2) 결정에 관해 표현할 때

- I've made up my mind to <u>invest in</u> your new venture.
  (당신의 신규 사업에 투자하기로 결심했어요.)
- I have my heart set on that solution. There's no doubt in my mind.
  (저 솔루션을 사기로 마음먹었어요. 내 마음은 확고해요.)
- He's not going to think twice about it. He always sticks to his decisions.

(그의 생각은 바뀌지 않을 거예요. 그는 자신이 내린 결정은 끝까지 지켜요.)

- We have to settle on this matter by the end of this week. It's up to you, Cindy.
  (이번 주 안에 이 문제를 매듭지어야 합니다. 신디, 당신한테 달렸어요.)
- Have you come to a conclusion yet? You're not going to change your mind, are you?
  (이제 결론을 내렸나요? 나중에 생각이 바뀌는 건 아니겠죠?)
- It's a done deal. It's in the bag. (이미 결정 난 겁니다. 따 놓은 당상이죠.)

[해설]

· invest in: ~에 투자하다; (돈)을 쓰다
· up to you: 당신에게 달린
· come to a conclusion: 종결되다, 결론에 도달하다

3) 결론을 내릴 때

- Therefore, we should turn down the takeover bid.
  (따라서 그 인수 제안을 거절해야 합니다.)
- In conclusion, I believe it will be a beneficial alliance.
  (결론적으로, 이 협력 관계가 유익하리라 믿습니다.)
- All in all, I'd say there are more good points than bad.
  (종합해 볼 때, 단점보다 장점이 더 많다고 하겠습니다.)
- In particular, their growth rate is hopeless.
  (특히 그 회사의 성장률은 절망적입니다.)
- Don't you think we should wrap up this discussion?
  (이 논의를 마무리해야 하지 않겠습니까?)
- Last but not least, I want to stress importance of work ethics.
  (마지막으로, 노동 윤리의 중요성을 강조하고 싶습니다.)

- You made a hard decision. - That's a <u>tough</u> decision you made.
  (어려운 결정을 하셨군요.)
- There's no other <u>alternative</u> left. - There's no other way.
  (달리 방법이 없어요.)
- Looks like there's no choice. (다른 뾰족한 수가 없는 것 같군요.)
- If that's everything, we can stop here.
  (더 이상 없으면 이것으로 끝마치겠습니다.)
- Let's make it some other time. (다음에 다시 합시다.)

【해설】

· turn down: ~을 거절하다, 물리치다, 각하하다
· takeover bid: 공개 매입, 인수입찰
· beneficial: 유리한
· alliance: 동맹, 연합, 제휴
· All in all: 종합하면
· wrap up: ~ 을 매듭짓다
· Last but not least: 중요성이 어느 것에 뒤지지 않는; 순번으로는 최후이나 중요도에서는 최후가 아닌 (오래 사용된 상투 구로. 남을 소개할 때 잘 쓰임)
· tough: 어려움에 잘 견디는
· alternative: 대안, 선택

5. 계약 협상할 때

1) 계약 조항에 관한 협의를 시작할 때

- Would you like to discuss it <u>over lunch</u>?
  (점심이라도 하면서 그 건에 대해 상의할까요?)
- What kind of <u>contract terms</u> do you have in mind?
  (어떤 계약 조건을 생각하고 계신지요?)

- May I ask how you interpret this article?
  (이 항목을 어떻게 해석하시죠?)
- What's the term of this contract? - How long is this contract valid?
  When does this contract expire?
  (이 계약의 기간은 어느 정도죠?)
- What I propose is this. - This is what I propose.
  (저는 이렇게 제안하고 싶습니다.)
- Please give us your opinion on our proposal.
  - Would you tell us what you think about our proposal.
  - Could we have the benefit of hearing your opinion on our proposal?
  (우리의 제안에 대한 의견을 말씀해 주십시오.)
- Do you think that my proposal is acceptable to your company?
  (나의 제안을 귀사에서 받아들일 수 있다고 생각합니까?)
- I would strongly recommend that you take my offer.
  (제 제안을 받아들이시라고 강력히 권하고 싶습니다.)
- Please let me check my understanding.
  (이렇게 이해하면 되겠습니까?)
- We have so far agreed up to the fifth page of the draft.
  (우리는 지금까지 초안의 5장까지 동의했습니다.)
- Let's review our talks once more and do some patch-job to complete.
  (다시 한번 상담 내용을 점검하고 약간의 수정 작업을 한 후 완성합시다.)

【해설】

- over lunch: 점심을 먹으면서
- contract terms: 계약조건
- interpret: ~ 을 해석하다, 판단하다
- article: 조항, 항목, 정관, 규약
- valid: 법적으로 유효한, 합법적인
- expire: 만기가 되다, 만료되다

· up to: ~ 까지
· draft: 초고, 초안
· patch-job: 수정

2) 계약 위반 사항에 대해 합의할 때

- Are the terms still negotiable? - Is there any room left for further negotiation?
  (조건에 대해 교섭의 여지가 있습니까?)
- Is there any possibility of a renegotiation?
  (재협상의 가능성이 있습니까?)
- I'm afraid that there is no room to negotiate the price.
  (죄송하지만 더 이상 가격에 대해서는 협상의 여지가 없겠네요.)
- We must acknowledge that the breaking down of negotiations is a possibility.
  (협상이 깨어질 가능성이 있음을 인정해야 합니다.)
- It appears we have a difference of opinion.
  (견해가 다른 것 같은데요.)
- We can't do as you've asked. - cannot act as you have requested. Your request cannot be satisfied.
  (요청하신 대로 응할 수는 없습니다.)
- It varies from company to company.
  (회사에 따라서 다릅니다.)
- It's copy right infringement.
  (그건 저작권법에 위배됩니다.)
- Let's make an effort to find a point of compromise.
  (타협점을 찾는 노력을 합시다.)
- We are willing to work towards a compromise on that matter.

(그 문제에 대해 타협점을 찾았으면 합니다.)

【해설】

· term(s): 조건(들)
· negotiable: 협상할 수 있는
· room left for: ~ 할 여지가 남아있는 (이때 left는 leave(남기다)의 과거분사로, room 앞의 room(여지)를 수식함)
· acknowledge: 인정하다
· breaking down: 파기, 깨어짐
· It appears: ~처럼 보이다
· varies: 다양하다 (vary)
· copy right: 저작권
· infringement: 침해
· compromise: 타협(하다)
· are willing to: 기꺼이 ~ 하다

3) 협상이 잘 이루어졌을 때

- Let's finish up! - Let's wrap it up here! - Let's call it a day.
  (이만 끝냅시다.)
- Let's make it some other time.
  (다음에 합시다.)
- I hope that we'll have a successful business venture together.
  (함께 성공적인 사업을 해 나가리라 기대됩니다.)
- Thank you very much for sparing so much of your precious time.
  (귀중한 시간을 내어 주셔서 대단히 감사합니다.)
- I'm sorry to have taken so much of your time.
  (댁의 시간을 너무 많이 빼앗아서 죄송합니다.)
- Let's leave room for further negotiation.
  (앞으로 협상할 여지를 남겨 둡시다.)

- I will make every possible effort to meet the conditions.
  (가능한 그러한 조건에 맞추도록 노력하겠습니다.)

- I can assure that we will do so. (저의가 그렇게 할 것을 보장합니다.)

[해설]

· wrap up: 마무리 짓다, 끝내다
· call it a day: 하루의 일을 마치다
· make it: ~로 시간을 잡다
· sparing: 여분을 주다 (spare)
· leave room for: ~ 할 여지를 남기다
· negotiation: 협상
· make every possible effort: 가능한 모든 노력을 다 기울이다
· meet: 충족시키다
· assure: 확신시키다

References

Jung, Steve, 2005. *영어로 토론하기 영어로 설득하기*, 두앤비컨텐츠.

박희권, 2005. *실무 국제회의 영어*, 넥서스.

이호열, 2004. *영어회의 이렇게 말하면 통한다*, 넥서스

Chaper 13

프레젠테이션 영어

A. 효율적인 발표란?

B. 발표시작

C. 단락 연결하기

D. 적절한 종류의 언어

E. 자료의 시각화

F. 몸짓 언어

G. 마무리 짓기

H. 질의응답

▶ References

이 장에서는 잘된 예문과 잘못된 예문을 비교하여, 효율적인 발표 요령을 커뮤니케이션 기술 측면에서 설명하고, 영어지식 측면에서 분석하여, 총괄적 감각을 키워본다. 그 후 발표시작에서 질의응답까지 단원을 나누어, 각 단원마다 ①잘못된 예문, 잘된 예문을 통해 커뮤니케이션 기술을 설명하고, ②각각의 예문을 영어지식 측면에서 비교 분석한 뒤, ③영어표현을 요약정리하고, 마지막으로 ④영어표현 연습을 통해 영어로 이루어지는 구두 커뮤니케이션 능력을 함양하는데 도움을 주고자 한다. 또한 각 예문, 영어표현 연습 부분의 한글 번역도 실어 두었기에 영어 실력 향상에 크게 활용될 것으로 본다.

A 효율적인 발표란?

1. 커뮤니케이션 기술 측면

청중을 고려하고 발표목적이 정보제공인지, 설득하는 것인지, 교육훈련인지 아니면 즐거움을 주려는 것인지가 분명하며, 내용구성이 서론, 본론, 결론으로 짜임새 있게 이루어지고, 부분 부분의 연결이 논리적으로 흐르고 있으며, 발표 시 발음과 전달속도, 그리고 어휘선택이 적절하며, 청중과의 눈 맞춤 등의 몸짓언어가 자연스럽고 명료하고 이해하기 쉽게 가공된 시각자료와, 능숙한 기자재 활용 등이 이루어질 때, 그 발표는 효과가 크다 (Comfort, 1996: 7).

다음 (예 13-1)은 한 컨벤션 호텔의 홍보 담당자로 막 부임한 여성 담당자가 회사의 이미지를 설명하는 발표내용이다. 이를 잘 살펴보고 커뮤니케이션 기술상 어떤 문제점이 있는지 알아보자.

(예문 13-1)

①I'm sorry I'm a bit late ... um ... I'm not exactly sure how to start this ... um···I suppose I should start by telling you something about the hotel ... It's not old

of course, not very old, and ②*um* ... And it was founded in 19, 1992, ②*yes*, I think that's right. So it's not a very old hotel and ...②*um* ...we provide many services and the services themselves are very, very good ... ②*um* ...as you can see, and we have many <u>facilities</u> which are very, again very good, and the ballroom is large and beautiful which can <u>house</u> various <u>functions</u> for customers. ... ②*there...um...* Oh, we also have, we also have nice rooms which are European, European type rooms and, ②*well*, room sales have increased a lot over the last year.

③*Of course*, we were a family company well, in fact, we still are a family company. As you know the present owner is Ben Westwood ... ②*um* ... There was <u>a take-over bid</u> ...②*um* ... I'm not exactly sure when, and ... ②

um ...we continue to <u>run</u> as a family company and this is important for the <u>corporate</u> image. ②Well, in fact this is why we're here today to discuss the corporate image and decide if we, ②*well*, it needs to change. We also have a nice garden ... you may have seen people having a party ④*there?* ④*yes?*

②*Yes, yes* ... *um* ... <u>room occupancy</u> has actually dropped a little over the last few years, although <u>profits</u> have actually increased and that's something we need to discuss ... I mean can we actually continue as a small, independent hotel?

⑤*Anyway, that's about it. So ... um ... that is the main question today. So I don't know whether that helps at all, but it's all I can think of really, so I, I'll leave ... I'll leave ...I think that's that, so I'll <u>leave</u> it there, OK?*④

출처: 저자 자신 작성

【해설】

· facility(facilities): 시설(들)
· house: 수용하다 (동사로 쓰였음)
· function(s): 행사(들) (기능이 아니라 행사라는 의미에 유의)
· a take-over bid: 인수인계 입찰
· run: 운영하다
· corporate: 기업
· room occupancy: 객실점유, 투숙
· profit(s): 이윤(들)
· leave: 남겨두다

【번역】

죄송해요. 제가 조금 늦었네요. … 음 … 어떻게 말씀을 시작해야 할지 정확하게 잘 모르겠는데 … 음 호텔에 관한 것부터 말씀을 드리는 것으로 시작해야겠군요. … 물론 오래되지 않은, 아주 오래된 것은 아니고 … 음 … 1천9백, 그래요 1992년에 설립된 것 맞아요. 그래서 그렇게 오래된 호텔은 아니구요. … 음 … 저희는 여러 서비스를 제공하는데, 그 서비스가 아주아주 좋아요. … 음 … 그리고 연회장이 크고 아름다워서 고객들을 위한 다양한 행사를 수용할 수 있지요. … 그리고 … 음 … 아, 그리고 유럽, 유럽식 객실도 있는

데, 방이 멋있어요. 지난해 객실 판매가 올라갔죠.
물론 가족중심 운영 회사였어요. 저, 사실, 아직도 가족중심 운영이구요. 아시는 것처럼 현 주인이 Ben Westwood 씨인데, …음… 인수인계 입찰이 있었죠.… 정확히 언제였는지 모르겠지만. 그리고 …음… 계속 가족중심으로 운영해요. 이것이 회사 이미지로서 중요하지요. 저, 사실 오늘 우리가 여기에 온 것도 기업 이미지를 논의하려는 것이고, 저, 변화가 필요한지를 정하고자 하는 거죠. 이 호텔에는 멋진 정원도 있는데… 사람들이 거기서 파티를 여는 것 보셨겠죠? 그렇죠?
좋아요, 좋아…음… 객실 투숙 비율이 사실은 지난 몇 년간 조금씩 떨어졌어요. 물론 이윤은 사실 올랐지만,, 바로 이런 문제를 논의 해야겠는데… 제 말은 우리가 실제로는 작고 독립적인 호텔로 계속 지낼 수 있을까요?
어쨌든, 그 정도죠. 그래서…음… 그게 오늘의 주요 쟁점이죠. 자, 제 말씀이 도움이 됐는지 모르겠네요. 하지만, 정말로 그게 제가 생각해 낼 수 있는 것의 전부예요. 그러니 이 정도로…이 정도… 제 생각이 그게 다니까 그 정도로 하지요. 괜찮죠?

앞의 (예문 13-1)의 내용을 보면, 발표자는 청중이 원하는 것과 관심사가 무엇인지를 인식하지 못한 것 같고, 그 발표 목적도 명료하지 않다. 구조적으로도 혼란스럽고, 논리적 연결이 매끄럽지 못하다. 내용면에서도 유용한 정보가 별로 없고, 서론과 결론 부분이 약하다. 발표자세에 있어서도 자신감이 없고, 주저하며 자신을 비하했던 것으로 보인다. 또한 전문용어를 쓰면서, 아마도 준비한 원고를 읽었을 것 같다. 위의 내용으로는 시각자료를 가지고 발표한 것 같지 않다.

이제 커뮤니케이션의 기술 측면에 있어 모범적인 사례인 (예 13-2)를 보자. 이 예는 앞서 인용된 컨벤션 호텔의 홍보 담당자가 이 회사에 대한 설명을 시간경과에 따른 순서대로 발표하는 것이다.

(예문 13-2)

As you know, Westwood Hotel ①was *bought back in 1992* and, as I'm sure you're all aware, ①*there've been some major changes since that date.* I'd like to focus on some of these changes and the effect they've had on the way the facility works.
①*Some time ago, the new owner announced* a new strategy for growth.

This strategy had some specific targets -- both turnover and profits had to increase a lot. These objectives have led to some very major changes, especially in the areas of service quality and marketing.

On the service front, we started by reducing the part-time workforce ②*by 5%*, but in fact, ①*over the last few years it has dropped further,* so that ③*it now stands* at just 180, nearly 20% less than five years ago. Over the same period, we have invested heavily in recruiting professional meeting planners and securing high-tech meeting equipments. As an indication, ① *last year we spent* nearly 1 million dollars on remodeling the Convention Hall. I'd also like to mention the recent appointment of Geoff Stone, our new General Manager. He has a wealth of experience in the Convention Hotel Industry and I think we're already seen the sort of influence he can have on the service quality side of the business.

I also mentioned marketing. ④*It may surprise you to know* that five years ago Westwood Hotel had no marketing department. There was Gordon Peters, the Commercial Director -- he's retired now -- but otherwise there was no real marketing orientation. ①*In 1995*, we recruited Pamela Taylor as Convention Marketing Manager and ①*since then she has built* her department into a major force in the company. It's currently active in several areas -- notably on the PR front, especially in the Asia-Pacific region, and also in sales promotions with a number of recent overseas campaigns to promote our services to convention attendees from this region Right, ⑤*I'll stop there.* ⑥*That should help you to understand some of the recent changes at the hotel before we go on to talk about ...*

출처: 저자 자신 작성

【해설】

· focus on: ~에 초점을 맞추다

· work(s): 작동하다, 운영되어가다 (주어가 사람이 아닌 the facility임)

· strategy: 전략

· turnover: 총 매출액
· front: 측면, 현장
· recruit(ing): 신입사원을 모집하다(기)
· indication: 증표
· mention: 언급하다
· appointment: 임명
· the sort of influence he can have on: 그가 ~에 미칠 수 있는 일종의 영향력(have an influence on: 에 영향을 미치다)
· currently: 현재
· promote: 증진시키다

[번역]

여러분께서도 아시겠지만, Westood 호텔은 1992년에 매입되었고, 여러분도 잘 아시리라 믿습니다만, 그 이후로 몇 가지 큰 변화가 있었습니다. 저는 이 변화에 초점을 맞추어, 그 변화가 이 시설에 미친 영향에 대해 말씀드리고자 합니다.
얼마 전에 새 소유주께서 새로운 성장전략을 발표하셨습니다. 이 전략에는 구체적인 목표가 몇 가지 있었지요. 총 거래액과 이윤 두 가지를 모두 다 크게 증가시켜야 했습니다. 이런 목표가 몇 가지 중요한 변화를 가져왔는데, 특히 서비스 품질과 마케팅 분야에서 그렇습니다.
서비스 측면을 보면, 시간제 인력을 5% 줄이기 시작했는데, 사실 지난 몇 년간 이보다 훨씬 더 낮아져서, 현재는 180명으로 5년 전에 비해 거의 20% 미만입니다. 같은 기간에 저희는 전문 회의 기획사를 신규 채용했고, 최신 회의 장비를 확보하는데 막대한 투자를 하였습니다. 그 한 실증으로, 작년에 저희는 컨벤션홀을 개축하는데 거의 1백만 불을 썼습니다. 또 말씀드리고 싶은 것은, 최근에 Geoff Stone씨를 새로운 저희 총지배인으로 모셔온 것입니다. 이 분께서는 컨벤션 호텔 업계에 관해 풍부한 경험을 갖고 계시고, 제 생각에 이미 서비스 품질 면에서 일종의 영향력을 발휘하셨다고 봅니다.
마케팅에 관해서도 말씀드리고자 합니다. 아마 놀라실지도 모르겠지만, 5년 전 Westood 호텔에는 마케팅부서가 없었습니다. 영업이사인 Gordon Peters씨가 (지금은 은퇴하셨는데) 계셨지만, 이분을 빼면 사실상 제대로 된 마케팅 지향적 운영이 없었습니다. 1995년 저희는 Pamela Taylor 여사를 컨벤션 마케팅 담당이사로 모셔왔고, 그 이후로 여사께서는 본인의 부서를 회사 내 주요 핵심세력으로 만드셨습니다. 이 부서는 현재 여러 분야에서 활발히 움직이고 있습니다. 주목할 만한 활동은 특히 아태지역에서의 PR 분야로서, 이 지역에서 오는 컨벤션 참가자들에게 저희의 서비스를 판촉하기 위해 최근 여러 가지 해외 캠페인을 벌려 영업실적을 올리고 있습니다. 자, 이 정도로 하지요. 이제 다음 ~에 대해 말씀드리기 전에 저희 호텔이 변화해온 내용을 어느 정도 이해하시는데 도움이 되었으리라 봅니다.

2. 영어 지식 측면

이제 (예문 13-1)과 (예문 13-2)를 영어 지식 측면에서 분석해 보자.

예문 13-1 분석

① 서두에서 "I' m sorry I' m a bit late.; I' m not exactly sure how to start this ...; I suppose I should start by ..." 표현을 사용하는 것은 자신감의 결여와 준비 부족을 나타냄으로 피하는 것이 좋다.

② 반복되는 "um ..., yes, ... there ..." 등의 표현도 마찬가지이다.

③ 논리전개에 있어서, 첫째단락이 끝나고 둘째단락 시작을 연결하는 "of course"는 내용상 맞지 않다.

④ 청중들에게 이해와 동의를 애원하는 듯한 "yes? ok?" 등의 표현도 적절치 못하다.

⑤ 마지막 단락도 성의가 없고, 내용요약이 없는 표현들이므로, 발표를 마무리하기에는 적합지 않다.

예문 13-2 분석

① 발표자는 구체적인 시기를 표현할 때에 과거시제를 사용하고, 시간경과를 분명히 하기 위해 현재완료를, 그리고 현 시점의 내용을 표현하기 위해 현재시제를 사용하면서, 시간경과에 따른 내용전개를 보이고 있다.

과거시제	→	some time ago, last year, back in 1992
현재완료시제	→	since then, since that date, recently over the last few years
현재시제	→	now, at present, currently

② 어느 정도의 간격으로 증가 혹은 감소가 있었음을 나타낼 때 by를 쓴다.

③ "It now stands at just 180." 에서처럼 어떤 수치, 순위, 등급 등을 나타낼 때 무생물을 주어로 하여 "주어 + stand(s) at ~"의 구문이 흔히 사용된다.

④ "It may surprise you to know that ~" (여러분도 이 이야기를 들으면 놀라실 지도 모

르지만 ~) 이라는 표현은 다음에 놀라운 사실을 이야기 할 때 서두로 사용하기 좋은 구절이다.

⑤ "이야기를 여기서 끝내려고 합니다."의 표현으로 "I'll stop there."를 익혀두자.

⑥ 하나의 주제를 마무리하고 다음 주제로 넘어가기 전에 사용할 적절한 표현으로서, "That should help you to understand ~." (이 같은 내용으로 ~에 대해 이해하시는데 도움이 되셨을 겁니다.); "~before we go on to talk about ~" (이어서 이제 ~ 에 대해 계속 말씀드리지요.) 라는 구문을 익혀두자.

B 발표시작

여기에서는 발표의 서두를 멋있게 표현하는 커뮤니케이션 기술과 발표자 자신이 자기를 소개하고 발표내용을 알리는 데 필요한 영어지식을 익혀보자.

1. 커뮤니케이션 기술 측면

성공적인 발표를 하려면 어떤 표현으로 시작하는 것이 좋을까? 물론 조직 내의 동료나 상사에게 발표하는 경우와 외부 고객이나 하청 공급업체에게 하는 발표가 다르겠지만 대체로 다음과 같은 항목이 포함되어야 한다.

· 발표자의 이름, 부서(회사)명, 지위(직책) · 발표 제목/주제 · 발표 목적
· 발표 소요시간 · 주요내용 · 사용할 기자재와 시각자료
· 질의응답시간에 대한 안내 · 청중에 대한 관심표현

이제 발표시작을 잘못한 사례 (예문 13-3)과 잘한 사례 (예문 13-4)를 비교해보자.

이 사례들은 Korea Convention Center라는 컨벤션 시설을 견학하러온 사람들에게 시설 담당이사가 센터를 한바퀴 돌아보기 전에 이 센터에 관한 안내발표를 하는 상황이다.

(예문 13-3)

④*Right, the tour.* ①*I've got some* *overheads* here to give you a picture of ... Oh well, ①*never mind, we'll* *manage* *without it.* Anyway, I'll tell you something about the facility we'll be having a look around. ② *I don't know how much you know about us*. Perhaps some of you have been here before? Anyway, ③*I'll start by telling you a bit about* the facility so that later you can ... ④*um* ...ask questions ... and it should help to understand the services it can offer. So, here we are in the main building ...

출처: 저자 자신 작성

[해설]

· overhead(s): OHP라는 시각 발표기자재

· manage: 그럭저럭 해내다

· be having a look round: 한번 둘러 볼 것이다.

· offer: 제공하다

[번역]

좋아요, 시설안내에 관한 것이죠. 그림 좀 보여드리려고 여기 OHP를 가져왔는데… 아, 신경 쓰지 마세요. OHP없이 해보죠. 어떻든 우리가 둘러볼 시점에 대해 말씀드리지요. 여러분들이 얼마나 저희에 대해 알고 계시는지 모르겠네요. 여러분 중 이전에 여기 와보신 분들이 계시지요?

어쨌거나, 시설에 대한 이야기로 시작을 해보지요. 그래야 나중에 …음…질문을 하실 수 있고, …제공해 드릴 수 있는 서비스에 대해 이해도 되실 거고… 자 여기가 본관입니다.

(예문 13-3)은 앞에서 효율적인 발표에 관해 논한 항목들 중 청중에 대한 관심을 표현하는 문장 이외에 그 어느 것도 나타나있지 않다. 반면에 (예문 13-4)에서는 모든 항목이 다 포함되어 있다.

(예문 13-4)

①*Hello and welcome to Korea Convention Center. I'm Geoff Maxwell, the Facility Manager in charge of the facility you'll be seeing today.* ②*I know some of you have come a long way today so we aim to make your tour both* *interesting and worthwhile.* Before we start the tour, ③*I'd like to give you a brief presentation about* the company. This will help to put the service side of the business into context.

④*My talk will last about 15 minutes and I'll be using the flip chart.* Now there's quite a lot to cover, ⑤so *I'd be grateful if you'd hold any questions until the end of my talk.*

As you can see, ⑥*I've divided up my presentation into three main parts.* ⑦*Firstly, we'll run briefly through* the history of the company. Secondly. I'll tell you something about our main activities -- this is important in understanding the quality of our services. ⑧*And finally, I'll come to* the people - our most important asset.

OK? Let's start with the history. Korea Convention Center started out as a private limited company when it was first established in 1975 ...

출처: 저자 자신 작성

【해설】

- in charge of: ~를 맡고 있는
- aim to: ~할 목표를 갖고 있다
- context: 맥락
- cover: 다루다
- grateful: 감사한
- hold: 보류하다
- run through: 훑어보다
- asset: 자산
- limited company: 유한회사

【번역】

안녕하십니까? Korea Convention Center에 오신 것을 환영합니다. 저는 시설담당 Geoff Maxwell 이사입니다. 오늘 여러분이 보시게 될 시설의 운영을 책임 맡고 있습니다. 제가 알기로는 여러분 중 몇몇 분께서는 오늘 멀리서 오셨습니다. 그래서, 여러분의 견학이 흥미 있고 가치 있는 것이 되도록 하겠습니다. 시설을 둘러보기 전에, 저희 회사에 대해 간략히 소개발표를 하고자 합니다. 이 업계의 서비스분야를 큰 맥락 속에서 이해하시는데 도움이 될 것입니다.
제 발표는 15분 정도로 플립 차트를 이용하겠습니다. 다루어야 할 내용이 꽤 많기 때문에 질문을 제 설명이 끝날 때까지 보류해 주시면 감사하겠습니다.
보시는 바와 같이, 제 발표는 크게 세 부분으로 나뉘어 있습니다.
첫째, 저희 회사의 연혁에 대해 간략하게 훑어보겠습니다. 둘째, 저희들의 주요 활동들에 대해 말씀드리겠습니다. 이것은 저희들의 서비스 품질을 이해하시기 위해 중요합니다. 그리고 마지막으로, 저희들의 가장 중요한 자산인 직원들에 대한 이야기가 되겠습니다.
괜찮으시지요? 회사 연혁부터 시작하겠습니다. Korea Convention Center는 1975년 창립 시 개인 유한 회사로 출발했습니다. …

2. 영어 지식 측면

이제 (예문 13-3)과 (예문 13-4)를 영어지식 측면에서 분석해보자.

예문 13-3 분석

① 발표자는 자신이 사용한 OHP 기자재를 언급하고 있다. 그러나 그것을 사용하려다가 무엇이 잘못됐는지는 모르나, "Never mind, we' ll manage without it." (신경 쓰지 마세요. 이것 없이 해보죠.)라고 말하고 있다. 이것은 준비 치밀성의 결여를 의미한다.

② 청중에 대한 사전지식을 알고 싶어 하고 청중에게 따뜻한 마음을 건네는 다음과 같은 표현은 좋다.
"I don' t know how much you know about us. Perhaps some of you have been here before?" (여러분께서 저희 회사에 대해 어느 정도 알고 계신지는 모르겠습니다만, 이 중 몇 분들께서는 전에 와 보신 적이 있겠네요.?)

③ "우선 ~이야기부터 말씀드리겠습니다."의 영어표현인 "I' ll start by telling you about ~."의 구문을 익히자.

④ 커뮤니케이션 기술상 발표 서두에 필요한 자기소개 없이 "회사견학이지요 (the tour)" 라고 말을 시작한 것과, 중간 중간에 "um…" 하면서 머뭇거리는 것 역시 바람직하지 못하다.

예문 13-4의 분석

① 청중들에게 인사를 하고 (hello, welcome to ~), 자신의 이름, "in charge of (~를 맡고 있는)" 의 표현으로 직책을 알리는 내용은 발표 첫 부분으로서 매우 훌륭하다.

② 청중에 대한 따뜻한 관심의 표현으로 다음 영문을 익혀두자.

"I know some of you have come a long way today so we aim to make your tour both interesting and worthwhile." (여러분 중 몇 분들은 오는 멀리서부터 오신 걸로 알고 있습니다. 그래서 저희 회사 견학이 재미있고 보람 있는 것이 되도록 하려고 합니다.)

③ 발표주제에 대한 간략한 소개 표현은 다음과 같다.

"I' d like to give you a brief presentation about ~."(~에 대해 간략한 발표를 하고자 합니다.)

④ 발표소요시간과 사용할 기자재에 대한 표현은 다음과 같이 익혀보자.

"My talk will last about 15 minutes and I' ll be using the flip chart." (제 발표는 약 15분이 걸릴 것이고 (will last), 발표 방법으로는 궤도(flip chart)를 사용할 것입니다.)

⑤ 질문을 언제 받겠다는 내용을 표현할 때는 다음과 같은 문장을 익혀두자.

"I' ll be grateful if you' d hold any questions until the end of my talk." (질문은 본인의 발표가 끝날 때까지 미루어 주시면(hold) 감사하겠습니다.)

⑥ 발표 내용의 구성을 안내하는 다음 표현을 살펴보자.

"I' ve divided up my presentation into three parts." (제 발표는 세 부분으로 나누어 말씀드리겠습니다.)

⑦ 내용을 나눈 뒤에는 첫째, 둘째 등으로 부분별 요점을 밝혀야 하는데, 그 한 예를 보자.

"Firstly, we' ll run briefly through ~." (첫째로, 간략히 ~를 훑어 보겠습니다.)

⑧ 마지막으로 발표할 하위주제에 대한 적절한 영어 표현은 다음과 같다.

"And finally, I' ll come to ~." (마지막으로, ~에 대해 다루어보겠습니다.)

3. 영어 표현 요약: 발표자 자신 및 발표내용 소개

다음{요약 1}은 발표자가 자신을 소개하고 발표할 내용을 알려 주는 데에 필요한 영어 표현들을 정리한 것이다.

{요약 1} 발표자 자신 및 발표내용 소개

1. Greeting, name, position
   - Good morning, My name's (...) I'm the new Finance Manager.
   - Ladies and gentlemen. It's an honour to have the opportunity to address such a distinguished audience.
   - Good morning. Let me start by saying just a few words about my own background. I started out in ....
   - Welcome to Standard Electronics. I know I've met some of you, but just for the benefit of those I haven't, my name's (...).

2. Title/Subject
   - I'd like to talk (to you) today about ...
   - I'm going to present the recent ...
     explain our position on ...
     brief you on ...
     inform you about ...
     describe ...
   - The subject of my talk
     focus　　presentation (academic)
     topic　　speech(usually to public audience)

3. Purpose/Objective
   - We are here today to decide...
     agree...
     learn about...
   - The purpose of this talk is to update you on...
     put you in the picture about...
     give you the background to...
   - This tail is designed to act as a springboard for discussion.
     start the ball rolling.

4. Length.
   · I shall only take (...) minite of your time.
   · I plan to be brief.
   · This should only last (...) minites.

5. Outline/Main parts
   · I've divided my presentation into four parts/ sections. They are ...
   · The subject can be looked at under the following headings...
   · We can break this area down into the following fields.

      Firstly/frist of all ...
      Secondly/then/next ...
      Thirdly/and then we come to ...
      Finally/lastly/last of all ..

6. Questions
   · I'd be glad to answer any questions at the end of my talk. If you have any questions, please feel free to interrupt.
   · Please interrupt me if there is something which needs clarifying. Otherwise, there'll be time for discussion at the end.

7. Reference to the audience
   · I can see many of you are ...
   · I know you're all travelled a long way.
   · You all look as though

출처: Comfort(1996: 14)

[해설]

1. · It' s an honor to have the opportunity to~: ~ 할 기회를 갖게 되어 영광이다
   · distinguished : 탁월한, 훌륭한
   · Let me start by saying~: ~말씀으로 제 이야기를 시작 하겠습니다

2. · present : 발표하다 (동사로 쓰임)
   · brief : 간략히 설명하다 (동사로 쓰임)
3. · update on~:~에 대해 최근 현황을 말하다 (동사로 쓰임)
   · act as a springboard for~:~를 하기 위한 도약대 (도입부분)로서 기능을 하다
   · start the ball rolling: 활동(운영)을 시작(개시)하다
5. · can be looked at under the following heading(s)~: 다음의 제목(들)로 살펴보다
   · break this area down into~: 이 분야를 ~로 세분화하다
6. · feel free to interrupt: 자유롭게 중단(정지) 시키다
   · something which needs clarifying: 분명히 해둘 필요가 있는 것

4. 영어 표현 연습: 발표자 자신 및 발표내용 소개

이제 발표자 자신과 발표내용을 소개하는데 필요한 영어표현들을 〈연습 13-1〉처럼 단문 위주로 연습해보자.

<연습 13-1>

a. I'd like to inform you of the latest news.
b. Let me explain why we need to cut costs.
c. I couldn't say how long it will take.
d. We will tell you when the project comes to an end.

[해설]

· inform A of B : A에게 B를 알리다
· the latest: 최근의
· cut costs: 비용을 삭감하다
· say: 말하다 (여기서는 say 대신 take나 speak를 쓸 수 없음)
· tell: 예측하다
· come to an end: 끝내다

[번역]

a. 나는 당신에게 최신 소식을 알려드리고 싶습니다.
b. 왜 우리가 비용을 줄여야 하는지 설명 드리지요.
c. 얼마나 걸릴지 말씀드릴 수 없었어요.

d. 언제 그 프로젝트가 끝나는지 말씀 드릴께요.

발표를 하는 경우는 크게 〈연습 13-2〉처럼 회사 내에서 동료나 상사들에게 하는 경우와 〈연습 13-3〉처럼 외부의 고객이나 공급업체 등에게 하는 경우로 나누어 볼 수 있다. 영어 표현도 이에 맞게 익혀보자.

<연습 13-2>

a. My name's Tom Brennener. I'm the new Finance Manager and I hope you won't give me too hard a time!

b. I'd like to tell you today about the implications of our recent survey into potential cost savings.

c. This talk should serve as the springboard for a discussion of the benefits and drawbacks of these savings.

d. I plan to take only ten minutes of your time this morning.

e. I've divided up my presentation into three parts: firstly, we'll look at the level of savings which we need to make; secondly, I'll be presenting my recommended course of action.; and thirdly, ⋯.

【해설】

- give too hard a time: 곤란하게 하다, 힘들게 만들다
- survey into~: ~에 대한 조사
- drawback(s): 단점(들)
- recommended: 추천된, 추천받은
- course of action: 행동노선

【번역】

a. 저는 탐 브래너 입니다. 새로운 재무담당이사입니다. 너무 힘들게 하지는 말아주십시오.

b. 오늘 여러분께 잠재적인 비용절감에 관해 저희가 수행한 최근 조사가 시사하는 바를 말씀드리겠습니다.

c. 이 이야기는 이런 비용 절감의 장단점에 관한 토론을 시작하기 위한 도약대가 될 것입니다.

d. 오늘 저는 여러분의 시간을 10분만 빼앗겠습니다.

e. 제 발표는 3부분으로 되어있습니다. 첫째, 비용절감을 해야 할 수준을 살펴보겠습니

다. 둘째, 제가 추천받은 행동노선에 대해 말씀드리겠습니다. 그리고 셋째, ….

<연습 13-3>

a. Ladies and gentleman. It's honour to have the opportunity of addressing to such a distinguished audience.
b. Feel free to interrupt me at any time.
c. The subject can be looked at under two headings: firstly the definition of this kind of service; and secondly ...
d. We have ten minutes allotted for questions following the presentation.
e. My aim is to update you on recent research findings and to draw some tentative conclusions.
f. During the next half-hour, you will hear about a wide range of options.

[해설]

· definition: 정의, 개념
· allotted: 할당된("allot" (할당하다)의 과거분사임)
· following ~: ~에 이어서
· research finding(s): 연구결과(들)
· draw conclusion(s): 결론(들)에 이르다
· tentative: 잠정적인

[번역]

a. 신사숙녀 여러분, 이렇게 훌륭하신 청중들 앞에서 연설하게 되어 영광입니다.
b. 아무 때나 제 이야기를 중단시키셔도 됩니다.
c. 그 주제는 2개의 제목 하에 살펴볼 수 있습니다: 첫째는 이런 종류의 서비스에 대한 정의이고, 둘째는...
d. 발표 후 질문 시간으로 10분을 배정했습니다.
e. 제 목적은 여러분께 최근 연구결과의 내용을 새롭게 하여, 몇 가지 잠정적 결론을 도출하는 것입니다.
f. 앞으로 30분 동안 다양한 선택 사항에 대해 듣게 되실 것입니다.

이제 구체적인 단락을 통해 발표자가 자신을 소개하며 발표내용을 전달하는 영어표현을 연습해보자.

<연습 13-4>

Good morning, ladies and gentlemen. It's a pleasure (I'm delighted) to be with you today. My name's Hee-Young Kim and I'm in charge of(I take care of) the Convention Team at our Headquarters here in Seoul, Korea. We are here today (My purpose is) to review (go through) some key figures and to outline the strategy to secure the sponsorship for the coming Convention. So what I intend to do is to break down(divide) this presentation into three parts(sections): first, the financial review; second, the options facing us; and finally, the strategy I propose. If you have any questions, please feel free (don't hesitate) to interrupt me, but I should also say there'll be an opportunity to discuss issues at greater length (in more depth) after my talk.

[해설]

· It' s a pleasure (I' m delighted) to be with you: 저는 여러분과 함께 하게 되어 매우 기쁩니다.
· I' m in charge of (I take care of)~: 저는 ~를 책임 맡고 있습니다.
· We are here today (My purpose is): 오늘 우리가 여기에 모인 것은 ~이다
· key figure(s): 주요 수치(들)
· to outline: 개요를 말하다
· to secure~: ~를 확보할
· feel free to: 기꺼이 ~하다
· interrupt: 중단하다
· at greater length (in more depth): 좀 더 자세히

[번역]

안녕하십니까, 신사 숙녀 여러분. 오늘 여러분과 함께 자리를 하게 되어 매우 기쁩니다. 제 이름은 김희영이고, 대한민국 서울 이곳에 있는 저희 본사에서 컨벤션 팀을 맡고 있습니다. 오늘 우리가 여기에 모인 것은 (제 목적은), 주요 수치를 검토하고, 앞으로 다가올 컨벤션의 스폰서쉽을 확보할 전략을 개략적으로 말씀드리고자 하는 것입니다. 그래서 제가 의도한 것은 제 발표를 세 부분으로 나누려는 것입니다. 첫째, 재정적 검토, 둘째, 저희가 갖고 있는 선택사항, 마지막으로, 제가 제안으로 드리는 전략입니다. 질문이 있으시면 주저 없이 제 말을 중단하셔도 됩니다. 그러나 제 이야기 후에, 보다 자세한 문제들을 토론하실 기회가 있음도 전하고자 합니다.

<연습 13-5>

Good afternoon and thank you for making the effort to be here with us today. My name's Chang-Hyun Lee and I'm responsible for public relations. What I'd like to do today is to take about our recent campaign on the coming Convention. This brief talk will hopefully act as a springboard for discussion. I'm going to look at the Convention campaign from three points of view: firstly, the customers who will participate at the Convention; secondly, the Organizing Committee members; and finally just stop me as I go along. Your point of view may well be different, and we'd like to hear from you.

[해설]

- making the effort to be here with us: 우리와 함께 하고자 노력하신 것
- public relations: PR, 홍보
- act as a springboard for discussion: 토론의 도약대로서 역할을 하다
- stop me as I go along: 제가 이야기 해나갈 때 제 말을 중단시키다

[번역]

안녕하십니까. 오늘 저희와 함께 자리하시기 위해 노력해 주신 것에 대해 감사드립니다. 제 이름은 이 창현이고, PR 관계를 책임 맡고 있습니다. 오늘 제가 하고자 하는 것은 다가오는 컨벤션에 대한 저희들의 최근 캠페인에 대해 말씀드리려는 것입니다. 저의 간단한 발표가 토론의 도약대가 되기를 바랍니다. 컨벤션 캠페인에 대해 세 가지 관점에서 살펴보겠습니다. 첫째로는 컨벤션에 참가할 고객들, 둘째는 조직위원회 구성원들, 그리고 마지막으로는 발표 도중이라도 제 말을 중단시켜 주십사 라는 것입니다. 여러분의 관점이 다를 수도 있겠지만, 저희는 그런 의견들을 듣고 싶습니다.

C 단락 연결하기

이제는 발표내용을 구성해 나가는 방법을 규명해보고, 생각을 연결해 나가는데 적절한 연결어나 연결구를 익혀보자.

1. 커뮤니케이션 기술 측면

Korea Convention Center의 시설 담당이사가 이 센터를 견학하러온 방문객들에게 센터의 여러 활동을 3~4개의 부분으로 나누어 간략하게 설명해야 되는 경우를 상상하면서 다음 2개의 발표사례를 비교해 보자.

(예문 13-5)

① *In any case, I'll ...um...* I'll tell you something about the Center so that later you can ...ask questions ...and it should help to understand the services <u>provided</u> ... so, here we are in the main building. Not much of a building. ① *Anyway*, ②*we've been <u>landmarked</u> here for* more than 20 years, one of the country's best-loved high-tech <u>properties</u>. ①*Anyway,* it started back in 1978 when there was a need for high quality conference centers. You know, the sort Korea's <u>famous for</u>.

출처: 저자 자신 작성

[해설]

· provided: 제공되는

· landmarked: 명소로 된

· property(properties): 시설(들)

· famous for: ~로 유명한

[번역]

어쨌건…제가…음…제가 센터에 대해 말씀을 드리지요. 그래야 나중에 여러분이 질문을 …하실 수 있고, 또 그래야 제공되는 서비스에 대해 이해하시는데 도움이 되겠지요.…자, 이제 본관 건물에 오셨습니다. 본관 건물이라고 하기엔 좀 그런데요. 어쨌건 저희는 20년 넘게 여기에서 이정표 역할을 해왔지요. 우리나라에서 가장 사랑을 받는 최신 시설들 중 하나로요. 어쨌건 1978년에 시작된 것인데, 그때에 우수한 품질의 컨퍼런스 센터에 대한 요구가 있었죠. 여러분도 아시겠지만 한국의 명물이라고나 할까요.

위의 사례는 발표자가 무엇을 말하고자 하는지 그 요점이 애매모호하며, 자 이제 (예문 13-6)을 보자. 내용의 구조가 정비되어 있지 않음을 보여준다.

(예문 13-6)

...important in understanding the services provided. And finally, I'll come to the people -- our most important asset. ①*OK, let's start with* the history. Now don't worry! I'm not going to give you a history lesson, just a few key dates. Korea Convention Center(KCC) started out as a private limited ...
...<u>went public</u>. So we've had a <u>pretty eventful</u> 20 years or so. Anyway, ② *I'll leave the history* there. If you're interested, you'll find more about KCC in this pretty brochure. You should find one of them amongst all the other bits of paper our PR people love to <u>give out</u>. ③*So, let's turn now* to a brief <u>overview</u> of our main markets. ④*If you look at this chart, you'll see our slice of the pie*, which in the European...
By the way, you may have seen the story in the news today about our main <u>competitor,</u> ABC Center. It seems they're going to <u>bring out</u> a new service product which could seriously <u>infringe</u> the <u>copyright</u>...
So, we'll have to wait and see how the market <u>reacts.</u> ⑤*Anyway, let me get back to what I was saying about* new markets for KCC. I think we have to say that...
Nobody really knows what the next century will bring. ⑥*What's for sure is* you need people who can <u>adapt</u> quickly. ⑦*And that brings me to the final part of this short introduction* to KCC, and that is to talk about our people. As I said, they are our most important asset.
We'<u>ve</u> even <u>sponsored</u> the staff for their overseas training. ⑧*So, before I go on, are there any questions about* our personnel policy?

출처: 저자 자신 작성

[해설]

· (go) went public: 공영화 (되다) 되었다
· pretty eventful: 꽤 다사다난한
· give out: 배포하다
· overview: 개관, 개요
· competitor: 경쟁자
· bring out: 내놓다

· infringe: 침해하다, 침식하다
· copyright: 저작권
· react(s): 반응을 보이다
· adapt: 적응하다 ("채택하다" 라는 의미인 "adopt" 와 구별할 것)
· have sponsored: 후원해오다 ("sponsor" 가 동사로 쓰임)

[번역]

…가 제공되는 서비스를 이해하는데 중요합니다. 마지막으로 저희들의 가장 중요한 자산인 직원문제를 말씀드리게 되었습니다. 좋습니다. 연혁부터 시작하지요. 그러나 걱정 마십시오. 역사 강의를 하지는 않고 몇 가지 주요 날짜만 말씀드리지요. Korea Convention Center(KCC)가 민간 유한회사로 출발했는데…공영화 되었습니다. 그래서 20 여 년의 꽤 다사다난한 역사를 가지고 있습니다. 어쨌건 연혁 이야기는 그 정도로 하겠습니다. KCC에 더 관심이 있으신 분은 이 예쁜 브로셔를 참조하십시오. 저희 홍보담당 직원들이 자랑스레 배포해 드리는 모든 다른 자료중 하나입니다. 자, 이제 이야기를 우리들의 주요 시장에 관한 개요로 넘어가겠습니다. 이 차트를 보시면 저희가 차지하는 부분을 보시게 되는데, 이것은…
그런데 여러분도 혹시 오늘 신문에서 저희의 경쟁사인 ABC 센터를 보셨는지요? 그 쪽에서는 저작권 침해라는 문제를 가져올 수 있는 새로운 서비스 상품을 내놓은 것 같은데, 이것이 심각하게…
이에 대해 시장이 어떤 반응을 보일지 두고 볼 예정입니다. 어쨌건 이야기를 다시 되돌아가서 KCC의 새로운 시장에 대해 말씀드리지요. 분명한 것은 빨리 적응할 수 있는 사람들이 필요하다는 것입니다. 이것으로 KCC에 대한 간단한 소개의 마지막 부분이 되겠는데, 저희 직원들에 관한 내용입니다. 앞에서도 말씀드린 대로 우리의 가장 중요한 자산입니다.
저희는 직원들의 해외연수도 지원해 왔습니다. 자 제가 더 말씀을 계속 드리기 전에 저희 직원관련 정책에 대해 질문이 있습니까?

(예문 13-6)에서 발표자는 내용구성을 회사의 역사, 주요시장 설명, 그리고 직원에 대한 이야기로 3 등분하였고, 그 접근방법도 청중에게 오늘 전할 이야기가 무엇인지 소개한 후, 발표를 하고 지금까지 말한 내용을 청중에게 다시 요약하는 3단계 방식임을 보여주고 있다. 이 같은 3단계방식의 장점은 청중들이 발표내용을 따라오기 쉽고, 연사도 발표 계획을 체계적으로 수립할 수 있다는 것이다.

2. 영어 지식 측면

이제 (예문 13-5)와 (예문 13-6)을 영어지식 측면에서 분석해보자.

예문 13-5 분석

① "In any case (어떤 경우라도), Anyway (어쨌든)" 이라는 연결어가 앞뒤의 단락을 적절하게 이어주지 못하고 있다.

② "We' ve been landmarked here for ~"는 "우리 회사는 여기에서 ~동안 이 정도로서의 역할을 해왔다."라는 의미이다.

예문 13-6 분석

① 이야기의 본론을 시작할 때 "Let' s start with ~." (~에 대해서 설명을 시작해 보겠습니다.)라는 표현이 적절하다.

② 설명을 이 정도에서 끝내고자 할 때 "I' ll leave the history there." (역사적 설명은 이 정도로 하겠습니다.)"라고 표현한다.

③ 또 다른 화제를 시작하려고 할 때 "So, let' s turn now to a brief overview of ~." (이제 ~에 대한 간략한 개요로 넘어가 보지요.) 라는 표현을 익혀두자.

④ 파이그림을 설명할 때 적절한 표현으로서 "If you look at this chart, you' ll see our slice of the pie,..." (이 차트를 보시면 이 파이 부분이 저희 회사를 나타내고 있음을 알 수 있습니다.) 라는 예를 익혀두자.

⑤ "Anyway, let' s get back to what I was saying about ...." (어쨌든 제가 드리려던 말씀 내용으로 되돌아가 보지요) 는 설명이 조금 빗나갔기 때문에 발표자가 본 내용으로 돌아가려고 할 때 쓸 수 있는 유용한 표현이다.

⑥ 내용을 명료하게 짚고 넘어가고자 할 때 쓸 수 있는 표현이다.
"What' s for sure is ...." (분명한 것은 ... 입니다.)

⑦ 한 부분의 내용을 마무리 짓고자 할 때 유용한 표현이다.
"And that brings me to the final part of this short introduction to ~."
(그렇게 해서 ~에 대한 간략한 설명의 마지막 부분이 이어지게 됩니다.)

⑧ 또 다른 큰 주제로 넘어가지 전에 질문을 받고자 한다면 다음 표현을 익혀두자.
"So, before I go on, are there any questions about ~?"

(자, 제가 더 말씀드리기 전에 ~에 대해서 질문이 있으신지요?)

3. 영어 표현 요약: 단락 연결

다음은 단락과 단락, 생각과 생각을 연결해주는 다양한 연결표현을 사례별로 정리한 것이다. 발표는 주제가 무엇이든지 다음과 같은 구성상의 흐름이 있다.

서론	"I' d like to talk today about ~."
↓	
개요	"I' ve divided my talk into ~."
↓	
질문	"If you have any questions, please ..."
↓	
첫째부분	"Let' s start with .../so that covers ..."
↓	
둘째부분	"That brings me to .../Let' s leave that there .."
↓	
셋째부분	"...and thrn to .."
↓	
요약	"To sum up, ..."
↓	
결론	"In conclusion, ..."

이제 단락을 연결하는데 필요한 표현들을 다음과 같이 {요약 2}에서 정리했는데, 이것이 풍부한 표현 습득에 도움이 되기를 바란다.

{요약 2} 단락 연결

1. **Sequencing/Ordering**
- firstly...secondly...thirdly..
- then...next...finally/lastly...
- Let's start with...
- Let's move/go on to...
- Now we come to...
- That brings us to...
- Let's leave that...
- That covers..
- Let's get back to...

2. **Giving reasons/causes**
- Therefore
- So
- As a result
- That's why

3. **Contrasting**
- but
- however

4. **Comparing**
- Similarly
- In the same way

5. **Contradicting**
- In fact
- Actually
- Summarizing.
- To sum up
- In brief
- In short

7. **Concluding**
- In conclusion
- To conclude

8. Highlighting
- In particular
- Especially

9. **Digressing**
- By the way
- In passing

10. **Giving examples**
- for example
- for instance
- such as

11. **Generalizing**
- Usually
- Generally
- As a rule

출처: Comfort(1996: 21)

【해설】
- sequencing/ordering: 순서 열거하기
- contrasting: 대조하기
- contradicting: 모순 되는 내용 만들기
- digressing: 본 궤도에서 이탈하기
- generalizing: 일반화하기

4. 영어 표현 연습: 연결 표현

앞에서 정리한 발표 구성의 흐름과 다양한 연결표현을 참고로 하여 다음과 같은 짧은 문장을 통해서 연습해 보자.

<연습 13-6>

a. There are some very good reasons for cutting costs. In particular, the actual number of the paid registrations does not meet our expectations.

b. Now, as a rule, we operate on the service charge of around 10-15%, but recently we've been forced into aggressive discounting.

c. Now, I'm not saying we're the only ones who are suffering. For example, our main competitor, the Reed's has already closed down one of its overseas offices.

d. Let's consider the recent competition. The main aim here, by the way, was to raise the rate in our room occupancy.

e. The Exhibition Team launched a new on-line system a few months ago. However, booth sales have hardly taken off at all.

f. Both these initiatives have failed. So in brief, we have been over-hasty in our reactions to the harsher economic climate.

g. Our competitors are becoming stronger. For example/In particular, one of them, K-fairs has a joint venture with a Japanese firm.

h. I've divided this into two parts: firstly, the issue of profit-sharing; secondly, the question of the payment schedule.

i. This year we have lost market share. However, we expect to remain No. 1 in the market.

j. There are some vital factors to consider, for example/in particular, the risk of a take-over bid.

k. We've had a difficult year, but we've still made a profit.

l. The Korean currency Won dropped against the dollar. As a result, we made considerable profits on the exchange rate.

m. There have been some difficulties on occasions. However, as a rule, the convention was very successful.

[해설]

a. · good: 상당한 , 타당성 있는
 · paid registration(s): 등록비를 낸 사람(들)

b. · operate on the service charge of～: ～의 수수료로 운영하다
 · we' ve been forced into～: ～하도록 강요받다, ～해올 수밖에 없었다.
 · aggressive: 공격적인, 엄청난

c. · suffering: 고통 받고 있는
 · competitor: 경쟁자
 · has closed down: 폐쇄하다, 문을 닫다

d. · raise: 올리다
 · room occupancy: 객실 이용

e. · launch(ed): 출시하다(했다), 시장에 내어 놓았(었)다.
 · have hardly taken off: 거의 상승세를 타지 못했다

f. · initiative(s): 창의적 조처(들)
 · over-hasty: 지나치게 서두르는
 · reaction(s): 반응(들)
 · harsher: 더 힘들어진

g. · joint venture: 공동투자
 · firm: 회사

h. · profit-sharing: 이윤분배
 · the payment schedule: 지불일정

i. · market share: 시장 점유

j. · vital: 중요한
 · take-over bid: 인수 입찰

l. · currency: 통화 화폐
 · against: ～에 대비하여
 · considerable: 상당한
 · on the exchange rate: 환율 상으로

m. · on occasions: 때때로

[번역]

a. 실제 비용을 줄이는 데에는 몇 가지 그럴만한 이유가 있습니다. 특히 등록비를 낸 등록자의 수가 우리 기대에 못 미치고 있습니다.

b. 현재 대체로 저희는 약 10~15%의 수수료로 운영하고 있습니다만, 최근에는 엄청난 할인을 할 수밖에 없습니다.
c. 고통을 받고 있는 것이 우리만이 아니라는 말씀입니다. 예를 들어, 우리의 주요 경쟁사인 Read사도 최근 해외지사 한 곳을 폐쇄했습니다.
d. 최근의 경쟁을 고려해 봅시다. 그건 그런데, 여기서 주요 목표는 우리들의 객실 이용률을 높이려는 것이었습니다.
e. 전시 팀이 몇 달 전에 새로운 온라인 시스템을 가동하기 시작했는데도 부스 판매가 전혀 상승하지 못하고 있습니다.
f. 이 창의적 조처들이 모두 실패했습니다. 간단히 말해서 우리가 보다 더 어려워진 경제 분위기에 너무 성급한 반응을 한 것입니다.
g. 우리 경쟁사들은 더 막강해지고 있습니다. 예를 들어, 그 중 하나인 K-Fairs 사는 한 일본 회사와 공동투자를 하고 있습니다.
h. 저는 이것을 두 부분으로 나누었습니다. 첫째는 이윤분배의 문제이고, 둘째는 지불일정에 관한 문제입니다.
i. 올해 우리의 시장 점유율은 줄었습니다. 그러나 계속 시장에서 제 1위의 자리를 지키리라 예상합니다.
j. 예를 들어, 인수입찰 같은 위험을 고려해야 할 몇 가지 주요한 요인들이 있습니다.
k. 어려운 한 해를 보냈지만 여전히 이윤을 냈습니다.
l. 미 달러화 대비 한국의 원화 가치가 떨어졌습니다. 그 결과 환율로 상당한 이윤을 냈습니다.
m. 때때로 어려움도 있었지만 그 컨벤션은 대체로 매우 성공적이었습니다.

D 적절한 종류의 언어

이번에는 커뮤니케이션 측면에서 발표원고를 읽는 것보다 자연스럽게 말하는 것의 장점이 무엇인지를 알아보고, 영어지식의 측면에서 격식의 유무에 따른 표현법을 비교하면서 익혀보고자 한다.

1. 커뮤니케이션 기술 측면

준비된 원고를 읽을 때 그 장점은 발표자가 머뭇거림이 없이 자신 있게 준비된 내용을 전달할 수 있다는 것이다. 그러나 그 단점은 청중과의 눈 맞춤이 없고, 문어체가 구어체보다 문장구성상 복잡해서 이해하기가 더 어려우며, 발표자의 어조가 단조로우며, 자연스레 우러나오는 호소력이 없다. 또한 구절간의 끊김이 자연스럽지 못해, 청중이 듣고 이해하기가 어렵다. 게다가 준비된 원고를 읽을 때 대부분의 발표자들은 자신도 모르게 매우 빨리 읽어 내려가는 성향이 있다.

이제 다음 발표내용 (예문 13-7)과 (예문 13-8)을 비교 분석해 보자.

이 사례의 배경은 다음과 같다. 2008년 6월에 개최 예정인 World Communication Association(WCA) 총회를 한국으로 유치하려는 한국 커뮤니케이션 학회 부회장인 서 승진 박사가 WCA 회장단 앞에서 서울 총회의 프로그램 구성 계획을 설명하고 있다. WCA 회장단은 현지답사를 위해 서울에 온 것이다. (예문 13-7)과 (예문 13-8)은 서 박사가 컨벤션 참가자의 참가 형태에 관해 최근에 실시한 설문조사 결과를 발표하고 있는 부분이다.

(예문 13-7)

The significance of these figures ④*drawn* from the studies on convention attendees' behaviors ①*cannot be underestimated*. ②*Next slide*. In the American part of the survey, ①*it was found that* success in convention ① *can be correlated* directly with program styles.

③*A business-and-pleasure-mixed style appears to be closely associated with pre-registration and large participation in number, whereas a pure academic-paper-presentation style, despite its evident attractiveness to all association members, is correlated with relatively late or on-site registration and small participation in number.*

②*Next slide.* ①*This is further illustrated* in my next slide which shows the results of another survey into convention attendees' attitudes.

①*Another lip service is paid* to the ④*concept* of programing focused mainly on paper presentation with little <u>social events</u>. Their real ④ *<u>perceptions</u>* of program qualities completely ④*<u>contradict</u>* this view.

출처: 저자 자신 작성

【해설】

- significance: 중요성
- underestimated: 과소평가된
- associated with: ~와 연관성 있는
- pre-registration: 사전등록
- in number: 숫자상으로
- whereas: 반면에
- despite: 에도 불구하고
- evident: 명백한
- relatively: 비교적
- on-site registration: 현장등록
- illustrated: 설명된
- social event(s): 사교행사(들)
- perception(s): 인지(들)
- contradict: 모순이 되다

【번역】

컨벤션 참가자의 태도에 관한 연구에서 나온 이 숫자들의 중요성을 과소평가 할 수는 없습니다. 다음 슬라이드. 본 조사 중 미국 부분에 있어서, 컨벤션의 성공은 프로그램 스타일과 직접적인 상관관계가 있음이 발견되었습니다. 일과 즐거움을 혼합한 스타일은 대규모 사전등록과 밀접한 연관성이 있는 것으로 보이며, 반면에 순수 학술논문 발표중심의 스타일은, 물론 모든 학회 회원들에게는 명백한 매력이기는 해도, 이는 보다 늦게 등록하거나 혹은 소규모 현장등록과 상관관계가 있습니다. 다음 슬라이드. 이점은 컨벤션 참가자의 태도에 관한 또 다른 설문조사의 결과를 보여주는 저의 다음 슬라이드에 더 잘 설명되어 있습니다. 비록 사교행사는 거의 없이 주로 논문 발표에 초점을 둔 프로그램 기획이라는 개념에 대해 말로만 그럴듯한 것처럼 비위를 맞추지만, 프로그램의 질에 대한 그들의 진정한 생각은 완전히 이런 관점과 모순이 됩니다.

(예문 13-7)은 문어체(written style)로 된 문장으로서 길이가 길며, 중간에 쉬는 간격(pause)이 없고 거리감이 느껴지며(impersonal), 따라서 발표자가 작성된 원고를 읽어 내려간 것 같다. 반면에 (예문 13-8)은 언어의 구조가 단순하고, 문장이 짧고, 중간 휴지기(pause)가 많고, 보다 인간적이고 개인적인 정보전달의 스타일을 보여준다.

(예문 13-8)

①*We can't really afford to* ignore these results. The survey is one of ④*the most of its kind* and ③*covers* a wide range of association members...
②*As we can see in the next slide*, this survey was based on interviews ④ *carried out* with WCA members of is countries. ②*You can see here* --- 35% of the members classified as paper-presentation-oriented were the late or on-site registrants of conventions.
On the other hand, 74% of those who preferred pleasure-mixed programs were early registrants. ①*So, I think the conclusion is self-evident.* If you want to secure many pre-registrants, you have a much better chance if you design a fairly balanced program containing both academic sessions and social events. ①*What we must do is* to better understand the motivation of the attendees.
②*If we look at this next slide*, we can see the results from another survey into convention participants' attitudes. ③*This shows* how attendees firstly evaluate the qualities of a program composed mainly of academic sessions. … and secondly, how they evaluate the qualities of a program emphasizing networking opportunities.
What is quite clear is that successful conventions are supposed to be chances for learning, and, at the same time, chances for networking among attendees.

출처: 저자 자신 작성

[해설]

- ignore: 무시하다
- a wide range of: 폭넓은

· classified as: ~로 분류된
· preferred: 선호되는 ("prefer"는 "선호하다"의 의미로 과거형의 철자에 유의)
· registrant(s): 등록자(들)
· motivation: 동기
· composed of: ~로 구성된
· evaluate: 평가하다
· emphasizing: ~를 강조하는 ("강조하다"의 의미인 "emphasize"가 현재분사인 emphasizing이 되어 그 앞의 명사 program을 수식)
· are supposed to ~: 마땅히 ~하게 되어있다

【번역】
우리는 정말로 이런 결과를 무시할 수 없습니다. 그 설문조사는 그런 종류로서는 가장 광범위한 것이였고, 폭 넓게 많은 협회 회원을 대상으로 하고 있습니다. 다음 슬라이드에서 보실수 있듯이, 이 조사는 15개국의 WCA학회 회원들을 대상으로 한 인터뷰에 기초한 것입니다. 여기 보시는 대로, 논문 발표 지향적인 사전등록자라고 분류된 회원들의 35%가 늦게 컨벤션에 등록한 사람들이거나 현장 등록자들이었습니다. 반면에, 보다 일과 즐거움을 혼합하는 프로그램을 선호한 사람들의 74%가 사전등록자들이었습니다. 그래서 제 생각으로는 결론이 자명하다는 것입니다. 사전등록자를 많이 확보하고 싶다면, 학술논문발표 세션과 사교행사를 둘다 포함한 상당히 균형 잡힌 프로그램을 기획할 때, 그 가능성이 훨씬 큽니다. 우리가 해야 할 것은 참가자들의 동기를 더 잘 이해하는 것입니다. 다음 슬라이드에서는 컨벤션 참가자들의 태도에 관한 또 다른 설문조사 결과를 보시게 됩니다. 이 슬라이드는 첫째, 참가자들이 주로 학술발표 세션으로 구성된 프로그램의 질을 어떻게 평가하는지 보여주고 있으며, 둘째, 서로 교분을 쌓을 기회를 강조하는 프로그램의 질은 어떻게 평가하고 있는지 보여주고 있습니다. 아주 분명한 것은, 성공적인 컨벤션은 배움의 기회가 되어야 하고, 동시에 참가자들 사이의 사교 기회가 되어야 한다는 것입니다.

2. 영어 지식 측면

이제 위의 예문들을 언어적 측면에서 비교 분석해 보자.

예문 13-7 분석

① 대부분의 문장이 다음과 같이 수동태로 되어 있어 몹시 기계적이고 딱딱하여 인간적

느낌이 적다.

"cannot be underestimated." (과소평가될 수 없다.)

"~can be correlated with~." (~와 상관관계가 있을 수 있다.)

"This is further illustrated." (이것이 더 자세히 설명되어 있다.)

"Another lip service is paid to~" (~에 대한 또 다른 아첨하는 말이다.)

② "Next slide."라고 명령어를 쓰는 것을 보면, 이 발표내용은 파워포인트로 시각 자료화 되었는데, 연사는 씌어진 원고를 읽고, 연사를 보조하는 어떤 스텝이 연사의 명령에 따라 컴퓨터를 운용해 주는 것 같다.

③ 두 번째 단락은 "where"와 "despite"라는 접속어와 중간 삽입을 표시하는 쉼표가 여러 개 겹치면서, 복잡하고 긴 문장으로 구성된 전형적인 문어체의 예이다. 이는 학술 보고서 등에 적합한 문체이지, 발표나 강연 등 구두발표(oral presentation)에는 적합하지 못하다.

④ 어휘들이 전반적으로 무거운 종류이다.

(drawn: 발췌한; concept: 개념; preception: 인지; contradict: 모순이 되다)

예문 13-8 분석

① 전반적으로 일인칭을 주어로 능동태를 쓰고 있다.

"We can' t really afford to..." (우리는 정말로 ~ 할 수 없다.)

"So, I think the conclusion is self-evident." (그래서 결론이 자명하다고 생각한다.)

"What we must do is..." (우리가 해야 할 것은 ~이다.)

② 슬라이드에 대한 설명도 이야기하듯 문어체를 쓰고 있다.

"We can see in the next slide..."(다음 슬라이드에서 볼수 있듯이...)

"You can see here..." (여기서도 알 수 있지만...)

"If we look at this next slide, we can see the results from..." (다음 슬라이드를 보면 ~에서 나온 결과를 알 수 있다.)

③ 무생물을 의인화하여 주어로 하고 능동태를 쓰고 있어 더욱 생동감이 있다.

"This shows..." (이것이 보여 주는 것은...); "The survey... covers..." (이 조사에서 다룬 내용은 ~ 이다.)

④ 어휘들도 구어적이다.

"...the most of its kind..." (그런 종류로는 가장 포괄적인); "... carried out..." (수행된)

3. 영어 표현 요약: 사적/공적 스타일

이제 영문에 있어 개인적인 감정을 드러내는 문체(personal style)와 기계적이고 의무적인 느낌을 주는 문체(impersonal style)를 {요약 3}에서 비교 정리해 보자.

{요약 3} 사적/공적 스타일

1. Active and passive forms(능동태와 수동태)

수동태는 업무적이고 인간적(사적)인 면이 능동태보다 덜하다.

시제	능동태	수동태
현재	I think~.	It is thought~.
현재진행	We are discussing~.	It is being discussed~.
현재완료	The boss has said~.	It has been said~.
과거	John called a meeting~.	A meeting was called~.
미래	I will refer to this later.	This will be referred to ~later.

2. Personal pronouns

· I think...

· We are working on... (회사를 지칭 할 경우 좋음)

3. Reference to the audience(청중을 지칭)

· As I' m sure you know...

· We have all experienced...

· You may rember...

· As I' m sure we' d all agree...

출처: *Comfort(1996 : 37)*

[해설]

· call(ed) a meeting: 회의를 소집했다(하다)

· refer to: ~를 언급하다

· working on: 연구 중(노력 중) 인

4. 영어 표현 연습: 사적/공적 스타일

어휘차원, 문장차원 그리고 단락차원에서 구어체와 문어체를 비교하면서 연습해보자. 구어체는 구두 발표나 격식 없이 이메일로 커뮤니케이션을 할 때 적절하며, 문어체는 각종 보고서 작성이나 격식 있는 서신 교환 때 필요하므로 모두 익혀둘 필요가 있다. 이제 다음과 같이 의미가 유사하거나 무게나 스타일에 차이가 있는 어휘들을 연습해보자.

<연습 13-7>

구어체	문어체
to buy (사다)	to acquire (구매하다)
to cut down (줄이다)	to reduce (감축하다)
to get into (~로 가다)	to access (접근하다)
to understand (이해하다)	to capture (포착하다)
to get worse (나빠지다)	to deteriorate (악화시키다)
to put into action (행동으로 옮기다)	to implement (집행하다)
to make simpler (더 간단히 하다)	to rationalize (합리화 하다)
to pay (내다)	to reimburse (지불하다)
to pull out (잡아끌다)	to withdraw (철수, 후퇴하다)

〈연습 13-8〉과 같이 능동태 문장은 보다 개인적으로 가까워지는 느낌을 주고, 수동태 문장은 업무적으로 내용을 전달하는 느낌을 준다.

<연습 13-8>

(능동태)

a. They have transferred the fee via the bank.

b. We are planning to design the second brochure.

c. I favor a reduction in price not in quantity.

(수동태)

d. The agreement will be signed later this month.

e. It has been found to be rather unreliable.

f. It is reported that registration fees are due to rise.

[해설]

a. have transferred A via B : B를 통해 A를 보냈다

c. in A not in B : B가 아니라 A에 있어서

f. are due to : ~할 예정이다

[번역]

a. 그들은 그 회비를 은행을 통해 보냈다.

b. 우리는 두 번째 브로셔를 디자인 할 계획이다.

c. 나는 양을 줄이기 다는 가격 할인을 좋아한다.

d. 합의서는 이 달 말경에 서명될 것이다.

e. 그것은 상당히 믿을 수 없는 것으로 판명되었다.

f. 등록비가 오를 것이라는 보고가 있었다.

이제 〈연습 13-9〉를 통해서, 단락차원에서 구어체와 문어체, 그리고 각 문체가 주는 느낌을 비교 연습해보자. 단락 a는 문어체이고 준비된 원고 같으며, 발표자와 청중 간에 거리감이 느껴진다. 단락 b는 구어체이기는 하나 역시 준비된 원고로서, 여전히 업무적이고 딱딱하다. 반면에 단락 c는 구어체로서, 즉석에서 우러나오는 듯한 말씨로 청중과 눈을 마주치며 이야기한다는 느낌을 준다.

<연습 13-9>

a. The proposal indicates a failure to recognize the importance of demographic factor of our conference attendees. It is highly significant that most meeting managers fail to identify this as a critical element in designing the program format.

b. It may come as a shock to you to realize that many meeting managers recognize the demographic factor as important. In my view, it is highly significant that we, as professionals, have not really understood how important this factor is in making the conference a success.

c. The problem is we've forgotten that our employes are human. We treat them like machines. We give them targets and expect them to get on with it. Where's the caring side of employment gone? I'll tell you where. It's hiding behind a damned set of targets. That's where it is.

[해설]

a. · indicate(s): 시사(제시)하다
 · demographic: (연령, 성별, 직업 등) 인구학적인
 · significant: 중요한
 · fail to identify: 규명하지 못하다

b. · It may come as a shock to~: ~에게 그것이 하나의 충격으로 다가올지도 모른다
 · In my view: 내가 보는 관점으로는

c. · treat: 취급하다
 · get on with it: 그것을 달성해 내다
 · caring: 돌보아주는, 보살피는
 · a damned set of: 고약한 (거지같은) 일련의~

[번역]

a. 그 제안서는 우리 회의 참가자들의 인구학적 요인들의 중요성을 인식하지 못함을 시사하고 있습니다. 제가 보기에는, 전문가로서 우리는 회의를 성공적으로 만드는데 있어, 이 요소가 얼마나 중요한 지를 제대로 이해하지 못하고 있다는 것이 매우 심각한 것 같습니다.

b. 많은 회의 기획사가 인구학적 요인을 중요한 것으로 인식하지 못하고 있다는 사실은 여러분에게 하나의 충격이었을지도 모릅니다. 제가 보기에는, 전문가로서 우리가 회의를 성공적으로 만드는데 있어서 이 요인이 얼마나 중요한 지를 정말로 이해하지 못했다는 점이 매우 중요합니다.

c. 문제는 우리 종업원도 인간이라는 걸 잊고 있었다는 점이죠. 우리는 그들을 기계로 취급해요. 그들에게 목표를 주고, 그들이 그것을 달성하리라고 기대하지요. 근로자들의 복지 측면은 어디로 갔나요? 어디로 갔는지 말씀드리지요. 그 몹쓸 일련의 목표 뒤에 숨어 있어요. 바로 거기에 있지요.

이제 〈연습 13-10〉은 어느 보고서 내용의 일부이다. 〈연습 13-11〉에서는 이를 자연스런 발표식 표현으로 바꾸었으니, 그 차이를 비교하면서 연습해보자.

<연습 13-10>

The subject of this paper is a cost-benefit analysis of outsourcing the convention planning to professionals. The aim is to provide the necessary information for a decision to be made within the next two months. The subject will be looked at under the following headings: financial implications, working practices, and convention participants' satisfaction.

Financial Implications:
A detailed study of personal and associated costs has been carried out. From a payroll point of view, contracting out 10% of the staff needed will mean no actual increase in direct overhead costs. However, there will be additional costs incurred in the administration of salaries.

[해설]

· a cost-benefit analysis: 비용-효과 분석
· outsourcing: 외주를 주기
· financial implication(s): 재 정적 함축의미(들)
· working practice(s): 근무 관례(들)
· from a payroll point of view: 봉급의 관점에서
· contracting out~: ~을 계약으로 고용하기
· actual increase in~: ~에 있어 실질적인 증가
· overhead cost(s): 인건비(들)
· incurred: 발생한 ("발생하다" 의 의미인 "incur" 의 과거, 과거분사 형 철자에 유의)

[번역]

본 보고서의 주제는 컨벤션 기획은 전문가들에게 외주를 주는 것에 관한 비용-효과 분석입니다. 그 목적은 다음 두달 이내에 이에 대한 결정을 내리는데 필요한 정보를 제공하기 위함입니다. 이 주제는 다음과 같은 제목들, 즉 재정적 함축의미, 근무 관례 그리고 컨벤션 참가자들의 만족이라는 제목으로 살펴보겠습니다.
재정적 함축의미:
개인적인 그리고 이에 연관된 비용에 대해 세밀한 연구가 수행되었습니다. 봉급이라는 관점에서 볼 때, 필요한 직원의 10%를 계약으로 고용한다는 것은 직접적 인건비의 실질적인 인상을 의미하는 것은 아닙니다. 그러나 봉급을 행정적으로 처리하므로 발생되는 추가

비용은 있을 것입니다.

<연습 13-11>

I'd like to talk today about the costs and benefits of outsourcing the convention planning to professionals. What I aim to do is to provide the necessary information for us to make a decision within the next two months. I have divided my talk into the following three parts: firstly, we'll look at the financial implications; then, we'll turn to working practices; and finally, we'll look at convention participants' satisfaction.

So, let's start with the financial implications. We have carried out a detailed study of personal and associated costs. And we have seen that, from a payroll point of view, contracting out 10% of the staff we need will mean no actual increase in direct salary costs. However, we need to be aware that there will be additional costs in administering salaries.

[해설]

· turn to~: ~의 문제로 되돌아오다 (to 다음에 동명사가 쓰임)

· administering: 행정적으로 처리하기 (동명사임)

[번역]

저는 오늘 컨벤션 기획을 전문가에게 외주를 줄 때 그 비용과 이득에 대해서 말씀드리려고 해요. 제가 말씀드리려는 목적은 우리가 다음 두달 안에 결정을 내리는데 필요한 정보를 제공해 드리려는 것이죠. 다음과 같이 3부분으로 나누어 말씀드리지요. 첫째로는 재정적 함축의미를 살펴보지요. 그 다음 근무관례로 되돌아 온 뒤, 마지막으로 컨벤션 참가자의 만족을 살펴보지요.

재정적 함축의미부터 시작해 보지요. 저희는 개인적 그리고 이에 연관된 비용에 대해 세부연구를 수행했습니다. 그리고 발견한 것은, 봉급이라는 관점에서 볼 때, 우리가 필요한 직원 중 10%를 외부 계약으로 고용하는 것이 직접적인 봉급 비용의 실질적 증가를 의미하는 것이 아니라는 것이지요. 그러나 봉급관련 행정처리 비용이 추가 될 것이라는 점은 알아둘 필요가 있어요.

E 자료의 시각화

이번에는 "좋은 시각자료는 어떻게 만들며 사용해야하는가?" 라는 커뮤니케이션 기술 측면과, 각종 정보를 차트나 그래프로 가공했을 때 이를 기술 묘사하는데 필요한 영어 표현을, 영어지식 측면에서 살펴보고자 한다.

1. 커뮤니케이션 기술 측면

시각자료를 설계하고 사용하는 데에도 기본적인 규칙이 있다. 설계 면에서 고려할 사항들은 다음과 같이 요약된다 (Comfort, 1996: 62).

- 말로 할 수 있는 것을 반복해서 시각화할 필요가 없다.
- 너무 많은 정보로 빽빽하게 자료를 담은 슬라이드는 피하라.
- 말하는 내용을 요약하거나, 이를 뒷받침 해주기 위한 목적으로 구성하라.
- 여러 행으로 된 본문보다는 중요한 단어나 구로 표현하라.
- 색을 사용하되 너무 많이 하지 않도록 한다.

또한 사용 면에서 유의할 점을 아래와 같이 정리 할 수 있다 (Comfort, 1996 : 62).

- 시각자료를 너무 많이 사용하지 않는다.
- 시각자료 발표자가 보면서 읽어서는 안 된다.
- 청중들이 시각자료를 이해하고 있는지 확인하라.
- 포인터 등 적절한 기법으로 내용을 지칭할 수 있는 도구를 사용하라.
- 가능한 한 청중들을 쳐다보고 이야기하며, 자신이 청중들의 시야를 가려서 시각자료를 볼 수 없게 하는 실수를 하지 않는다.

이제 (예문 13-9)와 (예문 13-10)의 발표내용을 보면서 각각의 내용을 시각화 해놓은 그래프와 비교해보자.

(예문 13-9)

①*I thought it would be useful to look at some figures for a moment.* ①*Let's start with turnover.* ②*As you can see on this graph, I've plotted two lines.* ③*The solid one represents* the ICEM's turnover, and the broken one, the sales generated by our subsidiary in Germany. ④*The figures have been converted into dollars and are shown on this axis in millions.*

OK, ①*let's look at* the ICEM's first of all. Five years ago, ⑤*it stood at* $1.1 million. ⑤*It rose steadily over the following five years and now stands at $1.45 million.* ⑥*Now, we have done some forecasts for* the next five years and ⑥*we anticipate a flattening out at around* $1.5 million as the price competition for service charge becomes more and more fierce.

Fortunately, the figures for our German subsidiary are even better. We started this subsidiary nearly ten years ago. In the early years, ⑦*growth was gradual and we reached sales of $400,000 five years ago.* ⑧*This represented* just under 30% of the ICEM's turnover. Over the last five years, the German market has continued to grow steadily and our turnover is now around $600,000. Unlike our forecasts, ⑥*we anticipate some further significant growth, and have projected sales of $750,000 in another five years,* ⑧*representing 50%* of the ICEM's total turnover. So, as you can see, the German operation is vital to our future.

출처: Comfort(1996: 70)의 내용을 저자가 부분 수정

〈그림 1〉 (예문 13-9)의 시각화

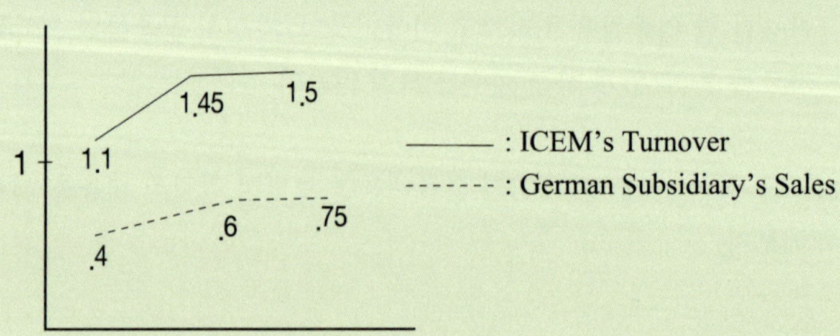

출처: Comfort(1996: 62)

[해설]

· turnover: 총매출액
· have plotted: 그림을 그려 넣었다 ("plot"가 동사로 사용됨)
· solid: 끊기지 않은 (여기서 solid one은 직선을 의미함)
· broken one: 깨어진 것 (여기서는 점선을 의미함)
· generated: 창출된 ("generate"는 "창출하다"의 의미)
· subsidiary: (모회사에 종속된) 자회사
· converted: 전환된 ("convert"는 "바꾸다"의 의미)
· axis: 축
· anticipate: 예상(예측)하다
· flattening: 납작한 상태인, 현장유지를 하는 (동사 "flatten"의 현재분사로서 형용사 역할을 함)
· fierce: 치열한, 격렬한
· gradual: 점진적인
· unlike: ~와는 달리
· forecast(s): 예측(들), 전망(들)
· vital: 중요한

[번역]

잠시 몇 가지 수치를 살펴보는 것도 유용하리라 생각했습니다. 총 매출액부터 말씀드리지요. 이 그래프에서 보시는 대로, 선을 2가지로 그려 보았습니다. 직선은 ICEM의 총 매출액을 나타내고, 점선은 독일 자회사에서 창출된 매출액을 나타냅니다. 이 수치는 달러로 전환되어, 백만 달러 단위로 이 축 위에 나타나 있습니다.
좋습니다. 먼저 ICEM의 매출액을 보시지요. 5년 전 그 수치는 1.1백만 달러이었다가, 그 후 5년간 꾸준히 상승해왔고, 현재에는 1.45백만 달러 수준에 머물러 있습니다. 이제, 향후 5년에 대한 예측을 해 보았는데, 서비스 수수료에 대한 가격 경쟁이 점차 더 심해지면서, 약 1.5백만 달러 수준에서 현상유지가 되리라고 예상합니다.
다행히 우리의 독일지사 측의 수치가 더 좋습니다. 이 자회사는 거의 10년 전에 시작이 되었는데, 초기 몇 년 동안에는 성장이 점진적으로 이루어졌다가, 5년 전에는 40만 달러 영업실적에 이르렀습니다. 이것은 ICEM 총 매출액의 30%가 조금 않되는 수치를 나타냈던 것이죠. 지난 5년에 걸쳐, 독일 시장이 꾸준히 성장했고 따라서, 지금 총매출액은 60만 달러입니다. 우리의 예측과는 달리 좀더 성장하리라 예상되는데, 향후 5년 뒤 75만 달러 정도의 판매가 기대됩니다. 이 수준은 ICEM의 총매출의 50%를 나타내는 것입니다. 그러므로 여러분께서도 아시겠지만, 독일지사 운영이 우리의 미래에 매우 중요합니다.

(예문 13-10)

①*I'd like to draw your attention to some key figures.* ①*On this graph, I have shown (plotted/drawn) both* profitability and turnover. ②*The solid line represents turnover and the broken(dotted) one represents* profits over the last ten years. As you can see, ten years ago, ③*our turnover stood at* \$550,000. Over the next five years ③*it rose (increased/went up) steadily.* ③*It reached a peak of* \$750,000 five years ago and, unfortunately, ③since then it has fallen (decreased/come down). ③*It now stands back at \$550,000.*

①*Let's look at* the profit figures for a minute. During the same period, profits ③*remained constant(stable).* ③*There was a slight fall (decreased/drop)* in 1993, but otherwise ③*we have maintained our profitability throughout this period.*

출처: *Comfort(1996 :32)*

〈그림 2〉 (예문 13-10)의 시각화

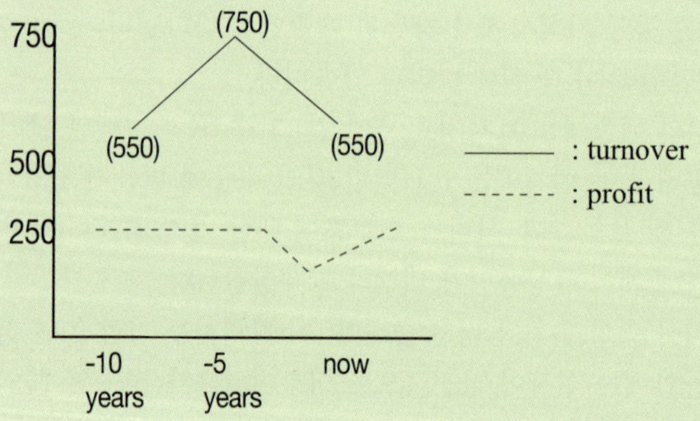

출처: *Comfort(1996: 32)*

【해설】

- profitability: 이윤가능성
- constant(stable): 변함없는(안정적인)

【번역】

여러분의 관심을 몇 가지 주요 수치로 돌리고자 합니다. 이 그래프 상에 이윤과 총매출을 나타내 보았습니다. 직선은 지난 10년간의 총매출을 나타내고, 점선은 이윤을 나타냅니다. 보시는 대로, 10년 전 우리의 총 매출액은 55만 불 이었는데, 그 후 5년간 꾸준히 상승했습니다. 5년 전 75만 불 정점에 달했다가, 불행히도 그 후 계속 하락해 왔습니다. 현재는 다시 55만 불 수준으로 되돌아 왔습니다.

잠시 이윤 수치를 살펴보시지요. 같은 기간에 이윤은 동일 수준으로 있다가, 1993년에 조금 하락했습니다. 그러나 그때를 제외하고는 이 기간 내내 이윤수준을 계속 유지해왔습니다.

2. 영어 지식 측면

이야기할 내용을 시각화한 뒤, 이를 영어로 발표할 경우, 위의 (예문 13-9)와 (예문 13-10)은 좋은 길잡이가 될 것이다. 이제 영어지식 습득 면에서 각각을 분석해 보자.

예문 13-9 분석

① 슬라이드나 기타 시각자료를 보여주면서 설명할 때 맨 처음으로 시작을 알리는 표현들이다.

"I thought it would be useful to look at some figures for a moment." (잠시 몇 가지 수치를 살펴보는 것도 유용하리라 생각했습니다.)

"Let' s start with turnover." (매출액으로 시작해보지요.) "Let' s look at ..." (~를 봅시다.)

② 그래프를 보면서 설명해 나가는 영어 표현이다.

"As you can see on this graph, I' ve plotted two lines." (이 그래프에서 볼 수 있듯이 저는 선을 2개 그렸습니다.)

③ 무생물을 주어로 하고 시제를 현재로 하여 그래프를 설명하면 더욱 생동감 나는 영어 표현이 된다.

"slide one represents ~, and the broken one, ~." (직선은 ~을 나타내고, 점선은 ~이다.)

④ 그래프의 경우Y축과 X축을 설명할 때 필요한 표현이다.

"The figures have been converted into dollars and are shown on this axis in millions." (그 수치가 달러로 환산되어 이 축 위에 백만 달러 단위로 나타나 있습니다.)

⑤ 어떤 시점에 나타난 그래프를 설명할 때 필요한 영어 표현이다.

"...it stood at ~." (그것이 ~수치를 나타냈다.)

"It rose steadily over the following five years and now stands at ~." (그것이 다음 5년간 꾸준히 올라갔고 현재는 ~에 있다.)

⑥ 예측을 할 때 쓸 수 있는 영어 표현이다.

"... we have done some forecasts for ~." (우리는 ~에 대한 예측을 했다.)

"... we anticipate a flattening out at around $1.5 million ..." (우리는 약 150만 불 수준에서 계속 현상 유지 되리라고 예상한다.)

"a flatting out" (수평적으로 계속 현상 유지하기)

"... some further significant growth ...." (좀더 상당한 성장)

"... have projected ~." (~을 예측하다.)

"... in another five years." (향후 5년 뒤에)

⑦ 변화된 내용을 설명할 때 사용할 수 있는 영어 표현이다.

"The growth was gradual and we reached sales of $400,000 five years ago."
(성장은 점진적이고 5년 전에 40만 불 영업실적에 도달했다.)

⑧ 어떤 수치가 차지하는 백분율을 나타낼 때 쓸 수 있는 영어표현이다.

"This represented just under 30% of ~." (이것도 ~의 꼭 30% 미만을 나타냈다.)

" .. representing 50% of ~" (~의 50%를 나타내는)

예문 13-10 분석

① 수치를 시각자료를 통해 발표하려고 할 때 그 시작을 알리는 영어표현이다.

"I' d like to draw your attention to some key figures." (여러분의 관심을 몇 가지 주요 수치로 돌리고 싶다.)

"On this graph, I have shown both ~." (이 그래프에서 저는 ~둘 다 보여드렸습니다.)

"Let' s look at ~." (~를 봅시다.)

② (예문 13-9)에서처럼 그래프의 각 선이 지칭하는 바를 설명하는 영어 표현이다.

"The solid line represents ~" (굵은 선은 ~을 나타낸다.)

"The broken (dotted) one represents..." (점선은 ~을 나타낸다.)

③ 여러 가지 추세와 변화를 나타내는 영어표현이다.

"...it rose (increased/went up) steadily." (그것이 꾸준히 올라갔다.)

"It reached a peak of $750,000 ..." (그것이 75만 불이라는 절정에 이르렀다.)
"it has fallen (decreased/come down)." (그것이 떨어졌다.)
"It now stand back at $550,000." (그것이 이제는 다시 55만 불 수준으로 회복된다.)
"...remained constant(stable)." (지속적인 상태로 남아있었다.)
"There was a slight fall(decreased/drop), ... we have maintained~."
(약간 떨어졌으나, ... 계속 유지하고 있다.)

3. 영어 표현 요약: 추세, 차트, 그래프 설명

이제 다음에서 각종 시각자료를 묘사하고 설명할 때에 필요한 영어표현들을 요약해보자.

{요약 4} 시각화 자료의 표현

1. Types of Chart

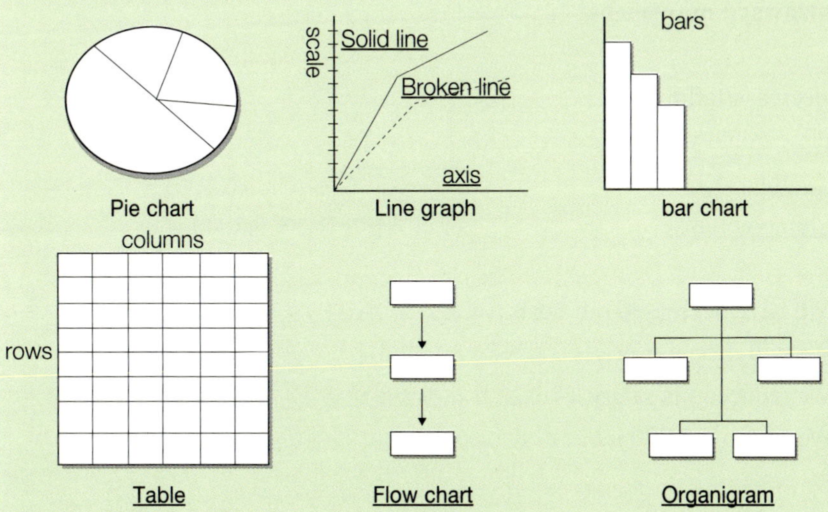

2. Describing changes

a. Upward movements

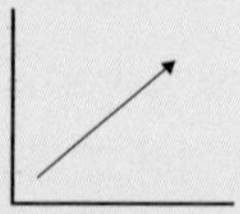

Our sales rose last year.
(우리 매출이 작년에 올랐다.)

· to increase/rise/go up
· to grow/expand
· to rocket/boom

예) We increased sales. (매출을 향상 시켰다.)
We expanded our workforce. (인력을 확대했다.)
We raised our price. (가격을 올렸다.; raise는 타동사임)
Prices rose. (가격이 올라갔다 ; rise는 자동사임)

b. Downward movement

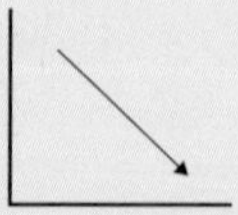

Our sales declined last year.
(우리 매출이 작년에 줄었다.)

· to decrease/fall/drop
· decline/go down
· to contract
· to slump/collapse

예) We have decreased our costs. (비용을 줄여왔다.)
We will drop our prices. (가격을 낮출 것이다.)
We reduced his salary. (우리는 그의 봉급을 줄였다.)
We had to cut 200 job. (우리는 200명을 해고 해야겠다.)

c. An end to movement

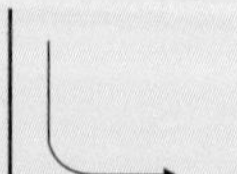

Our sales leveled off last year.
(우리 매출이 작년에 현상유지 수준이었다.)

· to flatten out/level off

· to remain constant/stable

· to same level

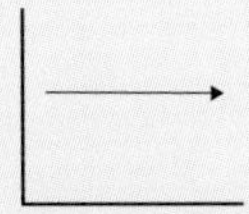

Our sales remained constant last year.
(작년에 우리 매출에 변화가 없었다.)

예) We plan to maintain our expenditure at the same level.
(우리의 지출을 같은 수준으로 유지할 계획이다.)
We need to hold our costs down. (우리의 비용을 억제할 필요가 있다.)
We plan to keep our prices low. (우리의 가격을 계속 낮게 책정할 계획이다.)

d. Degree of change

· dramatically/considerably/significantly/moderately/slightly

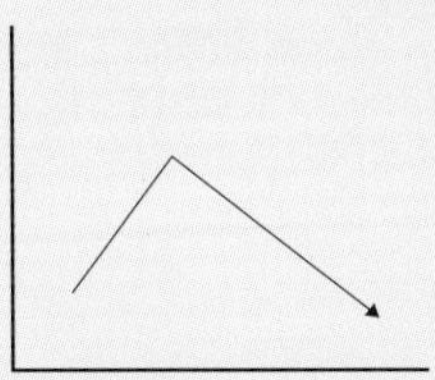

Booth sales have fallen considerably.
(부스 판매가 상당히 떨어졌다.)

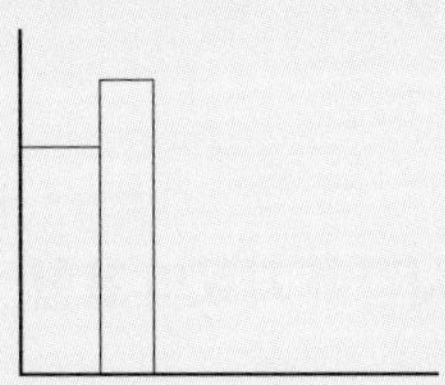

On-site registration rose slightly in number.
(현장 등록이 숫자상 조금 늘었다.)

e. Speed of change

· rapidly/quickly/suddenly/gradually/steadily/slowly

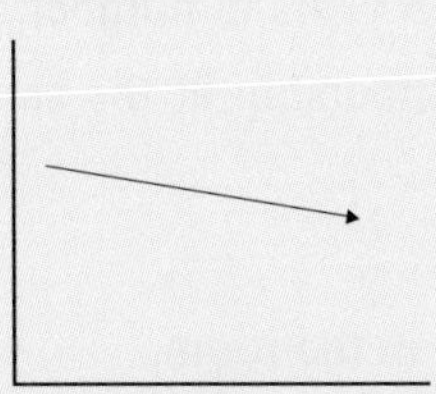

No-show had dropped slowly.
(예약하고 참석하지 못하는 사람의 수가
조금씩 줄었다.)

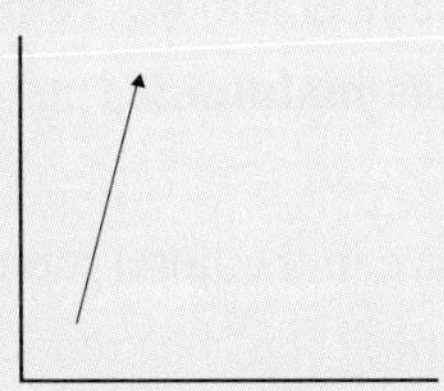

Cancellation went up rapidly.
(취소가 급히 상승했다.)

출처: Comfort(1996: 33)을 본 저자가 부분 수정

[해설]

1. · solid line: 직선
   · broken line: 점선
   · axis: 축
   · table: 표
   · flow chart: 흐름 표
   · organigram: 조직도
2. · rocket / boom: 상당히 올라가다 (동사임)
   · expand(ed): 확대했다(하다)
   · decline: 줄어들다
   · contract: 축소하다
   · slump / collapse: 침체에 빠지다 / 무너지다
   · flatten out / level off: 현 상태를 유지하게 되다
   · hold down: 억제하다
   · moderately / slightly: 약간
   · gradually: 점차로

4. 영어 표현 연습: 시각화 자료의 표현

다음은 어떤 추세를 나타내는 표현들 중, 자동사를 사용한 문장과 목적어를 갖는 타동사를 사용한 문장을 쌍으로 제시한 것이다. 이를 숙지하여 표현의 다양성을 익혀보자.

<연습 13-12> 자동사와 타동사 사용의 예

a. The PCMA membership has **remained** <u>constant</u> for 5 years in number.
   The PCMA has **maintained** its membership in numbership at the same level.
b. The temperature in the hotel room has fallen.
   The <u>housekeeping staff</u> has reduced the temperature in the room.
c. Interest rates have risen over the last 2 week.
   Banks have raised their interest rates.
d. The <u>budget</u> for the annual meeting has stayed the same for some time.

The Organizing Committee has held the budget at the same level.
e. The average age of <u>on-site convention managers</u> has decreased.
<u>Recruiting policy</u> has cut the average age of on-site convention managers.

[해설]

a. · constant: 변함없는
b. · housekeeping staff: 객실 담당자
d. · budget: 예산
e. · on-site convention manager: 현장 컨벤션 담당자
· recruiting policy: 신규직원 채용 방침

[번역]

a. · PCMA 회원은 그 수에 있어 5년째 변동이 없다.
· PCMA는 회원수를 같은 수준으로 유지해왔다.
b. · 객실 온도가 떨어졌다.
· 객실 담당자가 객실 온도를 줄였다.
c. · 금리가 지난 2주에 걸쳐 상승했다.
· 은행들이 금리를 올렸다.
d. · 연례회의 예산이 얼마동안 현 수준에 머물러 있다.
· 조직위원회가 예산을 같은 수준으로 억제했다.
e. · 현장 컨벤션 담당자의 평균 연령이 줄어들었다.
· 신규채용방침이 현장요원의 평균 연령을 낮추었다.

다음은 추세를 묘사함에 있어 "동사+ 부사" 의 구문과 "형용사+명사" 의 구문을 쌍으로 제시한 것이다. 이것 역시 숙달하여 표현의 다양성을 익혀보자

<연습 13-13> 동사구와 명사구 사용의 예

a. The convention market has expanded slightly.
There has been a slight expansion in the convention market.
b. Prices for <u>booth rental</u> are going to fall dramatically.
There is going to be a dramatic fall in prices for booth rental.
c. Our <u>revenue from food and beverage functions</u> collapsed suddenly.

There was a sudden collapse in our revenue from food and beverage functions.

d. The number of pre-registered attendees is increasing steadily.
There is a steady increase in the number of pre-registered attendees.

e. Salaries have dropped gradually.
There has been a gradual drop in salaries.

f. Profits will certainly rise significantly.
There will certainly be a significant rise in profits.

[해설]

b. · booth rental: 부스 임대

c. · revenue from food and beverage function(s): 식음료 행사(들)로 들어오는 수입

d. · pre-registered attendee(s) : 사전등록 참가자(들)

[번역]

a. 컨벤션 시장이 약간 커졌다.
b. 부스임대 가격이 엄청나게 떨어질 것이다.
c. 식음료 행사로 들어오는 수입이 갑자기 폭락했다.
d. 사전등록 참가자 수가 꾸준히 증가하고 있다.
e. 봉급이 점차로 떨어졌다.
f. 이윤은 상당히 증가할 것이다.

F 몸짓 언어

이번에는 커뮤니케이션의 기술측면에서 눈 맞춤, 얼굴 표정, 손 처리, 자세, 동작 등 몸짓 언어의 중요성을 살펴보고, 영어지식 측면에서 전달하려는 메시지를 강조하거나 최소화하는데 사용되는 영어표현을 정리해 보고자 한다.

1. 커뮤니케이션 기술 측면

발표자가 염두에 두어야 할 몸짓언어로는 첫째, 청중과의 눈 맞춤이다. 한 사람만 보지 말

고 청중들을 골고루 둘러보며, 그들과 눈을 맞추면서 이야기해야 한다. 둘째는 표정으로서 강조하려는 내용을 표정을 통해 전달할 수 있어야 한다. 셋째는 손동작인데, 한쪽 혹은 양쪽 손을 주머니에 넣으면 무례하게 보이므로 조심해야 하며, 강조를 할 때 크게 손동작을 함께 할 수 있다. 떨릴 경우 펜이나 포인터를 쥐고 있으면 마음이 조금 편해질 수 있다. 물론 이때 펜이나 포인터로 손장난을 해서는 안 된다. 넷째, 발표 시 너무 꼼짝 않고 서 있는 것도, 그리고 너무 많이 움직여서 청중들의 집중을 흩트리는 것도 모두 바람직하지 못하며, 다섯째, 가슴을 펴고 허리를 곧게 하여 앞을 똑바로 주시해야 한다. 마지막으로 단정하고 깔끔한 외모에 신경을 써야 한다 (Comfort 1996: 63).

2. 영어 지식 측면

몸짓언어와 조화를 이루면서 (예문 13-11)과 같이 발표 할 때 강조가 필요한 영어표현과, (예문 13-12)와 같이 표현내용의 최소화가 필요한 영어표현을 비교해서 살펴보자. 이때 강조 여부는 억양으로 표현할 수 있다.

(예문 13-11)

a. I'm afraid we can't get away from it. Our <u>pitifully low</u> service quality levels are threatening the future of this company.
b. <u>I've got to say that</u> I've never heard such a <u>ridiculous</u> argument. There is no way we can <u>consider taking this sort of action</u>.
c. There's one more point I'd like to make. It's <u>absolutely essential</u> we make money on this project.
d. In a way, I would say this is quite important. On the other hand, I realize we've got quite a full <u>agenda</u> today.
e. <u>Before we go any further</u>, let me say this has been an extraordinary year, and we've seen some truly <u>remarkable</u> <u>achievements</u>.

출처: Comfort(1996: 65)

[해설]

a. · pitifully low: 비참할 정도로 낮은

b. · I' ve got to say that~: ~라는 말씀은 꼭 드려야 하겠습니다
   · ridiculous: 말도 안 되는
   · consider taking this sort of action: 이런 종류의 행동을 취할 것을 고려하다 (Consider 다음에는 동명사가 옴)
c. · absolutely essential: 절대적으로 필요한
d. · agenda: 의제
e. · before we go any further: 더 말씀드리기 전에
   · remarkable: 놀라운
   · achievement(s): 업적(들)

【번역】

a. 죄송합니다만, 우리는 이 문제를 피해갈 수 없습니다. 우리들의 비참할 정도로 낮은 서비스 품질 수준이 이 회사의 미래를 위협하고 있습니다.
b. 이 말씀은 꼭 드려야겠습니다. 저는 그런 말도 안 되는 주장을 들어본 적이 없습니다. 우리는 절대로 이런 종류의 행동을 취할 것을 고려할 수 없습니다.
c. 한 가지 더 말씀드릴 것이 있습니다. 이 프로젝트로 돈을 벌어야 되는 것은 절대적으로 중요합니다.
d. 어떤 면에서, 이것은 꽤 중요하다고 말씀드릴 수 있습니다. 한편으로 오늘 우리가 논의할 의제가 꽤 많다는 것을 알았습니다.
e. 더 많은 이야기를 하기 전에, 올해는 특별한 해였고 정말 놀라운 업적을 이루어 냈다고 말씀드릴 수 있습니다.

(예문 13-12)

a. I think we have to make it clear. It's just a minor problem. It's nothing serious.
b. We've got a little bit of a problem here. Perhaps it's not critical to our business, but I tend to think we should talk about it briefly.

출처: Comfort(1996: 65)

【해설】

a. · make it clear : 그것을 분명히 하다
b. · a little bit of : 약간의
   · critical: 매우 중요한
   · tend to : ~하려는 경향이 있다

[번역]

a. 우리가 이점은 분명히 해야 될 것 같습니다. 그것은 사소한 문제고 심각한 것이 아닙니다.
b. 여기에 약간 문제가 있습니다. 우리 사업에는 중요하지 않지만, 이것에 대해 간략히 이야기 좀 해야 될 것 같습니다.

3. 영어 표현 요약: 강조와 최소화 표현

이제 몸짓과 조화되는 강조표현과 최소화 표현들을 요약 정리해보자.

{요약 5} 강조 / 최소화

1. Emphasizing	2. Minimizing
TOTAL · absolutely(fantastic) · completely(awful) · <u>entirely(depressing)</u> VERY STRONG · extremely(good) · very(bad) MODERATE · <u>fairly(safe)</u> · <u>reasonably(priced)</u> · quite(cheap)	· We're going to reduce our staff a bit. · Perhaps we should consider redesigning the brochure. · There might be another way. · I tend to think we should stop now. · <u>To some extent</u>, the meeting planer has failed to realize her potential.

출처: Comfort(1996: 38)

[해설]

1. · entirely (depressing): 완전히(소침해 하는)
   · fairly (safe): 상당히(안전한)
   · reasonably (priced): 합리적으로 (가격이 매겨진)

2. · To some extent: 어느 정도

[번역]

2. · 우리 직원을 조금 줄일 것입니다.
· 아마 우리는 브로셔의 디자인을 다시 할 것을 고려할 것입니다.
· 또 다른 방법이 있겠지요.
· 이 정도에서 그만 두어야 할 것 같습니다.
· 어느 정도 그 회의기획사는 자신의 잠재력을 깨닫지 못했습니다.

4. 영어 표현 연습: 강조와 최소화 표현

다음은 사전답사의 일환으로 서울에 온 WCA 회장단 앞에서, 2008년 WCA 총회를 한국으로 유치하려는 서 승진 박사가 개최장소와 식음료 행사에 관한 발표를 하고 있는 일부이다. 이태리체로 된 부분들은 연결어와 강조하는 표현들이다. 효과적인 발표는 언어적 내용과 비언어적인 몸짓이 조화를 이룬다는 것을 명심하고, 이태리체로 표현된 부분들은 자연스런 몸짓과 함께 연습해 보자.

<연습 13-14>

The *first* thing to be considered when selecting a resort as a convention <u>site</u> is cost, which can *<u>vary</u> greatly* among facilities. There are four categories of rates: <u>the European Plan</u>, <u>the Modified American Plan</u>, <u>the Full American plan</u>, and the <u>Voucher Plan</u>.

In European plan, the rate <u>quoted</u> includes the cost of the *sleeping room only. On the other hand* in Modified American Plan, the rate includes the sleeping room *plus* breakfast and dinner. In Full American Plan, the lunch is also included. In Voucher Plan, some meal plans allow a set, daily dollar credit per person for meals.

Well, let's move on to meal functions. It's fairly important, I would say, to understand how the meals are served before menu planning.

Meals can be served <u>pre-plated</u> for a regular sit-down function or buffet style. Service at a sit-down function is *timed* and *more efficient, especially* if there is a speaker or a planned presentation. A sit-down affair is usually *somewhat lower* in price than a buffet since every dish is portioned. More time is also required for guests to select their food and take their seats than is needed for seated service

[해설]

- site: 장소
- vary: 다양하다 (동사로 쓰였으며 그 주어는 cost 임)
- the European Plan: 숙박을 위 한 객실 사용만 포함된 요금
- the Modified American Plan: 객실사용에 아침과 저녁 식사가 포함된 요금.
- the Full American Plan: 객실사용에 하루 3번 식사비용이 포함된 요금.
- the Voucher Plan: 미리 액수가 지정된 1인당 1일 식권 요금
- quoted: 청구하는, 시세를 매긴, 견적으로 요구하는 ("quote"가 "가격을 요구하다"의 의미)
- pre-plated: 미리 식탁에 접시를 차려놓은
- at a sit-down function: 앉아서 먹는 식사
- timed: 시간이 측정된
- portioned: 먹는 분량이 정해진
- than is needed~: ~에 소요되는 것보다 (어순에 유의)

[번역]

리조트를 컨벤션 개최장으로 선정할 때 첫 번째로 고려할 사항은 비용인데, 이 비용은 시설마다 매우 다양합니다. 그 요금은 4가지 범주로 나뉘는데, 유럽식, 수정된 미국식, 완전 미국식 그리고 바우처 식으로 계산하는 것입니다.

유럽식 요금 계산법은 요구하는 요금 속에 객실료만 청구하는 것입니다. 반면에 수정된 미국식 요금 계산법에는 객실료와 조식 및 석식 비용이 포함됩니다. 완전 미국식 요금계산법에는 점심도 포함되고, 바우처 식 요금 계산법은 일인당 하루 식사비용으로 미리 정해진 액수의 식권을 주는 것입니다.

자, 이제 식사행사로 이야기를 바꾸어서 계속하지요. 메뉴를 짜기 전에 식사가 어떻게 서빙 되는지를 이해하는 것도 꽤 중요한 것임을 말씀드려야 하겠습니다.

식사는 (정규 좌석에 앉는 착식 행사 시)사전에 접시를 미리 차려 놓는 방식이나 뷔페 방식으로 제공될 수 있습니다. 착식 행사 시 식사제공 소요시간을 미리 책정하게 되므로 효율적입니다. 특히 연사나 미리 계획된 강연발표가 있다면 더욱 그렇습니다. 착식 행사가 대개는 가격 면에서 뷔페보다 어느 정도 낮습니다. 모든 요리가 이미 분량이 정해져 나오

기 때문입니다. 뷔페는 앉아서 식사 할 때보다 시간이 더 소요됩니다. 손님들이 자기가 먹을 음식을 골라 자기 자리로 가져오기 때문입니다.

한편 구두로 발표할 때, 목소리와 몸짓은 강조하면서 역동성을 줄 수 있지만, 말을 잠깐 멈추는 휴지기는 청중이 발표내용을 더 잘 이해하도록 도움이 될 뿐 아니라, 때로는 극적인 효과도 준다. 앞에서 〈연습 13-14〉는 강조할 언어부분과 이에 수반되는 조화로운 몸짓을 연습하도록 이태리체로 표기하였다. 이제 〈연습 13-15〉는 〈연습 13-14〉와 동일한 내용에 짧은 휴지기를(/)로, 그리고 조금 긴 휴지기를(··/) 로 나타낸 것이다. 휴지기를 두면서 큰소리를 내어 연습해보자.

<연습 13-15>

The *first* thing to be considered (/) when selecting a resort as a convention site (··/) is cost, (/) which can *vary greatly* among facilities. (··/) There four categories of rates (/) : the European Plan, (/) the Modified American plan, (/) the full American plan, (/) and the Voucher Plan. (··/)

In European plan, (/) the rate quoted includes (/) the cost of the sleeping room only. (··/) On the other hand (/) in Modified American Plan, (/) the rate includes the sleeping room (··/) plus breakfast and dinner. In Full American Plan, (/) the lunch is also included. (··/) In Voucher Plan, (/) some meal plans allow a set, (/) daily dollar credit per person (/) for meals. (··/) Well (/) let's move on to (/) meal functions. It's fairly important, I would say, to understand (··/) how the meals are served (/) before menu planning.

Meals can be served pre-plated for a regular sit-down function or buffet style. (··/) Service at a sit-down function (··/) is (/) timed (/) and more efficient, (··/) especially if there is a speaker or a planned presentation. (··/) A sit-down affair (/) is usually somewhat lower in price than a buffet (··/) since every dish is portioned. (··/) More time is also required for guests (/) to select their food and take their seats (··/) than is needed for seated service.

G 마무리 짓기

이번에는 커뮤니케이션 기술 측면에서 커다란 효과를 가져 올 수 있는 발표의 마무리 방법이 무엇인지 알아보고, 영어지식 측면에서는 마무리에 적절한 영어표현을 익혀보자.

1. 커뮤니케이션 기술 측면

어느 정도 발표를 끝낼 때가 되면 발표자는 이를 알리는 신호를 청중에게 보내고, 지금까지 발표한 내용을 요약한 뒤, 제안이나 추천의 의견을 제시하고 질문을 받겠다고 말하게 된다. 이제 이러한 체계를 갖추지 못한 (예문 13-13)과, 비교적 마무리가 잘 된 발표사례인 (예문 13-14)를 비교해 보자.

(예문 13-13)

①*Yes, yes...um...* the number of winning bids has actually dropped a little over the last few years, although profits have actually held up ①*...um ... and* that's something we need to discuss ①*...I mean*, can we actually continue as small independent convention organizer?

Anyway, that's about it, ①*so ... um ...* that is the main question today ①... *um ... so ...* I don't know whether that helps at all, but it's all I can think of really, so ①*I, I'll leave ... leave ...* ①*I think that's that...* ①*so ... I'll* leave it there, OK?

출처: 저자 자신 작성

【해설】

- winning bid(s): 성공적으로 수주를 따낸 입찰(들)
- that' s about it: 이게 전부예요

【번역】

네, 네, ...음... 지난 수년에 걸쳐 이윤은 실제로 증가했지만, 입찰수주 건수는 사실 조금 줄었습니다. ...음... 그리고 이것이 우리의 논의가 필요한 것입니다. ...제 말은, 우리가 사실 작은 독립적인 컨벤션 기획업체로 계속 존속할 수 있을까요?
어쨌건 그게 전부입니다. 그래서 ...음... 그게 오늘의 주요문제입니다. ...음... 그래서 이 발표가 도움이 되었는지 모르겠지만, 정말로 그게 제가 정말로 생각해 낼 수 있는 것의 전부입니다. 그러니 ...이제 그만... 그게 그것이라고 생각이 드는데, 그 정도로 끝내려고 하는데, 괜찮죠?

(예문 13-14)

So, ①*before we move on to* discuss these matters, ②*let me just summarize* the main issues as I see them. ②*Firstly,* on the service produce side, there's the question of <u>diversity</u> of service to be offered. ②*Secondly*, on the marking front, we need to review our <u>capacity</u> to win the bids for convention service management. ②*And thirdly,* on the <u>personnel</u> side, we need to look at the communicative capacity of our employees. So, I suggest, ②*we look at things in that order*: service product, bid-winning, and people. Hopefully this will help us to agree on a clear way <u>forward.</u> Right, ①before we start, are there any questions you'd like to ask?

출처: 저자 자신 작성

[해설]

· diversity: 다양성
· capacity: 능력
· personnel: 직원
· forward: 앞으로 나아가는

[번역]

자, 이 문제를 논의하기 전에, 제 나름대로 주요 문제들을 요약해 보겠습니다. 첫째로 서비스 제품 측면인데요. 우리가 제공할 수 있는 서비스의 다양성의 문제입니다. 둘째로 마케팅 측면인데요, 컨벤션 서비스 경영에 대한 입찰을 수주해 올 수 있는 우리의 능력을 검토할 필요가 있습니다. 그리고 셋째로 직원 문제인데, 우리 종업원들의 의사소통 능력을 살펴 볼 필요가 있습니다. 그래서 서비스 제품, 입찰수주, 그리고 직원 문제의 순서로 살펴보고자 제안 드립니다. 바라건대, 이것으로 앞으로 나아갈 길에 대해 우리가 합의를 보는데 도움이 되었으면 합니다. 자 시작하기 전에 묻고 싶은 질문 있습니까?

2. 영어 지식 측면

이제 위의 예문들을 언어적 측면에서 비교 분석해보자.

예문 13-13 분석

전반적으로 지금까지 발표한 내용의 요약이 없고, 다음과 같이 더듬으면서 의미 없는 말을 내뱉고 있다.

"Yes, yes ... um ..." (네, 네 ..음); "... I mean.." (제 말씀은...)

" .. so ... um ..." (그래서, ..음 ...); " ... I, I' ll leave ..." (여기서 끝낼까...)

"I think that' s that ..." (그게 그렇다고 생각하는데...)

또한 발표를 끝내려는 신호의 표현이 없고, 그리고 질문도 받지 않고 "OK?" 라는 말로 끝내고 있다.

예문 13-14 분석

(예문 13-13)과 비교하면 훨씬 체계적으로 발표 마무리를 하고 있다.

① 일단 발표를 중단하는 표현들을 사용한다.

"Before we move on to~" (~하기 위해 더 말씀을 드리기 전에)

"Before we start," (이야기를 시작하기 전에)

② 지금까지 내용을 순서대로 요약하고 있다

"Let me just summarize..." (~를 요약하겠습니다.)

"Firstly, ..." (첫째로, ...) "Secondly, ..." (둘째로, ...)

"And thirdly, .." (그리고 셋째로...; And를 써서 이 내용이 마지막이라는 신호를 보냄)

"... we look at things in that order: service product, bid-winning, and people."

(문제를 서비스 제품, 하청계약, 그리고 직원의 순서대로 살펴보고자 합니다.)

3. 영어 표현 요약: 마무리

이제 발표를 마무리하는 단계에서 필요한 영어표현들을 다음과 요약 정리해보자

{요약 6} 마무리

1. Signalling

- That brings me to the end of my presentation.
- That completes my presentation.
- Before I stop/finish, let me just say...
- That covers all I wanted to say today

2. Summarizing

- Let me just run over the key points again.
- I'll briefly summarize the main issues.
- To sum up ...
- Briefly ..

3. Concluding

- In conclusion ...
- I'd like to leave you with the following thought/idea.

4. Recommending

- So, I would suggest that we ...
- I'd like to propose ...(more formal)
- In my opinion, the only way forward is ...

5. Closing

- Thank you for you attention
- Thank you for listening.
- I hope you will have gained an insight into ...

6. Inviting question

- I'd be glad to answer any question. So, let's throw it open to question.
- Any question?

출처: *Comfort(1996: 42)*

[해설]

1. · That brings me to the end of~: 그것으로 ~를 마치겠습니다
   · That complete(s)~: ~그것으로 ~이 다 끝났습니다
   · That cover(s)~: 그것은 ~을 다 다루고 있습니다
2. · run over: 검토하다
3. · leave A with B: A에게 B를 남기다
4. · forward: 앞으로의
5. · have gained an insight into~: ~에 대한 통찰력을 갖게 되다
6. · throw it open to question: 탁 터놓고 질문을 받아보다

[번역]

1. · 이것으로 제 발표가 끝이 났습니다.
   · 이것으로 제 발표를 끝마치겠습니다.
   · 끝내기 전에, ~라는 말씀만은 꼭 드리고 싶습니다.
   · 이것으로 오늘 제가 말하고 싶었던 것은 다 다룬 것 같습니다.
2. · 다시 한번 주요 문제를 잠깐 풀어 보십시다.
   · 주요 문제를 간략히 요약 하겠습니다.
   · 요약하자면,
   · 간략히 말해,
3. · 결론적으로
   · 여러분께 다음과 같은 생각을 남기고 발표를 마치겠습니다.
4. · 그래서 저는 ~를 제안 하고자 합니다.
   · 제 의견으로는, 앞으로 나아가야 할 유일한 길은 ~입니다.
5. · 관심을 가져주셔서 감사합니다.
   · 경청해 주셔서 감사합니다.
   · 여러분께서 ~에 대한 통찰력을 갖게 되셨으리라 바랍니다.
6. · 어떤 질문에도 기꺼이 답해드리겠습니다. 그러니 탁 터놓고 질문해 보십시오.
   · 질문 있습니까?

4. 영어 표현 연습: 마무리

발표를 마무리 짓는 것도 매우 중요하다. 이제 마무리 부분의 영어표현을 문장차원과 단락차원에서 연습해보자.

<연습 13-16> 문장차원

a. Before we come to an end, I'd like to thank you for your participation.
b. I'd be glad to answer any question now.
c. To summarize, there are four major features.
d. We can conclude by quoting a well-known saying.
e. In my opinion, we should reduce the room charge costs.

[해설]

a. · come to an end: 끝나다
c. · feature(s): 특성들
d. · conclude by guoting~: ~를 말씀드리면서 끝맺다
· saying: 격언

[번역]

a. 끝내기 전에, 참가해 주신 것에 대해 여러분께 감사드립니다.
b. 이제 어떤 질문이라도 받겠습니다.
c. 요약하자면, 4가지 주요 특성이 있습니다.
d. 유명한 격언을 말씀드리는 것으로 제 발표를 끝마치겠습니다.
e. 제 의견으로는, 객실료 비용을 줄여야 한다고 봅니다.

<연습 13-17> 단락차원

다음 단락들은 4개의 발표 내용들의 마지막 부분이다. 각각의 마무리 부분들의 내용을 살펴보고 어떤 유형의 발표였을지 알아보자.

단락 (a)는 인사 담당자가 새로 근무하게 된 사람들에게 동기부여를 목적으로 한 발표의 마무리 부분이고, 단락 (b)는 일련의 매니저들에게 새로운 아이디어를 밝히는 발표의 마무리이다. 단락 (c)는 컨벤션센터를 방문한 방문객들을 환영하며 시설을 소개하는 발표의 끝부분이며, 단락 (d)는 향후 잠재 고객들에게 영업담당자들이 판촉 발표를 끝내면서 마무리하는 내용이다.

a. Well, thank you for listening. That brings me to the end of this presentation. Before I leave you to get on with your work, I'd just like to say how glad we are to <u>have you with us</u>, and I wish you a very successful and happy time here ar ICEM. Thank you.

b. So, before I stop, let me just run over the key benefits. Firstly, flexibility: it'll <u>work</u> anywhere. We've tested it <u>extensively</u> and the results are excellent. Secondly, price: as you've seen, it's going to be highly competitive. Any lastly, innovation: this is really a <u>breakthrough</u> in the field. Now, I'm sure you've got lots of question, so <u>fire away</u>.

c. So, ladies and gentlemen, that completes my brief introduction. KCC is a fascinating property, and hopefully you'll <u>get to</u> know us better as you go around the facility. So let me <u>hand</u> you <u>over to</u> Mr. Jeong-Ryol Park, who's going to show you around.

d. That brings me to the end of my presentation. I realize that many of you already knew something about our company. As you can see, we've got an <u>impressive display</u> of our products here. Why don't you come to our booth and get some <u>hands-on</u> experience?

[해설]

a. · get on with~: 시작(착수)하다
 · have you with us: 우리와 함께하다

b. · work: 효과가 있다.
 · extensively: 폭 넓게
 · breakthrough: 탈출구, 문제 해결책 (명사로 쓰임)
 · fire away: 사격을 하다, 퍼붓다 (fire가 동사로 쓰임)

d. · get to: ~하게 되다
 · hand A over to B: A를 B에게 넘기다

d. · impressive display: 멋진 진열
 · hands-on: 직접적인

[번역]

a. 경청해 주셔서 감사합니다. 이것으로 제 발표를 마치겠습니다. 여러분이 일을 시작하

도록 제가 자리를 뜨기 전에, 여러분과 함께 일하게 되어 얼마나 기쁜지를 전하고 싶습니다. ICEM에서 매우 성공적으로 즐거운 시간을 갖기 바랍니다.

b. 자, 제가 발표를 끝내기 전에 주요한 장점을 검토해 보겠습니다. 첫째는 융통성인데, 그것은 어디에서나 효과를 발휘할 것입니다. 우리는 이것을 폭 넓게 테스트해 보았고, 그 결과는 훌륭합니다. 둘째로, 가격입니다. 보신대로 그것은 매우 경쟁력이 있습니다. 그리고 마지막으로 혁신성입니다. 이 분야에서 이것은 정말로 막혔던 문제를 해결해주는 것입니다. 이제, 질문이 많을 것 같은데, 쏟아 내어 보십시오.

c. 이제, 신사 숙녀 여러분, 이것으로 제 간단한 소개는 끝났습니다. KCC는 멋진 시설이고, 둘러보시면서 저희들을 더 잘 알게 되시리라고 바랍니다. 자, 이제 여러분을 이리저리 안내해 줄 박 정렬 씨께 넘기겠습니다..

d. 이것으로 제 발표는 끝났습니다. 여러분들 중 많은 분들이 이미 저희 회사에 관해 조금 알고 계시다고 들었습니다. 보시는 대로, 이곳에 저희 제품을 멋지게 진열해 놓았습니다. 저희 부스에 오셔서 직접 체험해 보시는 것은 어떠하신지요.

H 질의응답

여기에서는 커뮤니케이션 측면에서 발표를 마무리 지은 후 질문에 대해 어떻게 효과적으로 대처하는가를 살펴보고, 영어지식 측면에서 질문을 주고받는 데에 필요한 영어표현을 알아 보고자한다.

1. 커뮤니케이션 기술 측면

발표자는 청중으로부터 질문을 받았을 때, 우선 질문해 준 것을 환영하거나 감사하는 표시를 한 후 대답을 하기 전에 생각할 시간을 갖고, 혹시 질문 내용이 애매하면 다시 그 내용을 명확히 한 뒤 답을 해야 한다. 질문자의 비판도 긍정적으로 받아들이면서 본인의 대답이 만족할 만 한 것이었는지 질문자의 만족도를 체크해 볼 필요도 있다.

세계 커뮤니케이션 학회 (WCA)의 서울총회 유치 노력을 하고 있는 서 승진 박사가 현지 조사차 서울에 온 WCA 회장단 앞에서 컨벤션 참가자의 참가형태에 관한 설문조사결과를 발표를 한 뒤, 그들로부터 3가지 다양한 스타일의 질문을 받게 된다. (예문 13-15)와 (예문 13-16)을 통해 그 질문에 대해 어떻게 대응하는지 비교해 보자.

(예문 13-15)

첫째 질문자 : You seem to have completely ignored the question of the age of association members. Don't you think your results are almost entirely due to the fact that WCA has practically few junior members? For them presenting a paper is more urgently needed than having fun during conventions.

서 박사 : ①*I did not address the question of* age because ①*it was not my purpose to* address it. No doubt it would be interesting to discuss it on another occasion.

둘째 질문자 : Dr. Suh? If you don't mind me asking, could you tell us how the respondents assessed difficult concepts such as the paper-presentation-dominated program?

서 박사 : ①*Well, it is not important,* ②*but if you want to know*, just a moment, ... yes, as I thought ... we used the PCMA Convention Attendee Behavior Test to position respondents.

셋째 질문자 : Dr. Suh, could I ask you how the surveys were set up? You know, did they use a control group?

서 박사 : I believe they used a control group. ①*These weren't my surveys, you know.* ①*I can't tell you the details.*

출처: 저자 자신 작성

【해설】

- practically: 실제적으로
- few: 거의 없는
- urgently: 시급하게
- address: 언급하다

· on another occasion: 다른 기회에
· respondent(s): 응답자(들)
· dominated: 지배적인
· position: 입장을 밝히다 (동사로 사용됨)
· control group: (계량통계 분석 시 비교를 위해 변인을 주지않은) 통제 집단

[번역]

첫째 질문자: 박사님께서는 학회 회원의 연령문제는 완전히 무시하셨던 것 같습니다. 박사님의 연구 결과가 그렇게 나온 것은 전적으로 WCA에 실제로 젊은 회원이 거의 없다는 사실에 기인한 것이 아닐까요? 젊은 회원들은 컨벤션 기간동안에 재미있는 시간을 보내는 것보다 논문 발표가 더 시급하게 필요한 사람들이지요.

서 박사: 연령문제는 언급하지 않았습니다. 그것은 제 발표의 목적이 아니었기 때문입니다. 또 다른 경우에 이 문제를 토론하는 것도 분명히 흥미롭기는 하겠습니다.

둘째 질문자: 서 박사님? 질문해도 괜찮으시다면요, 어떻게 응답자들이 절대적 논문발표 위주의 프로그램이라는 어려운 개념들을 평가했는지 말씀해주시겠어요?

서 박사: 글쎄요 그건 중요한 것이 아닌데, 알고 싶으시다면, 잠깐만요, ...네, 제 생각 대로군요. 우리는 응답자들의 입장을 알아보기 위해 "PCMA 컨벤션 참가자 행태검사"를 사용했습니다.

셋째 질문자: 박사님, 그 설문조사가 어떻게 설계되었는지 여쭤 봐도 될까요? 아시겠지만 "통제집단" 기법이 사용되었나요?

서 박사: "통제집단" 기법을 썼다고 봅니다. 이 설문조사는 아시겠지만 제가 한 것이 아닙니다. 세부사항을 말씀드릴 수가 없습니다.

질문을 받은 발표자는 질문해 준 것에 대해 감사나 격려를 해주고, 질문내용도 재확인하며, 비판도 긍정적으로 받아들이고 응답이 만족스러운지 물어볼 수도 있다. (예문 13-15)에서는 그런 대답을 찾아보기 어렵다. 다음 (예문 13-16)은 그와는 반대가 되는 반응을 보이고 있는 사례이다.

(예문 13-16)

첫째 질문자 : You seem to have completely ignored the question of the age of association members. Don't you think your results are almost entirely due to the fact that WCA has practically few junior members? For them presenting a paper is more urgently needed than having fun during conventions.

서 박사 : ①*I think that's very interesting point.* ②*I'm afraid I didn't have* time to address the question of age itself, because I was mainly concentrating on the question of programming style. ③*However, I feel sure that this aspect would be worth discussing at length on another occasion.*

둘째 질문자 : Dr. Suh? If you don't mind me asking, could you tell us how the respondents assessed difficult concepts such as the paper-presentation-dominated program?

서 박사 : ①*Of course,* ④*I suppose you're referring to the second survey I mentioned?* Well, I'll just check, if I may ... yes... as I thought, we used the PCMA Convention Attendee Behavior Test in order to position respondents. I think that you'll find that this is a fairly standard psychological test with such survey. ⑤Are there any more questions you would like to ask about the trial?

셋째 질문자 : Dr. Suh, could I ask you how the surveys were set up? You know, did they use a control group?

서 박사 : ①*I think I see what you mean.* ④*You are interested in the procedure for the survey?*

셋째 질문자 : That's right.

서 박사 : ②*I'm afraid that's really* outside my field. I myself was not involved in carrying out the surveys. ③*However, I can give you the reference afterwards,* if they would be helpful.

셋째 질문자 : Thank you.

출처: 저자 자신 작성

[해설]

· was mainly concentrating on: ~에 주로 집중했었다
· be worth + V ~ing: ~할 가치가 있다.
· at length: 상세히, 자세히
· are referring to: 당신은 ~를 지칭하고 있습니다.
· fairly: 상당히
· psychological: 심리적인
· procedure: 절차
· was involved in: ~에 개입했다
· carrying out: ~를 수행하기
· reference: 참고자료

[번역]

첫째 질문자: 박사님께서는 학회 회원의 연령문제는 완전히 무시하셨던 것 같습니다. 박사님의 연구 결과가 그렇게 나온 것은 전적으로 WCA에 실제로 젊은 회원이 거의 없다는 사실에 기인한 것이 아닐까요? 젊은 회원들은 컨벤션 기간동안에 재미있는 시간을 보내는 것보다 논문 발표가 더 시급하게 필요한 사람들이지요.

서 박사: 그것 아주 재미있는 지적이라 생각됩니다. 죄송합니다만, 연령 자체의 문제를 다룰 시간이 없었습니다. 제가 프로그램 구성 스타일 문제에 주로 집중했었기 때문입니다. 그러나 이러한 측면도 또 다른 기회에 자세히 토론해 볼 가치가 있겠다는 확신이 듭니다.

둘째 질문자: 서 박사님? 질문해도 괜찮으시다면요, 어떻게 응답자들이 절대적 논문발표 위주의 프로그램이라는 어려운 개념들을 평가했는지 말씀해주시겠어요?

서 박사: 물론입니다. 제가 언급했던 두 번째 설문조사를 말씀하고 계시는 것이지요? 글쎄요, 찾아보지요. 만약 제가… 네, 제 생각대로군요. 응답자의 부류를 정하기 위해 "PCMA 컨벤션 참가자 행태 검사"를 사용했습니다. 그것이 그런 설문조사에는 상당히 표준화된 심리검사라는 것은 알게 되시라고 생각합니다. 그 실험에 대해 질문하실 것이 더 있습니까?

셋째 질문자: 박사님, 그 설문조사가 어떻게 설계되었는지 여쭤 봐도 될까요? 아시겠지만 "통제집단" 기법이 사용되었나요?

서 박사 : 무슨 말씀인지 알겠어요. 설문조사 절차에 관심이 있으신 거지요?

셋째 질문자 : 바로 그래요.

서 박사 : 죄송합니다만, 그것은 정말로 제 분야가 아닙니다. 제 자신이 그 설문조사 수행

에 관여하지 않았습니다. 하지만 도움이 되신다면 나중에 참고 자료를 드릴 수 있습니다.

셋째 질문자 : 감사합니다.

2. 영어 지식 측면

질문에 대해 어떻게 대답을 하는 것이 바람직한 지 그 해답은 (예문15)와 (예문16)을 비교 분석하면서 찾아볼 수 있다.

예문 13-15 분석

① 여기서 응답자는 질문을 받자마자 생각할 여유도 없이 곧바로 답을 한다. 그것도 질문의 내용을 확인하거나 질문에 대한 감사도 없이 부정적인 답을 짧게 해버린다.

"I did not address the question of~." (나는 ~에 관한 문제는 다루지 않았다.)

"...it was not my purpose to ~." (~하는 것이 내 목적은 아니었다.)

"Well, it is not important, but ~." (글쎄, 그것은 중요한 것은 아니지만, ...)

"These weren' t my surveys, ..." (이것들은 내가한 조사가 아니었다.)

"I can' t tell you ~." (나는 ~을 말할 수 없다.)

② 응답자의 태도가 적극적이지 못하고 호의적인 것도 보이지 않는다.

"... , but if you want to know, ..." (하지만 알고 싶으시다면, ...)

예문 13-16 분석

① 상대방의 질문에 대해 긍정적 태도를 보이며 격려, 동조를 해주는 것이 좋다.

"I think that' s very interesting point." (재미있는 지적이라고 생각한다.)

"Of course." (물론이다.); "I think I see what you mean." (무슨 의미인지 알 것 같다.)

② 부정적인 표현으로 답을 할 때 같은 문구로 상대방이 무인함이 적도록 완충문구를 먼저 사용한다.

"I' m afraid I didn' t have~." (죄송하지만 ~이었습니다.)

"I' m afraid that' s really~." (죄송하지만 그것은 정말로 ~이다.)

③ 질문자의 비판에 대해 긍정적으로 반응하는 편이 좋다.

"However, I feel sure that this aspect would be worth discussing at length on another occasion." (하지만 이 점은 다른 기회에 상세히 토론할 가치가 있다고 확신해요.)
"However, I can give you the reference afterwards,..."
(그러나 나중에 참고자료를 줄 수 있다.)

④ 질문의 내용을 확인해 보는 것도 중요하다.
"I suppose you' re referring to the second survey I mentioned?"
(제가 말씀드린 두 번째 설문조사를 가리키는 것이라고 생각이 드는데요?)

⑤ 응답을 끝내면서 답이 제대로 만족스러웠는지 혹은 추가 질문이 있는지 물어보는 것이 예의 바르다.
"Are there any more questions you would like to ask about the trial?"
(이 시도에 대해 더 물어 볼 질문이 있나요?)

3. 영어 표현 요약: 질의응답

다음은 다양한 형태로 묻고 답할 수 있는 표현들을 요약 · 정리한 것이다.

{요약 7} 질의응답

1. Direct question

· Do you have any plans for another banquet?
· Where do you plan to staff them?

2. Polite question and answers

QUESTIONS
· Do you mind if I ask you
· Would you mind telling me if/where ...
· Could/Can you tell me what/where/etc...
· I'm interested to know about I'd like to know
· ANSWERS
· Go ahead/Please do/Certainly

· That's a good question
· That's interesting.

3. Statement question and answers

QUESTIONS

· All the space was booked for the October Eradeshow... ? (question intonation)
· It worries me that we don't have any backup equipment. Doesn't it worry you too?

ANSWERS

a. A : It's going to be late, isn't it?
B : I'm afraid so.
A : You're got problems with the logistics?
B : Yes, a few.
A : The suppliers have done their job.
B : Is that right?
A : Yes, as far as I know

b. A : We haven't won the contract, have we?
B : No, it doesn't look like it.
A : We aren't going to make it on time, are we?
B : I'm afraid not.

c. A : The company's going to clos, isn't it?
B : Well, actually, I've just heard the company is employing more staff.

4. Clarifying a question

· If I understand you correctly, you are saying/asking...
· I didn't quite catch that
· Could you go over that again?
· I'm not sure what you're getting at.

5. Avoiding giving and answer

· Perhaps we could deal with that later.
· Can we talk about that on another occasion?
· I'm afraid that's not my field.
· I don't have the figures with me
· That's interesting, but I'd prefer not to answer that today

6. Checking the questioner is satisfied

· Does that answer your question?
· Is that clear?
· May we go on?

출처: Comfort(1996: 47)

[해설]

1. · banquet: 연회
 · staff: 직원을 배치시키다
3. · was booked for~: ~행사로 예약되었다
 · It worries me that: ~이 걱정이 되다 (동사 worry의 주어가 사람이 아님)
 · I' m afraid so.: 안됐지만 그래 (부정적 질문에 대한 동의 표시를 할 때 "I' m afraid"를 먼저 표현할 것)
 · logistics: 물류
 · supplier(s): 공급업체(들)
 · as far as: ~하는 한
 · won(win) the contract: 계약을 따냈다(따다)
 · make it on time: 제 시간에 해내다
 · actually: 사실은 (질문자의 의견과 반대일 때 사용됨)
4. · catch: 말귀를 알아듣다.
 · go over: 검토하다
 · what you' re getting at: 무슨 말을 하고 있는지
5. · deal with: 다루다
 · on another occasion: 다른 기회에
 · I' d prefer not to: 나는 ~하지 않았으면 좋겠다
6. · Does that answer ~?: 그것으로 ~의 답이 되는가? (여기서 answer는 동사이고 그 주어는 무생물인 that 임)

· clear : 분명한

[번역]

1. · 다른 연회 계획이 있습니까?
   · 그 직원들은 어디에 배치할 계획입니까?
2. · 생략
3. · 모든 공간이 10월의 전문전시회로 예약이 되었지요?
   · 예비 장비가 없어서 걱정이 됩니다. 당신도 걱정하지 않아요?

a. A : 늦겠다, 안 그래?
   B : 미안하지만 그래.
   A : 물류 관련해서 문제가 있지요?
   B : 예, 몇 가지요.
   A : 공급업체들이 자기에 할 일을 다 했어.
   B : 그래 못시킨 것 같아.

b. A : 우리 그 계약 성사시키지 못했지?
   B : 그래 못시킨 것 같아.
   A : 우리 제시간에 못 해내지, 그렇지?
   B : 미안하지만 못해.

c. A : 회사가 문을 닫을 것이라는데, 그렇지 않아?
   B : 글쎄 사실은 말야, 방금 들었는데 직원을 더 채용할 거래.

4. · 만약 당신 이야기를 내가 제대로 이해했다면, 당신 말씀은…
   · 그 말이 무슨 뜻인지 잘 몰랐어.
   · 그것 좀 다시 검토해줄래.
   · 네가 무슨 말을 하는 건지 잘 모르겠네.
5. · 우리 그저 나중에 처리 할 수 있겠는데.
   · 다른 기회에 그것에 대해 이야기할까요?
   · 죄송한데 그것은 제 분야가 아닙니다.
   · 지금 제게 수치자료가 없어요.
   · 그것 흥미롭군요. 하지만 오늘은 대답하고 싶지 않아요.
6. · 그것으로 선생님의 질문에 답이 되나요?
   · 분명하게 아셨죠?
   · 계속할까요?

4. 영어 표현 연습: 질의응답

질문과 대답에 관한 영어표현을 짧은 대화차원과 긴 대화차원에서 연습해 보자

<연습 13-18>

a. A : May I ask you a question?
   B : Please, do.
b. A : Do you mind telling me where you got those figures?
   B : Well, actually, it's confidential.
c. A : Don't you think we need to take a break?
   B : That's a good idea.
d. A : Could I ask you when you're going to leave?
   B : Any moment.

【해설】

b. · confidential: 대외비의
c. · take a break: 잠깐 쉬다
d. · any moment: 곧

【번역】

a. A : 질문해도 될까요?
   B : 그러지요.
b. A : 이 수치를 어디서 구하셨는지 여쭈어 봐도 될까요?
   B : 글쎄요 사실은 대외비 입니다.
c. A : 잠깐 휴식이 필요하다고 생각지 않으세요?
   B : 좋습니다.
d. A : 언제 떠나실 건지 여쭤 봐도 될까요?
   B : 금방이요.

<연습 13-19> 긴 대화

a. A : Excuse me, could I interrupt?

B : Of course.

A : I'd like to ask you about next year's promotion campaign.

B : Sure, what exactly would you like to know?

A : Well, could you tell me at this stage weather you have fixed a budget?

B : We've got a meeting next week to decide. I'll let you know straight away, if that's OK.

A : Sure, that'll be fine.

b. A : So, that brings me to the end of my presentation. I'd be glad to answer any question.

B : I was interested to hear what you had to say about our on-line registration software. Do you think it has any real future?

A : Certainly I do. However, we can't expect the same level of revenues we've generated over the last ten years. Wouldn't you agree?

B : I suppose so. It worries me that we don't have any backup equipment. Doesn't it worry you, too?

A : Well, that's difficult to say. It's true we haven't come up with a backup for the B43. On the other hand, as I pointed out, we have new softwares for upgrading our homepage.

C : On that subject. I'd like to ask you about the C11. Can you tell us how much longer before it's ready for use?

A : That's not really my field. Dr. Gillae Kim should be able to give you an idea about that.

C : Right, I'll talk to him after the meeting.

D : So-yeon, could I ask you about the delays on our new A15?

A : Please, go ahead.

D : Well, as you know, we've put together a fairly large-scale advertising campaign. All the space was booked for the October trade show?

A : Don't worry. We'll be ready for the date. There are one or two technical problems, but they won't delay us much longer.

D : That's good to hear.

[해설]

a. · interrupt: (말을) 중단하다, 방해하다
 · promotion: 홍보
 · have fixed a budget: 예산을 확정했다

b. · So, that brings me to the end of my presentation.: 이것으로 발표를 마치겠습니다
 · revenue(s): 수입(들)
 · we' ve generated: 창출해 왔다
 · over ~: ~에 걸쳐서
 · It worries(worry) me that~: 저는 ~이런 걱정이 듭니다.
 · haven' t come up with ~: ~를 보충(생산)하지 못했다
 · point(ed) out: 지적했다(하다)
 · the delays on~: ~에 관한 지연들 (여기서 delay는 명사 임)
 · large-scale: 대규모의
 · was booked for~: ~를 위해 예약했다
 · won' t delay: 지연시키지 않은 것이다 (delay는 동사 임)

[번역]

a. A : 죄송합니다만, 말씀을 중단해도 될까요?
 B : 물론이죠.
 A : 내년 홍보 캠페인에 대해 여쭙고 싶습니다.
 B : 그럼요, 정확히 무얼 알고 싶으세요?
 A : 저 이 단계에서 예산을 확정하셨는지 여부를 말씀해주시겠어요?
 B : 다음주 회의에서 결정한 것 이예요. 괜찮으시다면 곧 알려드리지요.
 A : 좋습니다.

b. A : 이렇게 해서 제 발표는 끝났습니다. 어떤 질문이라도 기꺼이 답해드리지요.
 B : 우리의 온라인 등록 소프트웨어에 대해 무슨 말씀을 하실지 듣고 싶습니다. 정말로 장래가 있다고 보십니까?
 A : 물론이지요. 그러나 지난 10년 간 우리가 창출해 왔던 것과 동일한 수준의 수입은 기대할 수 없어요. 그렇게 보지 않으십니까?
 B : 저도 그럴 것 같아요. 우리가 예비 장비를 전혀 갖고 있지 않는다는 것이 걱정이 되

네요. 걱정되지 않으세요?

A : 글쎄요 말씀드리기 어렵군요. B43에 대해서는 예비품을 준비 못하고 있는 것이 사실 이예요. 한편으로는 제가 지적한 대로 우리의 홈페이지를 업그레이드 시키는데 필요한 새로운 소프트웨어가 있어요.

C : 그 문제인데요, C11에 대해 질문 드리고 싶어요. 그것 사용하려면 얼마나 더 있어야 되는지 말씀해주실 수 있어요?

A : 그건 정말 제 분야가 아니에요. 김 길래 박사가 그것에 대해 말해줄 수 있을 겁니다.

C : 맞아요, 이 회의 끝나고 그 분 하고 이야기하겠어요.

D : 소연 씨, 우리의 신제품 A15가 지연되는 것에 대해 질문해도 될까요?

A : 네 질문하시지요.

D : 글쎄요, 아시는 대로 우리는 상당히 대규모 광고 캠페인에 힘을 쏟아왔지요. 10월의 전문전시회에 필요한 모든 공간을 예약했겠지요?

A : 걱정 말아요. 그 날짜에 댈 수 있어요. 한두 가지 기술상의 문제는 있어도 그것으로 우리 일이 오래 지연되지는 않을 거예요.

References

Comfort, Jerry, 1996. *Effective Presentations,* Oxford University Press.

서 승 진

한림성심대학학장, 한림국제대학원 원장
한국컨벤션전시산업연구원 원장
'2008 APEC' 준비기획단 자문위원
컨벤션 기획사 관련 연구,
컨벤션 전시 관련연구 프로젝트 다수 수행
현재: 문화관광부 관광정책 심의위원
산업자원부 무역통상정책 심의위원
한림국제대학원대학교 교수

윤 은 주

한림성심대학 호텔외식경영과 조교수
한국컨벤션협회 실무위원
한국컨벤션학회 이사
컨벤션의 국내유치 촉진전략에 관한 연구 등
컨벤션 전시 관련연구 프로젝트 다수 수행
현재: 한림국제대학원대학교 조교수
한국컨벤션전시산업연구원(icem) 연구위원

컨벤션 기획·운영 실무자들을 위한 **컨벤션 영어**

1판 1쇄 발행_2007년 03월 05일
1판 4쇄 발행_2020년 03월 30일

지은이_서승진 · 윤은주
펴낸이_홍정표

펴낸곳_세림출판
등록_제 25100-2007-000014호

공급처_(주)글로벌콘텐츠출판그룹
대 표_홍정표
이 사_김미미
편집디자인_김수아 이혜진 권군오 홍명지
기획·마케팅_노경민 이종훈
주 소_서울특별시 강동구 풍성로 87-6 201호
전 화_02-488-3280
팩 스_02-488-3281
홈페이지_www.gcbook.co.kr
이메일_edit@gcbook.co.kr

값 18,000원
ISBN 978-89-958189-8-5 93980